2022年度教育部人文社会科学研究青年基金项目资助

"王阳明《传习录》在日本的译介与影响研究"（22YJC740013）

绍兴文理学院优秀学术著作出版基金资助

东亚文明互鉴

王阳明《传习录》在日本的译介与影响研究

丁青 著

浙江大学出版社
ZHEJIANG UNIVERSITY PRESS

· 杭州

图书在版编目（CIP）数据

东亚文明互鉴：王阳明《传习录》在日本的译介与
影响研究 / 丁青著. -- 杭州：浙江大学出版社，2025.
3. -- ISBN 978-7-308-25985-9

Ⅰ. B248.25；K313.03

中国国家版本馆 CIP 数据核字第 2025U9207E 号

东亚文明互鉴：王阳明《传习录》在日本的译介与影响研究

丁　青　著

责任编辑	王　晴
责任校对	朱梦琳
封面设计	周　灵
出版发行	浙江大学出版社
	（杭州市天目山路 148 号　邮政编码 310007）
	（网址：http://www.zjupress.com）
排　　版	杭州好友排版工作室
印　　刷	杭州宏雅印刷有限公司
开　　本	710mm×1000mm　1/16
印　　张	24.5
字　　数	351 千
版 印 次	2025 年 3 月第 1 版　2025 年 3 月第 1 次印刷
书　　号	ISBN 978-7-308-25985-9
定　　价	98.00 元

序

　　2021 年,在日本留学归国的著名文献学才俊何俊博士多年的悉心指导和帮助下,我在北京燕山出版社终于出版了《日本阳明学文献汇编》影印丛书。丛书收录了中江藤树、渊冈山、熊泽蕃山、三轮执斋、中根东里、中野义都、佐藤一斋、大盐中斋、吉村秋阳、山田方谷、横井小楠、奥宫慥斋、佐久间象山、春日潜庵、池田草庵、西乡南洲、吉田松阴、东沢泻等多位日本阳明学研究者的主要论著,共计 55 册。该书出版后,我收到很多来信,实感荣幸。尤其日本阳明学研究专家、浙江省稽山王阳明研究院副院长、绍兴文理学院鉴湖学者钱明先生对这套丛书的评价甚高,更使得我们年轻一代学者深感继续开展日本阳明学研究的必要性和紧迫性。

　　在整理日本阳明学文献的过程中,我最大的感受是自中江藤树开始,日本出现了如此之多的阳明学者。他们为了把阳明思想传播至日本社会,不但致力于阳明学的研究,而且其中部分学者更是直接对《传习录》进行了注释和翻译。鉴于此,我由衷地期望能有学者对他们的阳明学研究成果以及《传习录》译注本予以完整全面的呈现。

　　庆幸的是,这个等待的过程并不是很漫长。2022 年 10 月,我在绍兴文理学院举办的"越文化论坛 2022:越文化的历史传承与当代价值"学术研讨会上结识了本书作者丁青老师,一位非常勤奋谦逊且真诚的年轻学者。彼时丁老师说到,她在年初申报获批了浙江省越文化传承与创新研究中心自设课题"阳明学在近现代日本的传播、影响与评价研究——基于国民作家三岛由纪夫的视角"。以此为基础,2022 年 9 月,她又成功立项教育部人文社会科学研究青年基金项目"王阳明《传习录》在日本的译介与影响研究"。会后,我便收到丁老师的拜托,为其教育部课题结题论著作序。钦佩之余,我欣然答应。

丁老师作为日语老师,充分发挥其专业优势,将《传习录》的日译作为研究的重点,认真考察了阳明学在日本 400 多年来跌宕起伏的发展历史,让我们能够一窥日本学者对阳明学的尊崇与热爱之情。同时,丁老师还对现有的英、韩、俄译本进行了相对完整的介绍,描绘了一幅生动的《传习录》译介全景图。所以,本书既从纵向层面探讨了日本阳明学的整个发展历程及其思想特点,又从横向层面考察了当代日本阳明学的发展状况和价值。读完之后,深感此研究扎实深入,有新意,有价值。

阳明学作为宋明儒学的代表性思想之一,不仅对中国后世的发展产生了重要影响,还对日本的政治变革和社会发展产生了重大影响。中日学界主要就哲学领域的阳明学思想、阳明学对日本近世社会的影响、东亚阳明学的传播三方面展开了深入的研究,目前尚未发现以《传习录》在日本的译介与影响为主要研究对象的专著,故本书具有一定的开创性。

本书并未进行铺叙,而是选择从著作翻译的一个侧面展示了阳明学在日本逐渐成为"显学"的历史过程。众所周知,文献典籍的传播是文化传播中最主要的载体,《传习录》作为阳明学的核心文献之一,其在日本的传播路径、流变过程和思想观念的整理与释义等都值得更为细致地推敲和系统地研究。本书通过对《传习录》多个日译本全面而翔实地整理、校勘和考证,探索了阳明学经典文献在日本的传播及发展过程,进而展开了中国国学经典的外译和海外学术研究,这对"讲好中国故事,传播好中国声音",实现中国哲学走向世界、逐步构建中国哲学海外话语体系具有一定价值。同时,探索不同国度阳明思想与经济发展、社会进步的辩证关系,也对推进中国式现代化建设、社会主义精神文明建设具有借鉴意义。

习近平总书记多次指出,学术研究者的使命是让古籍活起来。然而,国内不少图书馆由于特殊的馆藏规定,很多孤本被束之高阁,甚至不让本校学者阅读和研究。这样的特殊规定,也让我们新时代的年轻人倍感责任重大,期望能最大化地让全球孤本早日影印面世,让更多的古籍"死而复生"。对阳明学文献的整理与研究,500年来,先贤们前赴后继。但由于阳明文献调研困难,题录错误较多,版本刊刻时间断定亦有问题,故而,大规模公开影印更不容易。丁老师因此数次前往北京的国家典籍博物馆、日本的国立国会图书馆和二松学舍大学图书馆,遍寻古籍,潜心整理,沟通中日学术互动,让古籍"活"起来。

丁老师的研究方向是日语语言文学,但对阳明学兴趣浓厚,研究阳明学有年,全力以赴,撰写完本书实属不易,值得鼓励。邀我作序,我倍感荣幸,却因才疏学浅不敢妄自评判,推托再三,而因故人之托,草就数语,略表敬佩之意。期望借此序,鼓励丁老师以及其他年轻的阳明学研究者在学术研究的道路上追求"致良知",践行"知行合一",也希望为阳明学在海外的译介与传播研究发挥更多的作用。同时,亦向丁老师表示祝贺,希望这本书成为她对日本阳明学研究的起点,也衷心期望她未来能有更多优秀的阳明学研究成果。是为序。

宁波财经学院人文学院副教授　邹建锋
2024年10月10日书于宁波江北区孔浦

目　录

绪　论

进入 21 世纪后,中国掀起了一股"阳明学热"的浪潮。有关王阳明的研究著述层出不穷,王阳明文集的出版也络绎不绝。与此同时,许多阳明学研究机构相继成立,各类阳明学研讨会的召开也是此起彼伏。而且,这种热潮并不仅仅局限于国内,在日本、韩国等曾经深受阳明思想影响的国家,研究者们同样也积极投入阳明学的研究与传播之中。"日本阳明学""韩国阳明学""东亚阳明学""西方阳明学"等一系列术语格外引人注目,引发了国内外阳明学研究的强烈共振,这为阳明学的迅速发展与广泛传播营造了良好的社会环境。

阳明学对日本的影响尤为深远。无论是在江户的幕末时期,一批维新志士以阳明学的"心即理""知行合一"和"致良知"等理念作为行动指南,揭开了明治维新运动的序幕;还是在明治维新以后,如杂志《阳明学》创刊词所说,阳明学是天下之道的直接体现,发挥了革新风纪、裨益国家的积极作用;又或者是在当代社会,日本积极倡导修习阳明学所蕴含的人格力量和文化定力,从而唤醒阳明学所具有的社会价值和积极意义,这些都充分说明了中国阳明学对日本社会影响的深度与广度。

文献典籍的传播是文化传播最主要的载体,代表阳明学思想体系理论基石的《传习录》,在日本同样经历了多重翻刻、译介、传播、演变的发展过程。对《传习录》展开译介与传播的研究,其实质就是掌握阳明学在日本发展以及深化的动态演变过程。

一、研究对象

王守仁(1472—1529)，本名王云，字伯安，号阳明，浙江余姚人。明代杰出的思想家、文学家、军事家、教育家，其创立的阳明学(又称王学、阳明心学、姚江学)是儒家一门重要的思想流派。完整的阳明学思想可见于《阳明全书》(又称《王文成公全书》)，由《传习录》《传习续录》《阳明先生文录》《阳明先生文录续编》《阳明年谱》及《世德纪》等整合而成。其中，《传习录》作为王阳明的讲学语录和论学书信之简集，是研究修习阳明心学最重要的著作，几乎包含了王阳明的全部哲学思想及其重要主张，堪称王门之圣书、心学之经典。[①]

王阳明建立的阳明学思想远播海外，特别是对东亚地区的社会发展和文化兴替作出了贡献。阳明学进入日本的时间，应该是在王阳明死后 80 年左右。[②] 到了 17 世纪中叶，《传习录》《传习则言》《王阳明先生文录钞》等阳明学典籍和刻本被刊印发行。1712 年，三轮执斋出版了《标注传习录》，他也由此成为第一位评注《传习录》的海外学者。此后，川田雄琴、吉村秋阳、东沢潟、东敬治、山田准、冈田武彦、近藤康信、岛田虔次、沟口雄三、吉田公平等众多日本学者都对《传习录》展开了深入研究，并出版《传习录》译注本。

《传习录》多个译注本的相继问世，极大地促进了阳明学在日本的蓬勃发展。在江户时期，《传习录》的译注本对日本社会封建思想的解体起到了重要的推动作用。阳明学宛如锐利的思想武器，刺破了封建思想的重重迷雾，促使人们开始对封建思想的束缚进行反思和抗争，为社会埋下了变革的种子。到了明治时期，这些译注本又为近代思想的启蒙奠定了坚实的基础，为人们打开了一扇眺望新世界的窗户，激发了日本民众对新知识、新观念的渴望，推动了日本社会在思想领域的现代化进程。在大正时期，《传习录》译注本为当时的民主自由风潮提供了丰富的思想资源，它们滋养着人们追求

---

① 王阳明：《传习录》，钱明，孙佳立注，哈尔滨出版社 2016 年版，导言第 1 页。
② 钱明：《阳明学在域外的传播、展开与影响》，《人文天下》2017 年第 23 期，第 18-19 页。

民主、自由和平等的精神,使得民主自由的理念在社会中广泛传播,为社会进步注入了强大的动力。在昭和时期,日本阳明学经历了变形、沉寂、复兴、稳步发展的过程,同时该时期也是《传习录》译注本最高产的时期。到了现当代,《传习录》译注本所蕴含的"致良知""知行合一""万物一体之仁"思想依然是日本社会发展和进步的重要精神动力源泉。

二、研究方法

本书主要采用文献研究、历时研究和语料库研究 3 种研究方法。文献研究通过收集分析阳明学相关文献,获取《传习录》在日本译介传播的背景等信息;历时研究按时间顺序,梳理《传习录》在日本不同时期的译介情况,展现其发展脉络和趋势;语料库研究基于《传习录》多语种语料库,量化分析不同语种译本之间的翻译特点,为研究提供数据支撑。

（一）文献研究方法

笔者充分利用国内的国家典籍博物馆、绍兴文理学院图书馆,以及日本的国立国会图书馆、二松学舍大学图书馆,还有美国的哈佛大学图书馆等众多图书馆的馆藏资源,共收集《传习录》日注本和日译本近 40 个版本。

通过选取具有代表性的《传习录》译注本,从译注底本的选取、日语语言文体的演变、译者个体的风格体现、译本蕴含的不同价值等多个维度展开细致的考察,从而全面深入地探究《传习录》译本的特点。与此同时,本书还对这些《传习录》译注者在阳明学研究方面所取得的其他丰硕成果进行了详尽的介绍。

此外,本书还对《传习录》在英语、韩语、俄语世界的外译本一并进行了系统梳理。这一工作不仅有助于阳明学研究者对《传习录》外译情况形成全面完整的认识,还从侧面强有力地印证了《传习录》在日本拥有深厚的研究根基以及漫长丰富的译介历史。

（二）历时研究方法

本书以《传习录》为研究核心,依照日本的年代划分方式,纵向梳理了

《传习录》在日本不同历史时期的传入历史、接受程度、流变原因、传播路径以及发展特点等，从而全面系统地研究了《传习录》在日本的传播轨迹。

在此基础之上，本书以《传习录》的译介和传播这一独特视角为切入点，对阳明学在日本的发展阶段进行了全新的划分。这一划分不仅详细剖析了不同阶段《传习录》译注本所展现的特点和逐步演变的发展趋势，还深入探讨了阳明学在传播过程中与日本本土思想文化之间的融合与冲突过程。通过对这些现象的深度挖掘，揭示阳明学在不同历史时期所蕴含的重要意义及其思想价值，探究了中国优秀思想文化在东亚文明交流互鉴的大背景下所发挥的重要作用。

（三）语料库研究方法

自 20 世纪 90 年代起，许多学者纷纷着手研制双语或多语平行语料库。双语或多语平行语料库的构建及其应用涵盖了语言、文学、文化、哲学等众多领域，且逐渐演变为推动本国优秀文化向外部传播的重要途径之一。语料库研究方法是一种以实证和统计为主要手段的研究方式，其通过对大量真实语言数据的收集、存储和分析，来揭示语言使用的规律和特征。

在整理《传习录》外译本相关信息的基础上，笔者团队创建了国内第一个"王阳明《传习录》多语平行语料库"。本书以该语料库为研究平台，深入探讨《传习录》日英译本的异同，这样可以有效避免基于过往经验和个人感觉而对译本特点产生主观性和片面性的判断，从而更加客观、科学地考察《传习录》的译介情况及翻译特点。

三、文献及数据整理

（一）《传习录》在日本的译注情况

从 1712 年三轮执斋刊发《标注传习录》开始，日本共出版发行了近 40 个《传习录》译注本。其中包括江户时期三轮执斋的《标注传习录》（1712）、佐藤一斋的《传习录栏外书》（1830）；明治时期东泽泻的《传习录参考》（1891）、东敬治的《传习录讲义》（1906—1907）；大正时期汉学研究会的《王阳明传习录提纲》(1922)、小野机太郎的《现代语译传习录》(1923);昭和时期山田准的《传习录》(1935)、近藤康信的《传习录》(1961)、守屋洋的《新释传习录:现代"阳明学"入门》(1985);平成时期林田明大的《真说〈传习录〉入门》(1999)、冈田武彦的《王阳明全集抄评释》(2006);令和时期吉田和男的《复苏于现代的阳明学:读〈传习录〉》(2020),等等。

(二)日本学者对《传习录》和日本阳明学发展史的研究

江户时期,儒家学者中江藤树被誉为日本阳明学派的开山鼻祖,他在《翁问答》(1640)、《大学考》(1647)和《大学解》(1647)中提倡孝、良知、静坐反省、去人欲、万物一体之仁等阳明思想,认为阳明学与日本传统思想之间存在高度的亲和力,有助于文武兼修,构筑人格修养。三轮执斋《标注传习录》的刊发,促进了日本阳明学理论水平的提高,对阳明学向中下级武士阶层的普及起到了相当重要的推动作用,被誉为日本阳明学的中兴之祖。到了明治时期,阳明学著述丰富,哲学家三宅雪岭的《王阳明》(1893),高濑武次郎的《日本之阳明学》(1898)和井上哲次郎的《日本阳明学派之哲学》(1900)等论著详细阐述了阳明学的思想特征和哲学意义。大正及昭和时期的汉学家安冈正笃深入研究王阳明的经典著述,出版了《王阳明研究》(1922)和《阳明学十讲》(1981)等书,并一生致力于用阳明思想等中国文化经典学说教育日本管理者。当代著名阳明学家冈田武彦著有《王阳明文集》(1970)、《阳明学的世界》(1986)和《现代阳明学》(1992)等书,是日本阳明学研究的领军人物,在国际儒学界也具有很高的声誉。

(三)中国学者对《传习录》日译和日本阳明学发展史的研究

钱明的《〈阳明全书〉的成书经过和版本源流》(1988)对日本九州大学、京都大学和筑波大学等机构所藏阳明学相关书籍进行了初步调查,向国内外学者提供了一部最新最全的《王阳明全集》。张菁洲的《〈传习录〉版本与传播研究》(2018)介绍了《传习录》在国内外的刊刻与流布情况,阐释了《传习录》的传播原因、特点及影响力。黄正萍的《王阳明文献集成》(2019)整理收录了明代中后期直到民国的 400 多年间的阳明学文献共计 141 种,其中包括了三轮执斋、佐藤一斋和安井小太郎三位日本学者的《传习录》译注本。邹建锋、何俊等收集整理了《传习录》的部分日译作品以及日本阳明学者的诸多理论性学术著作，共整合55册集成《日本阳明学文献汇编》（2021）出版。张菁洲的《图书的回环：王阳明文献在日本明治时期的传刻》（2022）考察了明治时期日本学者对王阳明文献的翻刻、整理与编纂情况，探讨了王阳明文献在日本的流传版本及其文化交流作用。此外，以吴震、钱明和邓红为主的中国学者则更多地围绕日本阳明学的思想特质及影响研究进行了深入阐释。

（四）《传习录》在其他国家的译介及传播情况

为探讨《传习录》在不同语言文化背景下的译介与传播情况，本书整理了《传习录》其他语种的译本，包括美国哲学与心理学家亨克的《王阳明哲学》（1916）、美籍华人陈荣捷的《传习录》（1963）、韩国学者金学主的《（新完译）传习录：王阳明的思想和学问世界》（2005）、中国学者金东辉的《传习录：朝鲜拒绝的良知学说》（2010）、韩国学者金容载的《传习录：实践中的知识分子呼吁改革》（2019）、俄罗斯汉学家科布杰夫的《俄语世界的王阳明与〈传习录〉研究》（2023），等等。

（五）"王阳明《传习录》多语平行语料库"建设情况

笔者团队于2023年6月自建完成"王阳明《传习录》多语平行语料库"。该语料库目前包括2个英译本和2个日译本，语料总数达18000余条，总计形符数40余万。值得一提的是，该语料库是截至目前国内唯一的《传习录》多语平行语料库。团队拟定于2025年进一步拓展该语料库，计划增加2个韩语译本和1个俄语译本的相关语料，从而建成一个一对七的"王阳明学说多语种数据库平台"，平台将涵盖完整的7个译本语料，同时还将包含《传习录》外译本一览表、字频统计表和学术术语对照表。"王阳明学说多语种数据库平台"的建设完成，将有助于更高效、更深入地开展《传习录》的跨语种翻译比较研究，也可以为中华优秀典籍的翻译实践和翻译教学提供理论支持和数据支撑。

四、研究价值

通过整理发现,《传习录》日注本、日译本就有近 40 个,阳明学相关文献则有数千,论著卷帙浩繁。

从研究成果来看,日本学者侧重于对王阳明及其后学的思想研究和阳明学的日本本土化研究,虽有对阳明著述的文本考据与解释,但系统性研究较单薄,对《传习录》本身的文献学、传播学、文学史和学术史等方面的意义解析缺少深入的挖掘;中国学者对部分《传习录》日译本进行了梳理,并研讨了若干日译本在编纂理念或意义诠释上的差异,但以简要点评为主,缺乏对《传习录》多个日译本的纵向比较研究,以及《传习录》单行本与集汇本不同系统之间的横向比较研究。因此,梳理《传习录》日注本、日译本及其他相关文献研究,厘清《传习录》译介历程,探究不同译注本的思想价值,考察阳明学在日本的传播情况与社会价值是本书的研究重心。

诚如开篇所述,进入 21 世纪后,中国兴起阳明学研究热潮。关于阳明学研究的优秀著作不胜枚举,其中关于阳明学的海外传播研究主要有以下3 部论著:浙江理工大学教授文炳团队撰写的《阳明心学海外传播研究》(浙江大学出版社)、宁波大学教授辛红娟、费周瑛主编的《异域"心"声:阳明学在西方的译介与传播》(浙江大学出版社)、美国中乔治亚州立大学教授伊来瑞撰写、闽江学院副教授吴文南翻译的《阳明学之欧美传播与研究》(学苑出版社)。

《阳明心学海外传播研究》系统梳理了涵盖 10 余个语种的阳明心学海外传播与研究的文献资料,通过对 10 余位海外阳明心学学者的访谈,深入探讨了阳明心学海外传播与研究的真实状况以及最新动向。《异域"心"声:阳明学在西方的译介与传播》收集整理了国内阳明学对西方传播研究的杰出成果,充分整合了阳明学界海外传播研究力量,全面展现了阳明学在西方世界的译介与传播情况。《阳明学之欧美传播与研究》依照时间顺序和研究维度梳理了阳明学在西方的研究状况,构建学术关联,勾勒了阳明学在西方研究的全景图。这 3 部著作的出版时间均为 2022 年，或许是巧合，但笔者更愿意相信这是为了纪念王阳明诞辰 550 周年的学术成果的经典呈现。

以上 3 本书均为阳明学海外译介研究之力作，本书在汲取前辈的知识体系及研究架构的基础上，立足于日本阳明学之视角，着重对《传习录》在日本的译介及传播进行研究①，其亮点主要体现在以下 3 个方面。

一是以时间为序，将《传习录》在日本的译介过程归纳为兴起、全面发展、多元发展、曲折发展和稳定发展 5 个阶段，并选取 20 余个对日本社会发展产生较大影响的《传习录》译注本予以细致考察。通过对《传习录》在日本的著录情形、评注特色和版本体系的考察，为阳明学典籍外译研究提供丰富的文献依据和坚实的学术支撑。当下，中日两国学者在《传习录》日译史整理方面尚无相关论著，故本研究具备一定的创新性。

二是深入挖掘了《传习录》译注本与日本阳明学发展的内在关联，尤其注重译介过程中的具体社会历史语境，客观真实地描绘了《传习录》在日本译介与传播的全景图谱。通过深入探究《传习录》日译与日本社会发展的联系，剖析了阳明思想在不同历史时期对日本社会发展所发挥的不同历史价值，同时也对日本阳明学的发展现状及其当代价值进行了深入探讨和归纳总结。

三是拓展研究范围，全面考察了《传习录》在东西方的译介情况。目前，中外学者主要围绕《传习录》英译本展开研究，而对《传习录》日译本、韩译本、俄译本的研究尚处于起步阶段。本书通过对《传习录》英、日、韩、俄译本的全面整理与介绍，为阳明学的思想学术史、外译史和历史社会学研究的开展提供了研究素材。同时，本书以自建的"王阳明《传习录》多语平行语料库"为基础，运用语料库研究方法客观比较分析了《传习录》英日译本的译介情况和翻译特点。

因此，本书的价值主要体现在以下 3 个方面。其一，对《传习录》在日本

---

① 为了充分呈现原译本的本质特征，本书在表达层面，特别是在一些专有表达和语录标题命名等方面，审慎地保留了译本的原语言表述形式，以确保能够忠实反映译本的特点。

的译介历程与传播历史进行全面考察,为阳明学典籍外译研究提供文献依据和学术支撑,为增强阳明学的文化活力提供有价值的参考。其二,深度挖掘阳明学的普适性价值,致力于提升中国阳明学的文化影响力,为解决当今社会面临的诸多共性问题提供有益的思想借鉴。其三,深入探究日本阳明学所蕴含的丰富思想内涵与社会价值,为促进不同文化之间的交流与融合、推动东亚文明的互鉴互通、共同构建和谐共生的东亚儒学文化圈发挥作用。

第一章

阳明学初传日本

阳明学诞生于明代，是由王阳明创立，并逐步得以发展壮大，隶属于儒学范畴的一种学说流派。自宋朝开始，程朱理学作为官学的儒家思想占据着社会的主流地位，构建起了一套完整且系统的修身、齐家、治国、平天下的学说架构。但程朱理学发展至明代，其中一些不合时宜的观念仍作为法定原则和取士标准，导致社会意识形态领域沉闷凝滞。尤其到了明朝中晚期，商品经济有所发展，市民阶层逐渐兴起，社会矛盾逐渐凸显，传统的思想体系难以有效应对现实问题，人们渴望用新的思想来指导生活和解决社会困境。在这样的社会大背景之下，阳明学顺应时代潮流和社会发展的需求应运而生。

阳明思想以"心即理""知行合一""致良知"为核心，主张内心与天理相通，认识与行动统一，通过修养和实践，恢复和扩充内心良知，实现道德的自我完善和社会的和谐发展。阳明思想的出现打破了程朱理学的僵化禁锢，为人们赋予了新的思考路径和精神依归，推动了思想的活跃以及创新，也激起了社会有识之士对于保有自由之精神和独立之人格、推进社会进步、共同维系封建社会秩序稳定等新理论思想的渴盼，在一定程度上助推了明代中晚期在政治、思想、文化和教育等方面的进步与发展。

阳明学不仅在中国国内产生了深远的影响，而且对周边国家，特别是对日本的社会发展发挥了重要作用，它推动了日本社会在思想观念、文化传承和民族精神塑造等方面的变革与发展，成为日本文化和社会进步中不可或缺的重要组成部分。

第一节 王阳明与日本的初次结缘

1513 年,王阳明 42 岁。此时,距离他那场影响深远的"龙场悟道"已经过去了 5 年。在这期间,他已然提出了"心即理""知行合一""诚意"等一系列重要的心学命题。但《传习录》尚未辑印成册,其著名的"致良知"学说也尚未被提出。因此,一个完整、成熟且系统的阳明学思想体系在此时尚未最终形成。

当年 5 月,王阳明在赴位于滁州的南京太仆寺少卿一职时,与大弟子徐爱(1487—1517)一起回了趟浙江余姚老家,故有记录"乃从上虞入四明……遂自宁波还余姚"①。其间与日本禅僧了庵桂悟(1425—1514)会面于宁波阿育王寺,两人谈及佛理禅宗,相谈甚欢。王阳明感叹其高尚品德及深厚修为,故作《送日东正使了庵和尚归国序》(见图 1-1)②赠与了庵桂悟,揭开了阳明学与日本交流的序幕。

图 1-1 《送日东正使了庵和尚归国序》

① 王守仁:《王阳明全集(新编本)》第四册,吴光,钱明,董平,姚延福编校,浙江古籍出版社 2010 年版,第 1242 页。本书为统一《传习录》语录内容及其他王阳明相关论著,原文内容均参照浙江古籍出版社 2010 年版的《王阳明全集(新编本)》,下同,不另作说明。

② 《送日东正使了庵和尚归国序》的原迹曾在日本大东急纪念文库创立 70 周年纪念作特别展陈。

　　了庵桂悟，日本伊势（现三重县）人，临济宗僧人，佛日禅师。1478 年起，担任东福寺住持。了庵桂悟不仅深谙佛教经典，还精通周易及庄子之道，因而门徒云集，广受敬仰，而且，他还得到当时的公卿三条西实隆（1455—1537）的举荐，经常为朝廷讲授禅学。日本阳明学者石崎东国（1875—1931）曾云：

　　　　余姚王学为中江藤树先生初传我日本，此今日三尺童子皆知之事。然我藤树先生在阳明没后八十年始生，且在其三十七岁时方得见《阳明全书》，是岂王学东传日本在阳明之后历百十七年之星霜耶？殊不知先百三十二年前，阳明先生四十二岁时，乃与一日本老僧发生交际，是后世学者不能不知了庵桂悟和尚其人也。①

　　日本禅宗起源于中国，于 12 世纪传入日本。荣西（1141—1215）是日本临济宗的开山祖师，他两次来到中国，深入研习中国临济禅。归国后，他竭尽全力将临济禅引入日本。荣西一生中最重要的著作是《兴禅护国论》，这是他禅学思想的集大成之作。他在书中强调"兴禅"可以"护国"，将禅宗与国家的关系紧密结合。这一观点得到了幕府将军源赖家的信奉和支持，为禅宗在日本的发展奠定了坚实的政治基础。

　　临济宗十四派的本山，几乎都在京都和镰仓。当时为模仿中国宋代禅宗五山十刹制度，镰仓五山和京都五山的僧侣们都致力于诗文研究，形成了所谓的"五山文学"。其后，日本遣明的正副使节，也多数由五山僧侣所担任。1505 年，室町幕府将军足利义澄（1481—1511）命令 80 多岁高龄的了庵桂悟作为遣明正使出使大明。1510 年，了庵桂悟首次出海，因海上风浪汹涌而被迫折返。次年，他成功抵达中国并完成使命，被明武宗（1491—1521）赐予金襕袈裟以示嘉奖。1513 年，他受明武宗敕令，前往宁波育王山

---

　　① 杨晓维、秦蓁：《了庵桂悟使明与阳明学之初传日本——基于〈送日东正使了庵和尚归国序〉真迹实物与文本的研究》，《史林》2019 年第 5 期，第 91 页。

广利寺,担任阿育王寺的住持。在此期间,了庵桂悟广泛交往于中国的权贵显要、文人才子之间,其中与王阳明的情谊尤为世人所称道。在这段交往的佳话中,王阳明亲笔题赠《送日东正使了庵和尚归国序》一文,不仅彰显了两人的友谊,而且在日本历史上镌刻下了不朽的印记。同年6月,了庵桂悟携带该序归国,后住在京都南禅寺和东福寺,1514年9月15日去世。其著作有《了庵和尚语录》和《壬申入明记》。

《本朝高僧传》《邻交征书》《拙堂文话》《大日本史料》四种书收录《送日东正使了庵和尚归国序》时都有全部录文,但文字互有异同,中国学者则都是转引《邻交征书》文字(如《王阳明佚文辑考编年(增订版)》等)。① 现将全序文移录如下:

送日东正使了庵和尚归国序

世之恶奔竞而厌烦挐者,多遯而之释焉。为释有道,不曰清乎;挠而不浊,不曰洁乎。狎而不染,故必息虑以浣尘,独行以离偶,斯为不诡于其道也。苟不如是,则虽皓其发,缁其衣,梵其书,亦逃租縣而已耳,乐纵诞而已耳,其于道何如耶。今所日本正使堆云桂悟字了庵者,年逾上寿,不倦为学,领彼国王之命,来贡珍于大明。舟抵鄞江之浒,寓馆于馹,予尝过焉。见其法容洁修,律行坚巩,坐一室,左右经书,铅采自陶,皆楚楚可观爱,非清然乎。与之辨空,则出所谓预修诸殿院之文,论教异同,以并吾圣人,遂性闲情安,不哗以肆,非净然乎。且来得名山水而游,贤士大夫而从,靡曼之色不接于目,淫哇之声不入于耳,而奇邪之行不作于身。故其心日益清,志日益净,偶不期离而自异,尘不待浣而已绝矣。兹有归思,吾国与之文字交者,若太宰公及诸缙绅辈,皆文儒之择也,咸惜

---

① 杨晓维,秦蓁:《了庵桂悟使明与阳明学之初传日本——基于〈送日东正使了庵和尚归国序〉真迹实物与文本的研究》,《史林》2019年第5期,第90页。

其去，各为诗章，以艳饰迴躅，固非贷而滥者，吾安得不序。

皇明正德八年癸酉五月既望，余姚王守仁书

从归国序中我们可以得知，王阳明对了庵桂悟给予了极高的评价。他称赞了庵桂悟虽年事已高但容貌整洁，品行高尚，始终不倦于学习，恪守戒律，内心清净且志向高洁，令人钦佩。不过，从目前文献来看，并未有了庵桂悟归国后，将王阳明的思想传播至日本朝廷或者社会民众的记录的考证。这一方面是因为两人交往时间短暂，另一方面则是与了庵桂悟归国一年后就去世有关。但日本学者都非常重视这一史实，哲学家井上哲次郎(1855—1944)认为了庵桂悟与王阳明的接触，是哲学史上绝对不可忽视的事实，哲学家武内义雄(1886—1966)更是明确指出日本阳明学之传，始于了庵桂悟。

年逾八旬的了庵桂悟，不辞辛劳远渡重洋奔赴中国，与王阳明进行了短暂却意义非凡的交往，并且获得了王阳明亲自撰写的赠序。这一历史性的交集，开启了中日两国在阳明学领域的首次碰撞与交流之旅，实在是一段值得被记入史册的珍贵篇章。

第二节　阳明学初入日本政治视野

1592 年，日本战国时期三杰之一的丰臣秀吉(1537—1598)正式发动对朝鲜的军事入侵，这一事件导致了大量中国书籍通过朝鲜流入日本，从而使朝鲜成为中国儒学东渡日本的重要桥梁之一。随后，德川家康(1543—1616)掌握实际政权。井上哲次郎在《日本阳明学派之哲学》叙论中第一段写道：

17 世纪初，德川氏平定海内，我国文运顿时兴盛。以藤原惺窝为首的学者开始倡导朱子学，林罗山继承这一思想，亦鼓吹朱子学，因此天下靡然，皆随其风。朱子学以建瓴之势逐渐巩固其根基。①

林罗山(1583—1657)，名忠，也叫信胜，道号道春，江户德川幕府初期的儒学者、林家始祖，师从近世儒学开创者藤原惺窝(1561—1619)。林罗山一生侍奉了德川幕府四代将军，其创建的林家派一直服务于幕府。林罗山开创的昌平坂学问所②(又叫昌平黉)培养出了大批尊崇朱子学的学者，他实现了朱子学的本土化，并成功用朱子学思想挑战了江户时期之前在日本占据主导地位的佛教思想，使朱子学成为德川幕府的官方学说。井上哲次郎论述道：

> 自崇奉朱子学的林罗山被德川氏聘用以来，朱子学成为三百年间官方的教育原则。③

林罗山曾提到"近年，王文成公全集至自明船者多"④，但从现有文献史料中来看，他并未直接涉猎《传习录》或其他阳明学者的论著，而只是阅读了朱子学派撰写的批判阳明学为异端的书籍，如陈清澜(1497—1567)的《学蔀通辩》和朝鲜学者李滉(1501—1570)的《传习录论辩》。尽管他站在批判的立场上辩斥阳明学，但他也因此成为在日本最早介绍阳明学的人。⑤

在江户时期，日本社会有很严格的等级门第之分，士农工商之间都有很明显的分级，在同一阶级内部也根据血统进行等级划分，而且日本并没有像中国科举制度那样给底层民众阶层流动的可能性。林罗山就曾言，"盖上下

---

①③　井上哲次郎：《日本阳明学派之哲学》，付慧琴，贾思京译，中国社会科学出版社 2021 年版，第 1 页。

②　昌平坂学问所即现在东京大学的前身。

④　吉田公平：「日本における陽明学」、ぺりかん社 1999 年、第 25 页。

⑤　吉田公平：「日本近代：明治大正期の陽明学運動」、『国際哲学研究』2018 年第 3 号、第 181 页。

定分而君有君道，父有父道。为臣而忠，为子而孝。其尊卑贵贱之位，古今不可乱"①，林家派强调要恪守封建社会的纲常礼仪，坚持"贫贱"与"富贵"的阶级性不可改变，视社会制度及社会秩序为永恒不变之理。然而，随着社会的不断发展，这种固化的思想观念与时代的趋势渐行渐远，其背离日益明显。

江户中叶，德川幕府财政陷入困境。尽管幕府尝试通过享保改革、宽政改革、天保改革等措施改善财政状况，但并未解决根本问题。财政困境导致了幕府对农民的剥削加重，加剧了农民与幕府之间的矛盾。同时，武士阶层作为统治阶级，虽享有特权，但下级武士由于贫困而逐渐农工商化，这也加剧了武士阶层内部的矛盾。随着社会矛盾的加剧，朱子学开始遭到了中下级武士及普通民众的强烈质疑和反对，阳明学则作为一种民间思想，以其独特的哲学观点和贴近民众的生活实践，慢慢传播开来。

阳明学具有平民主义特点，主要由民间学者提倡，所以日本社会自然而然地把朱子学与阳明学割裂成了官民之别。日本民众从阳明学中发现了一种阶层平等的可能性，将他们从威严的封建等级制度中解放出来，因此阳明学从一开始就遭到林家派的猜忌。1790 年，江户幕府甚至开始实施"宽政异学禁令"（宽政異学の禁）②，官方学校只能教授朱子学。此禁令一实施，从此官方层面的政治官员及官学教师都不能公然倡导其他学说。井上哲次郎评价朱王之学：

> 朱王二氏之学，原本就主旨相异，又有官民之别，岂能不相互倾轧？事实果然如此。阳明学被官方权势排挤而忧屈不得发展。③

---

① 朱谦之：《日本的朱子学》，人民出版社 2000 年版，第 192 页。
② "宽政异学禁令"是宽政 2 年，即 1790 年，江户幕府老中松平定信在宽政改革中实行的学问统制政策。
③ 井上哲次郎：《日本阳明学派之哲学》，付慧琴，贾思京译，中国社会科学出版社 2021 年版，第 2 页。

以林罗山为代表的林家派对阳明思想的批判与否定,一方面体现了阳明学作为儒家学说中的重要一支,开始受到日本政治界的关注与审视;另一方面,它也映射出了阳明思想在面临抨击与批判的艰难环境下挣扎求存的困境。但是,一个国家的指导思想只被一种思想所管控,而没有形成百花齐放、百家争鸣的局面,最后很容易陷入"偏执、顽固、荒诞,全失活力,成为死学"①,故随着当时日本社会矛盾的加剧,阳明学和日本的本土学派逐渐崭露头角,共同打破了朱子学长期以来的独尊地位。

中国阳明学能在日本传播的原因主要可以从两方面考虑。一方面是因为阳明学思想契合了当时日本社会的迫切需求。随着日本社会矛盾的不断激化,尤其是阶层分化与财政困局的日益严峻,民众对于新的精神支柱与解决路径的渴求愈发强烈。阳明学,作为一种充满活力的儒学新流派,其核心在于强调内心的良知觉醒与道德实践的统一,其核心理念如"致良知""知行合一"等,不仅与日本人崇尚实践、注重实效的民族性格高度吻合,还为当时社会提供了一套切实可行的道德指引与行动纲领,从而赢得了广泛的共鸣与接受。另一方面,这也与日本当时相对宽松的政治社会环境存在较大关联。尽管日本社会存在幕府的思想管制以及林家派的官学指导,后来甚至出台了"宽政异学禁令",然而日本幕府对于地方各藩的文教政策依旧是较为宽松的。加之日本未曾像中国、朝鲜那样推行以朱子学为根本的科举官僚制度,因此在江户时期,尽管朱子学占据了官方的显赫地位,它仍与阳明学、日本本土的古学②以及古文辞学③并列为儒学的四大流派。无论朱子学还是阳明学,它们都不仅仅是学术上的分野,更是当时有识之士与普通民众在实践伦理学领域进行个人选择与应用的体现。正是得益于当时相对开放

---

① 井上哲次郎:《日本阳明学派之哲学》,付慧琴,贾思京译,中国社会科学出版社 2021 年版,第 1 页。

② 古学是江户时期否定朱子学、阳明学的一个派别,是山鹿素行的"圣学"、伊藤仁斋的"古义学"、荻生徂徕的"古文辞学"的总称。

③ 古文辞学是指始于江户时期的荻生徂徕的儒教古学一派,盛行于江户中后期,在学术上批判朱子学,与伊藤仁斋的"古义学"相对抗。

与包容的政治氛围，阳明学才能够在日本的民间社会中传播，并逐渐被广大民众所接受。

阳明学对江户时期的武士阶层也产生较大影响。当时武士要进入儒学的殿堂，有两个选择：如果尊奉朱子学，以理为本，其充分条件是知识之积累；如果尊奉阳明心学，以心为本，其充分条件是心灵之净化。对于武力有余、文力不足的武士来说，阳明心学是武士进入儒雅圣堂的方便法门。武士向儒者转化手段和过程的简易化，既是江户初期社会的现实需要，也是武士阶层提升文化素养的最佳选择，而阳明心学为这种选择提供了最佳范本。①

第三节　日本阳明学派的萌芽与确立

17 世纪初，以藤原惺窝、林罗山为代表的日本儒学家大力推崇朱子学，促使朱子学逐渐被确立为日本官方教育的核心准则。朱子学的学者们致力于探寻理论依据，以稳固朱子学在日本官学中的正统地位，从而巩固幕藩体制和维护封建秩序。在这一历史背景下，儒学家中江藤树（1608—1648）另辟蹊径，把中国阳明学与日本的神道思想等加以结合，作出了独特的思想阐释，给日本思想界注入了崭新的活力，被后世认为是日本阳明学派的开创者。

一、中江藤树的思想体系和对阳明思想的接受融合

中江藤树是江户时期的武士、儒学家，本名为原，字惟命，号默轩，又号颐轩，近江（滋贺）人，因其经常在藤树下讲学，世称藤树先生，享有"近江圣人"之美名。

中江藤树著述甚多，有《大学启蒙》（1628）、《持敬图说》（1638）、《翁问答》（1640）、《孝经启蒙》（1642）、《大学考》（1647）、《大学解》（1647）等。中江藤树出生及活跃时间要比林罗山晚 20 年左右，他早期信奉朱子学，后获《王

---

① 施敏洁主编：《阳明心学在日本》，浙江大学出版社 2021 年版，第 25 页。

龙溪语录》读之,作诗《庚辰之岁旦》以表达接触阳明学的喜悦之情。其诗写道,"致知格物学虽新,十有八年意未真。天佑复阳令至泰,今朝心地似回春"①。后来"购得《阳明全书》读之,沈潜反复,大有所得……于是豁然开悟,多年之疑始释矣"②,由此可以明显看出中江藤树潜心学习阳明学后豁然开朗的心境,也能够从中窥视出他已开始从朱子学转向阳明学的迹象。

日本就实大学教授高桥文博(1948—)在《作为原型的中江藤树——阳明学在近世日本的发展(1)》一文中,从"皇上帝""太乙神""心内所生之身""福善祸淫""神道""权外无道,道外无权""致良知""主人公""心事原来是一也""凡夫皆能成圣"等10个方面系统归纳了中江藤树的思想体系。经过比较分析,本书认为以下4点明显体现出中江藤树受到了阳明学思想的影响。

第一,中江藤树在世界观上和王阳明一样是主观唯心主义的,讲求"心内所生之身"和"心事原来是一也"。中江藤树认为"心"是天地万物的本源,天地万物皆在孝德中,他说"心乃统体之总号、太极之异名,合理气,统性情,虽主一身,其实通天地有形之外,其大无外,其小无内,即造化之天,得在我者也"③。中江藤树吸收阳明学思想,重视"心"的主体性作用,而对外规范则采取相对自由的态度,且不认为现存制度与规范具有绝对的权威性,中江藤树强调内在的道德性,强调以自我之心作为善恶的标准,认为人们应通过"心"的检验而决定是非取舍,由此可以看出其思想内含着反体制的精神。

第二,中江藤树在行动上特别重视"孝"的实践,由此实现"明明德"和"致良知"。中江藤树在《翁问答》一书中提出,宇宙本源在于人之内在,从伦理上说所有人的本质都是相同的。对于人而言,这个本源体现为"孝"的原理,所有人应当以"爱敬"来践行"孝"。《翁问答》力求把深奥的理论简单化,把阳明学的思想观点普及到普通百姓心中,他认为万事万物都在"孝"的范

①　山下竜二:「中江藤樹の思想形成と漢詩」、『名古屋大学文学部研究論集』1980 年第 78 号、第 161 頁。

②　牛建科:《王阳明与日本》,《浙江学刊》1996 年第 3 期,第 47-48 页。

③　井上哲次郎:《日本阳明学派之哲学》,付慧琴,贾思京译,中国社会科学出版社 2021 年版,第 32 页。

畴里，不仅要孝顺父母，还要追本溯源，敬爱祖先、天地与万民。要想实现"孝"，就需要人们提高自身修养，做到"明明德""致良知""慎独"等内省功夫。中江藤树说，"知乃天理之贞德，心之神明"①，"明德者，上帝之在人者"②，"明德之本体，无所变化，寂然不动，神明昭昭"③，他强调要进行恢复本体的修养，本体既是良知又是明德的内在"皇上帝"。

第三，中江藤树在价值观上认可"权外无道，道外无权"，坚信凡夫皆能成圣。针对林家派所说的"上下分定之理"④，中江藤树认为礼仪法度都是圣人根据"时·处·位"而制定的，只具有相对意义。"时·处·位"即时间、场所与身份，意为不可拘泥于形式，要根据彼时的状况实施正确的行动，同时具备自主判断并契合当时状况的正确行动之能力。中江藤树认为"权"是圣人妙用神道之总名，"权"是"道"具体化之后应当实行的礼法，这样的礼法才应为所有人所遵守。中江藤树所提倡的自由道德思想，可视为他与朱子学的对立之处。值得注意的是，作为"人之师"的贤人，中江藤树特别提到了王阳明，但是朱熹（1130—1200）之名没有出现。他认为王阳明的心学思想是凡人通往圣人境界的道路，"行儒道者，天子、诸侯、卿大夫、士、庶人也。此五等人能明明德……真儒在五等中，不择贵贱、贫富"⑤。

第四，中江藤树认为日本的神道与中国的阳明学具有高亲和性。中江藤树从阳明心学倡导的"万物一体之仁"的角度，将神道和儒学结合起来同等对待。中江藤树认为神道包含了一切天神人物，神道的仁慈普降于万物，是神道之仁，而儒学中"亲亲而仁民，仁民而爱物"⑥，要求做到孝敬父母、仁慈民

---

①② 井上哲次郎：《日本阳明学派之哲学》，付慧琴，贾思京译，中国社会科学出版社 2021 年版，第 39 页。

③ 井上哲次郎：《日本阳明学派之哲学》，付慧琴，贾思京译，中国社会科学出版社 2021 年版，第 42 页。

④ 上下分定之理是林罗山为确立朱子学权威地位所提出的一种学说。这一学说旨在为幕藩体制的核心——身份制度提供理论支撑与正当化依据。林罗山认为，宇宙间的根本原理，即"理"，在人类社会的人际关系中具体表现为明确的上下身份关系，从而强调了社会秩序与等级制度的合理性。

⑤ 牛立忠：《日本阳明学的特质及其影响》，《通化师范学院学报》2017 年第 5 期，第 84 页。

⑥ 孟子：《孟子》，万丽华，蓝旭译注，中华书局 2007 年版，第 315 页。

众、爱护事物,对天地万物持仁爱之心,是儒学之仁。尽管神道与儒学在表现形式和侧重点上有所不同,但它们在根本上都追求一种对宇宙万物的仁爱之心。这种仁爱之心超越了宗教与文化的界限,成为连接神道与儒学的桥梁。

中江藤树的思想中包含了朱子学、阳明学、日本神道,其思想是否能完全被定义为阳明学尚有争论,但毫无疑问中江藤树的思想是在阳明学影响下形成的,之后受中江藤树影响的江户思想家都有其思想特质。从这个意义上来讲,高桥文博将中江藤树思想称为近世日本阳明学的原型毫不为过,山东大学教授牛建科(1959—)认为中江藤树思想是阳明学首次在日本开出了真正的花朵的比喻也恰如其分。

二、中江藤树的后继者们

中江藤树作为日本阳明学派的开创者,在近江开辟了日本阳明学的一脉道统,追随者众多,其思想体系对后世的日本阳明学者影响深远。许多《传习录》评注者、译介者皆受其思想的熏陶,而最直接受中江藤树思想影响,并继续传承并发扬阳明学思想的当属被誉为"藤门双璧"的渊冈山(1617—1686)和熊泽蕃山(1619—1691)这两位弟子。后人依据两人所推崇的思想侧重点的不同,将他们划分为存养派和事功派。

渊冈山,出生于日本陆奥(现仙台市),名惟元。其弟子为他编纂了《冈山先生示教录》和《冈山先生书简》等著作。渊冈山继承并拓展了中江藤树的思想,倡导内省和精神修养,重视德教,创立了存养派(又称内省派)。他在京都、大阪等地,向豪商、富农等广泛宣传中江藤树的思想。在他去世后,其长子秉持他的志向,继续开展讲学活动。

另一派是以熊泽蕃山为代表的注重实践、以改造世界为己任的事功派。熊泽蕃山原名伯继,生于京都。事功派作为日本阳明学派的主流学派,并非侧重于在阳明学理论上作出多么精妙的阐释,而是以勇于探索和敢于投身实践作为学派特征。熊泽蕃山具备经世之才,他于1641年创建了日本第一所藩校"花畠教场",1645年起出仕冈山藩,参与藩政改革,堪称一位积极的教育家和改革家。他从"心"的绝对性出发,肯定人的价值,认为万法一心,天地万物皆不外乎心,主张"性"与"心"是一致的。与中江藤树一样,熊泽蕃山的思想中同样带有朱王折衷的特点,同时主张阳明的良知说与朱熹的穷理说,提倡朱王兼修。他取朱熹、阳明之所长,会通理学、心学以发展自己的思想。他将阳明的"心"和朱子的"理"相结合,成就了经世济民的实学。蕃山的学说不是解释式的朱子学,而是因知识而行动起来的阳明心学;不是仅仅穷理的朱子学,而是诉求端正社会的行动的阳明心学。① 另外,熊泽蕃山思想更具特色的一点就是强调要将心法用于现实的治国,强调心学在政治、教育方面的实用性。熊泽蕃山对实践主体的灵性的肯定,对人的创造力的肯定,对人和人的生命本身的高度关怀和重视在日本代表了很多研究者的倾向,这种倾向把实践与改造社会统一起来,从而把日本的阳明学引向了事功主义。②

小　结

以中江藤树为代表的藤树学派的兴起,以及藤树学派思想在普通民众中的逐渐传播,被视为日本阳明学的发端与萌芽。在此之后,阳明学步入了一个相对较为沉寂的阶段。尽管其间仍有北岛雪山(1636—1697)、三宅石庵(1665—1730)、中根东里(1694—1765)等人致力于研习和弘扬阳明学以及藤树学,然而在接下来近百年的时间里,却并未涌现出具有较大影响力的阳明学者。一直到三轮执斋(1669—1744)的登场,方才开启了《传习录》在日本点校、评注以及讲学的新篇章。

---

① 施敏洁主编:《阳明心学在日本》,浙江大学出版社 2021 年版,第 38 页。
② 牛立忠:《日本阳明学的特质及其影响》,《通化师范学院学报》2017 年第 5 期,第 86 页。

第二章

江户时期

——《传习录》评注兴起

　　江户时期从德川家康在 1603 年被委任为征夷大将军开始,至 1867 年德川庆喜(1837—1913)大政奉还为止,全时期约 260 年。江户时期是日本历史上持续时间最长的和平时期,社会稳定后,原先以战功获取名利地位的途径走不通了,一般人只有通过研习学问才能受到尊敬,得到较高的地位,如江村专斋(1565—1664)、林罗山、松永尺五(1592—1657)、山崎闇斋(1619—1682)等人都是学而优则仕的典范。其中,撰写汉诗文无疑是显示自己学问修养的最好手段,这也直接促进了汉文学的发展。

　　江户幕府重视教育事业,如德川幕府把林氏的家塾升格为幕府直属的官方学校,培养了大批高级人才。有识之士和乡绅也开办了不少私塾,而汉籍的研读和汉诗文的写作正是这类学堂教学的重要内容。[①] 求学必须有书,尽管当时幕府采取锁国政策,但中国书籍仍然通过长崎这个港口大量输入。此外,室町末年,西方传教士向日本传入了印刷机器,丰臣秀吉侵略朝鲜时也掠夺了一些印刷机和铜活字,这使得江户时期日本印刷技术取得了快速发展。

　　日本国内对书籍的巨大需求,以及印刷技术和条件的改进,极大地推动了出版业的发展,有力地促进了汉文学的昌盛。同时,社会环境的稳定,交通网络等基础设施的不断完善,带动了各类产业的蓬勃兴起。由此,汉文学

---

① 　陈福康:《日本汉文学史》中册,上海外语教育出版社 2011 年版,第 12-13 页。

教育和儒学教育均已具备向普通武士、普通民众普及的社会条件。正因为如此，在江户时期，不仅《传习录》等阳明学典籍的多个和刻本得以刊发，还出现了4个《传习录》译注本（见表2-1）。

表2-1 江户时期的《传习录》日注本、日译本

序号	日注本、日译本（日文/中文）	姓名	出版社	时间
1	標註伝習録/标注传习录	三轮执斋	积玉圃	1712
2	伝習録筆記/传习录笔记	三轮执斋述、川田雄琴记	当时未出版，后被收录于"汉籍国字解全书"出版	1713
3	伝習録欄外書/传习录栏外书	佐藤一斋	当时未出版，后有启新书院版等多个版本	1830
4	王学提綱/王学提纲	吉村秋阳	川胜鸿宝堂	1861

第一节 首部海外《传习录》评注本的诞生

1648年，中江藤树去世，在其遗著出版的同时，《传习录》和刻本也随之出版。《传习录》和刻本以1602年刊行的杨嘉猷（1551—?）版为祖本，此后该和刻本一直在日本占据着通行本地位，直到1712年三轮执斋的《标注传习录》面世，才正式开始了《传习录》在日本的评注和译介研究。有了《传习录》和刻本和日注本之后，便如拥有了一把钥匙，为日本民众开启了王阳明思想的宝库之门。

一、《传习录》版本简述

《传习录》版本甚多，本书简要介绍传至日本，并对日本《传习录》译介与传播起到较大影响的11个版本。具体如下：

1. 明代薛侃初刻

薛侃(1486—1546),字尚谦。1518 年,薛侃将徐爱记录的 14 条语录(其笔录 14 条中,开头有 2 篇序,后附 1 篇跋语)加上自己记录的 35 条,陆澄记录的 80 条,总计 129 条汇编成一册,得到王阳明同意后在江西虔州刊行。此为初刻,也即今通行本《传习录》之上卷。

2. 明代南大吉续刻

南大吉(1487—1541),字元善,号瑞泉。1524 年,南大吉以初刻《传习录》为上册,又以王阳明的《论学书》9 篇为下册,合成二册刊印,卷首有大吉之序。其 9 篇为《答徐成之书》2 篇、《答陆原静书》2 篇、《答顾东桥书》、《答周道通书》、《答欧阳崇书》、《答罗整庵书》、《答聂文蔚书》。

3. 明代南大吉兄弟德安府重刊本

1544 年,南大吉兄弟校刊发行。上册(4 卷)包括徐曰仁录、陆原静录、薛尚谦录(以上与初刻、续刻相同)、《答欧阳崇书》、《答聂文蔚书》3 篇。下册(4 卷)为《答徐成之书》2 篇、《答储柴墟书》2 篇、《答何子元书》1 篇、《答罗整庵书》1 篇、《答人论学书》、《答周道通书》、《答陆原静书》2 篇、《示弟立志说》4 则和《训蒙大意》6 则。

4. 明代钱德洪续录《传习续录》

钱德洪(1496—1574),字德洪,改字洪甫,号绪山,人称绪山先生。1528 年,钱德洪奔丧,讣告同门,收集同门诸子记录。钱德洪择取若干,并连同自己记录的语录与文录,想要刊行,但未实现。1555 年,同门曾才汉得钱德洪手抄,又再次广为采辑,名曰《阳明先生遗言录》,刻之于荆州。德洪读之,删除重复部分,留三分之一,以《传习续录》命名。该过程可见于通行本上钱德洪的跋文。

5. 明代闾东刻本

闾东(1505—1564),字启明。续刻《传习录》,名为《阳明先生文集》,载南大吉序,以南大吉刻本为底本,选取薛侃《传习则言》和钱德洪所刻《文录》

中的语录加以完善。并于黄省曾所录第 315 条后增加 1 条,今录于卷末为拾遗第 5 条。

6. 明代钱德洪增刊

钱德洪最后一次增补。1556 年,钱德洪收集《传习续录》缺失的内容,增补 1 卷,称补遗,与续录合并、增刻。此事可见于跋文。补充陈九川(1494—1562)所录 21 条、黄以方(1500—1559)所录 15 条、黄修易所录 11 条、黄省曾(1490—1540)所录 19 条,补遗 27 条。

7. 明代谢廷杰《王文成公全书》

谢廷杰(?—1588),字宗圣,号虬峰、舜卿。1572 年,谢廷杰巡按浙江时,将王阳明的各种著作合而刊之,仿照《朱子全书》体例,称之为《王文成公全书》。全书共 38 卷,分为《传习录》3 卷、《文录》5 卷、《别录》10 卷、《外集》7 卷、《续编》6 卷、《年谱》5 卷和《世德纪》2 卷。该版本将所有阳明文献汇集一起,形成一个完整的阳明学派体系,学者认为《全书》最为完备可靠。

8. 明代杨嘉猷重刻本

杨嘉猷,字原忠,号荆山、荩斋。1602 年,杨嘉猷得钱德洪原本并校刊,又增加《阳明先生咏学诗》《论俗四条》《客坐私祝》等篇。开头有焦竑(1540—1620)的《刻传习录序》和杨嘉猷的《重刻传习录小引》,后附张可大、白源深、许有声的《重刻传习录跋》跋文。包括卷 1:同钱德洪本;卷 2:《答顾东桥书》、《答陆原静书》、《答欧阳崇书》、《答罗整庵少宰书》、《答聂文蔚书》2 篇、《教约》5 则;卷 3:同钱德洪本,附录《朱子晚年定论》;卷 4:杨嘉猷选辑的《阳明先生咏学诗》,附刻《示徐曰仁应试》《论俗四条》《客坐私祝》。

9. 明代施邦曜本

施邦曜(1585—1644),字尔韬,在原书基础上采用传统的眉批方式,编《阳明先生集要》。将王阳明著作分为理学、经济、文章 3 个部分。其中《理学编》4 卷、《经济集》7 卷、《文章集》4 卷,共 15 卷,附《年谱》1 卷。《理学集》

卷 1 为《传习录》，即今之上卷，共 116 条。卷 2 为《语录》，共 81 条，选自今之下卷。中卷之《论学书》6 篇则入卷 3 书札。

10. 清代俞嶙本

俞嶙(1628—1691)，字仲高，号嵩庵。编《阳明全集》22 卷，内有《传习录》1 卷，《语录》1 卷。1673 年刻于江州。《传习录》1 卷，为今之上卷，包括徐爱录 14 条，序跋各 1，陆澄录 81 条，薛侃录 35 条。《语录》1 卷，为《传习录》下卷，包括陈九川录 19 条、黄以方录 53 条、黄修易录 11 条、钱德洪录 67 条。《传习录》中卷之《论学书》，载于卷 1 至卷 4 书札。

11. 当代陈荣捷本

陈荣捷(Chan Wing-tsit，1901—1994)，美籍华人，1983 年由学生书局出版《王阳明传习录详注集评》。该书略述《传习录》版本流传，交代了《传习录》3 卷的形成过程，并参考中、日两国 10 余种《传习录》版本，30 余种《传习录》注评版本。做到注中有词必释，有名必究，引据典故，悉溯其源。从《王文成公全书》抄出 4 条，从日本儒学家佐藤一斋(1772—1859)的注评版本中增补 37 条，又从《年谱》中抄出 10 条，一共拾遗 51 条，为诸本《传习录》与注评版所未见。

日本的《传习录》和刻本始于杨嘉猷本(见图 2-1)。[①] 该书在《中国古籍善本书目》等未有记录，国内图书馆等都未有所见，但在日本的静嘉堂文库及日比谷图书馆等藏有和刻本，虽有数次改版，但具体改动不详。

二、三轮执斋其人

杨嘉猷是南中王门著名学者，阳明心学名臣，著名教育家，王阳明文献的重要传播者。杨嘉猷版《传习录》传至日本后，儒学家三轮执斋以杨嘉猷和刻本为底本，考订标注《传习录》，于 1712 年刊行《标注传习录》。

---

① 本村昌文：「岡山大学附属図書館小野文庫蔵『伝習録』について」，『楷：岡山大学附属図書館報』2022 年第 75 号、第 2 頁。

图 2-1　明代杨嘉猷《传习录》和刻本封面

三轮执斋，京都人，名为希贤，号执斋、躬耕庐。起初他在山崎闇斋学派佐藤直方(1650—1719)门下研习朱子学，认为孔孟之学尽在朱子书中。三轮执斋虽师从朱子学派佐藤直方，与首倡阳明学的中江藤树、熊泽蕃山等并无学脉关联，但他非常尊崇中江藤树，称赞中江藤树为姚江之后第一人。三轮执斋在 1698 年获得《王文成公全集》后，思想开始向阳明学倾斜。他在一封信中写道：

　　仆三十年前，始读新建书，觉有少所益，而后只管信之如神明。
　　今仆年六十而万无一得，虽然，于求德于己，而不责道于人之志，则三十年来如一日。每求助于君子相共成之外，无他心矣。①

三轮执斋在《标注传习录》序言中，解释了他受筱山侯委托，标注《传习录》的缘由。"我京尹筱山源君景仰其德，笃信其学，政务余暇，使希贤讲《传习录》，且考定刻行之"②，三轮执斋固辞不得后，遂接受筱山侯委托，以杨嘉猷刻本作底本，于1711年8月着手标注《传习录》本文并添加注释，翌年完成校勘，出版《标注传习录》。由此他成为第一位评注《传习录》的日本学者，也是第一位评注《传习录》的海外学者。

井上哲次郎在《日本阳明学派之哲学》中说：

> 执斋对我国学术界最大的贡献是翻刻《传习录》。在执斋所处的时代，藤树已经去世，不久蕃山也辞世而去，发源于江西的王学突然遭受挫折，虽然东有中根东里，西有三宅石庵，但他们都无法大力发扬王学。那时，虽然执斋也非常勤勉，但无法与堀川③或蘐园④的势力相匹敌。然而，他翻刻《传习录》在振兴王学方面功劳颇大，实际上这是正德二年(1712)壬辰九月三十日的事，而阳明也出生于成化八年(1472)壬辰九月三十日，故与阳明的诞辰、干支月日相同，加之阳明生于成化年间，而他生前最活跃的却是正德年间，因此，年号也偶然相同。⑤

---

① 井上哲次郎：《日本阳明学派之哲学》，付慧琴、贾思京译，中国社会科学出版社2021年版，第198页。
② 井上哲次郎：《日本阳明学派之哲学》，付慧琴、贾思京译，中国社会科学出版社2021年版，第190页。
③ 堀川指堀川学派，即古义学派，是江户时期古学派中的一个流派，创始人伊藤仁斋。
④ 蘐园指蘐园学派，即古文辞学派，亦称徂徕学派，代表人物荻生徂徕，与古义学派同属古学派。
⑤ 井上哲次郎：《日本阳明学派之哲学》，付慧琴、贾思京译，中国社会科学出版社2021年版，第189页。

《标注传习录》的刊发日期与王阳明诞辰的干支月日相同，年号也偶然相同，故为世人称奇，也成为阳明学振兴之征兆。

三、《标注传习录》的版本学特征

（一）《标注传习录》的构成介绍

三轮执斋在标注《传习录》时，以杨嘉猷本为底本，其他刻本亦有所参考。《标注传习录》共分为上中下 3 卷和附录，共 4 册。内容包括上卷：同初刻传习录；中卷：钱德洪本，另加《示弟立志说》《训蒙大意》《教约》；下卷：钱德洪本，另加《朱子晚年定论》；附录包括《大学古本序》《大学问》《示徐曰仁应试》《论俗四条》《客坐私祝》《王文成公年谱节略》。

三轮执斋在《标注传习录》中，删除了杨嘉猷本所收录的《阳明先生咏学诗》，增加了《大学问》和《王文成公年谱节略》。《大学问》是王阳明对《大学》的阐释，最能体现王阳明晚年时期的思想，也是良知心学的顶峰，阐述了通过真诚恻怛的诚爱之心，达成万物一体之仁，最后实现理想的大同社会的阳明思想。《王文成公年谱节略》则为掌握王阳明的生平事迹和思想形成过程提供便捷材料。

《标注传习录》在日本流传甚广，对阳明学在日本的传播上功绩甚大。其主要版本有：明治中大阪文海堂重印本；明治中大阪青木嵩山堂重印本；京都书肆风月庄左衛门刊本；阪府书肆前川善兵卫刊本；明治中京都山田茂助印本；明治中京都钱屋惣四郎印本；京丁字屋藤吉郎等后印；大阪柳原喜兵卫刊本；大正十三年洗心洞文库刊本；大阪河内屋喜兵卫刊；明治中大阪冈岛真七等重印；明治中浪华冈田群玉堂重印本等。① 本书以浪华书林积玉圃制本的《标注传习录》（见图 2-2）为例进行考察。

卷首写"《标注传习录》附《古本大学》，王阳明先生著，浪华书林，积玉圃

---

① 张菁洲：《图书的回环：王阳明文献在日本明治时期的传刻》，《新世纪图书馆》2022 年第 1 期，第 79 页。

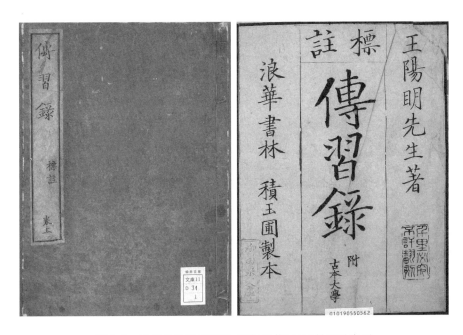

图 2-2　浪华书林积玉圃制本《标注传习录》封面及扉页

制本”，右下方有“千里必究，不许翻刻”。

上卷序言中介绍了《标注传习录》的底本：

　　案通行刻本有杨荆山小引，焦琅琊序，张可大、许有声跋，并述
刊行重刻之由，而于本文无系焉，若杨氏虽曰得绪山原本，未见其
必然也，故今皆不载，然数子之有功于此书，固不为鲜，则非忍去
之，但为读者省其烦耳，通本具在，就而求之可也。①

《标注传习录》的目录如图 2-3 所示。日本后世诸多评注本与译本，纷
纷以此版本作为底本或直接参考，故现将全书目录完整记录如下，以供研究

---

　①　三轮执斋：『標注伝習録』上、積玉圃 1712 年、第 1 页。为便于理解，本书添加了标点符号。

参考之用。①

上卷：

徐曰仁所录凡一十四条（并序二篇，跋一篇），陆原静所录凡八十条，薛尚谦所录凡三十五条，合一百二十九条。案《年谱》，门人薛侃得、徐爱所遗《传习录》一卷、序二篇与陆澄各录一卷刻于虔是也。

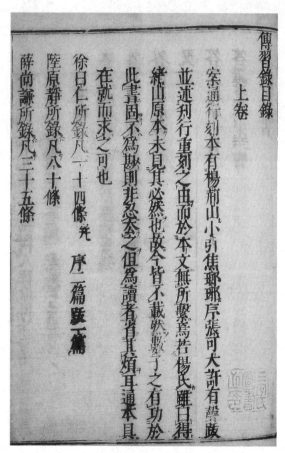

A

---

① 原目录未含标点符号。为便于理解，以吴志远、李小希的《标注传习录》为主要参考，添加之。

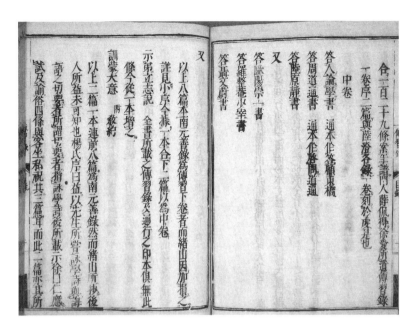

B

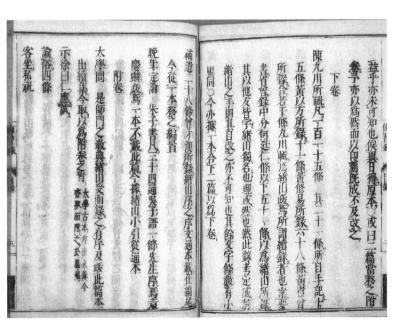

C

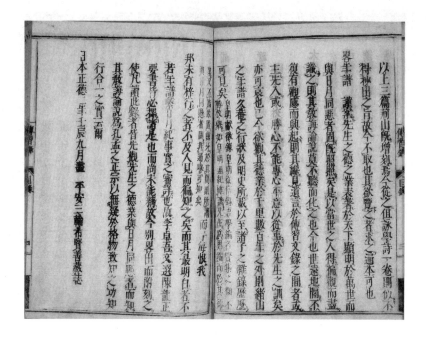

D

图 2-3　浪华书林积玉圃制本《标注传习录》目录

中卷:

答人论学书(通本作答顾东桥),答周道通书(通本作启问道通),答陆原静书。

又答欧阳崇一书,答罗整庵少宰书,答聂文蔚书。

又以上八篇本南元善录,为《传习》下卷者,绪山因加损之,详见小序。今据一本合下二篇,以为中卷。

《示弟立志说》(全书所载之《传习录》及通行之印本俱无此条,今从一本增之)。

《训蒙大意》(附《教约》)。

以上二篇,一本连前八篇为南元善录,然而绪山所抄,后人所益,未可知也。杨氏序曰益以先生所尝咏学诗与诲语之切要者。所谓切要者,指咏学诗后所载《示徐曰仁应试》及《论俗四条》与《客坐私祝》共三篇耳,而此二篇亦其所益乎？亦未可知也。俟异日得原本。或曰二篇当移之附卷,予亦以为然,而以印刻既成,不及改之。

下卷：

陈九川所辑凡一百一十五条,其二十一条所自手记,十五条黄以方所录,十一条黄修易所录,六十八条黄省曾所录,合若干条九川辑焉,绪山跋焉。所谓《续录》者也,案《要书》省曾录中,分何廷仁条以下五十一条,以为绪山所录,其以他友皆字,绪山独名也,理或然也。然此录考定成于绪山之手,则其自改之,亦不可知也。其余文字条数有小异同。今亦据一本合下二篇以为下卷。

补遗二十八条：曾才汉所录,绪山序之。序文通本载在编尾,今从一本移之编首。

《晚年定论》：朱子书凡三十四通,吴子语一条,先生序焉,袁庆麟跋焉。一本不载此篇,今据绪山小引从通本。

附卷：

《大学问》,是师门之教典,绪山受而录之,有序及跋。此篇本出续集,今取以为附卷之首。《大学》古本,序出文录,今亦取而附之于篇端。

《示徐曰仁应试》《论俗四条》《客坐私祝》,以上三篇荆山既增刻焉,今从之,但咏学诗一卷,则似不得抄出之旨,故今不取也。其欲览之者,求之通本可也。

《略年谱》。

(二)《标注传习录》的评注特点

三轮执斋采用"汉文训读"(漢文訓読)加"训点"(訓点)的方式对《传习录》进行评注,以徐爱序为例考察其评注特点(见图2-4)。

《标注传习录》在页面的天头进行眉批注释,日语称之为"頭注"。随着大量中国典籍传入日本后,日本学者为便于学习和作标记,会在书籍正文的

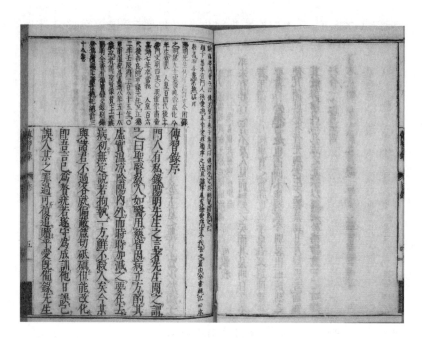

A

B

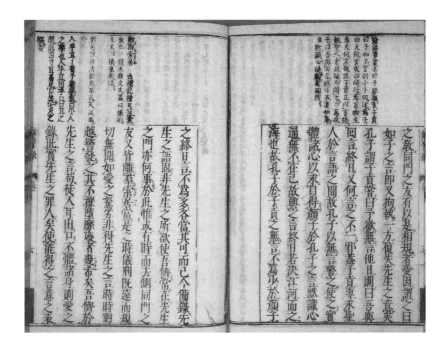

C

图 2-4　浪华书林积玉圃制本《标注传习录》徐爱序

空白栏处写上注释、解说、评论等。根据书写位置不同,标注在上方的叫作
"頭注",标注在正文左右的叫作"側注",在正文下方进行标注的叫作"脚注"
或者"割注",另外在书末结尾进行标注叫作"後注"。《标注传习录》采用"頭
注"方式,为"頭注本"。

正文采用"汉文训读文",日语称作"漢文訓読文"。汉文传入日本后,日
本人为对其进行阅读并按日文语序理解其含义,发明了一套解读汉文的方
法,称为"汉文训读"。简单地说,"汉文训读"就是日本人通过各种"训点"在
汉文中表示阅读语序来解读汉文的方法。所谓"训点",是在汉字之行或字
间加以符号,用勾或点以及"一、二、三"或"甲、乙、丙、丁",有时加日文之助
辞,使之前后相接,并就其断句分段,同时表示出汉字何时读汉字,何时用日
语发音。"汉文训读文"方式起源于奈良时期,在平安朝中期至末期之间得

到普及，江户时期的多数和刻本都已添加了具有日式读法的"训点"。

另外，古代日语文体体裁较为复杂，但江户时期的学术著作仍然以"汉文体"（漢文体）撰写为主。"汉文体"可分为两类，一类是完全用汉文书写的不加"训点"的"白文"（白文）文体，另一类则是"汉文训读体"（漢文訓読体）。"汉文训读体"是指日本人模仿汉文训读方式进行本土创作的文体，其文体特征类似"汉文训读文"，即在保持汉文语序构成的同时，用日语文体进行表达的文体。

"汉文训读体"与"汉文训读文"两者只有一字之差，可见它们有一定的关联，却是两个不同的概念。因为"汉文训读体"是一种日文文体名称，这种文体最主要的特征就是所作成的日文类似"汉文训读文"，但它并不是依据汉文训读而来，而是日本人独创的作品，不是"译文"。而"汉文训读文"则必定存在汉文原文，是一种通过汉文训读这一特殊方式从汉文翻译而来的"译文"。①

除了"汉文体"外，日语中还有"和文体"（和文体）、"宣命体"（宣命体）和"和汉混淆体"（和漢混淆体）等。"和文体"是指在平安时期女性用平假名书写物语、日记的口语文体，如《源氏物语》《竹取物语》等。"宣命体"是指使用汉字对万叶假名等和文进行标记的文体，在宣布命令或者神社祝词等场合使用，如《续日本记》《今昔物语集》就有出现。"和汉混淆体"是指融合了"和文体"和"汉文训读体"的文体，一些学者的随笔散文、文学作品或启蒙类著作就以"和汉混淆体"撰写，如《平家物语》《徒然草》等，"和汉混淆体"发展到明治时期也叫作"和汉折衷体"（和漢折衷体）。

《标注传习录》的正文部分采用添加"训点"的汉文训读形式，达成了汉文的直译。这种方式不但保持了汉文的原典性，契合了当时日本主流社会的需求，而且适合日本人朗诵，为向日本社会普及中国典籍提供了便利，可以说实现了汉文原典学习与日语诵读的高度融合。

---

① 吕顺长编著：《日本近代文书解读入门》，浙江工商大学出版社 2024 年版，第 184 页。

（三）《标注传习录》的社会评价

《标注传习录》的精髓就在于"标注"。该书对《传习录》的每条语录进行批注，阐释文字和语句的由来，说明文献典故的出处及来源。这种批注形式其后成为日本学者训释学术典籍的范例。三轮执斋的批注参考了钱德洪的《年谱》、黄绾（1480—1554）的《阳明先生行状》、李贽（1527—1602）的《王阳明文选》以及《明史》《皇明从信录》《吾学编》《两浙名贤集》《皇明通纪》《阳明先生要书》等，甚至还包括佛教典籍《祖庭事苑》、朝鲜的《李退溪集》等。

《标注传习录》虽在义理论述上有较为简略贫乏之感，但皆以孟子（前372—前289）论述和程朱之书为依据，其刊发取代了原来杨嘉猷版通行本的地位，在日本流传甚广。陈荣捷评价："此《标注传习录》乃日本二三百年以来之基本版本。标注颇详。"①浙江省稽山王阳明研究院副院长钱明（1956—）认为，三轮执斋的最大功绩是标注出版了连当时中国也未标注的《传习录》，推动了日本阳明学理论水平的提高，这些著作对阳明学普及到中下武士阶层起到了相当重要的推动作用。通过诠释注解的方式，阳明学很快就实现了日本化和通俗化。

四、三轮执斋之《四言教讲义》

《标注传习录》是首个对《传习录》进行点校的海外评注本，但该书并未就阳明思想展开深入的论述或探讨。在此之后，三轮执斋继续撰写了《格物辩议》《拔本塞源论私抄》《四言教讲义》等，对阳明学某一特定思想进行专题论述。1924年，日本阳明学研究者高濑武次郎（1868—1950）将其收录并编纂《三轮执斋》，由三轮繁藏出版社出版。

---

① 陈荣捷：《王阳明传习录详注集评》，华东师范大学出版社2009年版，第7页。

在《标注传习录》公开出版的第 15 年，也就是三轮执斋 59 岁的时候，他发表了《四言教讲义》一文。《四言教讲义》是对王阳明"四句教"教义的阐发和思辨，对后来阳明学研究者的影响最大。井上哲次郎评价《四言教讲义》是研究阳明学的金玉之作，钱明也认为三轮执斋的阳明学论主要反映在其所著的《四言教讲义》中。"四言教"指的是《传习录》下卷的"无善无恶是心之体，有善有恶是意之动，知善知恶是良知，为善去恶是格物"①这句话，国内一般称之为"四句教"。三轮执斋先就"四言教"作归纳性阐释，再进行了细致分析（见图 2-5）。

A

---

① 王守仁：《王阳明全集》第一册，吴光，钱明，董平，姚延福编校，浙江古籍出版社 2010 年版，第 128 页。

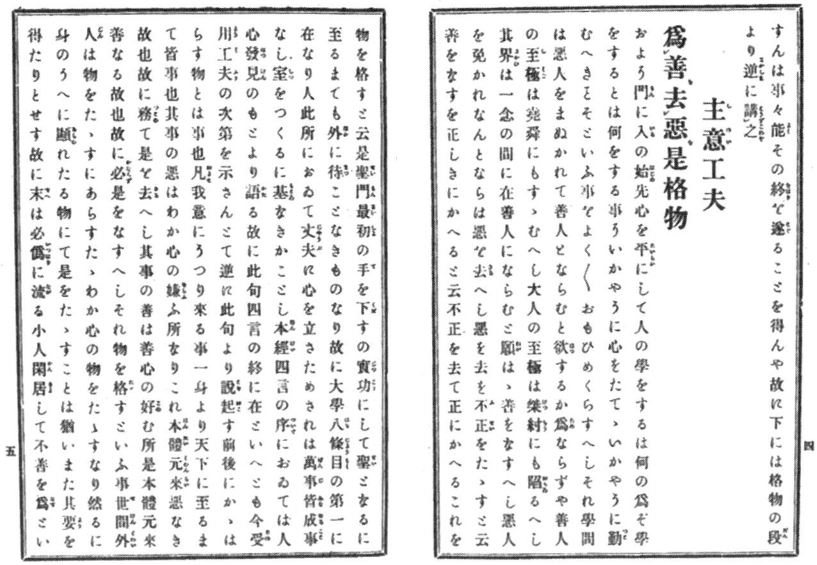

すんは事々能その終で逢ることを得んや故に下には格物の段より逆に講之

主意工夫

爲善去惡是格物

およう門に入の始先心を平にして人の學をするは何の爲ぞ學をするとは何をする事ういかやうに心をたてゝいかやうに勤むへきとそといふ事そよく／＼おもひめくらすへしそれ學問は悪人をまぬかれて善人とならむと欲するか爲ならずや善人の至極は堯舜にもすゝむへし大人の至極は桀紂にも陥るへし其界は一念の間に在善人にならむと願はゝ善をなすへし悪人を免かれなんとならは悪そ去へし悪を去を不正をたゝすと云善をなすを正しきにかへると云不正を去て正にかへるこれを

四

物を格すと云是聖門最初の手を下すの實功にして聖となるに至るまても外に待ことなきものなり故に大學八條目の第一に在なり人此所におゐて丈夫に心を立さためされは萬事皆成事なし室をつくるに基なきかことし本經四言の序におゐては人心發見のもとより語る故に此句四言の終に在といへとも今受用工夫の次第を示さんとて逆に此句より説起す前後にかゝはらす物とは事也凡我意にうつり來る事一身より天下に至るまて皆事也其事の悪はわか心の嫌ふ所なりこれ本體元來悪なき故也故に務て是そ去へし其事の善は善心の好む所是本體元來善なる故也故に必是をなすへしそれ物を格すといふ事世間外人は物をたゝすにあらすたゝわか心の物をたゝすなり然るに身のうへに顯れたる物にて是をたゝすことは猶いまた其要を得たりとせす故に末は必僞に流る小人閑居して不善を爲とい

五

B

图 2-5　三轮执斋之《四言教讲义》

原文记录如下：[①]

無善無惡心之體

心は聲も臭もなし。故に善惡の名付へきなし。これ心は體にて、至善とさすもの也。人々力を用て至るへき所の目當也。

有善有惡意之動

心一たひ本體よりうこけは善となり、形氣より動けは惡となる。うこくによりて善惡はわかるゝ也。是人々力をもちゆるの場、學問の肝要なり。

知善知惡是良知

惡念おこるといへども、本體の良知は未嘗亡。此故に善惡を

① 为便于理解，本书添加了标点符号。

しらすといふ事なし。良とはこしらへたる事なく、直にすら〳〵
と出る事也。其おもひはからされとも、自然にしるものを良知
といふ。是人々力を用るの規矩なり。

　為善去悪是格物

　意の在ところを物と云。天下の事々物々は皆此意に在。その
意の善をなし其意の悪を去を格物と云。人々力を用ゆるの實
功也。

　右を四言の教といふ。凡天下の理は、心にそなはりて意にう
こき、良知にてしり、其物を格す。故に致知格物は誠意の工夫
也。格物のはしめに先志を立て是をたゝすへし。夫誠意の工夫
は仁也。致知の工夫は知なり。格物の工夫は勇也。此三ッの工
夫によりて三徳成就し、本心の正しきにかへる。その行之所以
のものは一の志也。志は心のさしゆくところ、人の誠也。其初
志を立ること勇猛あらすんは、事々能その終を遂ることを得
んや。

　　从文章的书写上来看，《四言教讲义》既没有断句，也没有标点符号，阅
读时需要依据文章上下文的逻辑意义来进行停顿。另外，文章书写时没有
浊音""的标记。这是由于在江户时期以前，日本文书主要以汉文书写，因
而日语文章本身尚未有区别清音和浊音的标记符号，所以要求读者需要依
据自身的判断自行添加浊音来进行朗读。例如"勇猛あらす""一たひ""う
こけは""はしめに""へし""しらす"等词读作"勇猛あらず""一たび""うご
けば""はじめに""べし""しらず"。

　　从语法表达上来看，《四言教讲义》使用古典日语语法，如动词"こしら
へたる"是动词"拵ふ（こしらふ）"接表示"完了"的助动词"たり"的连体形
"たる"，表示已经完成的意思。"勇猛あらす"是"あり"的未然形接表示否
定的助动词"ず"，表示不勇敢的意思，这在现代语法中已经基本不使用。

从意义阐释上看，三轮执斋认为："无善无恶心之体"是指因为心没有声音，也没有气味，无谓善恶，故无善恶是心之至善，至善是心之本体，是在人们目光所及之处；"有善有恶意之动"是指善恶通过形和气发作出来，善恶皆在一念之间，此为人人用力之处，学问之要点所在；"知善知恶是良知"是指人虽然会产生恶念，但因为良知是本体，作为本体的良知是不会消亡的，良知是人人用力之规矩，是心之光，能照耀善恶，分辨善恶；"为善去恶是格物"是指天下事物，无不起于意，所谓格物是指存其意中之善，去其意中之恶，才是人人用力之实功。

三轮执斋进一步指出，凡天下之理，存于心而动于意，知于良知，再格其物，故致知格物乃诚意之功夫也。格物之初，应立志正之。诚意的功夫是仁，致知的功夫是知，格物的功夫是勇，通过这三种功夫，就能成就三德，实现本心。志向是心之所向，人之诚也。人如果一开始没有立志的勇气，就不会事事顺利。只有从本心出发，勇猛前进，事事才能善终。三轮执斋将王阳明的"四言教"奉为"圣人之道"，从具象化的角度将"心""意""体""善""恶""良知""格物"的内在关系串联起来，体现了日本阳明学者对阳明学核心观点的哲学思考。

五、三轮执斋弟子的郡中讲习

在三轮执斋的众多门生当中，有一位叫川田雄琴（1684—1760）的弟子，为继续推进阳明思想在日本的传播发挥了重要作用。

川田雄琴，又有说法叫河田雄琴，字琴卿，号雄琴，又号北窗翁，江户（现东京都）人。1713年，川田雄琴记录并整理了三轮执斋口述的《标注传习录》，完成《传习录笔记》4册。该书最大特点是根据《标注传习录》的语录条目进行了主旨概括，例如命名为"在亲民""至善""格物""主一之功""日间工夫"等。

《传习录笔记》完成后，一直未被出版，而是藏于川田雄琴家中，后其曾孙河田资辉（1811—1856）誊写该笔记并加以补充后，将书赠予佐藤一斋。

佐藤一斋门生众多,其中就有土佐藩的阳明学者奥宫慥斋(1811—1877)和
奥宫晓峰(1819—1893)两兄弟。奥宫慥斋借其师佐藤一斋的《传习录笔记》
抄本进行誊写,后将该抄本给其弟奥宫晓峰。几番誊抄之后,该书最后于
1911 年被收录于"汉籍国字解全书"第 16 卷,由早稻田大学出版社编纂出
版(见图 2-6)。

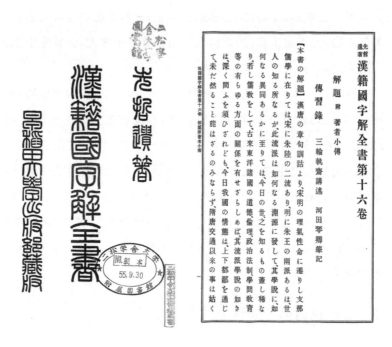

图 2-6   《传习录笔记》被收录于"汉籍国字解全书"第 16 卷

1733 年,在三轮执斋的推荐下,川田雄琴受当时的大洲侯礼聘,迁居至
大洲(现爱媛县大洲市)。大洲曾是中江藤树身为臣子侍奉之所,川田雄琴
继承中江藤树及三轮执斋的志向,持续讲述躬行实践之学,推崇知行合一之
道。据说,有一星期他在郡中开展巡行讲演时,听讲者多达二三万人。三轮
执斋于江户创办的明伦堂后来也由川田雄琴负责,在三轮执斋逝世后,川田
雄琴将明伦堂迁移至大洲,继续传承其师的思想,讲授姚江之学。

第二节 阳明学从藩学到幕府之学的渐进之路

整体而言,在中江藤树及其弟子熊泽蕃山离世后,阳明学的发展就步入了沉寂阶段,近百年间未曾出现具有重大影响力的阳明学者。江户中期,尽管有三轮执斋《标注传习录》的出现,然而终究未能促成阳明学的中兴之势。直到18世纪末19世纪初,即江户后期,阳明学派才再度勃兴。[①] 诚然,三轮执斋的《标注传习录》的出版,以及他与其弟子川田雄琴在学堂的讲习活动,确实为阳明学在民间的普及起到了一定作用。不过,他们的努力主要停留在地方层面。而将阳明学从藩学提升到幕府之学地位的,则是担任日本最高学府昌平坂学问所儒官的佐藤一斋。

一、佐藤一斋其人

佐藤一斋,名坦,字大道,号一斋、春日楼等,出生于美浓岩村藩(现岐阜县岩村城)。佐藤一斋自小立志学圣贤,做天下第一等事,是当时公认的儒学集大成者,历时40余年完成的《言志四录》被誉为"领袖圣经"。

1790年,因幕府革新文教,实施"宽政异学禁令",定朱子学为正学,指称徂徕派之复古学及阳明学诸学为异学,因此阳明学只能以比较隐蔽的方式在武士和市民阶层中秘密传播。1793年,佐藤一斋以门人弟子的身份辅佐林家派的林述斋(1768—1841),由此正式踏入昌平坂学问所。1805年,他开始担任学问所的儒官,此乃官学朱子学的最高讲座之位。昌平坂学问所,作为幕府直接领导下的学术机构,专注于传授程朱理学精髓,弘扬唐宋古文之美,并不断强化文教建设,刊印了大量汉籍及其和刻本。这一系列举措极大地促进了江户时期汉学的蓬勃发展,使其达到了前所未有的高度。

在佐藤一斋之前,朱子学占据着绝对的官学地位,其他诸如古学、阳明

① 牛建科:《王阳明与日本》,《浙江学刊》1996年第3期,第48页。

学之类的思想难以进入官方的视野范畴。然而，在佐藤一斋担任儒官期间，他对朱子学和阳明学的思想采取了兼容并包的态度，并且凭借自身的合法地位，致力于研究和传播阳明学。正因如此，佐藤一斋有"阳朱阴王"之称。

佐藤一斋出生于 1772 年，正是王阳明诞辰 300 年之际，与王阳明同为壬辰年生。因此，佐藤一斋于 1822 年特意用阳明之韵写诗，以表达对王阳明本人的敬意，"文成公以成化壬辰生，余后公三百年，偶亦以安永壬辰生。文政壬午，今龄五十有一，除夜敬次公原韵。良贵非文绣，三公亦彼哉。时风趋请托，吾道愧嗟来。绰绰心胸豁，由由跟脚开。展禽今愿学，不必谢尘埃"。1827 年，佐藤一斋为纪念阳明逝世 300 周年，撰文写道"自公之去，世无真儒"①。佐藤一斋在《言志晚录》中也专门提到"王文成《拔本塞源论》《尊经阁记》可谓古今独步"②。

在佐藤一斋的引导下，日本阳明学从三轮执斋时期的藩学一跃成为隐形的幕府之学。而且佐藤一斋门人众多，其门下和再传弟子中出现了许多影响当时日本社会的思想家与活动家，如吉村秋阳(1797—1866)、山田方谷(1805—1877)、横井小楠(1809—1869)、佐久间象山(1811—1864)、池田草庵(1813—1878)、吉村斐山(1822—1882)、西乡隆盛(1828—1877)、吉田松阴(1830—1859)、东沢潟(1832—1891)等，后来这些人都成为阳明学的追随者或信奉者。

二、《传习录栏外书》的版本学特征

(一)《传习录栏外书》的构成介绍

佐藤一斋于 1830 年完成《传习录栏外书》。该书在当时并未正式出版，而是由其门生广泛誊抄流布。后有明治三十五年东京松山堂排印本明治四十年订正 6 版；明治三十六年松山堂排印本；明治三十年东京松山堂排印本明治四十五年订正 15 版；明治三十年东京启新书院南部保城排印本大正五

---

①②　申绪璐：《佐藤一斋及其心学思想》，《孔学堂》2021 年第 2 期，第 91 页。

年订正第16刷东京松山堂藤井利八发卖本等不同版本。①

《传习录栏外书》在日本流传甚广,日本国内的众多图书馆皆有藏本,该书亦是后来诸多《传习录》译介者的案头必备之书,由此足见其学术价值及社会影响之大。日本国立国会图书馆藏有1897年启新书院复刻出版的《传习录栏外书》3卷,本书以该版本为例进行考察。

封面手书"传习录栏外书",扉页题"明王阳明先生""传习录附佐藤一斋栏外书""启新书院丛书",有"服部掬水"方印(见图2-7)。

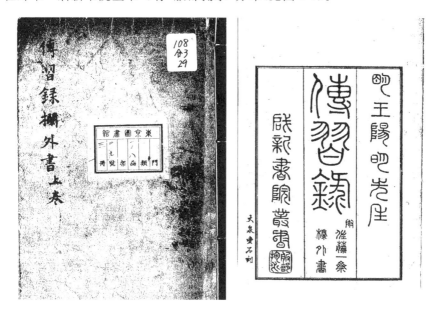

图2-7　佐藤一斋之《传习录栏外书》上卷封面及扉页

其后为王阳明像(见图2-8)。佐藤一斋曾公开赞美王阳明灵光焕发,知践其真;维公之德,兼功与言;维公之武,以文而神;千载落落,罕见斯人。再为《新建侯文成王公小传》,次为《传习录序》。

《传习录栏外书》中卷的扉页为佐藤一斋像,次为《一斋佐藤先生小传》

① 张菁洲:《图书的回环:王阳明文献在日本明治时期的传刻》,《新世纪图书馆》2022年第1期,第78页。

图 2-8　佐藤一斋之《传习录栏外书》上卷之王阳明像

（见图 2-9）。在小传中，先是称赞佐藤一斋"先生天资高迈，聪明绝人。其
学虽宗宋儒，不喜分析而主一本，不贵该博而要深造，以达心之灵光为宗旨
焉"①，由此可见佐藤一斋并不拘泥于朱子学，而是能够兼容并蓄阳明思想，
追求心之灵光境界。最后言及"先生以明体适用之学，从容讲官，不得大有
所施设，学者惜之。然其教育之泽、阴被天下者亦深矣。谨采其学术性行足
为一世师表者"②，此句赞扬了佐藤一斋身为儒官，推行明体达用、体用贯通
之教育理念，其功德润泽天下，堪称一代师表。

　　《传习录栏外书》内容与次序依《标注传习录》上中下 3 卷，惟删去《朱子

---

① 王阳明：《传习录栏外书》，佐藤一斋注评，黎业明点校，上海古籍出版社 2017 年版，第 1 页。
② 王阳明：《传习录栏外书》，佐藤一斋注评，黎业明点校，上海古籍出版社 2017 年版，第 3 页。

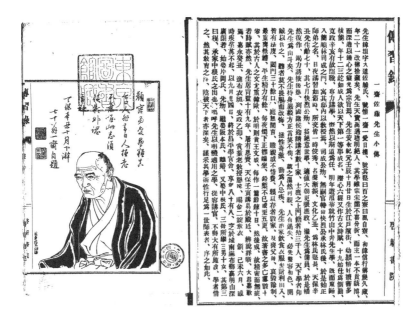

图 2-9　佐藤一斋之《传习录栏外书》中卷之佐藤一斋像和一斋佐藤先生小传

晚年定论》。亦无附录。上卷补录南大吉序,中卷依南本增录《答徐成之书》
等 5 书。卷下卷首有间刻钱德洪序。又附录各本所载而 3 卷《传习录》所无
者 30 余条(今皆入本书"拾遗")。①

　　(二)《传习录栏外书》的评注特点

　　"欄外書"是指在书籍、报纸、印刷品等印刷部分之外,或者在栏外线所
包围的部分之外所做的批注说明,是"栏外注记"的意思。佐藤一斋在阅读
《标注传习录》时,每当有所收获,便在栏外加以批注,即以"欄外書"的方式
进行批注,其后将这些批注选取出来别录成册,形成了《传习录栏外书》。除
了《传习录栏外书》,佐藤一斋还另有《大学栏外书》《论语栏外书》《孟子栏外
书》《中庸栏外书》《尚书栏外书》《周易栏外书》《近思录栏外书》等数十本栏
外书,他在刻本的乌丝栏外进行批注,主要集中于每页的页面天头。然而,

---

　　① 陈荣捷:《王阳明传习录详注集评》,华东师范大学出版社 2009 年版,第 7 页。

由于页面大小有所限制，有时原文与批注无法在同一页面实现一一对应，所以在阅读时会存在一定的不便和困难。试举例说明，如图2-10所示。

语录内容在第6页。

> 又曰："知是心之本体。心自然会知：见父自然知孝，见兄自然知弟，见孺子入井自然知恻隐，此便是良知，不假外求。若良知之发，更无私意障碍，即所谓'充其恻隐之心，而仁不可胜用矣'。然在常人不能无私意障碍，所以须用致知格物之功。胜私复理，即心之良知更无障碍，得以充塞流行，便是致其知。知致则意诚。"①

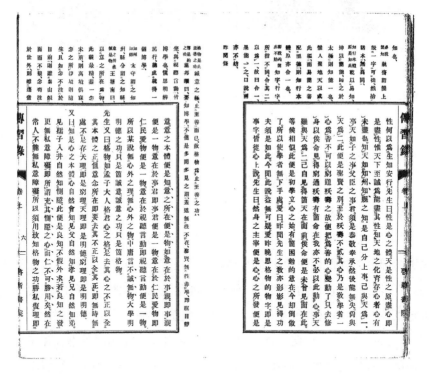

A

_____

① 王守仁：《王阳明全集》第一册，吴光，钱明，董平，姚延福编校，浙江古籍出版社2010年版，第7页。

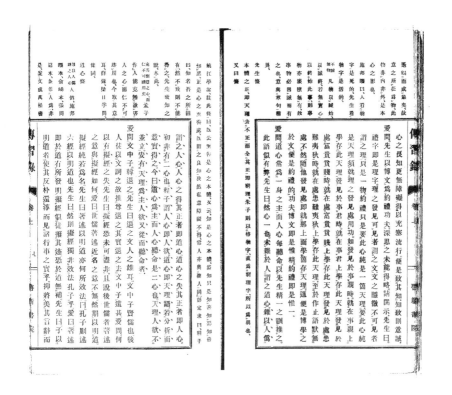

B

图 2-10　佐藤一斋之《传习录栏外书》语录示例

佐藤一斋的 3 条批注却始于第 7 页。

　　姚江学案注此条曰：既云至善是心之本体，又云知是心之本体，盖知只是知善知恶。知善知恶，正是心之至善处。既谓之良知，决然私意障碍不得，常人亦与圣人同。

　　彭定求曰：程子曰，知者吾之所固有，然不致则不能得之。先生致知之说本此。

　　充其恻隐之心，而仁不可胜用矣。孟子作：人能克无欲害人之心，而仁不可胜用也，今取其意耳。薛录、梁日孚问，条同。①

佐藤一斋对当时日本流布的 10 余个《传习录》版本的人名地名解释、阳明思想诠释、典故出处考证等内容展开校勘工作，修正了底本中的错误，但也有错误之处。例如在图 2-10 中，佐藤一斋批注"孟子作：人能克无欲害人之心，而仁不可胜用也"一句中，"克"字其实是错误的。《孟子·尽心章句》写的是"人能充无欲害人之心，而仁不可胜用也"②，所以正确的应该是"充"。

(三)《传习录栏外书》的社会评价

佐藤一斋的《传习录栏外书》比较考证了王文成公全书本、施邦曜本、南大吉本、闾东刻本、杨嘉猷本、朱文启点校本、阳明五世孙王贻乐本等多个版本，纠正了文字异同，并研究了诸本的序跋，探究了《传习录》的形成过程。而且，该书补录了《标注传习录》中没有的语录，上卷补录 1 条，下卷补录 35 条，中卷补录《答徐成之书》2 篇、《答储柴墟书》2 篇和《答何子元书》1 篇。所以可以说，《传习录栏外书》是《传习录》日本文献学研究的开端，为后人学习及研究阳明思想提供了重要参考，陈荣捷赞"一斋勘校十余板本异同，详尽无比。自加评语，均从理学要理出发。又引施邦曜、陈龙正、彭定求、顾宪成等人之语。以板本言，以评注言，此为研究《传习录》所万不可少之书"③。

2017 年，深圳大学教授黎业明(1962—)点校《传习录栏外书》，由上海古籍出版社出版。黎业明以 1919 年启新书院印刷、松山堂书店发行的第 18 版《传习录栏外书》作为底本进行校勘，同时参照明德出版社 1998 年版《佐藤一斋全集》第 5 卷山崎道夫(1904—2003)校注的《传习录栏外书》等版本，成功修正了底本中的多处错误和缺漏。黎业明评价说：

① 佐藤一斋：『伝習録欄外書』上、啓新書院 1897 年、第 7 頁。为便于理解，本书添加了标点符号。
② 孟子：《孟子》，万丽华、蓝旭译注，中华书局 2007 年版，第 335 页。
③ 陈荣捷：《王阳明传习录详注集评》，华东师范大学出版社 2009 年版，第 9 页。

佐藤一斋是日本近现代历史上影响比较深远、地位相当重要之阳明学者，其《传习录栏外书》以校勘精细详备、征引前贤论评丰富、收录《传习录》所不载之阳明语录较多以及其自加评语得当著称，在日本以至中国影响颇广，读者甚众。虽然《传习录栏外书》之注释时有错误，难说完美无缺，然而此书至今仍不失为一部诠释王阳明《传习录》之经典名著。①

第三节　《标注传习录》与《传习录栏外书》的勃兴之势

江户时期，社会秩序稳定，不管在江户幕府，还是在地方藩国，出版业与印刷业均展现出蓬勃兴旺的发展态势，这极大地促进了汉学教育和儒学教育向中下级武士以及普通民众的普及。不管是备受京都筱山侯器重的三轮执斋，还是深得幕府信任的佐藤一斋，他们皆从原本传统的朱子学派中跳脱出来，巧妙地将阳明学中的"存天理去人欲""善恶说""事上磨炼""心即理"等学说融入自己的思想体系当中。他们不仅著书立说，而且切实地在藩地层面和官学层面积极开展了阳明学思想的教化教学活动。凭借这些学者的不懈努力，阳明学逐步突破了阶层的壁垒，渐渐走向社会的各个层面，在更为广泛的领域中得以传播与发展。

一、吉村秋阳之《王学提纲》

如同中江藤树有忠实的追随者渊冈山和熊泽蕃山，三轮执斋有将其学术思想努力发扬光大的门生川田雄琴，佐藤一斋身为日本最高学府昌平坂学问所的儒官，更是门人弟子和追随者众多，其中一位著名的学生就是吉村

---

① 王阳明：《传习录栏外书》，佐藤一斋注评，黎业明点校，上海古籍出版社2017年版，导言第29页。

秋阳。

吉村秋阳，出生于广岛藩（今广岛县），名晋，字丽明，号秋阳，又称六卿史氏，师从佐藤一斋，先修学朱子学，后转向阳明学。著《格致胜议》1卷、《王学提纲》2卷、《读我书楼文章》4卷、《读我书楼诗章》3卷等。

吉村秋阳于1861年完成《王学提纲》"乾""坤"两卷，由川胜鸿宝堂刊行，1865年群玉堂和宋荣堂再版该书。本书以川胜鸿宝堂刊本《王学提纲》为例进行考察。如图2-11所示，《王学提纲》上卷手书"王学提纲乾"，扉页题"王阳明集抄""安艺吉村晋辑录 全二册""京都书林川胜鸿宝堂"等信息。

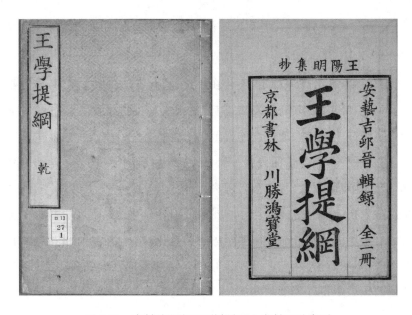

图 2-11　吉村秋阳之《王学提纲》上卷封面及扉页

《王学提纲》上卷首先是吉村秋阳撰写的序言（见图2-12）。序言中明确肯定王阳明的心学思想，评价说"盖其不容已之心无古今。是以感触神妙，自有不可诬者而至于是与"①。

吉村秋阳并未依循《传习录》原本的语录顺序进行编排。上卷在序言之

----

① 吉村晋：『王學提綱』乾卷、川勝鴻寶堂1861年、序第2頁。

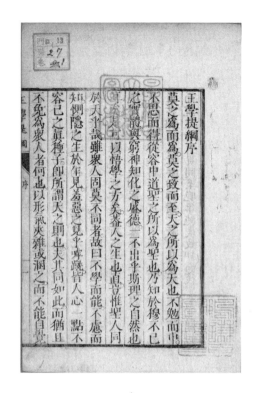

A

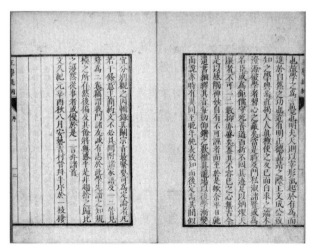

B

图 2-12　吉村秋阳之《王学提纲》序言

后，是《答顾东桥书》的"拔本塞源论"语录，以及依据俞嶙的《阳明全集》顺序摘录的《论学书》。下卷以《传习录》上卷内容为主，《传习录》下卷内容次之。

吉村秋阳说：

> 凡若干条，意主简约，文不必具，间附诸家语。及一二管见，厘为二卷。窃谓我门诸友，诚有志于此学，先读之知规模之所存，然后遍及其余，将无惑乎是非趋舍之归。比之漫然从事者或优，于是一言弁诸首。①

这段话表明，吉村秋阳觉得与其全面泛读《传习录》却抓不住重点，不如进行适当取舍，将关键要点分享给有志于阳明学的同仁，这一点比其师傅佐藤一斋有了更强的主观能动性的发挥。吉村秋阳选取部分语录并加以简短评语，在某些地方还引用了施邦曜、刘宗周（1578—1645）等人的话语，简单阐释阳明要旨。尽管其评注较为简略，但仍可看出吉村秋阳作为阳明学者的学术自信。高濑武次郎评价《王学提纲》"取姚江诸说尤为平易简切者，以为家塾之模范。今欲入王学者，首先由读此书开始"②。

1977 年，《王学提纲》被收录于冈田武彦（1908—2004）、荒木见悟（1917—2017）主编的"和刻影印近世汉籍丛书"。吉村秋阳的社会影响力虽不及其师佐藤一斋，但两人师徒关系终生紧密。九州大学教授荒木龙太郎（1951—）研究团队一直以吉村秋阳及其子吉村斐山为研究对象，致力于阳明学在日本幕末维新时期的传播研究和阳明学在东亚地区的发展实态研究。

二、阳明学信奉者的行动哲学

大盐中斋（1793—1837），名后素，字子起，号中斋，通称平八郎，出生于大阪。因其客厅名为洗心洞，故自称为洗心洞主人，著书《洗心洞札记》等。

---

① 吉村晋：『王學提綱』乾卷、川勝鴻寶堂 1861 年、序第 2 页。
② 高濑武次郎：《日本之阳明学》，张亮译，邓红校注，山东人民出版社 2022 年版，第 188 页。

大盐中斋原先担任传马町的见习与力①。在担任与力期间,他深切感受到学问的重要性,于是前往江户,进入林述斋的学塾,这在当时是武士阶层提升地位的一条常见途径。在那里,他不仅学习了儒学,还研习了包括刀、枪、弓以及柔道等在内的多种武术。起初,他被明末儒学家吕坤(1536—1618)的《呻吟语》所深深吸引,而后为了追寻学问的根源,了解了王阳明,并接触了《古本大学》与《传习录》,由此才萌生出对致良知的追求和体悟。

日本文学家三岛由纪夫(1925—1970)在其《作为革命哲学的阳明学》一文中,有一段关于大盐中斋在1832年拜访中江藤树的藤树书院之旅的详细描写:

我去小川村拜访中江藤树先生的故址,返程时雇了一艘船前往琵琶湖南边的坂本,从近江路到坂本大概有八里的水路。这天天气晴朗,风平浪静,水路通畅,但快到小松的时候突然刮起强劲的北风,环绕湖水的山峰发出声响,波涛汹涌,犹如千百匹怒马奔腾。湖面裂开,就像天快要裂开一样。而且飓风从南北两方夹击,所以船帆里外都被吹得哗哗作响。船只举步维艰,刚往前开了又被吹回去,然后船只往右边靠,左边就翘起来,往左边靠,右边就翘起来。水已经淹到了甲板,我一边说着听天由命,一边忍不住想到要葬身于此了。但是,这个时候我突然想到自己在藤树书院作的诗,诗的最后一句是"无人致此知"。我想到这句诗是批评没有达到良知境界的人,并不是在批评自己,但如果不批评自己的话,平日所学又有何意义呢?这样一想,我坐在波涛汹涌的船上,犹如面对着幻境中的伊川、阳明两位先生。我只要忘却自我,又怎么会被波涛汹涌所影响呢?如此,恐惧和后悔的念头立马如融化于热水的冰雪,消失殆尽。从那时开始,我就一动不动地坐在船上,风自

---

① 与力是江户幕府的一种职务,负责市内的行政、司法和警务工作。

然停了，船也稳稳当当地到达了坂本西岸。那时已是晚上二更了。①

这段话描绘了身为阳明学者的大盐中斋，曾经历过一种难以仅靠理智来获取良知的神秘体验。历经此次生死考验后，大盐中斋已将这种可称作"致良知"的神秘体验，化为自身所有。其后，他多次前往小川村，在藤树书院向聚集而来的民众传授良知之学。

大盐中斋的学风，自成一体，被称为中斋学派，但大盐中斋明确表示自己是继承了阳明先生以来的学说。他在洗心洞学塾里，贴有《天成篇》一文，并备注"钱绪山以《天成篇》，揭喜义书院，示诸生，吾亦谨书揭洗心洞，弟子日读而心得焉，则犹躬亲举于阳明先生"②，其中有一段就是誊抄"吾心为天地万物之灵，惟圣人为能全之……吾心知不乱于思虑，以全吾神明焉，与圣人同其变化也。故曰：'圣人可学而至，谓吾心之灵与圣人同也。然则非学圣人也，能自率吾天也'"③，可见大盐中斋对阳明思想极为认同，他坚信众人皆具圣人之心，故圣人所忧虑之事，亦是个人应有的忧虑。倘若个人能将内心雕琢至纯净明澈，自可抵达良知之境、臻于圣人之境。

在阳明学的众多重要理念当中，大盐中斋最为注重的是"归太虚"学说。"太虚"一词最初源自《庄子》，中国哲学家张载（1020—1077）率先提出了太虚学说。张载期望通过追求"太虚"，来应对佛老的空与无，借此改造汉唐儒学"知人而不知天"的重大缺陷，恢复天原本所具有的形上意义。后来王阳明主张"良知之虚，便是天之太虚；良知之无，便是太虚之无形。日、月、风、雷、山、川、民、物，凡有貌象形色，皆在太虚无形中发用流行，未尝作得天的

① 三岛由纪夫：『行動学入門』、文春文庫 2016 年、第 208-209 頁。
② 井上哲次郎：《日本阳明学派之哲学》，付慧琴，贾思京译，中国社会科学出版社 2021 年版，第 311 页。
③ 王守仁：《王阳明全集（新编本）》第四册，吴光，钱明，董平，姚延福编校，浙江古籍出版社 2010 年版，第 1352-1353 页。

障碍"①,"夫惟有道之士,真有以见其良知之昭明灵觉,圆融洞彻,廓然与太虚而同体。太虚之中,何物不有? 而无一物能为太虚之障碍……其于富贵、贫贱、得丧、爱憎之相值,若飘风浮霭之往来变化于太虚,而太虚之体,固常廓然其无碍也"②。王阳明在沿用"太虚"一词的基础上,认为良知与太虚同体,所以良知能包含万物,良知具有无限性、绝对性和普遍性,反映了王阳明从太虚、天理到仁体、本心不断内化的过程。

大盐中斋在吸收了张载的太虚说后,发展了王阳明的良知说,他认为"归太虚"是"致良知"的合乎逻辑的必然归宿。大盐中斋认为,太虚不仅仅存在于植物、无机物,也通过嘴巴和耳朵隐藏在人类的肉体中。普通人所具有的小小的虚和圣人所拥有的虚并没有区别,任何人如果能从内心去除私欲回归太虚的话,都可达到圣人之地位。作为"归太虚"的方法,就是付出真心和诚意,去除情欲,此外别无他法。只有当内心回归太虚之时,所有的行动都能超越善恶,从而达到圣人之境。大盐中斋认为宇宙即太虚,太虚与心为一体;良知即太虚,心归太虚,心达无善无恶境界,即是真正良知。

大盐中斋的"归太虚""致良知"主张不是仅仅停留于个人的道德修养领域,他把改造自己与改造社会联结起来,把阳明学从个人道德修养的哲学转变为改造社会的行动哲学,由此发展为一种主动践行、勇猛果敢的战斗精神。他主张不怨身之死,但恨心之死,不因物而移志,不以欲而减寿,要去人欲,存天理。他认为心如果回归太虚,肉体即便死亡也不会消亡。所以他不害怕肉体的死亡,但是害怕心灵的死亡。如果知道心不会真正的死亡,那这个世界上就不存在可以畏惧的东西了。大盐中斋的这种"去人欲—行动—致良知—归太虚—成圣"的思考逻辑,是他对阳明学命题所作的变通解释,而这也恰恰是促使他在大阪发动起义惩戒富商和政府的思想支撑。

---

① 王守仁:《王阳明全集(新编本)》第一册,吴光,钱明,董平,姚延福编校,浙江古籍出版社2010年版,第117页。

② 王守仁:《王阳明全集(新编本)》第一册,吴光,钱明,董平,姚延福编校,浙江古籍出版社2010年版,第224-225页。

1837 年,大阪百姓面临粮食严重不足的问题,幕府不但没有救济,反而要求当时的山城守在当地征集粮食运往江户。面对政府的不作为和推诿,曾担任与力官职的大盐中斋勃然大怒,下定决心靠自己改变时局。他变卖 1200 本藏书,救济贫民,但却被山城守百般刁难,抨击其沽名钓誉。他最终忍无可忍,奋起反抗,组织群众发动起义,抢夺富商的存粮并分配给平民。最后不幸起义失败,自焚身亡。

冈田武彦评价"中斋在日本近代的阳明学者中,在直接实践吾心所信奉的思想这点上是首屈一指的。他以太虚为宇宙之体,良知为太虚之灵,认为只有去其习气、私欲和伪善,才能致得良知之体。中斋虽死于饥馑之乱,但却无愧于杀身成仁之士"①,历史学家井上清(1913—2001)评价"这一战乱鼓舞了群众,给予幕府与各藩的威胁是不可估量的。大阪的群众,甚至连家都被毁于战火的群众,不但不恨大盐,反而把他当成了神明"②。后来很多幕末思想家和领导人都受到大盐中斋的阳明精神鼓舞,其中一位代表人物就是吉田松阴(1830—1859)。

吉田松阴,长州藩(今山口县)人,字义卿,号松阴,是维新运动时期先驱性的思想家和教育家。他因积极参与"尊王攘夷"运动,并密谋刺杀幕府老中③,被幕府判处死刑。吉田松阴在 21 岁时曾师从阳明学者佐藤一斋的门人,乃是佐藤一斋的再传弟子。吉田松阴说:

> 吾曾读王阳明《传习录》,颇觉有味。项得李氏《焚书》,亦阳明派,言言当心。向借日孜以《洗心洞札记》,大盐亦阳明派,取观为可。然吾非专修阳明学,但其学真,往往与吾真会耳。④

① 冈田武彦:《日本人与阳明学》,载冈田武彦等著、钱明编译《日本人与阳明学》,台海出版社 2017 年版,第 19 页。

② 井上清:《日本历史》,闫伯纬译,陕西人民出版社 2011 年版,第 188 页。

③ 老中,直属将军,总管政务,是幕府常设的最高官职,也称年寄、宿老、加判之列等。

④ 井上哲次郎:《日本阳明学派之哲学》,付慧琴、贾思京译,中国社会科学出版社 2021 年版,第 407 页。

吉田松阴吸收阳明学思想,主张以"心"作为判断是非的准则,提出"于动处认本心",从心与理不灭的主观唯心主义生死观出发,提倡不计生死的精神。他认为与天地之悠悠相比,松柏寿命也犹如果蝇般短暂,人生价值不在生命长短,而是在于发挥能动性展开行动,追求致良知之后的太虚。吉田松阴在这场异端式的血淋淋的复杂争斗中,鼓舞了许多维新志士,他的行动哲学正是对阳明学思想的持续传承。

吉村秋阳有一句名言,"姚江之学乃如利刀,不善用则不伤手者希也"[1],这句话一方面肯定了阳明学强大的社会功能,另一方面也提醒阳明学的学习者应当谨慎使用这一思想武器。至于吉村秋阳为何说出此言,究竟是因为发现了阳明学所蕴含的行动哲学的强大力量,还是受幕末维新时期阳明学信奉者的行为所触动而有感而发,本书无从考证。然而,大盐中斋和吉田松阴这两位阳明学的信奉者,他们的行为对当时的日本社会所产生的冲击不可谓不大,阳明学也从原本儒学家的学术思想,逐渐转变为具有改变社会能量的行动哲学,进而为明治维新运动的推进埋下了伏笔。

小　结

江户时期,中江学派所倡导的"万物一体之仁"思想,巧妙地实现了中国儒道与日本神道思想的相互融合,而且,阳明学中所蕴含的文武兼修哲学与日本武士阶层的需求高度适配。正因如此,阳明学在日本逐步构建起了契合日本本土文化以及社会发展实际情况的思想体系。特别是随着 4 个《传习录》译注本的出现,以"心性论"为核心的阳明学思想开始广泛传播开来。这种传播不仅在学术领域有所体现,更是渗透进了社会的各个阶层。

1935 年,东洋大学教授柴田甚五郎(1881—1953)编纂了《日本阳明学者语录》。该书选取了中江藤树、渊冈山、熊泽蕃山、三轮执斋、中根东里、佐藤一斋、大盐中斋、吉村秋阳、奥宫慥斋、佐久间象山、西乡隆盛、吉田松阴等

---

① 高瀬武次郎:《日本之阳明学》,张亮译,邓红校注,山东人民出版社 2022 年版,第 185 页。

10 余位江户时期的日本阳明学者，对他们的主要语录予以整理汇编，并进行了思想解析。由此可以看出，在江户时期的日本，不但有一批接纳王阳明思想的思想家、儒学家，还涌现了一批以阳明思想为指引，反抗幕府统治、推动明治维新运动、促进社会变革的实践者。

第三章

明治时期

——《传习录》译介全面发展

自 1868 年起，日本开启了全盘西化的明治维新改革，全面吸收西方工业文明。在这一转型过程中，曾经在江户末期占据重要思想地位的阳明学，由于与新兴的社会需求及价值观念产生了一定的脱节，其原有的实用价值逐渐减弱，不可避免地陷入了一段相对沉寂的低潮期，冈田武彦说"明治新政府诞生后，曾经活跃一时的阳明学者几乎销声匿迹了，阳明学也出现了衰退的迹象"[①]。

然而，随着"欧化风潮"的席卷，日本社会逐渐弥漫起一股急功近利的氛围，这种心态不仅侵蚀了社会的稳定，还加剧了新旧观念与东西方文化之间的冲突与对立。在这一背景下，主张全盘西化的所谓进步势力遭遇了保守势力的强烈反弹，最终被逐出政府部门，国权论者的声音日益响亮，在政坛上占据上风，民权论者的主张则相对式微，这也标志着明治政府政策方向的重大转变。

1881 年，福冈孝弟（1835—1919）担任文部卿一职，成为这一转折点的关键人物。他敏锐地察觉到社会动荡的根源之一在于文化认同的缺失，于是着手推动一系列旨在重振传统教育的改革措施。在这场改革中，汉学与儒学教育被重新赋予了重要地位，这不仅是为了传承与弘扬日本深厚的文化底蕴，更是希望通过这些传统智慧的滋养，来平衡西方文明冲击下社会心

---

① 冈田武彦：《日本人与阳明学》，钱明节译，《贵州文史丛刊》1988 年第 1 期，第 31 页。

理的失衡，稳固天皇地位，维系社会和谐。他明确指出：

> 教育须选用硕学醇儒而有德望者，令生徒日益恭敬整肃，为教
> 授修身，必以皇国固有之道德教为基，依从儒教之主义。①

第一节　近代日本阳明学的兴起

明治时期，西方学术思想的传入，给当时日本的文化思想带来了强烈的冲击。在西方思想风头正盛之时，来自中国的儒学不再被视作外来思想，而是被认定为日本传统的学术思想。在与西方思想对峙的情况下，许多儒学家觉得能够与西方新思潮抗衡的唯有王阳明的思想，因而原本信奉阳明学的学者们再度扬起阳明学的大旗，试图拯救浮躁的社会。

在这样的思潮引领下，明治 20 年后，王阳明传记及阳明学著述陆续出版发行，包括三宅雪岭（1860—1945）的《王阳明》（1893），井上哲次郎的《日本阳明学派之哲学》（1900），高濑武次郎的《日本之阳明学》（1898）、《阳明学阶梯：精神教育》（1899）、《王阳明详传》（1903）和《阳明学新论》（1906），杉原夷山的《阳明学神髓》（1899）、《阳明学座右铭》（1909）和《阳明学实践躬行录》（1909），大木九造的《阳明学说管见》（1912），等等。这些著作不仅为阳明学在日本的传播与发展注入了新的活力，还进一步丰富了日本思想文化的内涵。

其中，三宅雪岭、井上哲次郎、高濑武次郎这三位哲学家分别通过各自的研究、著述和传播活动，为日本近代阳明学的理论深化、学术地位提升以及社会影响扩大作出了重要贡献。1893 年，三宅雪岭的《王阳明》问世，开

---

① 吴震：《19 世纪以来"儒学日本化"问题史考察：1868—1945》，《杭州师范大学学报》2015 年第 5 期，第 6 页。

启了日本近代阳明学研究之先河。高濑武次郎继之而起,拓宽了阳明学近代转化的路径,明治官学首领井上哲次郎进一步推动了阳明学研究高峰的到来。他们三人开创的日本近代阳明学研究范式,深刻影响了中国近代阳明学研究,可谓东亚近代阳明学研究的起点。①

三宅雪岭,原名雄二郎,日本近代著名的哲学家、评论家。他在《王阳明》一书中对王阳明的思想进行了系统的评述,他将阳明学说归纳为"心即理""知行合一""致良知"三大纲领,开创了日本阳明学"三点式快餐理解法"的原型。在他看来,阳明学说的体系是"识心—正心—致良知",其中最为重要的便是"致良知"。他将阳明学与一批德国哲学家的思想,如康德(Kant,1724—1804)的理性主义、费希特(Fichte,1762—1814)的唯心主义、费尔巴哈(Feuerbach,1804—1872)的唯物主义、谢林(Schelling,1775—1854)的绝对思想、黑格尔(Hegel,1770—1831)的绝对思想、叔本华(Schopenhauer,1788—1860)的生存意志论进行了比较研究。他认为阳明学不盲从孔孟思想,独立探索真理,与西洋哲学一样具有独立性和创造性。三宅雪岭还认为王阳明可以与古希腊著名哲学家苏格拉底(Socrates,公元前469—公元前399)、德国著名哲学家黑格尔齐名,认为西乡隆盛和大盐中斋是践行阳明学真谛的大英雄,并提出阳明学是明治维新的原动力的重要观点。

井上哲次郎,号巽轩,日本著名哲学家。他所撰写的《日本阳明学派之哲学》与《日本古学派之哲学》(1902)和《日本朱子学派之哲学》(1905)并称为井上的"儒学三部曲",是近代日本儒学史的奠基性著作。《日本阳明学派之哲学》作为井上"儒学三部曲"中最早问世之作,将日本阳明学细分为中江藤树及藤树学派、藤树蕃山以后的阳明学派、大盐中斋及中斋学派、中斋以后的阳明学派等4个部分展开探讨。他不但细致阐述了阳明学思想家的典型事迹、著作以及学说,还从日本思想史的发展进程里系统地梳理出了阳明学派的谱系。此种学派划分与学说整理的方式成为近代日本儒学研究的典

---

① 徐倩:《日本明治时期的阳明学研究——以三宅雪岭、高濑武次郎、井上哲次郎为核心》,武汉大学博士学位论文,摘要第1页。

范，其在学术史上的示范意义时至今日依然具有强大的影响力。该书尤其注重阐发阳明学者的道德思想，目的在于批判当时盛行的功利主义和利己主义思想，倡导为国民道德建设服务，这也是日本近代思想史发展脉络中的一个重要标志。

高濑武次郎，号惺轩，横跨明治、大正和昭和三个时期的著名阳明学者。他在《日本之阳明学》中首次提出了"日本阳明学"的概念，他从发端、陆象山、王阳明、心即理、知行合一、日本之王学者等方面对阳明学进行了全面阐述，重点提出阳明思想发展史中日本的主体性问题，并由此出发系统梳理了日本阳明学的发展脉络，勾勒了日本阳明学的人物系谱，并对他们的论著及思想作了详细论述。他借用康德哲学进一步深化了三宅雪岭的"三纲领"内容，拓展了阳明学实践伦理层面，构筑了更为完整的阳明思想，他的一些观点也成为日本近代阳明学研究的参照范式。

以三宅雪岭、井上哲次郎、高濑武次郎为代表的研究者将阳明学的核心理念——良知之学，与西方哲学如康德的理性哲学、黑格尔的绝对精神理论以及叔本华的意志哲学等进行了深刻而细致的比较研究。他们的研究不仅跨越了东西方文化的界限，还将阳明学从江户时期较为局限的学究式探讨和价值普及的层面，提升至日本近代具有鲜明政治色彩和社会实践指导意义的行动纲领的地位。他们的研究成果，有力推动了日本近代阳明学研究的深入发展，促进了阳明学在日本国内的复兴和繁荣，还间接地影响了近代东亚地区对于阳明思想的重新认识与接受。时至今日，他们的观点与理论贡献依然是研究日本近代阳明学不可或缺的重要参考，为后来者提供了宝贵的思想资源与学术启示。

第二节　《传习录》译介迎来小高峰

随着儒学、汉学重新受到明治政府的重视，来自中国的阳明学与日本本土文化语境交互融合，阳明思想的诠释日趋成熟，阳明学具有振作国民精神,维护国家国体的思想价值得到充分肯定。与此同时,《传习录》的译介研究也迎来发展小高峰,新的译注本相继问世。中国近代维新派、新法家代表人物梁启超(1873—1929)戊戌变法失败后逃亡日本期间,发现《传习录》在日本的普及程度与朱子学的《近思录》不相上下后大为吃惊,故购置一本带回中国,加以点校,后以《传习录集评》为名出版。

这一时期的《传习录》译注本风格各异(见表 3-1),本节将逐一介绍并评析。

表 3-1 明治时期的《传习录》日注本、日译本

序号	日注本、日译本(日文/中文)	姓名	出版社	出版时间
1	伝習録参考/传习录参考	东沢潟	川冈事务所	1891
2	伝習録講義/传习录讲义	宫内默藏	铁华书院	1896—1900
3	伝習録講義/传习录讲义	尾崎忠治述、吉本襄记	铁华书院	1898
4	伝習録講義/传习录讲义	东敬治	松山堂	1906—1907
5	陽明学講話/阳明学讲话	宫内默藏	文华堂书店	1907
6	王陽明伝習録/王阳明传习录	云井龙雄抄、杉原夷山注解	千代田书房	1910
7	伝習録:訓註/传习录:训注	山川早水	冈崎屋	1910

一、东沢潟之《传习录参考》

东沢潟,讳正纯,通称崇一郎、号白沙、沢潟,是江户末期及明治初期的藩士、儒学家,师从佐藤一斋和吉村秋阳一派。

1891 年,东沢潟选录《传习录》之半,以《标注传习录》为底本,著《传习录参考》,后被收录于 1919 年刊发的《沢潟先生全集》上册。《沢潟先生全集》共两册,由沢潟会编纂,川冈事务所出版,全集除了收录《沢潟先生年谱》《沢潟文约》《沢潟杂稿》《沢潟随笔》等东沢潟本人著述外,也收录了东沢潟

对中国多部典籍的考证及评注，包括《论语撮说》《孟子撮说》《周易要略》《传习录参考》《近思录参考》《儒门证语》等。《传习录参考》尾页有其子东敬治（1860—1935）所注"传习录参考系先子最晚年之著"①。陈荣捷评价该书"选录《传习录》之半而每条有所评议，皆从性理之论"②，称赞东泽泻"可谓《传习录》评注中之最为纯粹哲学者"③。

《传习录参考》是对《传习录》语录进行条目式评注的注本。评注内容追根溯源，标明出处来源。如图 3-1 所示，东泽泻在"爱问在亲民"语录中，关于"在亲民"中的"亲""新"二字的演变过程作出说明："亲氏本礼经旧文，明道亦如字读。至伊川改作新，朱子从之，于是天下沈没不知旧文。王子之说不独有功于孔曽，又足以发明明道之意，孰谓好奇立异哉。"④

东泽泻在《传习录参考》中，多将阳明学说与程朱理学、象山学说作对比，又引用王畿（1498—1583）、周汝登（1547—1629）、陶望龄（1562—1609）、刘宗周、施邦曜、黄宗羲（1610—1695）等 10 余位学者的思想进行对比论证。如图 3-2所示，东泽泻在"爱因未会"语录中，引用了王畿、黄宗羲、刘宗周的意见。

东泽泻延续佐藤一斋、吉村秋阳之志，又引导长子东敬治继承其志，为日本阳明学的传播与发展发挥了承前启后的作用。1912 年 6 月，东敬治在其主编的《阳明学》期刊第 44 期出版《泻号特集》，纪念其功劳。

---

① 東沢潟：『沢潟先生全集』上卷、川岡事務所 1919 年、第 686 頁。
②③ 陈荣捷：《王阳明传习录详注集评》，华东师范大学出版社 2009 年版，第 9 页。
④ 東沢潟：『沢潟先生全集』上卷、川岡事務所 1919 年、第 623 頁。

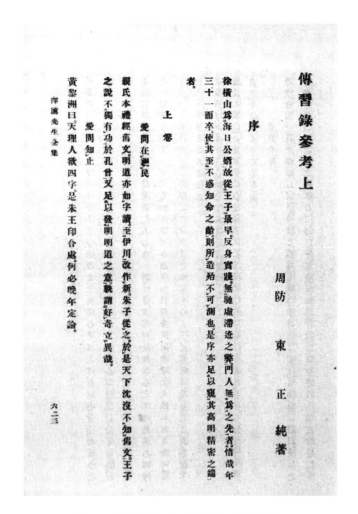

傳習錄參考上

周防　東　正　純著

序

徐橫山爲海日公婿故從王子最早反身實踐無馳虛滯迹之弊門人無爲之先者惜哉年三十一而卒使其至不惑知命之齡則所造殆不可測也是序亦足以覘其高明精密之端者。

上卷

愛問在親民

親氏本體經舊文明道亦如字讀至伊川改作新朱子從之於是天下沈沒不知舊文王子之說不獨有功於孔曾又足以發明明道之意就謂好立異哉。

愛問知止

黃黎洲曰天理人欲四字是朱王印合處何必晚年定論。

澤瀉先生全集

六二三

图 3-1　东沢泻之《传习录参考》语录示例 1

二、尾崎忠治述、吉本襄记《传习录讲义》

尾崎忠治(1831—1905)，高知县人，日本武士、政治家。正二位勋一等男爵，曾任东京控诉院院长、大审院院长、枢密顾问官等职。

吉本襄，生卒年不详，号铁华，创办了铁华书院。该书院出版了阳明学及《传习录》相关的书籍，如高濑武次郎的《日本之阳明学》和《阳明学阶梯：

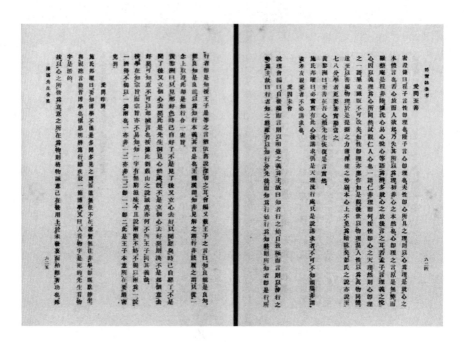

图 3-2　东沢泻之《传习录参考》语录示例 2

精神教育》等。

1898 年,铁华书院刊行尾崎忠治口述、吉本襄笔记的《传习录讲义》。《传习录讲义》由日本官僚、政治家、勋一等子爵的渡边国武(1846—1919)和教育家、思想家、政治家杉浦重刚(1855—1924)作序。因尾崎忠治本人从政,故请两位政治家作序不足为奇。

渡边国武是江户末期池田草庵的弟子。他在序中写道：

　　天下无一人不圣贤者,无一人不豪杰者,但不自知而已。知之道"致良知"三字尽焉。方今天下内外多事,国家求人材,亦可谓急矣。然而海内几百圣贤,几千豪杰,利奔名走,苟安姑息不自知,其为圣贤豪杰者,真可慨也。吉本襄氏笃学之士也,潜心致良知之学有年焉,今兹请先辈尾崎忠治君讲习阳明先生传习录,欲活刷以传之于世。呜呼,可谓知本矣,余深美其举,乃书一言以冠其首。①

杉浦重刚在序中写道:

　　往年先辈某氏谓余曰:"今日之汉学者,流迂阔而不适于世用,可怜耳。"余对之曰:"今日应国家之要务者,果何所修养如洋学者流,非汲汲于末技,未得参于枢机乎。其参枢机者,率莫非汉学者流。也若其迂阔,而不适于世用,则洋学者流,亦非无其伦乎。"某氏称善。今其修王氏之学者之最适于世用,万人之所公认,而斯学之普及之有裨益于国家,固不俟论也。顷日传习录讲义成矣,吉本君徵余序,乃举前言以应之云。②

　　从序言的阐述中,可以清晰感受到两位政治家的共同忧虑,他们深刻认识到面对日本国内外纷繁复杂的局势,国人应避免沉溺于洋学细枝末节的追逐,不应为名利所驱,苟且偷安,而是应当回归根本,潜心研修王氏之学——阳明心学,致良知于实践,以此培养真正有益于国家与社会的人才。

　　吉本襄更是深刻剖析了明治时期日本社会的种种弊病:空气中弥漫着腐败的气息,许多政治家忽视了自身的道义责任,军人失去了廉耻之心,宗教界人士在某些方面成为伦理道德的背离者,学者们有时扭曲了做学问的初衷,司法界则不乏贪污受贿之现象,整个社会风气不正,问题重重。在此背景下,吉本襄极力推崇王阳明的"致良知"学说,视其为治愈日本社会痼疾的一剂良药,希望通过这一思想的普及与实践,引导社会风气向善,重塑国民道德与精神面貌。

---

　　①　尾崎忠治述、吉本襄記:『伝習録講義』、鉄華書院 1898 年、序第 1 頁。为便于理解,本书添加了标点符号。

　　②　尾崎忠治述、吉本襄記:『伝習録講義』、鉄華書院 1898 年、序第 3 頁。为便于理解,本书添加了标点符号。

　　《传习录讲义》原预定刊发 12 册，但最后只刊发了首册，所以《传习录讲义》并不是《传习录》的全译本，内容只有徐爱录的 14 条语录。本书以徐爱跋为例进行考察（见图 3-3）。

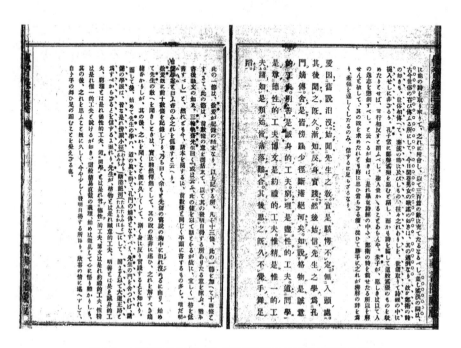

图 3-3　尾崎忠治口述、吉本襄记《传习录讲义》语录示例

原文：

　　爱因旧说汩没，始闻先生之教，实是骇愕不定，无入头处。其后闻之既久，渐知反身实践，然后始信先生之学为孔门嫡传，舍是皆傍蹊少径、断港绝河矣！如说格物是诚意的工夫，明善是诚身的工夫，穷理是尽性的工夫，道问学是尊德性的工夫，博文是约礼的工夫，惟精是惟一的工夫；诸如此类，始皆落落难合，其后思之既

久,不觉手舞足蹈。①

译文:

　　徐愛既に前十数条を記録し了り、乃ち曰く、余とも千儒の舊説の胸中に泊れ沒めるに由り、始めて先生の教へを聞きしときは、實に駭然愕然として、其の説の是非に迷ひ、之れを解すべき端緒をかりしが、其の後、之れを聞くこと既に久しくして、漸く身に反り實践するとを知れり。而して後、始めて先生の學の道の真を得て、孔門の嫡傳となすべく、先生の門を舍つれば、諸儒の學派は、皆な是れ傍蹊小徑斷港絶河にして、固よ里以て大道正路と為すべからざるとを信ずるよ至れり。先生が、格物とは是れ誠意的工夫、明善とは是を誠身的工夫、窮理とは是れ盡性的工夫、道問學とは是れ尊徳性的工夫、博文とは是れ約礼的工夫、惟精は是れ唯一的工夫と説けるが如き、這般簡易直截の義理、始めは散乱して心に悟う難かりしも、其の後、之れを思ふこと既に久しく、今や少しく發明自得する所なり。欣喜の情に堪へずして、自ら手の舞ひ足の蹈むことを覺えざる也。②

　　译文采用"和汉折衷体"的日语表达方式。"和汉折衷体"其实也是延续以前的"和汉混淆文",是在汉文训读体的基础上混入一些"和文体"所特有的表达方式而形成的文体,这一文体通常被认为起源于日本镰仓时代,直至明治中前期被广泛采用,"汉文训读体"与"和汉折衷体"之间其实没有绝对的分界线,有些文章往往介于两者之间,很难界定是哪种文体。③ 但作为"汉文训读"的译文来说,文章要严格对应汉文原文,不能增减汉字,而"和汉

---

①　王守仁:《王阳明全集(新编本)》第一册,吴光,钱明,董平,姚延福编校,浙江古籍出版社2010年版,第12页。
②　尾崎忠治口述、吉本襄記『伝習録講義』、鉄華書院1898年、第31頁。
③　吕顺长编著:《日本近代文书解读入门》,浙江工商大学出版社2024年版,第215页。

折衷体"的译文在用词和句法表达上相对灵活,比较符合当时日语的表达
方式。

另外,当时词语使用历史假名(歴史的仮名遣い)。历史假名是日语假
名的一种,它也被称作"复古假名"或"古典假名",在二战结束前一直得以沿
用。例如"はひふへほ"不在词头时需读作"わいうえお",故译文中的"教
へ""迷ひ""思ふ"应读作"教え""迷い""思う"。

还有一些日语单词虽是日语固有的词汇,仍用汉字书写代替日语发音,
如"固よ里""如志"。这几个单词在现代日语中会书写成"固より""如し",
但由于当时日语书写还欠统一标准的缘故,故用汉字代替日语发音的现象较
多。这种现象反映出当时日语的书写体系尚未形成统一标准,因而用汉字来
标记日语发音的做法相对较为普遍。之后随着语言的发展以及书写规范的
逐步确立,这些词汇的书写方式也渐渐统一到了现代日语的标准形态之中。

从译文表达上看,该译本因是由尾崎忠治口述,吉本襄笔记而成,故而
语言风格相对趋近于日语近代口语的表达方式,部分地方自然而然地增添
了尾崎忠治的个人补充内容,由此使得语录译介与个人补充实现了自然的
融合,读来有一种娓娓道来的亲切之感。

三、东敬治之《传习录讲义》

东敬治,出生于周防国岩国(今山口县岩国市),又叫东正堂,东沢泻长
子,阳明学者,东洋大学教授,学术生涯跨越明治、大正到昭和初年,著《沢泻
传》(1901)、《叉子：阳明哲学》(1904)、《阳明学要义》(1911)、《藏春阁诗存
稿》(1926)等,主编《王学杂志》(后更名为《阳明学》)。

(一)《传习录讲义》的构成介绍

1906—1907 年,东敬治以三轮执斋《标注传习录》为底本,东沢泻《传习
录参考》为参考,出版《传习录讲义》3 卷。《传习录讲义》卷首手书"陆军大
将男爵长谷川好道序""正堂东敬治讲述""传习录讲义""东京松山堂发行"
(见图 3-4)。

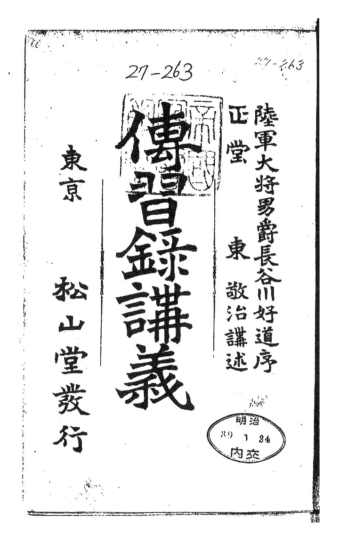

图 3-4　东敬治之《传习录讲义》封面

　　序言共有 3 篇。第 1 卷 2 篇，第 3 卷 1 篇。

　　《传习录讲义》第 1 卷的第 1 篇是陆军大将男爵长谷川好道（1850—1924）所作的序言（见图 3-5）。该序解释了长谷川好道因自己执掌军部，事务繁忙，故未能继承先师东泽泻之遗愿讲授阳明学，颇为遗憾之情，但同时也表达了对东正堂继承其父遗志讲述《传习录》的欣喜。长谷川好道写道：

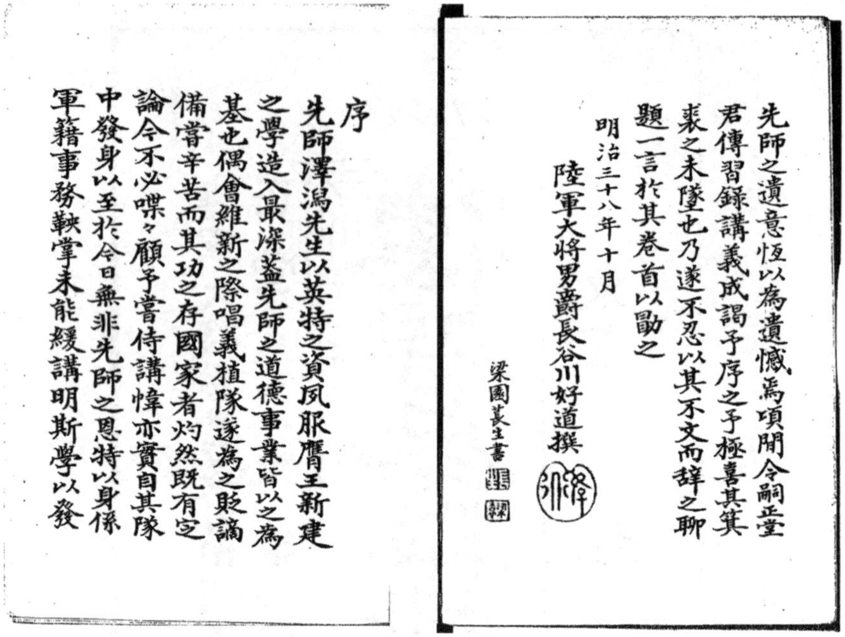
序
先師澤瀉先生以英特之資夙服膺王新建
之學造入最深蓋先師之道德事業皆以之爲
基也偶會維新之際唱義植隊遂爲之貶謫
備嘗辛苦而其功之存國家者灼然既有定
論今不必喋々顧予嘗侍講幃亦實自其隊
中發身以至於今日無非先師之恩特以身係
軍籍事務鞅掌未能緩講明斯學以發
先師之遺意恆以爲遺憾焉頃聞令嗣正堂
君傳習錄講義成謁予序之予極喜其箕
裘之未墜也乃遂不忍以其不文而辭之聊
題一言於其卷首以勖之
明治三十八年十月
陸軍大將男爵長谷川好道撰
梁園蓑生書

图 3-5　东敬治之《传习录讲义》上卷长谷川好道序言

先师沢瀉先生以英特之资夙服膺王,新建之学造入最深,盖先师之道德、事业皆以之为基也。偶会维新之际唱义植队,遂为之贬谪,备尝辛苦。而其功之存国家者灼然,既有定论,今不必喋喋。顾予尝侍讲帏,亦实自其队中发身,以至于今日无非先师之恩,特以身系军籍事务,鞅掌未能缓,讲明斯学以发先师之遗意,恒以为遗憾焉。顷闻令嗣正堂君《传习录讲义》成,谒予序之。予极喜其箕裘之未坠也,乃遂不忍以其不文而辞之,聊题一言于其卷首以勖之。①

① 東正堂:『伝習録講義』第 1 編、松山堂 1906 年、序第 1-2 頁。为便于理解,本书添加了标点符号。

　　《传习录讲义》第 1 卷的第 2 篇是东敬治的自序（见图 3-6）。东敬治表达了继承先父志向的意愿，认为阳明学中最重要的是"良知"二字，并提出人人皆有"良知"的观点。

　　《传习录讲义》第 3 卷卷首是东敬治门人桑原进在 1907 年作的序言（见图 3-7）。桑原进说，自己从师于东敬治并接受其《传习录》教习，在此过程中共同讨论研究，学术氛围良好，"予从学吾师正堂先生，辄已决然有志于古圣贤心性之学。然其间颇为事物所妨，用功犹未专也。先年上京偶得大冢明孚君，而后我志益坚，遂共请师以讲《传习录》，于是师每日讲之，予等亦受

A

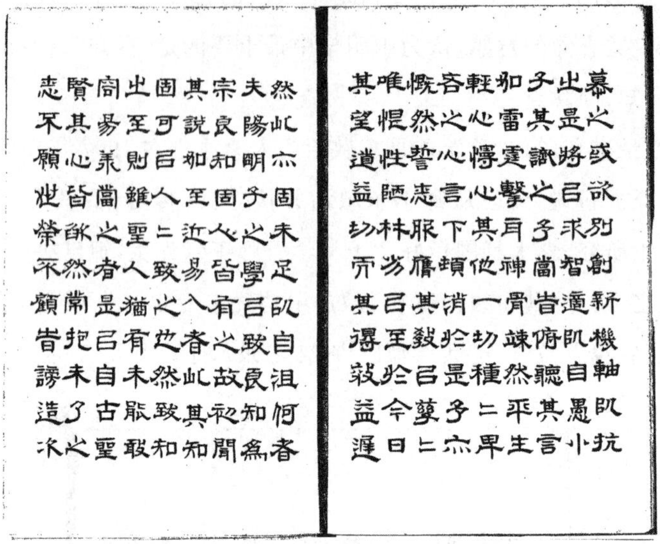

B

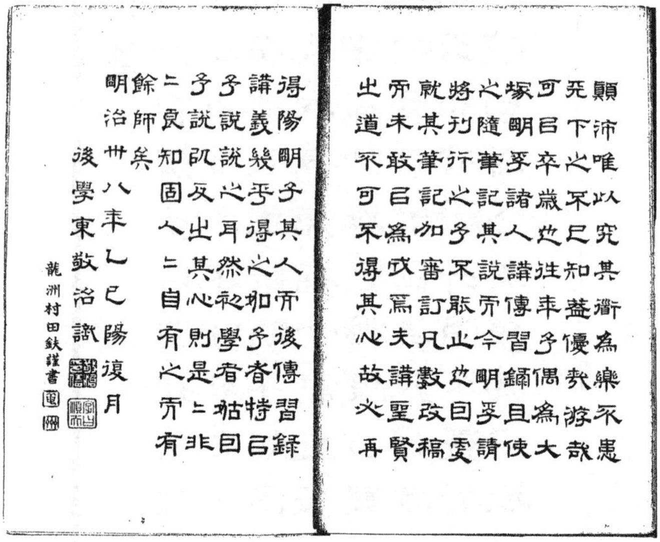

C

图 3-6　东敬治之《传习录讲义》第 1 卷东敬治自序

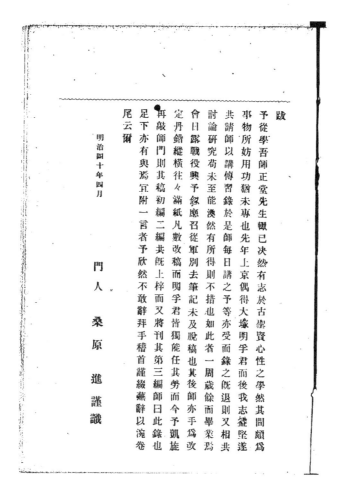

图 3-7　东敬治之《传习录讲义》第 3 卷桑原进序言

而录之,既退则又相共讨论研究"①。随后,桑原进阐释了为《传习录讲义》
作序的缘由。当时正值日俄战争爆发之际,东敬治被紧急征召入伍。尽管
他已然完成了该讲义前两卷的编纂工作,然而第 3 卷的出版事宜却不得不
暂且交付给桑原进负责。"师曰:此录也,足下,亦有与焉,宜附一言者,予欣

_____

① 東正堂:『伝習録講義』第 3 編、松山堂 1907 年、序第 1 頁。为便于理解,本书添加了标点
符号。

然不敢辞"①，这句话表达了桑原进当时欣然接受重任、勇于担当的心理状态。

《传习录讲义》由东敬治口述，其门生大冢丰根据笔记整理而成。第1卷内容包括徐爱所录14条、陆原静所录80条、薛侃所录35条，合计129条，另有徐爱所作序2篇、跋1篇。第2卷内容以南大吉收录内容为主，后加上钱德洪所增，另有《示弟立志说》和《训蒙大意》。第3卷内容包括王阳明死后由钱德洪辑录陈九川、黄直、黄修易、黄省曾等人之收录语录。附录内容有《大学古本序》、《大学问》、《示徐曰仁应试》、《论俗四条》、《客座私祝》、《答徐成之书》2篇、《答储柴墟书》2篇、《答何子元书》、《略年谱》、《传习拾遗》32条。《传习拾遗》直接引用了佐藤一斋的《传习录栏外书》的补录内容。

(二)《传习录讲义》的译介特点

相较于以往的言简意赅的评注本，《传习录讲义》解释翔实细致很多，每条语录均有"摘解""通释"和"発明"，部分语录有"文脉"。"摘解"是对语录中出现的字词句进行注释、注明出处来源，"通釋"就是语录的翻译，"文脉"是对语录中的内容脉络的衔接说明，包括句与句的逻辑关系、词与词的语义连接关系，"発明"是东敬治个人观点的阐述。

《传习录讲义》除了原文引文外，"通釋""発明"和"文脉"等说明部分都采用"和汉折衷体"，全文无标点符号进行断句，以图3-8语录为例。

在中世之前，日本的官方文书普遍采用"汉文"书写。然而，自中世以降，随着"和汉折衷体文"和"假名书写文"的逐渐兴起与普及，这一局面开始发生变化。尽管如此，直至明治时期，"汉文"依然保持着其崇高的地位，而"和汉折衷体文"和"假名书写文"则更多地应用于面向广大民众的普及性文本之中。当时的社会观念认为，正如"汉文"本身无需标点符号辅助理解一

---

① 東正堂：『伝習録講義』第3編、松山堂1907年、序第1页。为便于理解，本书添加了标点符号。

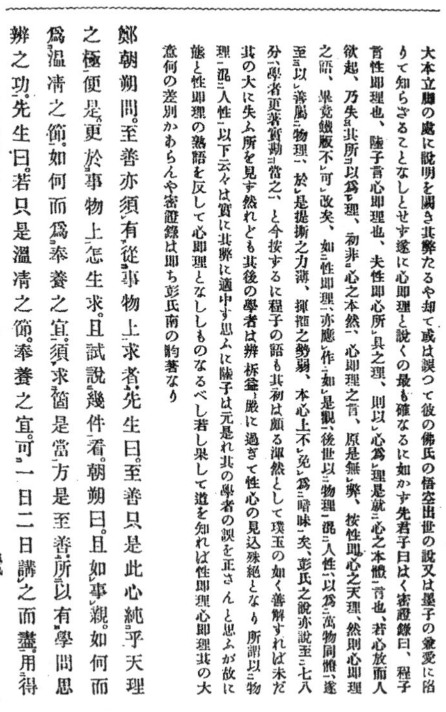

大本立脚の處に説明を闕き其弊たるや却て或は誤つて彼の佛氏の悟空出世の說又は墨子の兼愛に陷
りて知らざることとなしとせず遂に心即理と說くの最も確なるは如かず先君子曰はく密齋錄曰、程子
育性即理也、陸子言心即理也、夫性即心所ニ具之理ナ、則以ニ心為ニ理是就ニ心之本體ニ言也、若心放而人
欲起、乃失ニ其所ニ以為ニ理ニ、初非ニ心之本然ニ、心即理之言、原是無ニ弊、按性即心之天理、然則心即理
之語、亦竟儱侗不ニ可ニ改矣、如ニ性即理ニ亦應ニ作ニ如ニ是觀ニ、後世以ニ物理、人性ニ以為ニ萬物同體ニ、遂
至ニ以ニ善為ニ物理ニ、於ニ是提斷之力弱、探捉之勢弱、本心上不ニ免ニ為ニ暗昧ニ矣、彭氏之說亦至ニ七八
分ニ學者更莱霄期ニ當之、ト今按するに其弊は元是れ心即理とは蓋に過ぎて性即理心即理其の大
理ニ弛ニ人性ニ以下云々は質に其弊に適中す思ふに陸子は元より性の見込殊絶となり所謂以ニ物
其の大に失ふ所を見ず然れども其後の學者の誤を正さんと思ふが故に
理ニ弛ニ人性ニ以下云々は質に其弊に適中す思ふに程子の語も其初は顏は渾然として珠玉の如く善解すれば未だ
旅と性即理の熟語を反して心即理となししものなるべし若し杲して道を知れば性即理心即理其の大
意何の差別かあらんや密齋錄は即ち彭氏南の駒著なり

郎朝朔問。至善亦須ニ有ニ從ニ事物ニ上求者ニ先生曰。至善只是此心純乎天理
之極ニ便是。更ニ於ニ事物ニ上ニ怎ニ生求。且試說幾件。看ニ朝朔日。且如事ニ親如何而
為ニ温凊之節。如何而為ニ奉養之宜。須ニ求ニ箇是ニ當方是ニ至善所ニ以ニ有ニ學問思
辨之ニ功ニ。先生 _曰。若只是温凊之節。奉養之宜。可ニ一日二日講之而盡用得

傳習錄欄外書之生

己九

A

【圖五】

鄭朝朔問上至善でよもの或は理よ之に求むに求むべきもの之を或は心に求べし理とも赤は善ト此の善ト之を或
精解す天理の極ニ弛ニ此則非ニ有ニ學問思辨之ニ功ニ

各云五

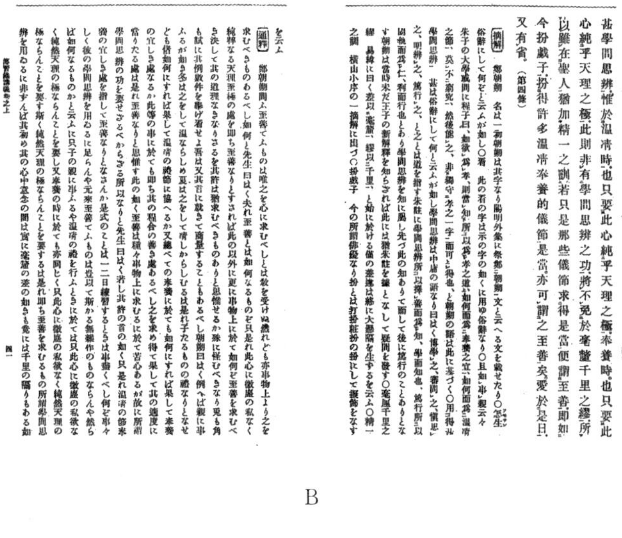

B

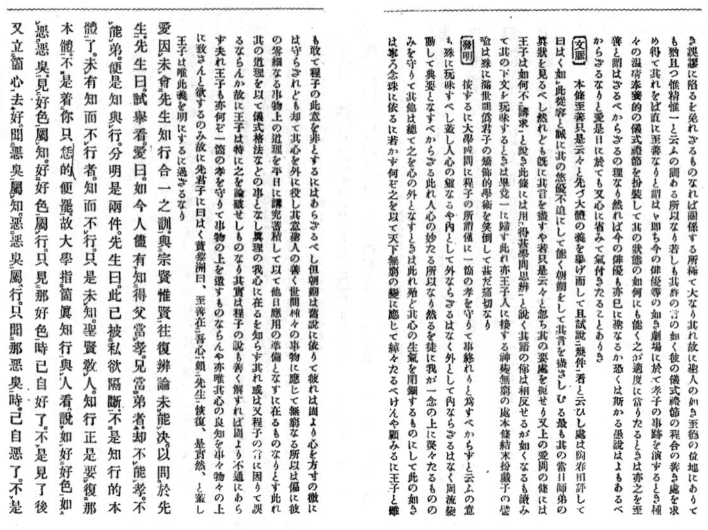

C

图 3-8　东敬治之《传习录讲义》语录示例

样，受过良好教育的有识之士亦能凭借自身深厚的学养，对其他文体的文章进行断句与解读。但是，随着江户时期的到来，教育逐渐普及普通民众，阅读与书写不再是皇室贵族与上层武士的特权，而是成为更广泛社会阶层的日常活动。同时，印刷技术的飞速发展进一步推动了书籍的广泛传播，使得中下级武士乃至普通民众也能轻易接触到各类书籍，阅读群体规模因此迅速得到扩大。在这一背景下，对标点符号的需求逐渐显现，但直至明治维新初期，日语中的标点符号体系仍未得以完全确立。

1906 年，文部省正式颁布了《标点符号法案》（『句読点法案』），这是日本首次正式提出标点符号放置方法的法案。方案中明确规定了国定教科书中标点符号的使用方法以及书写标准，由此，"。""、""『』""「」"等标点符号的表达方法才固定下来。颁布《标点符号法案》原因有二：其一是因为荷兰语和英语等外文书籍都有标点符号，日本政府认为规范标点符号的使用，能够有助于日本社会更好地吸收和借鉴西方先进知识，促进文化的交流与融合；

其二是出于统一本国语言表述,提升国民阅读能力的迫切需要。日本通过立法明确标点符号的放置方法,不仅为编写国定教科书提供了统一的书写基准,也为全社会范围内的语言规范化树立了标杆,有助于消除地域间、阶层间的沟通障碍,促进教育文化事业的发展。

东敬治的《传习录参考》出版于 1906 年和 1907 年,正是明治政府开始实施《标点符号法案》的时期,因为政策普及需要时间,故该译本的序言和语录翻译及说明,既无断句符号,也无标点符号。

关于东敬治的翻译特点,继续以图 3-8 的语录为例。原文为:

> 郑朝朔问:"至善亦须有从事物上求者?"先生曰:"至善只是此心纯乎天理之极便是。更于事物上怎生求? 且试说几件看。"朝朔曰:"且如事亲,如何而为温清之节,如何而为奉养之宜,须求个是当,方是至善。所以有学问思辨之功。"先生曰:"若只是温清之节、奉养之宜,可一日二日讲之而尽,用得甚学问思辨? 惟于温清时,也只要此心纯乎天理之极;奉养时,也只要此心纯乎天理之极。此则非有学问思辨之功,将不免于毫厘千里之缪,所以虽在圣人,犹加'精一'之训。若只是那些仪节求得是当便谓至善,即如今扮戏子,扮得许多温清奉养的仪节是当,亦可谓之至善矣。"爱于是日又有省。①

该语录原文字数共计 260 余字,东敬治的"通释"字数为 900 余字,字数上确实增加甚多,所以陈荣捷评价该书"铺张为多,学术发明较少"②。本书试译如下:

---

① 王守仁:《王阳明全集(新编本)》第一册,吴光,钱明,董平,姚延福编校,浙江古籍出版社 2010 年版,第 3-4 页。
② 陈荣捷:《王阳明传习录详注集评》,华东师范大学出版社 2009 年版,第 9 页。

　　郑朝朔问："至善也需要从事物上寻求吗？"先生说："此心无一丝私念，纯粹都是天理至极，即为至善。如果要从外面的事物上寻求，你且举几个例子说明看看？"朝朔说："譬如事父母，冬天使其温暖，夏天使其清凉，是为子女之礼，但如何才算做到温清之礼呢，怎么才算奉养得宜呢，这都需要寻求一个标准。若能求之，若能适度，则为至善。至善是要在种种事物上求取的苦心，所以要有所谓的学、问、思、辨之功夫。"先生曰："若如其言，只是讲求温清之节、奉养合宜就是至善的话，此等事情只需一二日即可掌握，何必用到学、问、思、辨呢？在为父母行温清之礼的时候，我的心就应该没有丝毫的私欲，纯粹是天理之极，在奉养父母的时候，我的心也应该没有丝毫的私欲，纯粹是天理之极。为实现纯粹天理的极致，即追求至善，如果不使用所谓的学、问、思、辨之功夫，那最初的心中意念有可能会陷入失之毫厘，谬以千里的错误。因此即便是到了圣人一般的至高地位，也要谨记惟精惟一的训诫。如果仪式礼节得当就是至善的话，那在戏剧里表演孝子事迹的演员们可以说都遵从各种温清奉养的礼仪。如果扮演得恰到好处，也不能不说是至善，但这难道可以归结说现在的戏子已达到圣人之境了吗？"徐爱在这天又有所醒悟。

　　从试译内容分析，东敬治的译本在保持原文精髓的基础上，对语义进行了适度的拓展，语言风格更趋通俗化、口语化，使得内容更贴近大众阅读习惯，但并未出现无意义的冗长铺陈。本书认为，此译本是日本第一个《传习录》的完整"通释"本。所谓"通释"，其含义为疏通文义与阐释意义，旨在让读者能够完整把握原著内容。细察之下，东敬治的"通释"本是在对原文理解的基础上，进行了深入而细致的解读。诚然，这种解读过程自然伴随着文字量的适度增加，但这正是为了确保"通释"的全面性和准确性，而非无谓的铺张，因此不能仅凭文字数量的增加就判断其铺张为多。实际上，东敬治这种力求完整且精细的日语翻译方式,对于当时的日本普通民众来说,无疑为理解阳明学思想开辟了一条捷径,也为后来《传习录》的日译工作提供了重要参考。

四、宫内默藏之《传习录讲义》与《阳明学讲话》

宫内默藏(1846—1925),又叫宫内鹿川,出生于三重县龟山市,是活跃于明治及大正时期的汉学家,著有《王学指掌》(1901)、《阳明学讲话》(1907)、《王阳明先生传》(1909)、《韩非子讲义》(1909),在杂志《阳明学》连载《传习录讲义》等。

（一）宫内默藏之《传习录讲义》

从 1896 年至 1900 年,宫内默藏在杂志《阳明学》上连载了题为《传习录讲义》的文章。《阳明学》杂志由吉本襄于 1896 年创刊,1900 年停刊。吉本襄在创刊的第 1 期以及停刊的最后 1 期致辞中都提到了宫内默藏,由此可见宫内默藏是吉本襄志同道合之盟友。在《阳明学》的最后 1 期里,吉本襄特意表明以宫内默藏的《传习录讲义》完结作为《阳明学》停刊的契机。宫内默藏每期发表 1 篇《传习录讲义》,由于《阳明学》停刊号第 79 期和第 80 期合订出版,所以宫内默藏总计发表了 79 篇文章。之后铁华书院将这 79 篇文章以及其他阳明学相关论文汇编,出版了名为《阳明学》的书籍,共有 6 册。

关于该译本特点,以"唐、虞以上之治,后世不可复也,略之可也;三代以下之治,后世不可法也,削之可也;惟三代之治可行。然而世之论三代者,不明其本,而徒事其末,则亦不可复矣!"①这段话为例进行考察(见图 3-9)。

宫内默藏在页面天头进行"頭注",并在正文中深入阐述《传习录》语录中的阳明思想。正文是汉文训读译文,如"事々純樸にあれバ後世文采的の

---

① 　王守仁:《王阳明全集(新编本)》第一册,吴光、钱明、董平、姚延福编校,浙江古籍出版社 2010 年版,第 11 页。

图 3-9　宫内默藏之《传习录讲义》语录示例

治道をバ上古へは引きもどすべからず、今日治道を求めむとならば、まづ唐虞以前の政治はこれを略しおくをよしとす"一句中，"あれバ"是"あり"的已然形接"ば"，表示"あるので"的语法意义，"をバ"在此起到连接的作用，强调了前面的宾语"治道"，"求めむ"是"求む"的未然形加表示意志的助动词"む"，相当于现代日语的"求めよう"，这些都是古典日语的表达方式。

正文中的日语假名用"变体假名"（変体仮名）书写较多。在 1900 年，日本修订《小学校令》规定统一的日语平假名之前，每一个读音存在相应的多种用汉字各类书体表示的假名，而在统一成现代日语所用的平假名之后，其他假名被称为变体假名。这些近代日文中的变体假名，是现代读者阅读日本近代文书资料的难点之一。①

————

① 吕顺长编著：《日本近代文书解读入门》，浙江工商大学出版社 2024 年版，前言第 2 页。变体假名的具体情况可参考《日本近代文书解读入门》"变体假名一览表"第 248-271 页。

宫内默藏在释义过程中,重要内容用",、"加以标识;全文虽未使用标点符号,却用",、""。"来进行断句;减少了用汉字假名表音的情况,例如使用"如し",而非"如志";对于有浊音的单词使用"ﾞ"浊音符号进行表记,比如"做うべからず""ひきもどす""まづ"。总体而言,该译本彰显了宫内默藏深厚的汉学功底以及出色的古典日语表达能力,他巧妙地平衡了《传习录》的古典韵味与当时读者的阅读需求。

(二)宫内默藏之《阳明学讲话》

1907年,宫内默藏出版《阳明学讲话》,由文华堂书店刊行。

《阳明学讲话》的主体部分是宫内默藏在1901年出版的《王学指掌》(国光社出版),区别在于《阳明学讲话》中加入了宫内默藏撰写的《大学古本讲义》。

《阳明学讲话》以三轮执斋所辑的《传习录》为底本,但并不是全译本。宫内默藏考虑阳明学思想内容广阔,语录与语录之间并没有直接的承接关系,初学者易陷入阳明学说的汪洋大海中,因此他重点选取修身养性的语录进行分类编纂再进行翻译。主体部分由"道体篇"和"学术篇"这两大篇章组成。"道体篇"阐释了道的本体原理,"学术篇"则展示了着手做学问的方法。"学术篇"又进一步细分为"学术正篇""学术副篇"和"学术杂篇","学术副篇"和"学术杂篇"是对"学术正篇"的补充与参考。宫内默藏期望读者能够在不同的分类中获取自己所需要的阳明思想滋养,实现各自的心悟与切实的收获。

宫内默藏论述道,东方道德思想自伏羲时期起始,历经文王、周王、孔孟,遵循《中庸》里"天命之谓性,率性之谓道,修道之谓教"[①]之理念。到了宋朝,周敦颐(1017—1073)、程颢(1032—1085)、程颐(1033—1107)、张载、朱熹等倡导性理学说,儒学思想愈发进步昌盛,然而在其后的百年发展进程中却逐渐趋于僵化。王阳明倡导的良知说,就是在竭力挽救即将僵化的道

---

① 《大学·中庸》,王国轩译注,中华书局2007年版,第46页。

学。王阳明的道与伏羲的八卦、尧舜的执中、孔孟的仁义、周敦颐的主静、程朱的居敬穷理一致，都是讲求天人合一，达到"致良知"。所谓"致良知"，就是把人本来就具备的良知扩充到万事万物上，践行知行合一。

王阳明的"致良知"，是从孔子的"依于仁"、孟子的"求放心"、曾子的"明明德"、子思的"致中和"、朱熹"存天理"等理论发展而来，它在王阳明的学说中具有举足轻重的作用和价值。[①]"致良知"三字表现了王阳明为往圣继绝学，为万世开太平的儒家风范，因此在"道体篇"中，宫内默藏把《传习录》中与良知相关的语录分成"良知の本體"（良知的本体）、"良知は人々皆あり"（良知人人皆有）、"良知の動機"（良知的动机）、"知の大小精粗"（知的大小精粗）、和"性"（性）等 5 个方面进行译介并重点阐述。

在"学术篇"中，宫内默藏指出，当今日本社会处于弱肉强食、优胜劣汰的时代，有些学者觉得应当推崇独立自尊之主义，要勇敢进取，而圣人的中和之说恐怕不适用于当下。宫内默藏认为这种言论乃是浅薄的俗见，属于异端邪说、歪曲之论，绝对不能存在于当下的教育社会当中，否则将会引发国家的混乱。他引用《中庸》之语说，"唯天下至圣，为能聪明睿知，足以有临也；宽裕温柔，足以有容也；发强刚毅，足以有执也；齐庄中正，足以有敬也；文理密察，足以有别也"[②]，认为社会应当要讲求不偏不倚、大中至正，阳明学不重于研究万物之理，而是将格物致知作为诚意之功夫，消除人欲，恢复天理，审视内心，纠正歪曲，这才是立世之道，因此该篇章从"本領"（本领）、"格物致知に就いての説"（关于格物致知之说）、"着手に就いての注意"（关于着手时的注意事项）、"善を為し惡を去る"（为善去恶）、"色貨名の三毒"（色、货、利之三毒）、"中和"（中和）、"學問の成功"（学问的成功）7 个方面进行语录的翻译及解说。

在"道体篇"和"学术篇"之后，附上了宫内默藏撰写的《大学古本讲义》。宫内默藏先是对《传习录》中出现的《大学》章节进行选译，并从原文的出处

---

① 余群：《王阳明心学美学思想研究》，人民出版社 2023 年版，第 296 页。

② 《大学·中庸》，王国轩译注，中华书局 2007 年版，第 131 页。

切入,阐释他对于阳明思想以及中国儒学思想的认知。宫内默藏解释说,王阳明的学问历经数次蜕变,起初修习程朱理学,中期曾出入于老佛之学,在龙场被贬官之后,自创学说,后期则将古本《大学》当作学习的唯一实典,进而挖掘出了格致的意蕴,把握住了《大学》的精义。故而在《王学指掌》一书的基础上,宫内默藏增加了他对于古本《大学》的讲义内容。

本书以"良知の本體"中的其中一个语录"良知は造化的な精霊"为例,考察该译本特点(见图 3-10)。

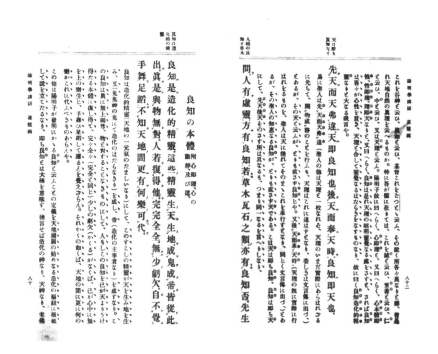

图 3-10　宫内默藏之《阳明学讲话》语录示例

原文:

　　良知是造化的精灵。这些精灵,生天生地,成鬼成帝,皆从此出,真是与物无对。人若复得他。完完全全,无少亏欠,自不觉手舞足蹈，不知天地间更有何乐可代。①

译文：

良知は造化的精霊（天地の一元氣のたましいなり）にして、このすこしの精霊が天を生み地を生み、又鬼（鬼神の鬼にて造化のはたらなきり）を成し、帝（造化の主宰者なり）を成すなり。この良知は真に無上獨尊、物と對することなきものにして、人もしこの良知を已が天よりうけ得たる本體に復し得て、完々全々（完全と同じ）すこしの虧欠（かくる）がなくば、已が心中に無を上の楽生じ、手舞ひ足蹈して躍るとを覚えざらん。それかくの如くば、天地の間に更に何の樂かこれに代ふべきものあらんや。②

本书试译如下：

良知是造化的精灵（天地一元之体的魂魄），这些小精灵生天、生地，又成鬼（鬼神之鬼，造化之果），又成帝（造化之主宰者）。这个良知是真正的至高无上的独尊，任何事物皆无法与其比拟。人如果恢复到了这个上天赐予的本体，完完全全（完全）没有一点亏欠的话，就会产生无与伦比的快乐，不禁手舞足蹈起来。如此一来，天地之间还有什么能代替它的快乐？

宫内默藏译本翻译准确，句子较为精炼，用词难度适中，标点符号完备，且对重要内容进行了"ヽ"的提示，对重点解析的字词如"精霊""鬼""帝"的定义用"（　）"进行了补充，是一个信达雅的《传习录》日语节译本。

宫本默藏评价"良知は造化的な精霊"是王阳明对"良知"定义的发明创

---

① 王守仁：《王阳明全集（新编本）》第一册，吴光、钱明、董平、姚延福编校，浙江古籍出版社2010年版，第115页。

② 宮内鹿川：『陽明学講話』，文華堂書店1907年，第81-82頁。

造。他阐述说,良知是天地一元之体的魂魄,良知是无限大,换而言之,良知就是造化之神、天神,道家佛教称之为谷神、真如,基督教称之为 God,虽措辞不一,但都意味着是天地自然的真理。尤其在儒学当中,良知可谓之诚,谓之至善,谓之仁,谓之中,又谓之天理,故王阳明说心即理,心本体即性,性即为天,又说良知是天理的昭明灵觉之处,需要将良知贯穿人的心性,与天理合一从而发挥灵觉的作用。在这个语录中,宫内默藏结合儒释道及基督教的概念,对"良知"进行了一个完整的归纳及阐释。

宫内默藏不仅是学识深厚的阳明学者,还是一名躬行实践的教育者。1903 年,在师从土佐阳明学派奥宫慥斋的中尾捨吉(1841—1904)的倡议下,宫内默藏、东敬治和春日白水(1843—1916)协同成立了王学会,该学会重在探求阳明学精神,每月定期举办公开演讲。宫内默藏制定临时规章,负责王学会的日常管理和运营,后因宫内默藏在二松学舍担任教务工作,故将王学会的会址定在二松学舍。据《二松学友会志》记载,宫内默藏和另外一位阳明学者三岛复(1878—1924)每月在二松学舍进行《传习录》的讲座授课,宫内默藏的授课内容与《传习录讲义》内容一致。

五、云井龙雄抄、杉原夷山注解《王阳明传习录》

云井龙雄(1844—1871),出生于米泽藩(现山形县),是江户幕末至明治维新时期的佐幕系志士。他曾师从著名的儒学家安井息轩(1799—1876),修习朱子学和阳明学,深受儒家思想影响。在幕末时期,他受藩主委托,积极为公武合体①运动奔走,并站在德川幕府一方,坚决反对维新势力的崛起,并制定了《讨萨檄文》。后随着明治维新的成功和幕府的覆灭,他与长州、土佐系高官密谋推翻明治政府,但被察觉后判处死刑。他的"佐幕""勤王""攘夷""封建"等理念(在公武合体的基础上实现攘夷论)在当时是极具

---

①　公武合体是日本江户后期(幕末)的一种政治理论,主旨是联合朝廷(公家)和幕府(武家)改造幕府权力。此政论获得幕府和部分大藩属的支持,主要目的是结合朝廷的权威,压制当时的尊皇攘夷(尊攘)运动,以避免幕府倒台,进一步强化幕府的地位。

特色的思想。

　　杉原夷山(1877—1944)，出生于福岛县的旧田岛町(现南会津町)，汉学家、美术鉴定家，原名幸次郎，后因醉心阳明学，改号为"夷山"。著有《阳明学座右铭》(1909)、《阳明学实践躬行录》(1909)、《阳明学神髓》(1909)、《阳明学精神修养谈》(1909)、《西乡南州精神修养谈》(1909)、《吉田松阴：伟人传习录》(1910)、《修养传习录讲话》(1934)等与阳明学有关的论著。《阳明学座右铭》和《阳明学实践躬行录》梳理了日本阳明学志士的生平事迹。《阳明学神髓》阐释了"心即理""致良知""知行合一""四句诀"等王阳明的主要思想，并分章节介绍了幕末阳明学与英雄豪杰、西乡隆盛和阳明学、阳明学和五伦等相关内容。《阳明学精神修养谈》论述了阳明学是以致良知作为修养方法，以知行合一作为实践工夫的精神修养之学问。

　　1910年，杉原夷山注解了云井龙雄手抄的《王阳明传习录》，由千代田书局出版，其开篇即是王阳明像与云井龙雄像(见图 3-11)。

图 3-11　云井龙雄抄、杉原夷山注解《王阳明传习录》之王阳明像与云井龙雄像

（一）关于《王阳明传习录》的多人序言

该书由井上哲次郎、三宅雪岭、高濑武次郎、服部宇之吉（1867—1939）、远藤隆吉（1874—1946）、鹿川渔人和杉原夷山等 7 人作序。撰序人数之多，实属罕见。

在序言中，大家首先都提及了对云井龙雄的敬仰之情，赞其诗文用词巧妙，有气魄，灵气足，脍炙人口，非世间诗人所能及，又赞其以国家休戚自居，气魄飒爽，何其壮哉。鹿川渔人说道，"触刑辟而死者，世自有定论，余不欲复言之也"①。杉原夷山表示，"若夫龙雄之事，天下自有公论。余不言其是非，而至其气节，凛凛凌霜，则有不与王子异者。其慕王子，盖气类相应而然也耶"②。

其次，大家都肯定了《传习录》的社会意义和阳明学对日本近代社会发展的作用。井上哲次郎在序言中表示维新时期的志士及功勋者受姚江学派影响较多，包括横井小楠、佐久间象山、西乡隆盛、锅岛直正（1815—1871）、桥本左内（1834—1859）、高杉晋作（1839—1867）、河井继之助（1827—1868）和大久保甲东（1830—1878）等。高濑武次郎在序言中充分肯定云井龙雄之风骨，认为他手抄的《传习录》以良知学为宗旨，以直截了当的体悟为手段，非常适合当代年轻人研读，认为只要做到熟读精读，就能从这本手抄注解口袋书中获取足够的养分。高濑武次郎曾在其《日本之阳明学》一书中对阳明学是明治维新的原动力作了如下说明，"当幕府穷途末路时，英雄豪杰佐久间象山、锅岛闲叟、吉田松阴、高杉东行、云井龙雄、横井小楠等兴起。他们皆以阳明学练习其心胆，高其气格，贯穿道理心肝，填补忠义骨髓，死生谈笑间，能成就撼天动地大事业"③，云井龙雄就在其列。

最后，杉原夷山解释了自己注解云井龙雄手抄《传习录》的原因及经过。杉原夷山写道：

---

① 雲井龍雄手抄、杉原夷山註解：『王陽明伝習録』、千代田書店 1910 年、序第 17 頁。
② 雲井龍雄手抄、杉原夷山註解：『王陽明伝習録』、千代田書店 1910 年、序第 20 頁。
③ 邓红：《何谓"日本阳明学"》，《华东师范大学学报》2015 年第 4 期，第 158 页。

余游东奥诸州，途过仙台，访渡边东岳翁。翁会津人也，酒间谈偶及龙雄之事。翁曰，余少时与龙雄相识于米泽，交尤亲。庆明之际，龙雄先于东北诸藩，唱讨萨伐长，来往我藩，当时宿余家。临去赠余其诗抄一卷及传习录手抄二卷。既而龙雄蒙谴死刑辟，而其人雄伟卓荦，气节盖世。余每对此书，追怀往事，不觉暗泪交于睫也，予请而阅之。诗则立意悲壮，措词慷慨，殆如其人。传习录则着眼高迈，拔萃提要，亦足以窥知其才识之一斑矣。余于是乎益信其称王子，乃誊写以珍藏，有年于此。属者千代田书房主人，来谒余，切请公于世。余深感其志，特为童蒙训点注解以与焉。①

这段话充分展现了杉原夷山对云井龙雄的崇高评价以及深切怀念之意，还表达了其欲把云井龙雄手抄《传习录》公之于世的强烈愿望。此话也得到鹿川渔人的证实，"友人杉原夷山，顷，获君所手抄传习录二卷，欲注解以公之于世"②。

(二)《王阳明传习录》的译本特征

《王阳明传习录》有"解题"。"解题"简要概括了中国儒教的发展历程与王阳明的相关事迹，详细说明了《传习录》的成书经过。杉原夷山介绍杨嘉猷以钱德洪本为底本，经过初刻、再刻、续录、补遗，再把《大学问》③等诸篇作为附录，总体命名为《传习录》刊印。后来，中国的刻印版本众多，互有异同。杨嘉猷版的《传习录》在庆长元和④之交传入日本，在宽文时期⑤曾有刻录，但刻本数量稀少，收藏者亦寥寥无几。1712 年 9 月，三轮执斋参考校对数个刻本后，出版《标准传习录》，最广为流传。其他在日本可以看到的《传习录》注本有明代施邦曜重编的《阳明先生集要》(理学编)、三轮执斋的《标

---

① 雲井龍雄手抄、杉原夷山註解：『王陽明伝習録』、千代田書店 1910 年、序第 18-20 頁。
② 雲井龍雄手抄、杉原夷山註解：『王陽明伝習録』、千代田書店 1910 年、序第 17 頁。
③ 杨嘉猷版《传习录》中并未收入《大学问》一文，杉原夷山在此处存在错误。
④ 庆长时期是 1596 年到 1615 年，元和时代是 1615 年到 1624 年。
⑤ 宽文时期是 1661 年到 1673 年。《传习录》和刻本在此之前其实已经出现。

注传习录》及三轮执斋述、川田雄琴记录的《传习录讲义》、佐藤一斋的《传习录栏外书》等。

卷末附《王阳明先生传》。由"家系""奇夢""十一歳の詩""天下第一等の人""四方経略の志""兵法""龍場驛""格物致知""流賊討伐""十家牌""三浰之賊""宸濠之乱""致良知之教""新建伯""八寨断藤峡""臨終""衆美兼済"等各个时段的重要事件将王阳明的一生串联起来，重点突出其英勇事迹。后为《云井龙雄君传》和《云井龙雄君之墓表》。

鹿川渔人认为王阳明本人校阅过《传习录》上卷，最能准确反映阳明思想，"夫传习之为书率系王子殁后，门人所刊行。独上卷则王子所亲阅刊行，而其最为正确。今此书首取于上卷，其识见之高，诚可敬服也"①，故《王阳明传习录》虽包含《传习录》3 卷内容，但以上卷内容为主，且上卷内容也并非全译，语录内容有所取舍。

《王阳明传习录》共有 96 个语录，语录顺序并未完全按照《传习录》原本排序。每条语录根据内容自拟标题，如"心之本體""心即理""根本枝葉""知行合一"。页面天头有"字解"，解释难词和注明出处，每一条语录后有"読方"，是对应的译文。以该书第 1 条语录为例（见图 3-12）。

原文：

　　爱问："'知止而后有定'，朱子以为'事事物物皆有定理'，似与先生之说相戾。"先生曰："于事事物物上求至善，却是义外也。至善是心之本体，只是'明明德'到'至精至一'处便是。然亦未尝离却事物，本注所谓'尽夫天理之极，而无一毫人欲之私'者得之。"②

译文：

　　愛問ふ。止まることを知りて而して后に定まることあり。朱

───────────

① 雲井龍雄手抄、杉原夷山註解：『王陽明伝習録』，千代田書店 1910 年、序第 17 頁。

② 王守仁：《王阳明全集（新编本）》第一册，吴光，钱明，董平，姚延福编校，浙江古籍出版社 2010 年版，第 2 页。

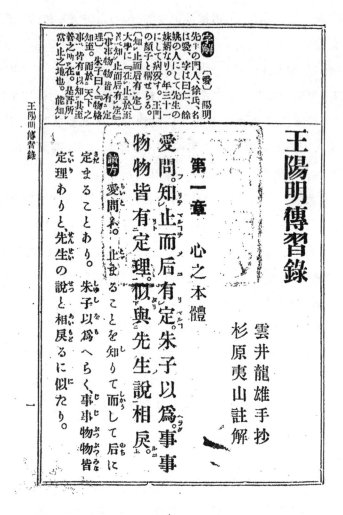

A

子以爲へらく、事事物物皆定理ありと、先生の説と相戻るに似
たり。

　先生曰く、事事物物上に於て至善を求むれば、却て是れ義外な
り。至善は是れ心の本體、只是れ明德を明にして、至精至一の處
に到れば便ち是なり。然れども亦未だ嘗て事物を離却せず。本
注の所謂夫の天理の極を盡くして、一毫も人欲の私なきもの之

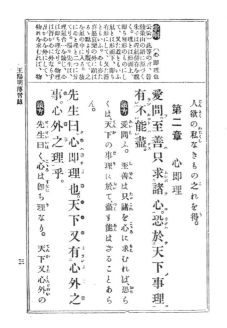

B

图 3-12　云井龙雄抄、杉原夷山注解之《王阳明传习录》语录示例

れを得。①

　　杉原夷山根据该语录主旨,命名为"心之本體",注释采用"頭注"形式,对"爱""知止而后有定""至精至一"和"尽夫天理之极"进行了"字解"。

　　《王阳明传习录》是汉文训读译文。幕末时期,一些受西方文化影响的日本洋学者们鉴于当时文言文过于繁琐且难以理解,认为其阻碍了教育的普及与国民素质的提升,开始提出了言文一致的理念,即将口语与书面语相统一。这一理念在明治时期逐渐兴起,并发展成为推动日本近代文学和语言改革的言文一致运动(言文一致運動)。日本的言文一致运动,类似中国

---

　　①　雲井龍雄手抄、杉原夷山註解:『王陽明伝習録』、千代田書店 1910 年、第 1-2 頁。

的白话文运动，主张文章所使用的语言与日常口头使用的语言相一致。①然而，言文一致运动的实现并非一蹴而就。直至二战后国语教育政策的全面推行，日本才终于实现了言文一致的目标。因此，在该时期，杉原夷山以及其他译者采用和汉折衷或汉文训读的近代文言文进行翻译的居多。

　　杉原夷山的翻译风格言简意赅，忠实于原文，个人发挥少。然而，他能够邀请到有力推动日本近代阳明学研究发展的三位主要学者——三宅雪岭、井上哲次郎和高濑武次郎，为《王阳明传习录》撰写序言，足以彰显出他在阳明学领域的社会影响力。不仅如此，他还每期都向由东敬治创办的《王学杂志》投稿，并发表论文《传习录讲义》。随后，他又在名士云集的金鸡学院讲授阳明学，这些行动充分表明了他在《传习录》译介及阳明学传播方面付出了许多努力。

六、山川早水之《传习录：训注》

　　山川早水，又叫山川云献，生卒失考，著《幕末明治中国见闻录集成》第7卷《巴蜀》(1909)和《孝经详解》(1910)。

　　1910年，山川早水注释《传习录：训注》一册，由冈崎屋刊行。"训注"这一术语包含了训诂和注释的双重意义，即对难以理解的字句加以词义和读音的注解。在序言中，山川早水阐述了他训注《传习录》的动机和背景。他指出，完整的阳明思想可见于《王文成公全书》，但该书共有38卷，在日本流播不易，因此后来出现了三轮执斋评注的《标注传习录》。《标注传习录》注解旁征博引，详尽完备，在日本广泛流传，当前正值汉学复兴之际，儒学经典典籍的再次复刻与解读成为了一种潮流。并且，他认为日本正处在一个复杂多变、前景堪忧的时代，国民应该积极学习阳明学的精髓——简易直截的学问和事上磨炼的工夫。他认为阳明学是实学，虽看似探讨性理，实则重在传授为人处世之道，阳明学强调只要做到精一之功，就能"虽酬酢万变，常是

---

　　①　吕顺长编著：《日本近代文书解读入门》，浙江工商大学出版社2024年版，前言第1-2页。

从容自在"①。基于此,山川早水以《标注传习录》为底本,对《传习录》进行了重新的训注,期望此举能对日本人的个人修养提升和日本社会风气改善起到积极影响。

《传习录·训注》按照《传习录》内容进行训注,上卷为薛侃旧录,中卷为论学书附《示弟立志说》《训蒙②大意示教读刘伯颂等》以及《教约》,下卷为钱德洪《续录》。山川早水将下卷直接分为"陈九川所辑""曾才汉所录",这样做的好处在于能明确地勾勒出《续录》的材料来源及编辑过程,而其不足则在于笼统涵廓,忽视了其他材料的出处。③ 后附《朱子晚年定论》《吴临川语》《大学古本序》《大学问》《示徐曰仁应试》《论俗四条》《客座私祝》《王文成公年谱节略》,最后有《传习附录》和《读传习录参考》。

《传习录·训注》采用"頭注"形式在正文上方进行注解,但"頭注"的注解颇为简单,其具体内容需参照《传习附录》的"頭注本文",全书共计 386 条注解。

以图 3-13 为例,进行考察。

原文:

　　子仁问:"'学而时习之,不亦说乎',先儒以学为效先觉之所为,如何?"先生曰:"学是学去人欲,存天理;从事于去人欲,存天理,则自正。诸先觉考诸古训,自下许多问辨、思索、存省、克治工夫,然不过欲去此心之人欲,存吾心之天理耳。若曰效先觉之所为,则只说得学中一件事,亦似专求诸外了。'时习'者,'坐如尸',非专习坐也,坐时习此心也;'立如斋',非专习立也,立时习此心也。'说'是'理义之说我心'之'说',人心本自说理义,如目本说

---

① 　王守仁:《王阳明全集(新编本)》第一册,吴光,钱明,董平,姚延福编校,浙江古籍出版社2010 年版,第 33 页。

② 　山川早水误将"蒙"写为"象",本书作更改。

③ 　张菁洲:《图书的回环:王阳明文献在日本明治时期的传刻》,《新世纪图书馆》2022 年第 1期,第 80 页。

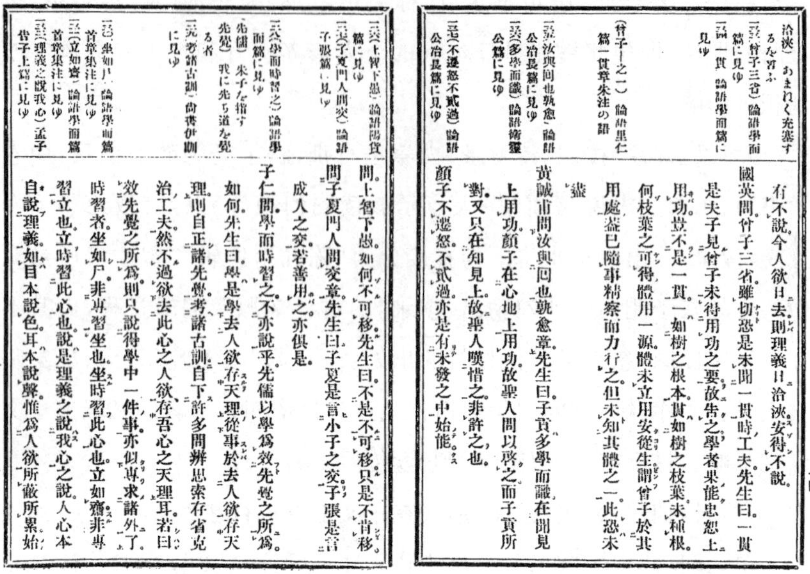

（洽浹）あまねく充塞するを言ふ
（曾子三省）論語學而篇に見ゆ
一貫 論語學而篇に見ゆ
（曾子一之一）論語里仁篇一貫章朱注の語
（汝與回也孰愈）論語公冶長篇に見ゆ
（多學而識）論語衛靈公篇に見ゆ
（不遷怒不貳過）論語公冶長篇に見ゆ

有不說。今人欲日去，則理義日洽浹，安得不說。
國英問。曾子三省，雖切，恐是未聞一貫時工夫。先生曰。一貫是夫子見曾子未得用功之要，故告之。學者果能忠恕上用功，豈不是一貫。一如樹之根本，貫如樹之枝葉。未種根，何枝葉之可得。體用一源。體未立，用安從生。謂曾子於其用處，蓋已隨事精察而力行之。但未知其體之一。此恐未盡。
黃誠甫問汝與回也孰愈章。先生曰。子貢多學而識，在聞見上用功。顏子在心地上用功。故聖人問以啓之。而子貢所對，又只在知見上。故聖人嘆惜之。非許之也。
顏子不遷怒，不貳過。亦是有未發之中始能。

七四

（上智下愚）論語陽貨篇に見ゆ
（子夏門人問交）論語子張篇に見ゆ
（學而時習之）論語學而篇に見ゆ
（先儒）朱子を指す
（先覺）我に先ち道を覺る者
（考諸古訓）尚書伊訓に見ゆ
（坐如尸）論語學而篇首章集注に見ゆ
（立如齋）論語學而篇首章集注に見ゆ
（理義之說我心）孟子告子上篇に見ゆ

問。上智下愚，如何不可移。先生曰。不是不可移，只是不肯移。
問子夏門人問交章。先生曰。子夏是言小子之交。子張是言成人之交。若善用之，亦俱是。
子仁問。學而時習之，不亦說乎。先儒以學爲效先覺之所爲。如何。先生曰。學是學去人欲，存天理。從事於去人欲，存天理，則自正諸先覺，考諸古訓，自下許多問辨思索存省克治工夫。然不過欲去此心之人欲，存吾心之天理耳。若曰效先覺之所爲，則只說得學中一件事，亦似專求諸外了。時習者，坐如尸，非專習坐也，坐時習此心也。立如齋，非專習立也，立時習此心也。說是理義之說我心之說。人心本自說理義。如目本說色，耳本說聲。惟爲人欲所蔽所累，始

七三

图 3-13　山川早水之《传习录:训注》语录示例

色，耳本说声，惟为人欲所蔽所累，始有不说。今人欲日去，则理义日洽浃，安得不说?”①

山川早水在正文上方的栏外简要解释了“先儒”“先觉”“洽浃”的意思，其他注释只是注明出处来源。关于“学而时习之”“考诸古训”“坐如尸”“立如斋”“理义之说我心”的详细注解需参考《传习附录》(见图 3-14)。所以说，《传习附录》相当于起到了尾注的作用。

山川早水在正文之后的《读传习录参考》里，列举了《传习录》中所引用的主要中国典籍。除了经史子集类的典籍之外，还涵盖了佛家的《法华经》《金刚经》《碧严录》以及《圆觉经》等。山川早水补充说道，自从中江藤树提倡阳明学开始，至今已然过去了 300 年。在日本，提倡阳明学或者自称为阳

① 王守仁:《王阳明全集(新编本)》第一册，吴光，钱明，董平，姚延福编校，浙江古籍出版社 2010 年版，第 35 页。

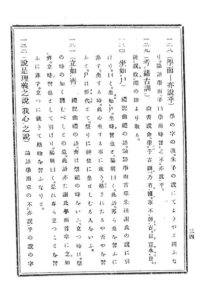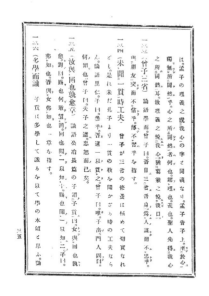

图 3-14　山川早水之《传习录：训注》的《传习附录》

明学者的不少于 50 余人，他们各自的支派分流难以尽数，著述繁多。而且，书中也列举了中江藤树、三轮执斋、佐藤一斋、吉村秋阳、井上哲次郎、高濑武次郎、宫内默藏、东敬治、三宅雪岭、吉本襄和三岛复等人的阳明学论著。应当说，山川早水的《传习录：训注》是对《标注传习录》的进一步补充完善，其所列举的书单也为后来的阳明学研究者的学习提供了便利条件。

第三节　《阳明学》和《王学杂志》的创刊与影响

在明治时期，不仅涌现出了多个《传习录》日译本和多部阳明学论著，还出现了两个阳明学的专门期刊——《阳明学》和《王学杂志》。这两个期刊对当时日本社会中功利主义、自我中心主义以及拜金主义大肆蔓延的不良风气进行了严肃批判，强烈呼吁应当重新拾起阳明学思想，普及阳明学教育，以改变社会风气，重振国民精神，认为这是关系到国家能否存续的重要问题。许多研究者纷纷在这两个期刊上发表文章，从不同的视角对《传习录》中的语录内容加以解读，深入探究阳明思想的精髓。这些文章展现出了极为丰富多样的阳明学内涵，涵盖了哲学思想、道德观念、实践方法等多个方面，在当时的日本社会产生了广泛的影响。

一、吉本襄之《阳明学》

1896 年，吉本襄在东京创办了日本第一个专门的阳明学期刊——《阳明学》（见图 3-15）。该期刊于 1896 年 7 月 5 日创刊，1900 年 5 月 20 日停刊。1984 年冈田武彦将吉本襄创办的《阳明学》期刊全部影印，再次出版。

吉本襄在《阳明学》创刊辞中表明创刊动机，"今日吾国作为东邦新兴之雄国，必竭其任务，立其位置矣。然物质生活日益富裕，一国风气却渐趋衰落；文化生活日益进步，一国风气却日渐浅薄；社会结构日益完善，一国士气却愈发萎靡"①，要解决这个社会问题就需要借助集儒家思想之集大成者——阳明学。

吉本襄敬服王阳明是一位立德立功立言的圣人，体用兼备，道德事功兼具，"予之所以敬服先生者，乃其学立体于内，发用于外，精神涵养积蓄之所，发而在于事业文章也。大抵学者，体之精者，必用之粗；道德丰厚者，必事功俭约；此其通弊也。独先生之学，体用兼备，道德事功表里无间，诚千古一人而已"②。吉本襄认为当前日本在政治、经济、宗教、文学等各个方面，处于失真失实的状态，只求眼前的浮华与虚名，又盛赞阳明学"如若发明儒家之大道，唯有阳明学焉。阳明一生的功夫，不外乎'致良知'三个字，至精、至神、至明，至妙、尽心、尽性、尽道之极致，无复余蕴也……阳明并非空言自高，而是知行合一，自有所得也"③，所以期望借助《阳明学》，宣扬阳明思想，呼吁民众提升个人心学修养，以革新社会风气，裨益国家。

---

① ③ 吉田公平：「日本近代：明治大正期の陽明学運動」、『国際哲学研究』2018 年第 3 号、第 184 頁。

② 冈田武彦：《日本人与阳明学》，钱明节译，《贵州文史丛刊》1988 年第 1 期，第 32 页。

图 3-15　吉本襄之《阳明学》封面

　　《阳明学》设"陽明学""論壇""講筵""文林""史伝"等栏目,以时事评论和学术研究为主,井上哲次郎、高濑武次郎、三岛中洲(1831—1919)、山田准(1867—1952)等著名阳明学者经常在该期刊上发稿。《阳明学》以阐释阳明思想为主,文章有吉本襄的《王阳明先生则言》、宫内默藏的《传习录讲义》、土屋弘(1841—1926)的《王文评释》、桂湖村(1868—1938)的《王诗臆见》等。同时,《阳明学》也致力于向民众传播儒学思想,相关内容涉及三轮执斋的

《古本大学和解》、熊泽蕃山的《中庸小解》、山田方谷的《古本大学讲义》、吉田松阴的《讲孟札记》等。

期刊中，如署名为"吉本襄"或"吉本铁华"，自然是吉本襄本人执笔。此外，落款为"铁華書院主人"和"編者"也应是吉本襄执笔。但如果落款为"院说"，就有可能是吉本襄或宫内默藏执笔。

在《阳明学》发刊之前，王阳明思想一般被称为"王学"或"姚江学"，随着吉本襄《阳明学》的刊发，"阳明学"的概念遂开始在日本广泛使用。井上哲次郎、高濑武次郎等著名阳明学者发表于该杂志上的文章，皆频繁使用了"阳明学"一词，自此以后，"阳明学"的概念逐渐被日本人普遍接受，不仅学者之论著大都使用这一概念，而且相关杂志、学会也纷纷改称"阳明学"。[①]

然而，《阳明学》的刊发时间较短。1900 年，第 79 期和第 80 期的《阳明学》合订本成为该期刊的停刊号。在"废刊之辞"中，吉本襄解释停刊的原因是宫内默藏在《阳明学》上连载的《传习录讲义》解说已经结束，并且日后想要创建新的杂志《修养》。但实际上，停刊还有另外一个重要原因，那就是期刊管理存在问题。《阳明学》缺乏组织化管理，缺少期刊应有的规章制度，既没有董事会组织和会员组织，也没有稳定的订阅者，执笔者往往通过私人关系来发稿。从某种意义上说，《阳明学》就是吉本襄的个人期刊，所以创刊和停刊均与吉本襄的个人意志有着密切的关系。在《阳明学》停刊之后，东敬治创办了《王学杂志》（后更名为《阳明学》），发刊 240 余期，石崎东国刊行了《阳明》（后更名为《阳明主义》）148 期。这些期刊虽然在经营过程中也遭遇了诸多困难，但都意识到吉本襄创办的《阳明学》存在管理方面的问题，因而都建立了稳固的学术组织，设定了规章制度，并广泛招募订阅会员，所以期刊的发行时间都比吉本襄的《阳明学》更为长久。[②]

---

① 钱明：《阳明学在域外的传播、展开与影响》，《人文天下》2017 年第 23 期，第 25 页。

② 吉田公平：「日本近代：明治大正期の陽明学運動」，『国際哲学研究』2018 年第 3 号，第 187-188 頁。

二、东敬治之《王学杂志》和《阳明学》

1906 年 3 月,东敬治创刊《王学杂志》。两年后,《王学杂志》停刊,改名发行《阳明学》,最后在 1914 年停刊。1992 年,冈田武彦复刻《王学杂志》两册,由文言社出版(见图 3-16)。

图 3-16　东敬治之《王学杂志》封面

《王学杂志》的发行者是明善学社,后改名为阳明学会。学会成员包括井上哲次郎、高濑武次郎、三宅雪岭,以及后来被誉为"日本资本主义之父""日本企业之父"的大实业家涩泽荣一(1840—1931)。阳明学会在成立倡议书中写道,为振兴世道人心,防止国民士气衰颓,倡导发挥阳明学之妙诀,阐明知行之要理,期望有志之士,尤其是有经国忧世之士加入学会,共推此学。

东敬治在 1906 年《王学杂志》的创刊辞中写道:

> 现正值吾国恢复和平、国运昌盛之时,吾担忧人心不明,忠孝伦理丧失,致使社会沦为荒野……吾人当下之要务,在于趁国人忠孝精神尚未全然衰退之时,探究心学要旨,弘扬历代天皇流传之典范,扬威于世界,振兴国运。吾人需以心学之力培养忠孝伦理之道,必当首推王阳明之学问,别无他途,故而特创办有助于专修王学之杂志,广与天下同志共切磋,遂发行第一号。①

其后,东敬治认为日本社会道德沦丧、风俗败坏,沉迷于浮华,趋向轻佻,究其根源,仍是国民心性修养有所欠缺所致,而阳明学精神简明直接,能够消除当下的弊端和陋习。于是,他在 1908 年将《王学杂志》更名为《阳明学》,并在创刊辞中写道:

> 阳明之学非阳明之学,实乃孔孟之学。不,亦非孔孟之学,而是天地之道! 自天地诞生伊始,道便已然存在……此前,吾国于日俄战争中,取得空前绝后之胜利,此固然有将士之勇气与精妙兵器之功,然更得益于将士们于战场上的壮烈刚毅,此主要源自平日之精神修养……如今吾国已成列强之一,为世界之大国民,现今较往日更需凭借心性修养,以培育根基,鼓舞士气,提升人格。故而提倡阳明学,不可有一日之疏忽。阐明天地幽玄之理,达成国家经世之志,乃做学问之要务,毋庸多言。②

复旦大学教授吴震(1957—)认为,从东敬治的两个创刊辞中可以得出以下结论:其一,心学之要旨在于忠孝精神,而忠孝精神乃是日本历代天皇

---

① 冈田武彦监修:『王學雜誌復刻版』、文言社 1992 年、第 13 頁。
② 冈田武彦监修:『王學雜誌復刻版』、文言社 1992 年、第 14-15 頁。

垂范天下的典范；其二，以心学之力来培养忠孝伦理之精神，唯有阳明心学最为适宜；其三，阳明学不仅是孔孟之学，而且是天下之道的直接体现，在古今东西的文化历史上具有普遍意义；其四，日俄战争之后，日本已然是世界列强之一，为了进一步加强国民之根底、鼓舞士气、提升人格，有必要加强心性的修养；其五，也正由此，故有必要弘扬阳明学，以便对国家和社会有所贡献和裨益。①

《王学杂志》内容丰富多元，涵盖了中国的儒释道思想、诸子百家学说，日本的国学、神道，以及西方的哲学、伦理学、基督教等众多领域。不过，其重点在于解析《传习录》语录、介绍日本阳明学者、探究阳明学派以及阐述阳明思想。该杂志为革新世道人心、振兴国民精神、维护国家国体发挥了积极的作用。

小 结

日本明治维新先从政治体制方面着手，学习欧洲建立了君主立宪制，随后进行一系列改革，由此取得了巨大成功。但事实上，中国的儒家文化，尤其是阳明学思想对明治维新产生了更为深刻的影响。日本把从中国传播而来的阳明学等儒家文化作为思想根基，又将西方的政治制度作为外在框架，成功构建起一个独具日本特色且契合本国国情的全新政治秩序，形成了一套以日本天皇为核心的现代化的国家治理体系。

在这样的社会背景之下，《传习录》译注也进入了新的发展阶段。该时期的评注者和译介者不再满足于仅仅对《传习录》进行传统的注释和考据，而是更多地基于社会责任和道德良知，致力于翻译具有引导性的语录，深度诠释阳明思想。与此同时，《阳明学》《王学杂志》等刊物的刊发，也有力地推动了阳明学与日本政治的紧密融合，阳明思想逐步成为日本国民精神的重要支柱之一，阳明学由此在日本步入了全面发展的兴盛时期。

---

① 吴震：《再论"两种阳明学"——近代日本阳明学的问题省思》，《社会科学战线》2018 年第 7 期，第 39 页。

第四章

大正时期

——《传习录》译介多元发展

相较之前明治天皇在位 45 年,之后昭和天皇在位 64 年,日本大正天皇在位时间是从 1912 年到 1926 年,仅有 15 年。大正时期虽然短暂但社会相对稳定,共产生 4 个《传习录》译注本(见表 4-1)。

表 4-1 大正时期的《传习录》日注本、日译本

序号	日注本、日译本(日文/中文)	姓名	出版社	出版时间
1	伝習録/传习录	三轮执斋注、安井小太郎校	富山房	1913
2	伝習録/传习录	小柳司气太	有朋堂书店	1919
3	王陽明伝習録提綱/王阳明传习录提纲	汉学研究会	中兴馆	1922
4	伝習録:現代語訳/现代语译传习录	小野机太郎	新光社	1923

第一节 《传习录》汉学价值受到重视

明治时期,对阳明思想和《传习录》的研究往往带有为日本政治服务的色彩,日本学者们期望凭借从阳明学和《传习录》中获取的力量,修正全盘欧化主义的极端状态,革新社会风气,重塑传统日本精神,维护国体,发扬国威。然而,随着大正时期的到来,民主主义风潮席卷各个领域,尤其是在 1918 年一战结束后,日本民族自决浪潮兴盛,民主气息浓厚,思想研究和文

化艺术氛围相对自由。随着时间的推移,《传习录》的译介与研究也逐渐回归到更为纯粹的状态,尤其是它的汉学价值日益凸显。

一、三轮执斋注、安井小太郎校《传习录》

安井小太郎(1858—1938),字朝康,号朴堂,出生于江户(现东京都),日本汉学家,是儒学家安井息轩的外孙。1886 年,他从东京大学毕业后,被任命为学习院副教授,后为教授。1902 年至 1907 年,被中国清朝聘为北京京师大学堂①教习,1907 年回国后就任第一高等学校教授。退休后担任大东文化大学的教授,同时兼任二松学舍、驹泽大学、哲学馆等学校的授课教师。著有《经学门径》(1931)、《论语讲义》(1935)等,编《日本朱子学派学统表》(1931),校订出版《周易·传习录》(1913)和《战国策正解》(1915)。1939年,东京富山房出版了安井小太郎的《日本儒学史》。该书通过历时性研究方法,阐释了江户时期儒学的发展历程,并以学案式风格建立了学派系谱,是研究日本儒学的一大力作。

1913 年,安井小太郎点校三轮执斋的《传习录》,与星野恒(1839—1917)点校的《周易》一起被收录于"汉文大系"第 16 卷《周易·传习录》,由东京富山房组织刊行(见图 4-1)。1976 年,富山房以此书为底本增加"索引"内容,作为增补版刊发。

安井小太郎在"伝習録解题"中阐述阳明学思想的精髓,对点校《标注传习录》的缘由进行解释,并特意说明点校过程中主要参考了佐藤一斋的《传习录栏外书》。

安井小太郎将三轮执斋评注的内容缩小字体置于正文语录的下方,自己点校部分置于栏外,对《传习录》内容进行再次注释说明。

如图 4-2 所示,安井小太郎的第 1 条注释引用《传习录栏外书》注释"南本,题为《传习录》上卷",并补充说明此卷取徐曰仁、陆原静、薛尚谦三门人

---

① 北京京师大学堂是北京大学的前身。

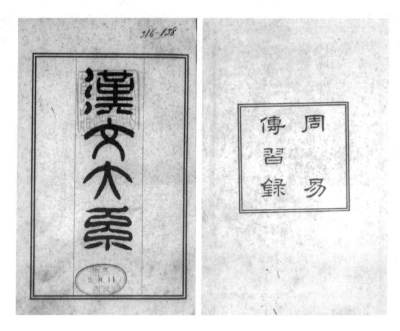

图 4-1 "汉文大系"第 16 卷封面及扉页

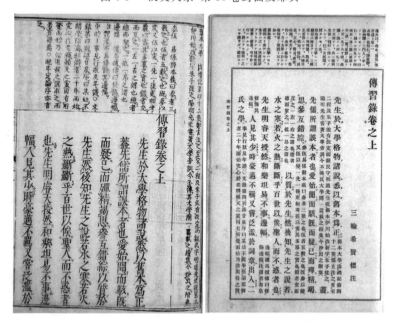

图 4-2 三轮执斋的《标注传习录》和安井小太郎点校的《传习录》

所录,曰仁所录凡14条并序2篇,跋1篇,原静所录凡80条,尚谦所录凡35条,都在阳明生前刊行,阳明已校阅。[①] 第2条解释"格物"源自《大学》的三纲领八条目,三纲目即明明德、亲民、止于至善,八条目是致知、格物、诚意、正心、修身、齐家、治国、平天下。[②]

安井小太郎以《标注传习录》为底本进行点校和注释增补,有助于更清晰地理解语录的出处和汉文意义。

二、小柳司气太之《传习录》

小柳司气太(1870—1940),出生于新潟县,汉文学家、道教研究者,担任过学习院、大东文化学院教授。著《宋学概论》(1894)、《东洋史纲要》(1903)、《道教概说》(1923)、《老庄哲学》(1928)、《老子新释》(1929)、《老庄思想与道教》(1935),点校《阳明学派》(1935)3卷。

1919至1922年,塚本哲三(1881—1953)主编"汉文丛书"系列丛书,由东京友朋堂出版。其中,林泰辅(1854—1922)的《近思录》与小柳司气太的《传习录》合成一册,被收录于"汉文丛书"第14卷,于1919年出版(见图4-3)。

(一)《传习录》"解题"之妙

小柳司气太在"伝習録解題"中,先是介绍了《传习录》的成书过程与文本架构。接着阐述了王阳明的生平事迹,小柳司气太认为正是王阳明自身充满波折的人生经历,才促使其发展出独特的心学思想。最后详尽地阐释了中国哲学思想的发展历程以及王阳明的哲学观念。

小柳司气太把中国哲学思想划分为3个阶段。初始于孔老二氏,自春秋末期至战国的200多年间,诸子百家纷纷兴起。其中既有申商韩非的法家思想、墨子的博爱平等主义,也有杨朱学派的利己主义、公孙龙子的逻辑学以及鬼谷子的辩论术等,此为第一阶段。到汉武帝时期,为统一民心,将儒教提升至国教的地位,而后至后汉的郑玄时期,又倡导训诂学,亦可称作

---

①②　星野恆、安井小太郎校訂:『周易・伝習録』,富山房1913年、第1頁。

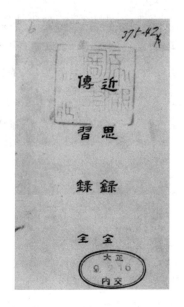

图 4-3 "汉文丛书"第 14 卷封面

汉学。自后汉中期起，佛教传入中国，老庄思想开始盛行，一直到唐朝为止，儒教、佛教、道教思想形成三足鼎立之势，此为第二阶段。历经五代，至宋代中期，周敦颐、张载、程颢、程颐、邵康节等均以儒教为根本，融合佛老思想，直至朱子集其大成，被称为性理学或宋学，此为第三阶段。而王阳明比朱子晚了 300 年，他继承了朱子学的对立者——陆象山的学统，并另辟蹊径，创立了自己的学说，其门徒众多，遍布天下。后来阳明学远渡重洋传至日本，延续至今，并产生了中江藤树、熊泽蕃山、三轮执斋等多位阳明学家。

小柳司气太主要通过与朱子学的对比，探讨了王阳明"心即理""知行合一""良知说"的哲学思想。

就"心即理"而言，朱熹依据周敦颐的《太极图说》，提出"性即理"的观点，认为人性是天赋予人和物的，是禀受于天、根源于理的。所以，倘若不深入探究事物的道理，便难以将道理全面实践。也就是说，主观的"性"和客观的"理"并不一致，若没有真知，就很难达成真正的道德行为，这便是格物致知在前，诚意正心在后的缘由。王阳明则认为心之本体皆具众理，唯忧其心

之动,私欲蔽之,"心之发动不能无不善,故须就此处着力,便是在诚意"①,
"格者,正也。正其不正,以归于正也"②,故朱子学是二元论、经验论,阳明
学则是一元论、直觉论。

关于"知行合一",朱熹认为先要格万物之理,才能产生真正的道德行
为,即先知后行,再进一步讲,就是知行并进。王阳明则认为知与行一定是
统一的,"夫人必有欲食之心然后知食。欲食之心即是意,即是行之始矣。
食味之美恶必待入口而后知,岂有不待入口而已先知食味之美恶者邪"③,
"见好色属知,好好色属行。只见那好色时已自好了,不是见了后又立个心
去好"④。小柳司气太认为王阳明这一见解与心理学的"主意说"
(voluntarism),即意志主义⑤很接近,都是同一心体的作用,故不"行"不属
真"知"也,知与行是同一物,只不过是为了教学方便将这两者做了分别
而已。

关于良知说,朱熹主张"主智说"(intellectualism),即理智主义⑥,把《大
学》里的格物致知之"知"理解为知识,而王阳明则主张唯意志论,人欲犹如
乌云,隔断原本的光芒,因此要去人欲,存天理,天理即良知,彻底践行良知

---

① 王守仁:《王阳明全集(新编本)》第一册,吴光、钱明、董平、姚延福编校,浙江古籍出版社
2010 年版,第 131 页。

② 王守仁:《王阳明全集(新编本)》第一册,吴光、钱明、董平、姚延福编校,浙江古籍出版社
2010 年版,第 27 页。

③ 王守仁:《王阳明全集(新编本)》第一册,吴光、钱明、董平、姚延福编校,浙江古籍出版社
2010 年版,第 46 页。

④ 王守仁:《王阳明全集(新编本)》第一册,吴光、钱明、董平、姚延福编校,浙江古籍出版社
2010 年版,第 4 页。

⑤ 意志主义强调意志在人类认知、行为和存在中的核心地位和主导作用。在哲学语境中,意
志主义通常认为意志是一种先于理性和感性的、具有决定性和原发性的力量。意志被视为推动人
类行动、塑造个人性格以及决定人类命运的根本动力。具体来说,意志主义主张意志不是由外部因
素或理性思考所决定的,而是具有自主性和创造性。它超越了理性的限制,能够引导人类做出决策
和采取行动,甚至有时会违背理性的判断。

⑥ 理智主义在哲学中通常被定义为一种强调理性、智力和思维在获取知识、理解世界和作出
判断方面具有主导作用的观点或理论。它主张人类通过内在的理性能力、逻辑推理和思考,能够超
越感官经验,直接把握真理、本质和普遍的原则。理智主义认为理性本身具有先天的能力和结构,
可以独立于经验而产生有效的知识和理解。在不同的哲学流派和思想家那里,理智主义的具体内
涵和侧重点可能会有所不同,但核心都在于突出理性在认知过程中的重要性和优先性。

则为致良知，故不需要对事物穷尽其理。若知行分离，则无法致良知，也正因为此，王阳明否定了朱子学的《大学章句》，以原本的《大学》为底本撰写了《古本大学旁注》，这也正是王阳明追求"致良知"的具体体现。

小柳司气太引用"主意说""主智说"等西方哲学概念来对比解读中国传统思想这一做法，可以被视作"汉洋折衷"的一个具体且生动的体现。所谓折衷，其含义为两者元素特点相互调节、整合，使之融合为一体的意思。在小柳司气太的"伝習録解題"当中，我们能够清晰地察觉到大正时期知识分子对于将东方儒学与西方哲学相互融合所持有的积极态度。这种积极的融合态度，恰恰有力地印证了大正时期对外来文化所展现出的开放与包容的民主气象。

(二)《传习录》的译介特点

小柳司气太的《传习录》是全译本，译文置于正文中间，试举例说明（见图 4-4）。

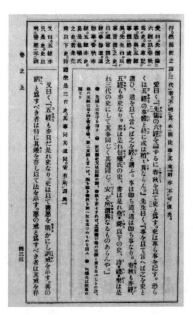

图 4-4　小柳司气太之《传习录》语录示例

原文：

爱曰："先儒论六经，以春秋为史。史专记事，恐与五经事体终或稍异。"先生曰："以事言谓之史，以道言谓之经。事即道，道即事。春秋亦经，五经亦史。易是包牺氏之史，书是尧、舜以下史，礼、乐是三代史。其事同，其道同，安有所谓异？"①

译文：

爱曰く、『先儒（一）の六經を論ずるに春秋を以て史（二）と為す。史は專ら事を記す。恐らくは五經の事體と終に或は稍〻異ならん。』先生曰く『事を以て言へば之を史と謂ひ、道を以て言へば之を經と謂ふ。事は即ち道、道は即ち事なり。春秋も亦經、五經も亦史なり。易は是れ包犧氏（三）の史、書は是れ堯・舜以下の史、詩・禮・樂は是れ三代の史にして其事同じく其道同じ。安ぞ所謂異なるものあらんや。』②

小柳司气太在左下方标注"(一)(二)(三)"，提示相应的注释，注释主要参考三轮执斋的《标注传习录》和佐藤一斋的《传习录栏外书》，再加以个人补充。该语录中解释了"先儒""史""包牺氏"的具体内容。

正文是汉文训读译文。标点符号采用了 1906 年实施的《标点符号法案》的书写基准，"。""、""『』"的表达方法已经与现代日语完全一致，但译文中的叠字符号（踊り字），例如"稍〻"的"〻"在现代日语中基本不可见。

叠字符号又叫重复符号，是在复合词中重复或连续书写同一文字时使用的符号，常见于二战前的文章，如"時々""バナヽ""学問のすゝめ""みすゞ飴"的"々""ヽ""ゝ""ゞ"都是叠字符号，但现代日语中叠字符号基本上统一为"々"，如"樣々""時々""色々"。

---

① 王守仁：《王阳明全集（新编本）》第一册，吴光、钱明、董平、姚延福编校，浙江古籍出版社 2010 年版，第 11 页。
② 塚本哲三编：『近思録・伝習録』，有朋堂書店 1919 年，第 433 頁。

　　叠字符号通用于汉字文化圈，在古代的中国、朝鲜地区、日本的书籍文献中均可见。中国的殷朝时期就在使用叠字符号，如《史颂鼎》（公元前900年左右）末尾的"子、孙、宝用"便使用了小写的"〻"来表示重复，意为"子子孙孙宝用"（见图4-5）；朝鲜肃宗（1661—1720）的书信中，"섭〻하다"用了"〻"指代"섭섭하다"，意为"恋恋不舍"（见图4-6）。但在当代，只有日语还在正式广泛地使用叠字符号。

图 4-5　中国的《史颂鼎》

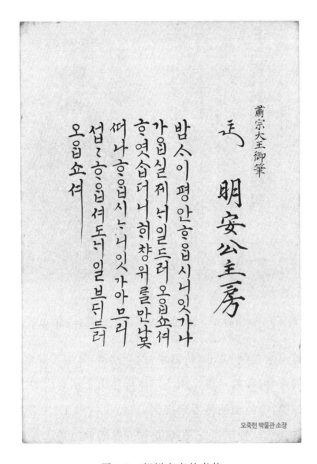

图 4-6　朝鲜肃宗的书信

三、汉学研究会之《王阳明传习录提纲》

(一)《王阳明传习录提纲》的构成介绍

1922 年,汉学研究会编《王阳明传习录提纲》,由东京中兴馆刊行。

《王阳明传习录提纲》卷首印"汉学研究会编""王阳明传习录提纲""东京中兴馆藏版",扉页为"王阳明先生像"(见图 4-7)。次为王阳明的《寄诸弟书》、日本东洋史学家内藤虎(1866—1934)作的跋文和《新建侯文成王公小传》。

图 4-7　汉学研究会之《王阳明传习录提纲》封面和扉页

　　《王阳明传习录提纲》并非《传习录》的全注本，其编排顺序也未依循《传习录》原本的顺序，但在目录里采用小字体标注出了相对应的《传习录》卷次及版数，以便查阅。《王阳明传习录提纲》依循吉村秋阳《王学提纲》的辑录次序，将"拔本塞源论"置于卷首，编者这样安排的原因是认为"拔本塞源论""盖以王子终身立言，而推其渊源，求其归宿，俱不外乎是也"①。吉村秋阳《王学提纲》中省略了"天泉桥问答"语录，但编者考虑此为阳明学重要内容，是"王学之要诀，信颇紧要也"②，故在语录最后补充了四句教的内容。接下来选注《答罗整庵书》4 条、《答陆元静书》11 条、《答周道通书》3 条、《答人论学书》10 条、《答欧阳崇一书》3 条、《答聂文蔚书》2 条，另有徐爱所录 5 条、陆澄所录 30 条、薛侃所录 11 条、陈九川所录 9 条、黄直所录 7 条、黄修易所录 5 条、黄省曾所录 20 条、钱德洪所录 10 条。后有《示弟立志说》《训蒙大

---

①　漢学研究会编：「王陽明伝習録提綱」、中興館 1922 年、緒言第 1-2 頁。

②　漢学研究会编：「王陽明伝習録提綱」、中興館 1922 年、緒言第 2 頁。

意示教读刘伯颂等》《大学古本序》《客座私祝》。

　　《王阳明传习录提纲》以辑录的每条语录的首句为标题,如《答罗整庵书》选取了 4 条语录进行注释,分别命名为"夫道必體而後見""夫理無內外""凡執事所以致疑于格物之説""某之所謂格物"。注释采取《标注传习录》一样的"頭注"方式,"頭注"内容基本参考《标注传习录》和《传习录栏外书》,4 条语录共有 8 条注释,内容包括关于罗整庵的介绍及词句出处的解析(见图 4-8)。

　　《王阳明传习录提纲》附记中刊载王阳明的《教条示龙场诸生》、王阳明诗歌若干则和陆象山的语录 3 条。

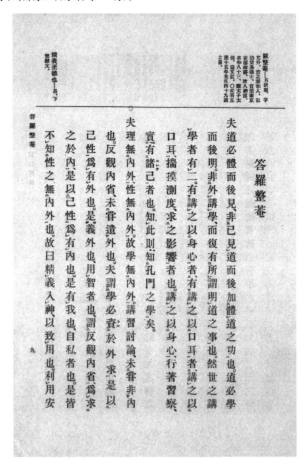

A

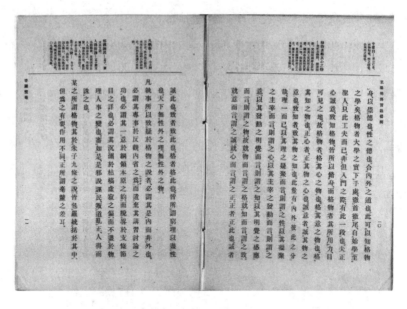

B

图 4-8 汉学研究会之《王阳明传习录提纲》语录示例

陆象山作为宋代的思想家、哲学家,其以儒家思想为基础,融合了佛教禅宗的思想内容,构建了与朱熹客观唯心主义相异的主观唯心主义心学学派。陆象山以"心即理"为核心,认为宇宙即是吾心的,主张自作主宰,强调在实践中践行道德修养。在《传习录》的译注本中,虽有谈及王阳明继承和发展陆象山思想,形成了有重要影响力的陆王心学学派,但除了《王阳明传习录提纲》外,本书未发现其他译注者直接刊载陆象山的语录。《王阳明传习录提纲》特选取陆象山的语录,可以推测编者认为王阳明与陆象山之间存在着明确的学术承继关系。现将 3 条语录内容具体移录如下:

陆象山,一日读古书,至宇宙二字,解者曰:四方上下曰宇,往古来今曰宙。忽大省曰:宇宙内事乃是己分内事。己分内事是宇宙内事。

又曾曰:东海有圣人出焉,此心同也,此理同也。西海有圣人

出焉,此心同也,此理同也。南海北海有圣人出焉,此心同也,此理
同也。千百世之上有圣人出焉,此心同也,此理同也。千百世之
下,而圣人出焉,此心同也,此理同也。

又语录云:天理人欲之言,亦自不是至论。若天是理,人是欲,
则是天人不同矣。书云:人心惟危,道心惟微。解者多指人心为人
欲,道心为天理,此说非是。心一也,人安有二心? 自人而言,则曰
惟危。自道而言,则曰惟微。罔念作狂,克念作圣,非危乎? 无声
无臭,无形无体,非微乎?①

一同被刊印出来的还有中江藤树、三轮执斋、佐藤一斋的语录及诗歌,
汉学研究会在栏外对三人的生平进行了简要评注。这表明在当时,日本学
界已经广泛认同这三位学者为阳明学者,并认为他们是日本阳明学思想的
重要传播者。

(二)《王阳明传习录提纲》的教学价值

汉学研究会认为日本今日之教学"偏形而下,空谈放心,思想日恶化,不
知所底止"②,而"王学之正宗在良知之二字,简易直裁,用心于实践躬行,事
上磨炼,而其实迹足炳耀天壤者,不可一二数,世间实用之活学,夫措之岂可
他求乎哉"③,故编纂《王阳明传习录提纲》一书出版。

《寄诸弟书》是王阳明于 1518 年写给弟弟们的家书。该家书并未被收
录于《传习录》,但因为编者认为王阳明对弟弟们的谆谆教导非常符合日本
学校的教育理念,所以将《寄诸弟书》作为该书的序言。

家书中,王阳明含蓄地劝告弟弟们节制男女之事,清心寡欲才是养生的
良方,"血气未定,凡百须加谨慎"④。强调立志的重要性,一定要先端正志
向,涵养身心,践行道德,努力成圣成贤,"必须先端所趣向,此吾向时立志之

---

① 漢学研究会编:『王陽明伝習録提綱』、中興館 1922 年、第 99-100 页。
②③ 漢学研究会编:『王陽明伝習録提綱』、中興館 1922 年、绪言第 1 页。
④ 漢学研究会编:『王陽明伝習録提綱』、中興館 1922 年、家書第 1 页。

说也"①。另外，建议有学友相伴，要保持谦卑态度，与朋友相互熏陶浸染，才能发挥互相督促互相进步作用，"趣向既端，又须日有朋友砥砺切磋，乃能熏陶渐染，以底于成"②，这与《传习录》中"与朋友论学，须委曲谦下，宽以居之"③的观点相契合。最后告诫弟弟不要沉迷民间术数和占卜之技，才能正心正思维，"不宜惑于方术，流入邪径。果能清心寡欲，其于圣贤之学犹为近之"④。

《寄诸弟书》后有内藤虎所作的跋文（见图 4-9）。

内藤虎，本名虎次郎，号湖南，是日本著名的东方史学家。内藤湖南称赞《寄诸弟书》里的家书字迹自然流畅且优美，没有故意卖弄巧思，信中也没有严厉的措辞，而是耐心诱导，劝勉兄弟勤奋学习、树立志向，告诫他们不要贪恋歌舞、女色、钱财和私利，尽显王阳明对兄弟的关爱之情以及深切叮咛

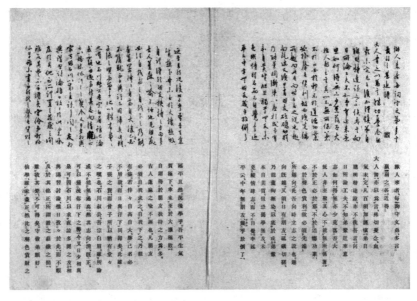

A

---

①②　漢学研究会编：『王陽明伝習録提綱』、中興館 1922 年、家書第 1 頁。

③　王守仁：《王阳明全集（新编本）》第一册，吴光，钱明，董平，姚延福编校，浙江古籍出版社 2010 年版，第 103 页。

④　漢学研究会编：『王陽明伝習録提綱』、中興館 1922 年、家書第 3 頁。

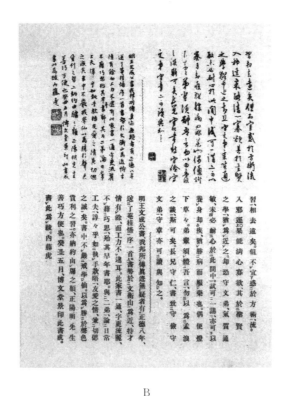

B

图 4-9　汉学研究会之《王阳明传习录提纲》内藤虎所作的跋文

的诚恳之心。

　　《寄诸弟书》并未被收录于《传习录》或《王文成公全书》中，在日本也较为罕见。那么汉学研究会是从何处获取到这封家书的呢？经本书考证，1913 年日本博文堂出版了《王阳明家书》的和刻本，有可能汉学研究会便是由此获得《寄诸弟书》，并将该家书置于《王阳明传习录提纲》序言的位置，借此激励青年学生与良友为伴，修养精神，专心致学，志存高远，努力奋进。

四、小野机太郎之《现代语译传习录》

　　小野机太郎（？—1967），将《论语》《淮南子》和《传习录》以现代语进行了翻译，这些译作均被收录于"中国哲学丛书"。"中国哲学丛书"由中国哲学丛书刊行会编纂,除了第1卷是《中国哲学概论》外,其他11卷是用现代语重新翻译了《论语》《周易》《韩非子》《庄子》《荀子》等11部中国经典典籍。"中国哲学丛书"的编纂宗旨在于以现代语翻译中国古代哲学原著,使难以理解原著或者日语古典文法薄弱的读者,能够通过阅读现代语翻译的日语版本来理解中国古代哲学思想。小野机太郎负责其中的3部,即《现代语译论语》(1922)、《现代语译传习录》(1923)和《现代语译淮南子》(1925)。其中,《现代语译传习录》被收录于"中国哲学丛书"第12卷。

（一）小野机太郎的阳明思想解读

小野机太郎认为《传习录》中有许多出自"四书"的语句,故在《现代语译传习录》开篇就择取《大学》《中庸》《论语》《孟子》的若干语录进行了翻译,并提醒读者先学习"四书"和《近思录》,这样有助于理解《传习录》思想。

次为小野机太郎的"解题"。"解题"中介绍了王阳明的生平,《传习录》的编纂过程和阳明学的传播发展情况。

小野机太郎简要介绍了阳明学在中日两国的发展过程。小野机太郎认为,中国儒学在理论方面发展到宋代已经非常完善,朱熹是中国儒学的集大成者,当时与朱熹处于对立面的是陆象山。朱熹以学为主,象山以悟为主,朱熹以注解经书为主,象山则认为六经是其注脚。王阳明在对致知格物的解释上,与朱熹有很大的不同,朱熹的主张是客观的、渐进的,而阳明的立场是主观的、直截了当的。到了明代中后期,朱子学只剩空谈理论,思想逐渐走向僵化,但王畿和王艮(1483—1541)等阳明学派门生则充分发挥了普及阳明学思想的作用。到了明末,东林党诸士尊奉朱子学而排斥王学,清初诸儒也以排斥王学为正统,所以王学最终走向衰落。然而,阳明学传至日本后,虽然幕府也同样推崇朱子学为正统,但思想界及教育界都出现了"阳朱阴王"的现象,后来到了明治维新时期,更是出现了许多提倡阳明学的学者和社会活动家,阳明学反而大为流行。

小野机太郎将阳明思想的精髓归结为"心即理""致良知"和"知行合一"。

小野机太郎从唯心论的立场进行了一元论的阐释,王阳明认为心的本体是良知。良知是天理,是至善,是造化的精灵,是生成天地万物的绝对存在。良知存在于人,亘古今,通东西,始终如一,不增不减,圣人与愚夫愚妇皆具备。良知不仅存在于人,也存在于草木瓦石、天地鬼神之中,天地万物与人共享良知这一元力量。良知是去人欲的状态,是寂然不动的状态,未发之中的状态,廓然大公的状态。既然人人都有良知,良知是至善的,那么人就不应该有"恶"的东西,现实中存在的"恶"是因为良知被私欲掩盖所造成的。良知即所谓的天理,将吾心良知中的天理运用到事事物物之中,那么事事物物都能符合天理而存在。圣人能展现良知,愚夫愚妇也能展现良知,只要能够做到致良知,任何人都能够达到圣人的境界。所谓致良知,并不仅仅是知晓应当如何去做,而是必须付诸行动。没有行动,便不能称之为致良知。因为知与行原本就是合一的,离开了知就不存在行,离开了行也不存在知,知行是合一且同时推进的,并非前后分离的。

小野机太郎进一步论述说,"人心"和"道心"是心的两面,"善"与"恶"本为一物,并不是相互对立的关系,阳明学中的"心"与"物"一体,"知"与"行"合一,"博文约礼"中的"文"和"礼"为同一物。还有"动"与"静","体"与"用","本体"与"修行","未发"与"已发","尊德性"与"道问学","戒惧"与"慎独","居敬"与"穷理"等概念都是"心即理"这一根本思想下的自然演绎和表现而已。

(二)《现代语译传习录》的译介特点

《现代语译传习录》以三轮执斋的《标注传习录》为底本,省略《朱子晚年定论》,保留《示弟立志说》《训蒙大意》和《教约》。《现代语译传习录》是全译本,虽未附原文,但按照《传习录》语录顺序标记序号进行翻译,每条语录都定有标题,如《答欧阳崇一》的 4 个语录依次被命名为"致良知と多聞多見"(致良知与多问多见)、"良知と思索"(良知和思索)、"良知を致すには誠一真切でなければならぬ"(致良知必须诚一真切)、"良知を致せば詐をも不信をも自然に先覺することができる"(致良知后则能事先洞察出欺诈和不诚）。以语录"良知を致せば詐をも不信をも自然に先覺することができる"的前一部分为例（见图 4-10）。

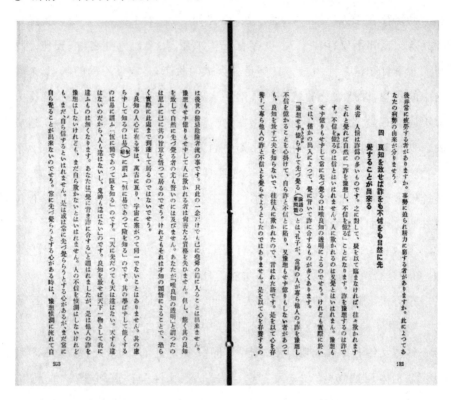

图 4-10　小野机太郎之《现代语译传习录》语录示例

原文：

　　来书又有云："人情机诈百出，御之以不疑，往往为所欺；觉则自入于逆臆。夫逆诈即诈也，臆不信即非信也，为人欺又非觉也。不逆不臆而常先觉，其惟良知莹彻乎？然而出入毫忽之间，背觉合诈者多矣。"

　　"不逆不臆而先觉"，此孔子因当时人专以逆诈臆不信为心，而自陷于诈与不信，又有不逆不臆者，然不知致良知之功，而往往又为人所欺诈，故有是言。非教人以是存心而专欲先觉人之诈与不信也。以是存心，即是后世猜忌险薄者之事，而只此一念，已不可与入尧、舜之道矣。不逆不臆而为人所欺者，尚亦不失为善，但不如能致其良知而自然先觉者之尤为贤耳。崇一谓其惟良知莹彻者，盖已得其旨矣。然亦颖悟所及，恐未实际也。[①]

译文：

来書　人情は詐偽の多いものです。之に對して、疑を以て臨まなければ、往々欺かれますそれと覺れば自然に「詐を豫想し、不信を億る」ことになります。詐を豫想するのは詐です。不信を億るのは信とはいはれません。人に欺かれるのは又覺とはいはれまん。豫想もせず億りもせずして常に先づ覺るのは唯良知の透明によるのでせう。けれども實際に於いては、僅かの出入によつて、覺に背いて詐に合するものが多くあります。

「豫想せず億らずして先づ覺る」（論語の憲問篇）とは、孔子が、當時の人が專ら他人の詐を豫想し不信を億かることを心掛けて、自ら詐と不信とに陥り、又豫想もせず億りもしない者があつても、良知を致す工夫を知らないで、往往人に欺かれたので、言はれた語です。是を以て心を存養して專ら他人の詐と不信とを覺らせようとしたのではありません。是を以て心を存養するのは後世の猜忌陰險者流の事です。只此の一念だけでも己に堯舜の道に入ることは出來ません。豫想もせず億りもせずして人に欺かれる者は尚善たる資格を失ひません。但し、能く其の良知を致して自然に先づ覺る者の尤も賢いのには及びません。あなたが「唯良知の透明」と謂つたのは思ふに己に其の旨意を悟つて居るのでせう。けれどもそれは才知の穎悟によることで、恐ら

---

① 　王守仁：《王阳明全集（新编本）》第一册，吴光、钱明、董平、姚延福编校，浙江古籍出版社 2010 年版，第 80 页。

　　く實際に此處まで到達して居るのではないでせう。①

　　小野机太郎认为该语录阐释了致良知之后便能事先洞察欺诈和不诚的思想。他省去了《传习录》的原文，既没有脚注也没有尾注，而是以"（　）"的形式直接在译文中补充信息。在该语录中，他只注解了"不逆不臆而先觉"②出自《论语》的《宪问篇》。

　　译文采用日语现代语翻译。所谓的现代语翻译，就是翻译成当时日本社会所使用的口语语言文体。当时现代语的文体很容易从句末表达进行判别，简体是"だ体""である体"，敬体是"です・ます体""でございます体"或者"であります体"。《现代语译传习录》将原来的近代文言文文体转换成现代语文体，统一使用了"です・ます体"，并补充了原本的文言文中省略的助词、主语和谓语等。但是，在该语录的译文中，例如词语"憶る""豫想"在现代日语中已改为"慮る""予想"，部分句末表达形式如表示委婉判断的"のではないでせう"的"せう"在现代日语中已演变为"しょう"，意思为"のではないでしょう"，所以可以看出彼时的现代语和现在的现代语之间还是存在一定差异。

　　《现代语译传习录》于1923年出版，当时汉语地位大大后退，日语地位提高，因此该译本的文体（词汇、语法、句式）更接近现代日语，字数上也比和汉折衷或汉文训读的近代文言文多了不少，语言流畅，通俗易懂，可以说，这是日本实行言文一致运动后最早出现的《传习录》现代语译本。

　　该译本注释很少，其注释大多与登场人物或被引用的典籍出处相关。关于中国文化的术语及文化现象的解释主要在译文中予以呈现，也就是说，小野机太郎在将明代语录体的《传习录》进行现代语翻译时，充分考量了日本本国的语言表达习惯，直接对原文中的一些信息进行了增补和完善，如将"居夷三载"译为"貴州の龍場駅にいられた三年間"，将"学问思辨"译为"博

---

①　小野機太郎譯著：『伝習録：現代語訳』、新光社1923年、第232-233頁。
②　杨伯峻：《论语译注》，中华书局1980年版，第155页。

く学び、審に問ひ、精思して真理を自得し、明に之を辨別する"。将"二氏之学"译为"仏教や道教"。贵州大学陈羽萌在硕士论文《语用充实视域下的〈传习录〉日译本研究》中,以小野机太郎译本为例,从文本要素的省略性、句子的衔接和汉语的意合性、语义变迁、典例引用、文化背景等角度深入探讨了该译本的语用扩充现象,认为该译本通过语用扩充的策略,准确传达了原文所包含的文化知识,实现了目标语和源语言的语用等价关系。

所以说,小野机太郎以当时的日语现代语翻译了《传习录》,这正是言文一致运动后的翻译实践成果。小野机太郎充分考虑日本读者的语言习惯、认知模式、社交心理等因素,通过对词义进行语用收缩或扩充或将需要补充的语境具体化或对于某些有着共同属性的具体事物总结成读者容易接受的词语,以及运用敬语,对因历时性和文化缺省而缺失的语用信息进行充实①,为当时社会普及阳明学思想提供了很大便利。

第二节 民间阳明学运动的典范——大阪阳明学会

在明治时期,阳明学在日本经历了深刻的本土化转型历程,融入了"日本之学"的体系之中,这一过程不仅使其脱离了其原初的中国背景,还与江户时期传播的阳明思想呈现出鲜明的差异。这一变化,是明治时期帝国意识形态构建与强化的直接结果,同时也是近代日本民族主义与国家主义思潮兴起的具体映射。到了大正时期,阳明学的发展轨迹虽仍在一定程度上延续着服务国家、与政治环境紧密相连的传统。不过,受到大正时期民主主义浪潮的广泛影响,这一时期的阳明学研究不再仅仅充当国家政治意志的附属品,而是更多地展现出学者们独立思考的精神风貌以及学术追求的自觉性。这一转变在洗心洞学会的创办理念及其刊物宗旨上体现得尤为明显。

---

① 陈羽萌:《语用充实视域下的〈传习录〉日译本研究》,贵州大学硕士论文,摘要第1页。

    1907 年 6 月，以石崎东国为核心的阳明学者在大阪创立洗心洞学会。次年 12 月，该学会更名为大阪阳明学会。不过，其社会影响力主要在大正时期得以充分发挥。1910 年，大阪阳明学会开始发行一本小册子式的杂志《阳明》，之后将小册子扩展为公开杂志发行。1919 年 1 月，杂志更名为《阳明主义》，于 1925 年 9 月停刊。

    石崎东国，又叫石崎酉之允，出版《阳明学派人物》(1912)、《洗心洞诗文补遗》(1919)、《大盐平八郎传》(1920) 和《中斋大盐先生年谱》(1920) 等书。石崎东国在其著作《阳明学派人物》中，详尽描绘了江户时期以来阳明学者的群像及其思想脉络，并于最后一章讲述了自身踏上阳明学之路的历程。他在少年时期学习中江藤树时，便知晓了王阳明，其后在村里的私塾求学期间读了《王阳明出身靖乱录》，深受触动。22 岁于东京学习了三宅雪岭的《王阳明》，开始系统地学习阳明哲学，且了解到中江藤树、熊泽蕃山和大盐中斋属于同一学派。在进入早稻田大学政治经济专业后，接触到吉本襄的《阳明学》，得知阳明学被视作部分青年的修养之书。26 岁离开东京抵达赞岐（现香川县），在那里系统研读大盐中斋的《洗心洞札记》和高濑武次郎的《日本之阳明学》。后来来到曾发生大盐之乱的大阪，石崎东国觉得自己已然完全接受阳明思想，丝毫不觉得有任何不和谐之处。他认为在万物一体之仁的良知面前，其他杂念均可摒弃，自己已然挣脱了种种束缚，恢复了独立的思想与自由的精神，往后无论遭遇何种境遇都不会感到焦虑，无论从事何种职业都能称心如意，而这一切皆归功于阳明学。

    石崎东国创建洗心洞学会的最直接动机是为了纪念大盐中斋。石崎东国认为，大盐中斋是革命运动的实行者、社会的改革者，他将阳明学发展为具有革命指导思想的"太虚哲学"。的确，在日本阳明学影响与传播的研究上，一定会提到这位江户末期的儒学家、阳明学家大盐中斋，其社会影响力不亚于阳明学派始创者中江藤树。石崎东国指出，日本阳明思想的传播以中江藤树为开端，而大盐中斋起义则是阳明思想转化为政治行动的最早萌芽。尽管大阪市民因大盐起义遭受巨大损失，且大盐的起义最终以失败告终,然而他起义的初衷是为打倒腐败的权力阶层,解救困苦的贫民。大盐起义以义理为驱动,用行动诠释真理,生动地展现出阳明思想中蕴含的平民主义与人道主义的强大内在力量,这一行动本身已然超越了单纯的成败界限。所以石崎东国评价道,"与其说阳明学是社会主义、个人主义,还不如说是平民主义、人道主义的思想"[①]。

吴震在《再论"两种阳明学"——近代日本阳明学的问题省思》中说,石崎东国明确指出以吉本襄、东敬治等为代表的东京阳明学运动完全脱离了阳明学之"正统",而是向政府的"官学"思想靠拢,表明了石崎东国要与官方御用色彩非常浓厚的东京阳明学运动划清界限的态度。吉本襄的《阳明学》和东敬治的《王学杂志》的办刊地址都是在东京,是日本的政治中心所在地,且从刊物的办刊宗旨及刊物内容来说,都是偏向国家主义、民族主义,站在维护君主立宪制的立场上。与此相对,以石崎东国为中心的洗心洞学会地处大阪,是一个商业气氛浓厚的市民城市,政治氛围相对宽松,学会宗旨就是"吾党将继承王学,为革新混乱之文明、堕落之人道,用新生命去迎接火和铁的世界","吾党之宗旨将始终是为人类平等而战","吾党之本领——即以'阳明宗'为宗旨,向人类和平疾行迈进"[②]。石崎东国身边的阳明学者多数为地方学者,他们致力于阳明学的民间化运动,志向人类和平,与官学色彩浓厚的东京阳明学运动存在一定距离,强调阳明学具有社会革新、改造国民道德的神奇力量,而这一点也与大正时期的自由主义思潮紧密相关。

小　结

大正时期尽管相当短暂,然而在这短暂的时光中却保持了相对稳定的政治态势,社会呈现出繁荣之象,思想氛围自由活跃。相较于明治时期以国家与政治为中心鲜明的服务导向,大正时期阳明学的核心功能发生了深刻转变,它开始更加聚焦于汉学和儒学思想的传播,以及平民主义精神与人道

---

①②　吴震:《再论"两种阳明学"——近代日本阳明学的问题省思》,《社会科学战线》2018 年第 7 期,第 40 页。

主义理念的宣扬。

　　作为一部汉学价值与思想价值高度融合统一的汉籍论著，《传习录》在这一时期更多地发挥了汉文学素养提升和道德思想培育的教化功能，成为滋养日本民众精神世界、促进文化自觉的重要力量，有力地推动了日本阳明学思想体系的多元化发展，为大正社会注入了新的活力与思考方向。

第五章

昭和时期

——《传习录》译介曲折发展

1926 年，大正天皇逝世，裕仁即位，年号定为昭和。昭和是日本年号使用时间最长的，从 1926 年的 12 月 25 日开始，到 1989 年的 1 月 7 日昭和天皇病逝，昭和时期结束，一共 64 年。

昭和前期，日本军国主义氛围愈来愈浓厚，日本渐渐走入了帝国主义、殖民主义和军国主义的罪恶道路，先后发动了侵华战争和太平洋战争，使许多国家和人民遭受深重的伤害，也给日本带来了毁灭性的灾难。二战结束初期，日本社会处于极度混乱的状态，后经历战后重建和复苏后，社会经济获得了快速的恢复和惊人的高速增长。

昭和时期的阳明学研究因日本的政治关系影响发展颇为跌宕起伏，尤其在日本的 20 世纪四五十年代，《传习录》译介及阳明学研究基本上处于停滞状态，但即便如此，昭和时期仍是《传习录》译本最多产的时期，共出现近 20 个《传习录》日译本（见表 5-1）。本章节将昭和时期分为前期和后期，选取重要译本进行考察。

表 5-1　昭和时期的《传习录》日注本、日译本

序号	日注本、日译本（日文/中文）	姓名	出版社	出版时间
1	王陽明伝習録講本/王阳明传习录讲本	山田准	二松学舍出版社	1927
2	伝習録/传习录	龟井一雄	金鸡学院	1931

续表

序号	日注本、日译本(日文/中文)	姓名	出版社	出版时间
3	伝習録註解/传习录注解	公田连太郎	洗心书房	1934—1935
4	伝習録/传习录	山田准	大东出版社	1935
5	伝習録/传习录	山田准、铃木直治	岩波书店	1936
6	伝習録/传习录	近藤康信	明治书院	1961
7	伝習録：王陽明語録/传习录：王阳明语录	山本正一	法政大学出版局	1966
8	伝習録諸註集成/传习录诸注集成	中田胜	明德出版社	1972
9	伝習録/传习录	山下龙二	玉川大学出版部	1972
10	王陽明(上)/王阳明(上)	安冈正笃等	明德出版社	1972
11	伝習録/传习录	安冈正笃	明德出版社	1973
12	伝習録/传习录	沟口雄三	中央公论社	1974
13	王陽明集/王阳明集	岛田虔次	朝日新闻社	1975
14	語録/语录	大西晴隆、中田胜	明德出版社	1983
15	新釈伝習録：現代「陽明学」入門/新释传习录：现代《阳明学》入门	守屋洋	PHP研究所	1985
16	伝習録新講/传习录新讲	洪樵榕	二松学舍大学出版部	1988
17	伝習録/传习录	吉田公平	角川书店	1988
18	伝習録：「陽明学」の真髄/传习录："阳明学"的真髓	吉田公平	讲谈社	1988

第一节　昭和前期日本阳明学应用
与《传习录》译介的背离

1926年，昭和天皇即位，日本进入昭和时期。刚开始日本还是延续了大正时期的民主自由之风，但随后国粹主义、军国主义势力抬头，以三宅雪岭、井上哲次郎、高濑武次郎为代表的日本哲学家的思想也逐渐向右转。

施敏洁在《阳明心学在日本》中说，三宅雪岭借阳明心学宣扬社会行动力，但其思想背后潜伏着向亚洲扩张的意图，以他为代表的政教社所宣扬的国粹主义发生转向，呈现出殖民扩张的民族主义形态；井上哲次郎的阳明心学研究也存在明显的缺陷，他将中日阳明学的差异归结于民族性的优劣，刻意将中国阳明学与日本阳明学区分开来，隐含着对中国国民性的蔑视，日本阳明学思想的实相被敕语精神、皇国思想、国家主义扭曲变形，他构建以祖先崇拜、家族制、忠孝一体为核心的国民道德，将武士道与阳明心学结合，为军国主义的膨胀埋下祸根；高濑武次郎作为井上哲次郎的学生，也继承了井上哲次郎的观点，有意彰显阳明心学的实践性、事功性特点，从而突出政治家、军人的旗手地位。①

在日本军国主义氛围日益加剧的时代背景下，《传习录》的译介者们却坚守着大正时期的民主精神，继续走在纯粹学术研究的道路之上，故而这一时期阳明学在日本的实际运用与《传习录》的译介情况出现了明显的背离现象。译者们怀揣着重新诠释与传播《传习录》的愿景，期望通过学校或私塾的教育体系，提升国民的思想道德境界。在此过程中，共出现了 5 个不同版本的《传习录》译本。1932 年，日本著名汉学家、阳明学家安冈正笃（1898—1983）选取部分语录，由其学生龟井一雄（1905—1975）译注，出版《传习录》，1934—1935 年，汉学家公田连太郎（1874—1963）出版了《传习录注解》上下两册。此外，在昭和前期，有一位特别值得一提的阳明学者，即时任二松学舍专门学校校长的山田准，他出版了 3 个《传习录》译注本和多部阳明学著作，对阳明学在学校教育的普及起到了重要作用，故本节对其进行重点介绍。

---

① 施敏洁主编：《阳明心学在日本》，浙江大学出版社 2021 年版，第 124-135 页。

一、山田准之《传习录》译本

（一）山田准其人

山田准，字士表，号济斋，出生于冈山县高梁市，日本的汉学家、阳明学者、教育家，曾担任二松学舍专门学校（现二松学舍大学）第一任校长、二松学舍名誉校长、大东文化学院名誉教授。师从阳明学者山田方谷和三岛中洲，是昭和前期最有名的阳明学研究者之一。

1927 年，山田准出版《王阳明传习录讲本》，由二松学舍出版部刊行。该译本取《传习录》约三分之二内容，注释较简单，主要用于课堂教学。1935 年，山田准的《传习录》与饭岛忠夫（1875—1954）的《近思录》合成一册，被收录于"说汉籍丛书"第 9 卷，由大东出版社出版。1936 年，山田准又与铃木直治（1910—1992）合译《传习录》，由岩波书店出版。本书侧重于介绍山田准的后两个译本。

另外，山田准的阳明学著述甚多，出版了《阳明学精义》（1932）、《现代指导阳明学讲话》（1934）、《阳明学与拔本塞源论》（1936）、《修养清话言志录和阳明学》（1936）和《陆象山王阳明》（1943）等书籍。1996 年 3 月，二松学舍大学的《阳明学》期刊为纪念山田准在《传习录》研究及阳明学发展方面的贡献，特出版《山田济斋特集》。

（二）饭岛忠夫、山田准之《近思录 传习录》

大东出版社于 1935 年组织出版了"说汉籍丛书"系列。"说汉籍丛书"收录中国的"四书五经""春秋三传"等，全系列共 9 卷。饭岛忠夫的《近思录》与山田准的《传习录》一起被收录于最后 1 卷。卷首写明两位译者的身份"文学博士饭岛忠夫""二松学舍学长山田准"（见图 5-1）。

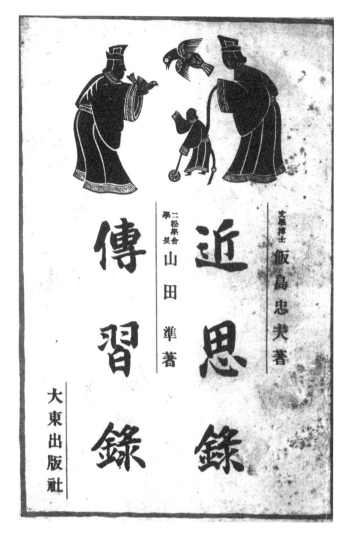

图 5-1　饭岛忠夫、山田准之《近思录 传习录》封面

在序言中，山田准对王阳明开创学问道德之功业进行了评价，他认为阳明学并非空谈，而是实学。他指出，只有诸葛亮（181—234）和曾国藩（1811—1872）可以与王阳明匹敌，但就有组织有根基的思想教学方面而言，两者都不及王阳明。此外，山田准进一步强调了《传习录》在阳明学体系中的重要作用，他提出，正如研读孔子思想不可或缺《论语》一样，深入理解《传

习录》是掌握阳明学精髓的必经之路。

山田准的《传习录》以三轮执斋的《标注传习录》为底本，共选取了80余条语录进行主旨命名并翻译。然而，他并非简单地翻译这些语录，而是将译文自然融入他对阳明思想的阐释过程中。这种翻译风格在以往的《传习录》译本中未曾出现过，试以第13条"事上磨炼"为例（见图5-2）。

山田准首先说三轮执斋认为"事上磨炼"是王氏家训。当时的人喜静坐，但一遇到事情，却缺少从容裁决的手腕，很多人甚至不知所措，毫无章法，于是王阳明提出要"事上磨炼"。"事上磨炼"是一种贯穿动静、联系内外的"格物"之实际手段，跟孔子回答颜渊关于"仁"的问题一样，"克己复礼"是一种手段。

然后，山田准引用陆澄所录语录。陆澄喜静，也遇到同样困扰，问道："静时亦觉意思好，才遇事便不同，如何"[1]，先生回复说："是徒知静养而不用克己工夫也。如此，临事便要倾倒。人须在事上磨，方立得住，方能'静亦定，动亦定'"[2]。山田准阐述说，静坐静养是手段而不是目的，按照王阳明的说法，静坐也是活动的一个方面。世事变迁，不管风吹雨打与天地变迁，也要达到不为所动的境界，这样锤炼自己，就能顶天立地。程颢所谓的"定"，就是冷静，静也静，动也静，此为程颢定性书之语，而这就是由事上磨炼形成的。

接下来，山田准又引用陈九川所录语录。有官吏诉苦说，"只是簿书讼狱繁难，不得为学"[3]，王阳明回答道，"我何尝教尔离了簿书讼狱，悬空去讲学？尔既有官司之事，便从官司的事上为学，才是真格物"[4]。

最后，山田准得出结论，王阳明传授事上磨炼之方法，此为实学，大家应

---

① 王守仁：《王阳明全集（新编本）》第一册，吴光、钱明、董平、姚延福编校，浙江古籍出版社2010年版，第13页。

② 王守仁：《王阳明全集（新编本）》第一册，吴光、钱明、董平、姚延福编校，浙江古籍出版社2010年版，第13-14页。

③④ 王守仁：《王阳明全集（新编本）》第一册，吴光、钱明、董平、姚延福编校，浙江古籍出版社2010年版，第104页。

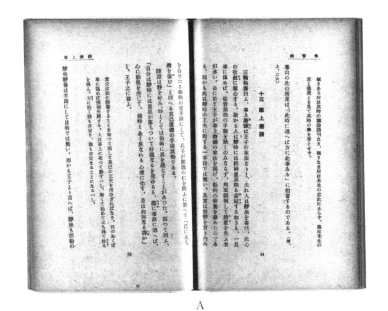

A

B

图 5-2　山田准之《传习录》语录示例

当牢记这一王氏家训。山田准在解析"事上磨炼"时，通过把王阳明的回复内容以缩小字体的方式凸显出来，将《传习录》的译文内容自然地融入自己的论述之中。论述里引用了孔子、程子的思想，把"事上磨炼"的意义、特征以及实际用法阐述得清晰明了、透彻详尽。笔者在阅读时深切体会到山田准作为一名教育家的魅力，他灵活运用《传习录》的语录，以讲故事的形式将阳明思想娓娓道来，达成了润物细无声的教学效果。该译本侧重于教育教学，这想必与他当时担任二松学舍校长的身份有着直接的关联。

在文体风格上，该时期虽然大部分文章已经是口语体撰写，但山田准使用和汉折衷体，体现了山田准古文素养高深的一面。例如"陸澄は静を好み、時としては仙術に思を凝らすことがあつた"一句中，"あつた"是古典日语，昭和时期应该写成"あった"。再如，"雨降らば降れ"可追溯到室町时代禅僧一休禅师（1394—1481）的和歌"雨降らば降れ、風吹かば吹け"，意思为"如果下雨的话就下雨，如果刮风的话就刮风"，也是古典日语的表达方式，按照昭和时期的语法要求，应该使用动词"降る"的已然形"降れば"。

（三）山田准、铃木直治之《传习录》

铃木直治，秋田县人，曾任东洋大学、金泽大学教授，主要从事古汉语语法的研究。主要论著有《中国语常用虚词辞典》（1956）、《〈老残游记〉词汇注释索引》（1963）、《中国语与汉文——训读的原则与汉语的特征》（1975）等。

1936年，山田准与铃木直治合译《传习录》（见图5-3），由岩波书店刊行。

该译本与山田准1935年翻译的《传习录》差异较大。1935年的《传习录》是节译本，侧重于译者本人对《传习录》的再加工和对阳明思想的再诠释。该译本为全译本，完整翻译了《传习录》并添加了细致的注释，无译者解说。

序言指出，《王文成公全书》全面展现了阳明思想，而《传习录》则被视为阳明学的精髓所在。通过深入研读和体会《传习录》，并将其精髓实践于日常生活中，人们定能深刻领悟王阳明的完整人格与思想精髓。序言进一步阐释，阳明教义中的"心即理""知行合一""存天理去人欲"等观念的最终目

图 5-3　山田准、铃木直治之《传习录》封面

标是"致良知"这三个字，而这正是阳明学的核心。序言强调，阳明学不是空
谈理论的学问，而是可以在现实生活中实践的实用学问。每个人都有能力
在日常生活中通过"事上磨炼"来达到"致良知"。

　　该译本也以三轮执斋的《标注传习录》为底本，参考三轮执斋述、川田雄
琴记的《传习录笔记》，佐藤一斋的《传习录栏外书》和东敬治的《传习录讲
义》等。试举例考察其语录特点（见图 5-4）。

原文：

　　爱问："'知止而后有定'，朱子以为'事事物物皆有定理'，似与
先生之说相戾。"先生曰："于事事物物上求至善，却是义外也。至
善是心之本体，只是'明明德'到'至精至一'处便是。然亦未尝离
却事物，本注所谓'尽夫天理之极，而无一毫人欲之私'者得之。"[①]

　　① 王守仁：《王阳明全集（新编本）》第一册，吴光，钱明，董平，姚延福编校，浙江古籍出版社
2010 年版，第 2 页。

图 5-4　山田准、铃木直治之《传习录》语录示例

译文：

愛問ふ、『「止まるを知りて。后に定まる有り」と。朱子以為へ
らく、「事事物物。、皆定理有り」と。先生の説と相戻るに似た
り。』と。先生曰く、『事事物物の上に於て至善を求むるは、卻て
是れ義外。なり。至善は是れ心の本體なり。只だ是れ明德を明
かにして、至精至一の處に到れば便ち是なり。然れども亦未だ
嘗て事物を離卻せず。本註。の所謂「夫の天理の極を盡して、一
毫の人欲の私無し」とは、之を得たり。』

脚注：

　　○（止まるを知りて云々）大學の文。至善の在る所を知りて后に志定まるとの意。

　　○（事事物物云々）朱子の大學或問の文。朱子は一切事物は悉く至善の理を有するもの故、其の理を窮盡せよと教ふ。

　　○（義外）義理を外部にありとすること。孟子告子上篇に見ゆ。

　　○（本註）朱子の大學章句を指す。[1]

　　该译本注释详备。山田准、铃木直治在译文右侧小写"○"提示脚注，注明典籍的出处，并解释语义内容。例如对该语录出现的"知止而后有定""事事物物皆有定理""于事事物物上求至善，却是义外也""本注"，分别提示参考《大学》《大学或问》《孟子·告子》和《大学章句》。

　　在本书的第三章曾经提到，日本自明治时期便开始推行"言文一致运动"，日语的表达逐渐朝着书面语与口语一致化的方向发展。至昭和时期，许多日语文章都已采用口语体进行撰写。然而，铃木直治身为文学博士，山田准作为具有深厚汉学背景的学校校长，他们的译文和注释仍然沿用近代文言文。这一方面是由于他们觉得文言文更能够体现出汉文的原本韵味，另一方面也是他们汉文功底深厚的有力彰显。

二、其他《传习录》日译本

（一）龟井一雄之《传习录》

　　1931年，安冈正笃选取了《传习录》中的20个语录，由龟井一雄完成翻译并进行简单注解。关于安冈正笃的生平事迹及社会评价将于本章第二节进行详细论述，本节暂不展开讨论。龟井一雄是安冈正笃的得意门生，著

---

[1]　山田準、鈴木直治：『伝習録』、岩波書店1997年、第18頁。

《大儒佐藤一斋》(1931)，译《言志四录钞释》(1929)、《集义和书抄》(1935)和《集义外书抄》(1935)等。

该译本被收录于金鸡学院组织的"圣贤遗书新释丛刊"第 13 卷。"圣贤遗书新释丛刊"总计 31 卷，涵盖了《荀子钞》《呻吟语》《菜根谭》《小学》《集义和书抄》《二宫尊德语录》《古今正气歌集解》等中日圣贤的经典作品。由于金鸡学院本身是由信奉阳明学的安冈正笃所创建的私塾，学院特将王阳明的 3 部重要著作——《王阳明诗钞》《传习录》及《王阳明文录》分别编排于丛书的第 2 卷、第 13 卷及第 31 卷。该丛书主要供金鸡学院的学生学习使用，其社会辐射面较小，未得到广泛普及，所以本书对该译本不作详细阐述。

(二)公田连太郎之《传习录注解》

公田连太郎，岛根县出云市人，汉学家，出版多部汉文译注书籍，其中包括《庄子》《管子》《资治通鉴》《贞观政要》《兵法全集》《呻吟语》《传习录》等，此外，他还在家中为商界和文化界人士授课。后因其在汉学研究领域的贡献，于 1962 年被授予朝日奖①。

1934—1935 年，公田连太郎出版《传习录注解》卷之上两册，由洗心书房刊行。该译本不是全译本，上册完整翻译了徐爱所录语录，下册完整翻译了陆澄所录语录。

《传习录注解》由《传习录》原文、汉文训读译文及"註解"构成。以该书上册的最后 1 条为例进行考察(见图 5-5)。

原文：

　　问："延平云：'当理而无私心。''当理'与'无私心'如何分别？"

先生曰："心即理也，'无私心'即是'当理'，未'当理'便是私心。若析心与理言之，恐亦未善。"

---

① 朝日奖是由朝日新闻社以及(公益)财团法人朝日新闻文化财团共同创立的奖项。旨在表彰在人文和自然科学等日本的各个领域中取得杰出成就，为文化、社会的发展与进步作出巨大贡献的个人或团体。

又问:"释氏于世间一切情欲之私都不染着,似无私心。但外弃人伦,却似'未当理'。"曰:"亦只是一统事,都只是成就他一个私己的心。"①

译文:

问ふ、『延平云はく、「理に當りて而して私心無し」と。理に當ると私心無きと、如何か分別せん。』先生曰はく、『心は即ち理なり。私心無きは即ち是れ理に當たるなり。未だ理に當らざれば便ち是れ私心なり。若し心と理とを析ちて之を言はば、恐らく

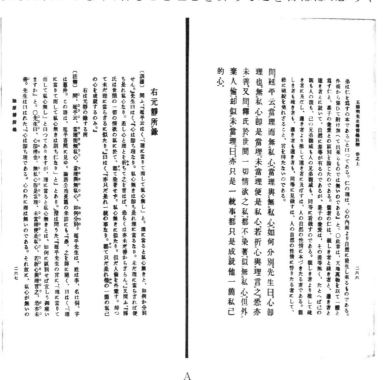

A

　　① 王守仁:《王阳明全集(新编本)》第一册,吴光,钱明,董平,姚延福编校,浙江古籍出版社2010年版,第29页。

は、即ち理に當つて居るのである。未だ理に當らないのは、即ち私心である。若し心と理とを分つて言ふならば、恐らくは亦未だ宜しくないのであらう』と。○又問、釋氏於世間一切情欲之私、都不染著、似無私心、但外棄人倫、却似未當理。染著は染汚執著なり。外棄は廢外にし放棄する也。澄は又問うた、『佛者は、世間の一切の情欲の私に於て、すべて説然として遠離し、染汚執著しないのは、私心の無いものの如くであります。但だ父子君臣夫婦等の人倫の道を廢外にし故棄して顧みないのは、却つて未だ理に當らないやうに思はれます。して見ると、私心は無けれとも未だ理に當らぬ者も有るらしく思はれますが、如何で御座いませうか』と。○曰、亦只是一統事、都只是成就他一箇私己的心。『一統の事は一つ事なりとの意。先生は曰はれた、『佛者が世間の一切の情欲の事に染汚執著しないのも、人倫の道を廢外にし放棄するのも、亦、只だ畢竟一つの事である。すべて只だ彼の一種の私己の心を成就し、自分の滿足を得んとする私心に過ぎないのである』と。○施邦曜曰く、『看來れば還た只だ是れ私心無きなり。心、私無ければ、自然に理に當る。『釋氏の未だ理に當らざるも、亦是れ他、出入生死の上に在りて見を起すばかり。所以に究竟、一個の私己を成し得、位育の事業を成すを得ず』と。○以上は陸元静の錄する所であつて、凡そ八十條あるのである。右元静所錄は、一本には『右門人陸澄錄』に作る。

王陽明先生傳習錄註解 卷之上

二六八

B

图 5-5　公田连太郎之《传习录注解》语录示例

は亦未だ善からざらん。』又問ふ、『釋氏は世間の一切の情欲の私に於て、都て染著せず。私心無きに似たり。但だ人倫を外棄す。却つて未だ理に當らざるに似たり。』曰はく、『亦只だ是れ一

統の事なり。都て只だ是れ他の一箇の私己の心を成就する
のみ。」①

公田连太郎采用汉文训读体的方式进行翻译，其译文言简意赅，重在直
译。诚如该译本书名所提示的，其亮点实则在于"注解"。如图 5-5 所见，公
田连太郎在"注解"部分依次对原文逐句展开了细致的解析。在该语录的最
后，他还借助施邦曜的观点，阐释了王阳明的主张：人若无私心便自然有理，
佛家之所以未能达"理"，是因其仅看重生死轮回，而未能成就一个独立的自
我，故而无法成就与其地位相匹配的事业。

《传习录注解》注解翔实、意旨深刻，包含了较多个人的阐发。然而，由
于该译本侧重于"注解"，且仅翻译了徐爱和陆澄两人所录的语录，因此社会
反响相对较小。

第二节 战后初期日本阳明学的沉寂与复兴之路

二战结束后，美国以同盟国的名义占领了日本，强制性地推进非军事化
和民主化，实施了一系列改革。三岛由纪夫指出，战后的美国民主主义为日
本社会带来了突如其来的解放，促使日本社会重新拥抱启蒙思想，并回归到
近代主义，仿佛一切历史进程都回到了起点，日本成为了新乐天主义推动下
的近代化与西方化的典型代表。② 在这样的所谓全面民主化浪潮的席卷之
下，二战前蓬勃发展的传统儒学思想一度陷入沉寂状态，曾经作为中学教育
体系基石的儒学教育几乎销声匿迹，阳明学更是错误地被视作滋生日本军
国主义的思想之一，而遭受了严重的压制。

① 公田連太郎：『傳習録註解』卷之上 1、洗心書房 1934 年、第 267 頁。
② 三島由紀夫：『行動学入門』、文春文庫 2016 年、第 224 頁。

一、战后初期日本阳明学的复苏

战后初期,儒学教育遭到全面压制。然而,《传习录》及阳明思想发展在历经艰难的 20 世纪四五十年代后,能够在 20 世纪 60 年代重新回归日本学术界与政经界,这就不得不提及一个人,那便是安冈正笃。

安冈正笃,出生于大阪市,日本汉学家、阳明学家、哲学家,一生致力于用阳明学等中国文化经典学说去教导日本政经界的管理者,被誉为"昭和的教祖"。他从青年时期开始研究阳明学,出版《王阳明研究》(1922)、《东洋政治哲学:王道的研究》(1932)、《东洋思想和人物》(1959)、《阳明学十讲》(1981)等论著外,还主编"阳明学大系"13 卷和《王阳明全集》10 卷,并于1972 年和 1973 年出版了 2 个《传习录》译本。

从幕府末期至明治前期,日本社会对于阳明学的态度是和善的、包容的,许多阳明学研究者在不断推进研究工作,吉本襄和东敬治还发行了阳明学专门期刊。不过,与社会上火热的研究态势有所不同,阳明学的学院派研究极为冷清。当时,在东京帝国大学和京都帝国大学等帝国大学中,除了井上哲次郎、高濑武次郎等个别大学教授对阳明学展开研究外,基本上有关中国学的研究皆是围绕清朝的考证学进行,所以日本大学对明代的研究,包括对阳明学的研究,基本陷入了"空疏化"的困境。在这样的学术环境之下,年仅 25 岁的安冈正笃在 1922 年 3 月从东京帝国大学毕业之时,便完成并出版了《王阳明研究》一书,这种情况甚为罕见。该书一经问世,即刻受到社会的广泛关注。1924 年 3 月,他又出版了《日本精神的研究》,由此,安冈正笃的学术知名度得到迅速提升。

伴随着社会知名度的提升,安冈正笃在 1922 年成立东洋思想研究所,1923 年举办阳明学研究会,1926 年在金鸡园创办了私人塾,即金鸡学院。他在金鸡学院讲授以阳明学为指导思想的日本国体研究,致力于宣扬所谓的极端民族主义等。除学生外,还有很多军人、官僚、财界人士前来听讲,学员人数鼎盛时期达到一万人以上。同时,他还组织出版了刊物《东洋思想研究》和《金鸡学报》,以及"圣贤遗书新释丛刊"。《读卖新闻》曾报道说,青年学者安冈正笃在金鸡学院默默地为政商界以及社会大众讲授阳明学,如今日本的内阁政府在安冈正笃的推动下运作,足见其影响力之巨大。

1949 年,安冈正笃创立了日本全国师友协会,此协会成为他战后构建日本管理思想以及弘扬中国文化的关键阵地。他将中国古典学说,特别是中国儒家典籍以及王阳明的著述,与现代工商管理相结合进行授课,这使得这些书籍成为当时政经界领导者的必读之选。以安冈正笃为代表的儒学家们极力倡导以阳明学为核心的中国传统儒家文化,呼吁重振日本的国民精神。在经历了战后初期的沉寂之后,中国儒学,尤其阳明学,逐渐重新焕发出旺盛的生机。多位战后日本首相,如池田勇人(1899—1965)、吉田茂(1878—1967)、大平正芳(1910—1980)及铃木善幸(1911—2004)等,以及众多政经界领导,都参加了师友协会。

1983 年,安冈正笃去世。在整个战前和战后时期,尽管日本社会体制发生了变化,但他始终站在掌权者的身边,受到日本政府的高度信赖,这也使得他的著作、研究会和读书会在全国有很多受众。他宣讲的东方哲学,尤其是阳明学,也随着他个人权威的提升在日本政商界得以广泛传播。

但安冈正笃在二战前拥护极权政治,始终站在右翼阵营,成为右翼思想的理论支撑,二战后他又站在不健康的民族主义的阵线上。钱明评价说,安冈正笃在日本的现当代是个颇为复杂的人,作为对以中国为代表的东方传统文化有着深刻造诣的思想家,他在二战后重新塑造日本民族精神方面曾起到过关键性的作用,尤其是他将毕生精力贡献给了日本民间教育和儒学教化事业,架起了知识界与政经界沟通的桥梁,使学术研究的伟岸殿堂有了深厚广阔的民众基础,被尊为"东洋思想的第一人"和"青年的精神领袖"。然而正因如此,日本一些不断沉渣泛起的右翼势力也以他为思想库,并利用其一些不健康的民族主义思想,蛊惑人心,为历史翻案[1],所以对其应该进

---

[1]　钱明:《当代日本儒学的民间形态》,载《纪念孔子诞生 2555 周年国际学术研讨会论文集(卷二)》2004 年,第 489 页。

行客观严肃的辩证评价。

二、近藤康信之《传习录》

20 世纪 60 年代,日本出现了近藤康信(1903—1979)的《传习录》和山本正一(1901—1979)的《传习录:王阳明语录》2 个日译本。

近藤康信的《传习录》被收入"新释汉文大系"第 13 卷(见图 5-6),后又于 2003 年被收录于"新书汉文大系"第 22 卷。"新释汉文大系"是由明治书院于 1960 年开始组织出版的系列丛书,从第 1 卷《论语》开始,至 2018 年《白氏文集十三》结束,全系列共计 120 卷,另有别卷 1 卷,诗人篇 12 卷,囊括了思想、历史、文艺等多个范畴的中国古典代表性论著。这套丛书历时 58 年方才完成,累计发行 160 万部,担任编者的汉文学家内田泉之助(1892—1979)在 1960 年季报第 1 号上写道,"'新释汉文大系'大概是向国人传递全部汉文注释书的最后一项事业,无论哪一卷都是培养我国传统文化的经典汉文典籍"①,由此可见该系列丛书的学术价值和社会意义。

贵州师范大学副研究馆员李洁(1979—)在《阳明文献的获取方法——基于 OCLC WorldCat 日文版阳明文献书目数据视角》一文中,利用世界上最大的书目记录数据库——WorldCat 联机联合目录数据库,对藏于 280 个世界各地的图书馆和信息机构中的日文版阳明文献进行了统计,发现被世界各地图书馆收藏最多的日文版阳明文献是近藤康信所编译的《传习录》,共有 7 个国家和地区的 23 个图书馆收藏②。

---

① https://www.meijishoin.co.jp/news/n22294.html.
② 李洁:《阳明文献的获取方法——基于 OCLC WorldCat 日文版阳明文献书目数据视角》,《内蒙古科技与经济》2022 年第 11 期,第 134 页。

图 5-6　近藤康信之《传习录》封面

（一）近藤康信的阳明思想解读

　　近藤康信对阳明学的发展过程有深入的阐述。朱子学形成了宏大且完备的哲学思想体系，从南宋到明代一直占据正统地位，但到了明代后期，朱子学因体系过于庞大而失去统一性，以及因系统理论导致思想观念的固化而陷入烦琐的形式主义。王阳明认识到朱子学的缺陷后，继承了与朱子同时代的陆象山的"心即理"学说，确立"心即理"思想观和"知行合一"实践观相结合的思想理论，期冀解决朱子学的弊病。王阳明曾编《朱子晚年定论》，主张朱子与自己的学说无异，但近藤康信认为否定朱子学是阳明学体系的出发点和终点，王阳明这个主张不过是为了调和自己的学说与朱子学之间的分歧，宣传自己的学说而不得已采取的手段罢了。

近藤康信认为，阳明学的核心观点是"良知""致知格物""心即理""知行合一""事上磨炼""天理人欲"和"万物一体观"。

良知："良知"之语，出自《孟子》的"人之所不学而能者，其良能也；所不虑而知者，其良知也"①。王阳明阐述孟子的"良知"是是非之心，"良知者，孟子所谓'是非之心，人皆有之'者也。是非之心，不待虑而知，不待学而能，是故谓之良知"②，孟子的是非之心是一种智慧，是一种幼儿亲近父母和兄长的本能。但王阳明则认为"良知原是完完全全"③，"自己良知原与圣人一般，若体认得自己良知明白，即圣人气象不在圣人而在我矣"④，王阳明的良知是完完全全的，良知是天理之昭明灵觉处，良知即天理。良知是天命之性，心之本体。因此，良知进行活动时，"意"自然就会变成"善"，行动就会变成道德，所以良知是作为道德的根源和标准。

致知格物："致知""格物"出自《大学》，在朱子学中尤为重视，甚至可以说构成了朱子哲学的基础。朱子认为，每事每物各有一个道理，致知的根本途径在格物，先格物再致知。但阳明却反对说人难道需要穷万物之理之后，才能做到诚意、正心、修身吗？他认为，"若鄙人所谓致知格物者，致吾心之良知于事事物物也。吾心之良知，即所谓天理也。致吾心良知之天理于事事物物，则事事物物皆得其理矣。致吾心之良知者，致知也。事事物物皆得

---

① 孟子：《孟子》，万丽华，蓝旭译注，中华书局 2007 年版，第 295 页。
② 王守仁：《王阳明全集（新编本）》第三册，吴光，钱明，董平，姚延福编校，浙江古籍出版社 2010 年版，第 1019 页。
③ 王守仁：《王阳明全集（新编本）》第一册，吴光，钱明，董平，姚延福编校，浙江古籍出版社 2010 年版，第 116 页。
④ 王守仁：《王阳明全集（新编本）》第一册，吴光，钱明，董平，姚延福编校，浙江古籍出版社 2010 年版，第 64 页。

其理者,格物也。是合心与理而为一者也"①。相较于朱子学有格物致知的顺序,对王阳明而言,致知与格物是同时进行的,诚意、正心、修身也与致知格物具有一致性,故王阳明说"只要知身、心、意、知、物是一件"②。

心即理:朱子认为心是"虚灵不昧,以具众理而应万事者也"③,王阳明认为心是"虚灵不昧,众理具而万事出"④,所以两者对于心的基本概念是一致的。朱子学将性和理视为一体,阳明学在这一方面几乎不存在区别。然而,朱子学认为存在"心之理"与"物之理",觉得理有内外之分。与此相反,阳明学继承并发展了陆象山的"心即理"之说,"心外无理,心外无事"⑤。理在心而不在物,"你未看此花时,此花与汝心同归于寂。你来看此花时,则此花颜色一时明白起来。便知此花不在你的心外"⑥,所以山中的花没有人看就没有光彩,花红柳绿皆在人心,心为万事万理之根源。正所谓穷理以尽性,天下无性外之理,无性外之物,让人获得了存在主义的审美体验,世界变成一个万物结缘的整体性存在。

知行合一:"知行合一"是指知与行合一。王阳明主张,"真知即所以为行,不行不足谓之知"⑦,"知而不行,只是未知"⑧,"知之真切笃实处,即是行;行之明觉精察处,即是知:知行工夫本不可离"⑨。知而不行,只是未知。知则必行,行则才知。知与行是一体的,王阳明所说的"知",或可称为真知的东西,不是一般概念性知识的意思。世上有无限的道理,如果要体验所有

---

① 王守仁:《王阳明全集(新编本)》第一册,吴光,钱明,董平,姚延福编校,浙江古籍出版社2010年版,第49-50页。

② 王守仁:《王阳明全集(新编本)》第一册,吴光,钱明,董平,姚延福编校,浙江古籍出版社2010年版,第100页。

③ 朱熹:《四书章句集注》,中华书局1983年版,第3页。

④⑤ 王守仁:《王阳明全集(新编本)》第一册,吴光,钱明,董平,姚延福编校,浙江古籍出版社2010年版,第16页。

⑥ 王守仁:《王阳明全集(新编本)》第一册,吴光,钱明,董平,姚延福编校,浙江古籍出版社2010年版,第118页。

⑦⑨ 王守仁:《王阳明全集(新编本)》第一册,吴光,钱明,董平,姚延福编校,浙江古籍出版社2010年版,第46页。

⑧ 王守仁:《王阳明全集(新编本)》第一册,吴光,钱明,董平,姚延福编校,浙江古籍出版社2010年版,第4页。

的道理，在短暂的生命中是不可能的。对于如何解决这个问题，他认为道理在心中，只要自己在心里面下功夫就可以了。践行知行合一，重要的是戒掉表面知识和口耳之学，注重功夫和实践。没有体验的知识是不真实的，从耳目传入的知识也不过是传说而已。知行合一说作为阳明学独有的基本理论之一，虽有不明确之处，但对后世影响很大。

事上磨炼：所谓"事上磨炼"，是指不受环境和日常事物的摆布，超脱于动静的修行，时刻以自己为主体，抓住一切机会修行。事上磨炼完全是一种修行的态度，重在"磨"，从这点来看，行住坐卧都可以变为修行的场所。王阳明初期"见诸生多务知解，口耳异同，无益于得，姑教之静坐。一时窥见光景，颇收近效"①，为了使弟子不受世间功利风气影响专心求道，提倡"澄心""宁静""未发之中""寂然不动""惟精惟一"，但"久之，渐有喜静厌动，流入枯槁之病，或务为玄解妙觉，动人听闻"②，故后来鼓励"人须在事上磨炼做功夫乃有益，若只好静，遇事便乱，终无长进"③。王阳明表示，通过静处体悟也好，去事上磨炼也罢，达到"致良知"是其最终目的。

天理人欲："天理人欲"一词出自《礼记》的《乐记》。"存天理去人欲"是宋代以后儒学的常论，阳明学在这一点上亦不出宋学藩篱之外，"圣人述六经，只是要正人心，只是要存天理、去人欲"④，"学是学去人欲，存天理"⑤。王阳明初期把天理作为明德或心之本体，"心之本体即是天理"⑥，"天理即

---

①② 王守仁：《王阳明全集（新编本）》第一册，吴光，钱明，董平，姚延福编校，浙江古籍出版社2010年版，第115页。

③ 王守仁：《王阳明全集（新编本）》第一册，吴光，钱明，董平，姚延福编校，浙江古籍出版社2010年版，第101页。

④ 王守仁：《王阳明全集（新编本）》第一册，吴光，钱明，董平，姚延福编校，浙江古籍出版社2010年版，第9页。

⑤ 王守仁：《王阳明全集（新编本）》第一册，吴光，钱明，董平，姚延福编校，浙江古籍出版社2010年版，第35页。

⑥ 王守仁：《王阳明全集（新编本）》第一册，吴光，钱明，董平，姚延福编校，浙江古籍出版社2010年版，第29页。

是'明德'"①，明德乃心之至善，心之本体即性，故共谓天理。后来王阳明把良知视为心之本体，所以主张良知即为天理，"所幸天理之在人心，终有所不可泯，而良知之明，万古一日"②。王阳明认为人欲是妨碍天理表现的东西，但他在对待人欲的态度上比朱熹宽容，他认为人有很多欲望是自然的，只是把那些过度或不自然的欲望加以排斥即可。在方法论上，朱子学强调存养省察，在充实天理的同时，向外进行格物穷理的功夫，而阳明学始终致力于内在功夫，王阳明将天理人欲说扩展，将格物等外在功夫全部统合于其中，强调省察克治，学问修行。

万物一体观：王阳明强调人与万物为一体，说"夫人者，天地之心，天地万物，本吾一体者也"③，表示人类是天地间的核心，天地万物与人类在本质上是同为一体的。王阳明认为凡人之所以不能与天地万物为一体，是因为有私见、执念、私欲，与他人对立相克，而圣人之所以能将天地万物融为一体，是因为他没有私欲，做到了本真的良知，就达到了圣人之心，"以天地万物为一体，其视天下之人，无外内远近，凡有血气，皆其昆弟赤子之亲，莫不欲安全而教养之，以遂其万物一体之念"④。而实现万物一体的方法只有致良知。致良知，就能明是非、同好恶，待人如己、视国如家，认为天下之人皆平等，无分外内远近，此乃大人、圣人之作为，这与《礼记·礼运》"故圣人乃以天下为一家，以中国为一人者，非意之也"⑤的大同思想相符，也与讲究无差别、平等兼爱的墨家思想相近。

近藤康信评价阳明学敢于向当时的主流思想发起挑战，主张重视实践，

---

① 王守仁：《王阳明全集（新编本）》第一册，吴光，钱明，董平，姚延福编校，浙江古籍出版社2010年版，第7页。

② 王守仁：《王阳明全集（新编本）》第一册，吴光，钱明，董平，姚延福编校，浙江古籍出版社2010年版，第62页。

③ 王守仁：《王阳明全集（新编本）》第一册，吴光，钱明，董平，姚延福编校，浙江古籍出版社2010年版，第86页。

④ 王守仁：《王阳明全集（新编本）》第一册，吴光，钱明，董平，姚延福编校，浙江古籍出版社2010年版，第59页。

⑤ 杨天宇：《礼记译注》，上海古籍出版社2004年版，第275页。

打破形式主义,崇尚内在,为儒学注入了生机。特别是阳明学将所有人都视作圣人,尊重个人思考,承认个人尊严,值得大力推崇。然而,阳明学也存在如下问题:虽沿袭孔孟之道,却未能脱离宋学的范畴,还杂糅了道、佛、墨等多种思想;主客观绝对化;虽标榜直截了当,但由于理论不清晰致使学说混乱,最终有可能在思想上流于空疏的唯心论,在行为上陷入恣意妄为等。

（二）《传习录》的构成介绍

《传习录》内容包括"伝習録""王陽明略伝""学説概観""年譜略"和"門人表"。附录有《大学问》《示弟立志说》,后有"用語索引"。该译本以《王文成公全书》为底本,综合参考了三轮执斋的《标注传习录》《四言教讲义》、佐藤一斋的《传习录栏外书》、东敬治的《传习录讲义》、山田准和铃木直治的《传习录》、高濑武次郎的《阳明学新论》、山田准的《阳明学精义》、三岛复的《王阳明哲学》、秋月胤继(1873—1945)的《陆王研究》、安冈正笃的《王阳明研究》和宇野哲人(1875—1974)的《中国哲学史（近世儒学）》。

《传习录》最后的"用語索引"是该译本的亮点之一。近藤康信将阳明思想相关的"漢字"以日语五十音图排序建立了索引。与一般索引不同,近藤康信将同一"漢字"的重要语句进行辑录分类,呈现出"用語"汇编的整体感,便于读者对照查询。

以"心"为例,共计 62 条索引,根据主旨可细分为"心は身の主なり"（心者身之主宰）、"心は即ち理なり"（心即理）、"心の本體"（心之本体）、"心を存し、性を養ひ、天に事ふ"（存心养性事天）等（见图 5-7）。

（三）《传习录》的译介特点

二战后,驻日盟军最高统帅麦克阿瑟(1880—1964)在其《麦克阿瑟回忆录》中写道:

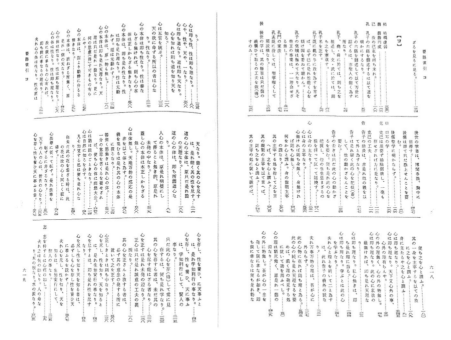

图 5-7 近藤康信之《传习录》"要语索引"

我从受命为最高统帅那时候开始,就拟定了我想要遵循的各项政策,通过天皇和帝国政府机构来执行这些政策。①

其中一项政策就是实施国语改革。当时,国语审议会的委员里有一些日语改革论者提出了要彻底废除汉字的极端主张。最终,日本内阁于 1946 年 11 月 16 日颁布了《当用汉字表》(『当用漢字表』)和《现代假名用法》(『現代かなづかい』)这两个法案。依据法案,"当用汉字",从狭义上讲,指的是内阁公布的《当用汉字表》中的 1850 个汉字;从广义上说,则是与此相关的若干告示的统称。"现代假名用法"是按照现代音韵修改整理而成的新假名用法,与"历史假名用法"相对。所以,国语改革主要体现在对汉字使用的数

_____

① 麦克阿瑟:《麦克阿瑟回忆录》,上海师范学院历史系翻译组译,上海译文出版社 1984 年版,第 173 页。

量限制以及假名表记的简易化这两个方面，如此一来，不但减轻了教育教学的负担，而且对于提高国民的生活效率和文化水平也很有帮助。

近藤康信解释说，由于《传习录》以语录为主，有不少与普通汉文不同的白话文语法，在翻译时会出现很难训读或者只靠训读而意思不通的情况，因此他在翻译时做了如下努力：译本以《王文成公全书》和《标注传习录》为参考，但改用现代简体字，如"儞、艸、著、玅"等汉字改为"你、草、着、妙"；附着在动词后的"得、着、了、在、去"等助字，非必要者皆置于括号内不作训读；《传习录》中频繁使用"须"字，但大多与古文的用法并不相同，意思为"需要""必须"，而不是完全等同于"べし（当、应）"的用法，读作"すべからく"或"かならず"；译本中"這箇""箇"是"这一个"的略语，虽读作"この"，但在不影响语义的前提下很多时候作省略处理；"且、卻、便、则"等接续词有时在句子意义连接上作用不大，但为忠实原文选择保留；汉文训读译文中的注音假名、送假名等沿用过去的历史假名，其他地方则统一为现代假名用法。

二战前，日本《传习录》注本、译本不下 20 个，但基本上都是汉文训读译文、和汉折衷体译文，对一般民众而言存在较大的阅读困难，近藤康信期望为战后的读者提供日本国语改革后第一个现代口语体的完整译本，所以近藤康信译本中，既有汉文训读译文，又有现代口语体译文。本书试举一例，从词汇、句法和语篇 3 个层面来考察日语汉文训读译文及现代口语体译本的翻译情况，来分析两种文体之间的差异（见图 5-8）。

原文：

爱问："'知止而后有定'，朱子以为'事事物物皆有定理'，似与先生之说相戾。"先生曰："于事事物物上求至善，却是义外也。至善是心之本体，只是'明明德'到'至精至一'处便是。然亦未尝离却事物，本注所谓'尽夫天理之极，而无一毫人欲之私'者得之。"①

汉文训读译文：

---

① 王守仁：《王阳明全集（新编本）》第一册，吴光、钱明、董平、姚延福编校，浙江古籍出版社 2010 年版，第 2 页。

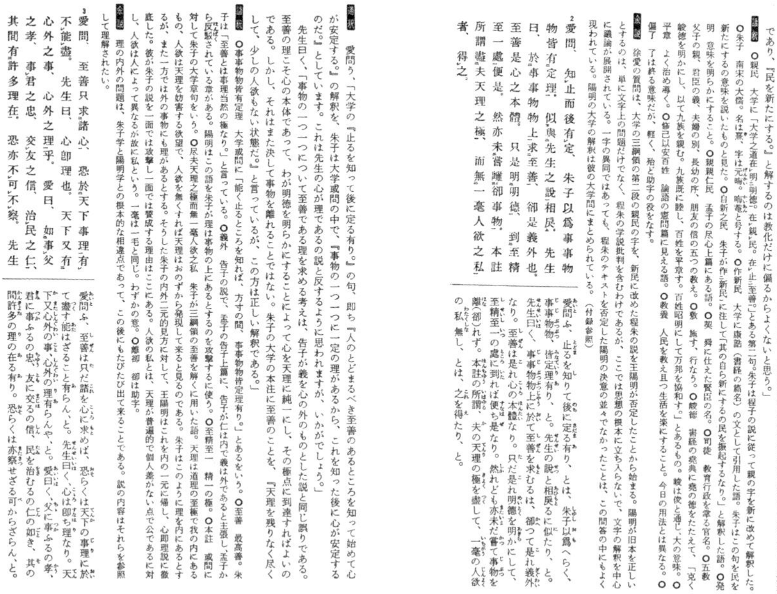

图 5-8　近藤康信之《传习录》语录示例

愛問ふ、止るを知りて後に定る有り、とは、朱子以為へらく、事事物物、皆定理有り、と。先生の説と相戻るに似たり、と。先生曰く、事事物物上に於て至善を求むるは、卻つて是れ義外なり。至善は是れ心の本體なり。只だ是れ明徳を明かにして、至精至一の處に到れば便ち是なり。然れども亦未だ嘗て事物を離（卻）れず。本註の所謂、夫の天理の極を盡して、一毫の人欲の私無し、とは、之を得たり、と。①

现代口语体译文：

愛問う、「大学の『止るを知って後に定る有り。』の句、即ち『人のとどまるべき至善のあるところを知って始めて心が安定す

---

① 近藤康信：『伝習録』、明治書院 2003 年、第 30 頁。

る。』の解釈を、朱子は大学或問の中で、『事物の一つ一つに一定の理があるから、これを知った後に心が安定するのだ。』としています。これは先生の心が理であるの説と反するように思われますが、いかがでしょう。」

先生曰く、「事物の一つ一つについて至善である理を求める考えは、告子が義を心の外のものとした説と同じ誤りである。至善の理こそ心の本体であって、わが明徳を明らかにすることによって心を天理に純一にし、その極点に到達すればよいのである。しかし、それはまた決して事物を離れることではない。朱子の大学の本注に至善のことを、『天理を残りなく尽くして、少しの人欲もない状態だ。』と言っているが、この方は正しい解釈である。」①

首先，在字体特征上，前者继续沿用旧字体，而后者则按照1949年日本政府公布的《当用汉字表》的规定字体，采用新字体，从"盡す""體"与"尽す""体"的区别就可发现日本汉字书写在二战前后发生的明显变化。

其次，在句法特征上，前者遵循1912年《关于汉文教授的调查报告》（『漢文教授ニ関スル調査報告』）的汉文用词规则和语法原则，后者是国语改革实施后的现代口语体表达方式。例如，前者"事事物物""一毫の人欲"带有明显的书面语表达特点，后者"事物の一つ一つ""少しの人欲"则偏口语。再如，"于事事物物上求至善"，前者为"事事物物上に於て至善を求むるは"，动词"求むる"是古文单词，是"求む"的连体形，现基本不用，"至善を求むるは"采用"動詞＋は"的句型结构明显是过去的文言文风格，在现代日语中是属于错误的语法表达。后者为"事物の一つ一つについて至善である理を求める考えは"，"求める"是现代日语单词，"至善である理を求める

---

① 近藤康信：『伝習録』、明治書院2003年、第31頁。

考えは"采用"動詞連体形＋名詞＋は"符合现代日语的表达方式。

再次,从语篇特征来看,前者具有《传习录》原文的文言文特征,这种翻译方式虽难免存在译文生硬的问题,但忠实于汉文原典;后者遣词造句或篇章结构都略显松散,但行文流畅自然,且在译文中直接补充"知止而后有定"出自《大学》,"事事物物皆有定理"出自朱熹的《大学或问》,"本注"是指朱熹的《大学》等出处信息,因此,后者篇幅明显超过前者,其译文内容相比之下更加清晰明了,易于理解与学习。

最后,在注释方面,近藤康信考虑到《传习录》中很多涉及"四书五经"[①]的词句,且有些词句与朱子学的释义有所差异,读者有可能因为没有掌握这些文化知识背景而无法理解阳明思想,所以近藤康信在注释方面做了非常大的努力。在所有的译注本中,近藤康信《传习录》的注释和 1972 年中田胜(1926—2015)《传习录诸注集成》的注释是最为翔实完备的。经统计,近藤康信的《传习录》脚注多达 2058 条,其中,引文出处 645 条,普通词汇释义有842 条,人名、地名等专有名词 146 条,文化、哲学术语释义 103 条,文本背景 322 条。故陈荣捷评价该译本"集日本诸注之大成"[②],毫不为过。

三、其他《传习录》日译研究

1966 年,山本正一著《传习录:王阳明语录》,安冈正笃作序,由东京法政大学出版局刊行。该书以《标注传习录》为底本,主要翻译了《传习录》正文内容,每条语录取标题,现代语翻译,注释较简略。附门人表,但省略《示弟立志说》《训蒙大意》《教约》《朱子晚年定论》《略年谱》及《大学问》。

相较之下,20 世纪 60 年代还有一位阳明学研究者——野村惠二(1911—1988)的论文更值得关注。野村惠二于 1965 年至 1967 年期间,在

---

① "四书"指的是《论语》《孟子》《大学》和《中庸》,"五经"指《诗经》《尚书》《礼记》《周易》和《春秋》,合称"四书五经"。原有"四书六经",但因为"六经"中《乐经》后来亡佚,故只剩下"五经"。但如宫内默藏等部分日本学者仍称呼为"四书六经"。

② 陈荣捷:《王阳明传习录详注集评》,华东师范大学出版社 2009 年版,第 11 页。

《大阪府立大学纪要》发表《传习录中的引用典例》3 篇论文。这 3 篇论文以三轮执斋注、安井小太郎校的《传习录》（"汉文大系"第 16 卷）为研究对象，细致考察了《传习录》上卷中出现的所有用典出处和比喻修辞用法。

野村惠二对《传习录》上卷全部引用典例进行了考证研究，试举例说明。

「百姓親マズ、舜、契ヲシテ司徒タラシメ、敬ンデ五教ヲ敷ク(1)、トハ、之ヲ親ム所以ナリ。堯典ノ克ク峻徳ヲ明カニス(2)、トハ便チ是レ明徳ヲ明カニスルナリ(3)。以テ九族ヲ親ム(2)、ヨリ、平章(4)・協和(5)、ニ至ルマデ、便チ是レ民ヲ親ムナリ(3)。便チ是レ明徳ヲ天下ニ明カニスルナリ。(6)」①

(1)帝曰。契。百姓不親五品不避。汝作司従。敬敷五教。在寛。（書経舜典）

(2)克明俊徳。以親九族。（書経堯典）

(3)大学之道。在明明徳。在親民。（大学）

(4)九族既睦。平章百姓。（書経堯典）

(5)百姓昭明。協和万邦。（同前）

(6)古之欲明明徳於天下者。先治其国。（大学）

野村惠二对"百姓不亲，舜使契为司徒，敬敷五教，所以亲之也。尧典'克明峻德'便是'明明德'。'以亲九族'至'平章'、'协和'，便是'亲民'，便是'明明德于天下'"②中的 6 个地方注明了用典出处。

野村惠二指出，《传习录》上卷的用典主要源自"四书五经"，其中尤以《大学》《中庸》《论语》《孟子》居多，这表明无论处于何种时代，"四书五经"均

---

① 野村惠二：「伝習録に於ける引用典例（一）」，『大阪府立大学紀要』1965 年第 13 号、第 104 頁。

② 王守仁：《王阳明全集（新编本）》第一册，吴光、钱明、董平、姚延福编校，浙江古籍出版社 2010 年版，第 2 页。

为儒学思想养成的基础书目。野村惠二补充说，虽然《传习录》中有批判朱子学的论述，但同时也标明了哪些内容源自朱子学说，这同样能够成为学习朱子学的教材。

另外，野村惠二认为，《传习录》中比喻用例较多，王阳明借助列举浅显的自然现象或者贴近实际生活的事例，以极其容易理解的方式阐释了语录的思想精髓。王阳明所列举的例子通常来源于生活，亲切平和，涵盖了草木的生长状况、精金的纯度、五官的动作以及其他与实际生活相关的事物、社会环境，等等。

例如，徐爱在序中写道，先生告诫，"聖賢ノ人ヲ教ウルハ、医ノ薬ヲ用ウルガ如シ。皆病ニ因ッテ方ヲ立テ、其ノ虚実・温涼・陰陽・内外ヲ酌ンデ、時時之ヲ加減ス。要ハ病ヲ去ルニ在リテ、初ヨリ定説ナシ。若シ一方ニ拘執セバ人ヲ殺サザルコト鮮シ。今某諸君ト、各々偏蔽ニ就イテ、箴切砥砺スルニ過ギズ。但ダ能ク改化セバ、即チ吾ガ言已ニ贅疣ト為ル。若シ遂ニ守リテ成訓ト為サバ、他日己ヲ誤リ、人ヲ誤ラン。某ノ罪過、復タ追イ贖ウ可ケンヤ"[1]，野村惠二说，王阳明以用医生的治疗手法来比喻自己教育门人的方式方法，讲究对症下药，因材施教。

又比如在陆澄所录中，先生说道，"私欲ノ日ニ生ズルコト、地上ノ塵ノ如ク、一日掃ハザレバ、便チヌ一層有ルヲ。着実ニ功ヲ用イバ便チ見ン。道ニ終窮無シ。愈々探レバ愈々とシ。必ズ精白ニシテ一毫ノ徹セザル無カラシメバ、方ニ可ナリ"[2]，野村惠二说，王阳明把私欲比作地上尘埃，需日日清扫，如一日不扫就会多一层。着实用功，就会发现大道无穷无尽，越探究，就越精深，必须做到精通明白，不留一丝疑问和歧义，达到无一丝一毫不透彻的境界才行。

---

①　野村惠二：「伝習録に於ける引用典例（一）」、『大阪府立大学紀要』1965 年第 13 号、第 103 頁。

②　野村惠二：「伝習録に於ける引用典例（一）」、『大阪府立大学紀要』1965 年第 13 号、第 114 頁。

确实，在《传习录》中，比喻的表达方式极为丰富。王阳明将悔悟比作良药，认为有错即悔，悔而改之，实为可贵，"悔悟是去病之药，然以改之为贵。若留滞于中，则又因药发病"①。把良知的本体比喻为光洁明亮的镜子，毫无尘埃，美丑在镜中会显现原形，而明镜却从未受到丝毫污染，即"其良知之体皦如明镜，略无纤翳。妍媸之来，随物见形，而明镜曾无留染"②。王阳明又把良知分为几个层级，虽有昏暗与明亮的差别，但皆能辨别黑白，如"圣人之知如青天之日，贤人如浮云天日，愚人如阴霾天日，虽有昏明不同，其能辨黑白则一"③。野村惠二的考察让我们看到，王阳明的教诲并不是空洞枯燥的，他通过生动的比喻和举例来论证其学说，展现了王阳明作为教育家平易近人、循循善诱的教学态度。

野村惠二后来在 1974 年出版了《阳明学研究》一书，该书对《传习录》3 卷中的引用典例和比喻表达进行了全面系统的整理。

第三节　20 世纪 70 年代后《传习录》日译再攀高峰

20 世纪 70 年代，日本涌现出许多阳明学研究论著，阳明学典籍译介研究也达到战后发展的高峰，一共出现了 6 个《传习录》译注本。另外，还有中华学术院编辑出版了《阳明学论文集》，二松学舍大学阳明学研究所出版了《夏季公开讲座阳明学特辑》，全国师友协会也经常在会刊《师与友》刊发阳明学文章。

那么，为何在战后初期受到压制的日本阳明学研究能再攀高峰呢？本书认为直接原因有二：一是日本文学家三岛由纪夫兵变的冲击与反思，二是

---

① 王守仁：《王阳明全集（新编本）》第一册，吴光、钱明、董平、姚延福编校，浙江古籍出版社 2010 年版，第 34 页。

② 王守仁：《王阳明全集（新编本）》第一册，吴光、钱明、董平、姚延福编校，浙江古籍出版社 2010 年版，第 76 页。

③ 王守仁：《王阳明全集（新编本）》第一册，吴光、钱明、董平、姚延福编校，浙江古籍出版社 2010 年版，第 121 页。

1972 年恰值王阳明诞辰 500 周年。

一、20 世纪 70 年代日本阳明学的发展契机

随着《传习录》的广泛传播，阳明学思想也对日本近现代文学界产生影响。二战前，内村鉴三（1862—1930）、森鸥外（1862—1922）、夏目漱石（1867—1916）、幸田露伴（1867—1947）、谷崎润一郎（1886—1965）和林芙美子（1903—1951）等文学家都受到了阳明学的熏陶与启迪。二战结束后，也有一批作家受阳明学影响，诸如三岛由纪夫、大冈升平（1909—1988）、松本清张（1909—1992）、司马辽太郎（1923—1996）。其中，受阳明学影响最大，且对日本战后阳明学发展起到重要影响的文学家，毫无疑问当首推三岛由纪夫。

三岛由纪夫是日本近现代战后派文学的代表作家。起初，他对政治毫不关心，一心专注于自我，其前期的文学创作完全秉持艺术至上主义。然而，在 1966 年发表《英灵之声》之际，他深刻感受到日本在追逐西化的道路上渐行渐远，对日本丧失自身民族精神深感痛惜。自此，他的艺术创作重心发生了重大转变，开始将目光投向社会，聚焦于自我与世界的关系以及日本与世界的关系。他企图通过挽救日本传统文化，为日本人寻回丧失的精神寄托。他认识到人生并非仅有文学，于是开始极度尊崇阳明学，声称不能无视阳明学而谈论明治维新。在他的文学作品《鹿鸣馆》《忧国》《太阳与铁》《奔马》等当中，充分体现了"虚无""行动""知行合一""致良知"等阳明思想观念。

1970 年 9 月，三岛由纪夫在杂志《诸君》发表《作为革命哲学的阳明学》一文，同年该文被收录于《行动学入门》出版。书中，他首先探讨阳明学在日本战后的发展情况以及社会评价问题，其次深入阐释阳明学信奉者中江藤树、大盐中斋、吉田松阴、西乡隆盛等人的阳明思想，认为阳明学是明治维新志士的思想武器，推动了明治维新运动的发展，最后三岛由纪夫宣扬阳明学的行动原理深藏于日本人的内心，号召当代的日本国民回归到阳明学这个被遗忘的行动哲学，纠正已渗透于日本社会的西化弊端，进行精神之战。

　　三岛由纪夫在文中多次提及"太虚""归太虚"，认为真正的阳明学是趋向极端的激进主义和能动的虚无主义的极限。其所谓的"良知"，并非单纯的良知，而是步入"太虚"之境，化作为创造和行动的原始动力。三岛由纪夫觉得大盐中斋主张"太虚"乃是世间万物的创造根源，同时也是经由良知辨别善恶之后的最终归处，大盐中斋主张不恨身之死，只恨心之死，认为心若回归太虚，即便肉体消亡也不会消逝。三岛由纪夫还认为吉田松阴践行了阳明学知行合一的"革命哲学"，在吉田松阴被捕入狱、即将面临死亡之时，他意识到人生的短暂与天地的恒久之间毫无差别，领悟了自己的微小"空虚"也能够达成"归太虚"的思想真谛。

　　同年 11 月 25 日，三岛由纪夫带领自己组织和领导的一个右翼团体"盾会"，闯入自卫队发表演说，企图让这些自卫队成员跟随自己发动兵变，行动失败后剖腹自杀，在当时社会引起了很大轰动。因三岛由纪夫自述深受阳明学影响，其兵变行为被视为追随大盐中斋的追求正义的行动，由此阳明学思想也受到很大关注。关于三岛由纪夫的行为是否与阳明学有直接关系，笔者曾撰文《战后初期阳明学在日本的接受与传播——以战后派文学家三岛由纪夫为例》进行探讨。笔者在论文中提出，以三岛由纪夫为代表的战后派文学家确实试图以阳明学为精神武器，重构日本国民精神，但其所认知的阳明学与中国阳明学在"心即理""知行合一""致良知"和"万物一体之仁"等思想理解和行动诠释上存在较大差异，故其所希冀的"维新事业"不得不以失败告终。

　　1972 年，大阪地方裁判所栉渊理（？—2004）作为三岛事件的审判长，在《文艺春秋》刊发《作为三岛事件的审判长——阳明学与武士道——对三岛由纪夫"文武两道"的质疑》一文。文中写道：

　　　　我认为三岛由纪夫没有读过作为阳明学教典的《传习录》，阳明学主张回归孔孟之道，孔孟之道基本思想是仁民，以现代的说法来说，就是彻底贯彻尊重人类和自由平等的民主主义思想……三岛对阳明学的极度崇拜更多的是来自大盐平八郎的影响,而且在对被告小川正洋进行询问的时候,小川回答说:"(三岛)先生要求我们去看森鸥外的《大盐平八郎》,大概是因为大盐平八郎是明治维新的力量源泉吧。"①

楲渊理认为三岛由纪夫没有读过《传习录》,不了解阳明学的核心主张,其对阳明学的极度崇拜更多受大盐平八郎影响,认为大盐平八郎是明治维新的力量源泉。同年,司马辽太郎在《每日新闻》报纸上发表了《关于异常的三岛事件》一文,也同样严厉批判了三岛由纪夫的兵变行为。

中国思想史学家沟口雄三(1932—2010)在2005年出版的《王阳明传习录》中,以《两种阳明学》一文为序。在序言中,沟口雄三以三岛由纪夫事件为引探讨了中日阳明学。他认为三岛没有读过王阳明的《传习录》,只是读了井上哲次郎的《日本阳明学派之哲学》并受其触动,撰写了《作为革命哲学的阳明学》。井上哲次郎自身对阳明学有着自己的偏好,他从这种偏好出发将大盐平八郎的"归太虚"说与松阴的生死观等作为阳明的哲学来介绍,而三岛在带有井上偏好的对平八郎和松阴的介绍的基础上又加上了自己的偏好,构成了自己的阳明学像。在这个意义上,三岛所理解的阳明学从中国阳明学的角度来看,是完全另类的思想。②

诚然,日本社会对于三岛由纪夫的兵变事件本身多以批判为主。但实际上,此事件也引发了日本社会对阳明学的广泛关注以及重新思考。例如,思考阳明学究竟是什么? 中国阳明学传至日本后,阳明学有无发生变化? 阳明学的本质为何? 日本在传播及解读的过程中是否出现了异质性现象? 日本是否需要重拾阳明学这一精神武器以重振日本国民的精神?

————————

①　楲淵理:「三島事件の裁判長として——陽明学と武士道——三島由紀夫の文武両道に対する疑問」,『文芸春秋』1972年第9号、第132-134頁。

②　沟口雄三:《李卓吾·两种阳明学》,孙军悦、李晓东译,生活·读书·新知三联书店2019年版,第245页。

　　1972 年,适逢王阳明诞辰 500 周年,这也成为推动阳明学研究及《传习录》外译发展的重要契机。在国际社会上,1972 年 6 月,美国夏威夷大学哲学系教授成中英(1935—2024)在夏威夷大学组织召开大规模的王阳明诞辰 500 周年纪念活动,狄百瑞(William Theodore de Bary,1919—2017)、陈荣捷、杜维明(Tu Weiming,1940—)、牟宗三(1909—1995)、方东美(1899—1977)、冈田武彦等东西方著名学者均有参加。活动的顺利召开有力地推动了阳明学研究走向更广阔的国际学术舞台。

　　在这样的国际大环境之下,日本阳明学典籍外译及思想研究也迅速达到战后发展的高峰。研究成果中,特别值得关注的是明德出版社组织出版的"阳明学大系"系列丛书。明德出版社为纪念王阳明诞辰 500 周年,在 1971 年至 1974 年组织刊行"阳明学大系"12 卷,分别是《阳明学入门》《王阳明(上)》《王阳明(下)》《陆象山》《阳明门下(上)》《阳明门下(中)》《阳明门下(下)》《日本的阳明学(上)》《日本的阳明学(中)》《日本的阳明学(下)》《幕末维新阳明学者书简集》和《阳明学便览》,外加别卷《传习录诸注集成》。"阳明学大系"的刊行将阳明学研究推向了一个新的理论高度,该大系编纂者中,有诸多对日本现代阳明学发展起到重要作用的研究者,包括来自东京学派的宇野哲人、安冈正笃和山下龙二(1924—2011),以及来自九州学派的冈田武彦和荒木见悟等。

　　三岛由纪夫事件所带来的社会冲击以及王阳明诞辰 500 周年这一客观事实,是促使阳明学迅速发展的直接因素。但本书认为,其更深层次的原因在于部分日本民众期望借助阳明学,来化解日本社会经济与思想建设发展不相匹配所引发的社会矛盾。

　　战后初期,美国对日扶持政策促进了日本经济的复兴。从 1955 年起日本经济从战争结束后的振兴期进入快速发展期,在 20 世纪 50 年代初至 20 世纪 60 年代末的约 20 年中,日本经济平均增长率维持在 10％。这般长时间的快速的经济发展,不仅在日本,而且在所有先进的资产阶级国家的发展历程上也是独一无二的。持续的高速增长,使日本经济达到了辉煌的顶端,进入 20 世纪 70 年代后,日本已然成为世界第三大经济体。但在精神层面,战后初期所谓的美式民主主义突然取代了此前的军国主义和皇权政治,带来了所谓的日本社会的解放。然而,日本民众逐渐认识到,一味追求美式民主,追求政治的有效性而持续向西方妥协的日本社会以及日本国民精神,已经和高速发展的社会经济极度不匹配。

三岛由纪夫在《作为革命哲学的阳明学》中,就严厉控诉了当时的日本社会。他认为日本战后的无秩序状态像欧洲第一次世界大战后的无秩序状态,三岛由纪夫说,"我们战后民主主义所立足的尊重生命的人道主义,只主张肉体的安全,却忽视了灵魂和精神的生死。社会保障肉体的安全,但不保障灵魂的安全"①。他呼吁国民重新审视当代日本社会现状,号召重拾阳明学这一精神武器重构日本国民精神。虽三岛在阳明思想的诠释上与中国阳明学存在异质性,但也反映出其对日本战后社会进行了严酷审视和深层解剖;虽发动兵变失败,但也真实体现了战后日本文人阶级试图拿起阳明学这一思想武器,对日本现实社会进行奋起反抗和全力一搏的强烈意志,产生了具有"行动哲学"和"革命哲学"价值的实际行动,也由此引发了当时日本社会对国民精神缺失的普遍反思和深入思考。②

因此,在日本国民经济大发展与社会思想建设发展不匹配的大背景下,人们开始更加关注个性心灵的养成和精神世界的培育,而这时具有"体认之学,培根之学,身心相即、事上磨炼之学"③的阳明学精神就与社会需求紧密结合,呈现出了蓬勃的生命力。自此,日本阳明学从幕末维新时期起就带有的浓重政治色彩开始明显淡化,日本学术界和普通民众都把目光单纯地集中在阳明学本身的哲学指导意义和精神价值力量上。

---

① 三岛由纪夫:「行動学入門」、文春文庫 2016 年、第 214 頁。
② 丁青:《战后初期阳明学在日本的接受与传播——以战后派文学家三岛由纪夫为例》,《绍兴文理学院学报》2023 年第 1 期,第 72 页。
③ 冈田武彦:《王阳明大传:知行合一的心学智慧》,杨田,冯莹莹,袁斌等译,重庆出版社 2015 年版,第 6 页。

二、沟口雄三之《传习录》

20 世纪 70 年代是《传习录》译本的高产时期,总计有 6 个译本问世,且译者都是日本知名的阳明学研究者。从日本的亚马逊等线上销售平台的情况来看,沟口雄三于 1974 年出版的《传习录》(收录于"世界的名著"),后在 2015 年更名再版的《王阳明传习录》,在《传习录》的译注本中销量位居榜首,因此本节重点介绍该译本。

沟口雄三,出生于爱知县名古屋市,著名的汉学家、中国思想史学家,研究方向为明末清初的思想史(宋明理学)、精神史(近代化论),东京大学、大东文化大学、中国社会科学院名誉教授。著有《中国前近代思想的屈折与展开》(1980)、《中国的人与思想 10:李卓吾》(1985)、《作为方法的中国》(1989)和《中国的冲击》(2004)等。

1974 年,沟口雄三翻译王阳明的《传习录》,与荒木见悟翻译的朱子《文集·语类抄》合成"世界的名著"续 4,由中央公论社出版。2005 年,中央公论新社将沟口雄三翻译的《传习录》改名为《王阳明传习录》,单独再版(见图 5-9)。再版的《王阳明传习录》译本内容与 1974 年版一致,但在开篇增加了"解题"章节,即增加了沟口雄三撰写的《两种阳明学》一文。

沟口雄三译本以 1572 年刊行的《王文成公全书》为底本,同时参照南本系的正中书局版。该译本是《传习录》全译本,附《训蒙大意示教读刘伯颂等》《教约》和《年谱》,无《朱子晚年定论》。

本书从词汇、句法和语篇 3 个层面考察沟口雄三译本的翻译特点。

从词汇层面来看,沟口雄三完全依照《当用汉字表》和《现代假名用法》的标准,采用新字体和现代假名。并且,相较于汉文训读译文、和汉折衷体译文,此译本在字词翻译方面展现出显著的多元性和丰富性,同一个汉字会有很多不一样的日语词汇表达方式。例如,"明"一词对应的日语翻译有"明""明きらか""明るい""明示する""明らかにする""明らかなる""はっきりさせる""明澄""透明""理解する""明晰""明るさ","致"一词对应的日

图 5-9　沟口雄三之"世界的名著"续 4 和《王阳明传习录》封面

语翻译有"致""致す""発揮する""伝える""極める"。

　　在句法层面,译文通过增加接续词、连体词、副词等各类词语,达成了句子内部以及句子之间的逻辑关联,让译文整体的遣词用句流畅自然,更大程度上满足了语录的口语化及可读性需求。例如,沟口雄三把"如何不讲求?只是有个头脑,只是就此心去人欲、存天理上讲求。就如讲求冬温,也只是要尽此心之孝,恐怕有一毫人欲间杂;讲求夏清,也只是要尽此心之孝,恐怕有一毫人欲间杂:只是讲求得此心"①,翻译为"身に求めないでいいはずがない。ただ何よりも根源的なことが、ある。つまり、わが心において人欲を去り天理を存するという、これこそが何よりも求められねばならない。かの、冬に温かく過ごしてもらう方法を求めるとした場合、それにはとに

――――――――――

　　①　王守仁:《王阳明全集(新编本)》第一册,吴光,钱明,董平,姚延福编校,浙江古籍出版社 2010 年版,第 3 页。

かくわが心中の孝を尽くしきり、いささかの人欲も微塵だにまじることのないよう心がけるべきであり、夏に清しくしてもらうことを求めるにしても、やはりひたすらわが心中の孝を尽くして微塵の人欲もまじることのないように心がけるべきである"①。他通过"つまり""これこそ""かの""それには""にしても"等词语起到了增添语意、流畅句子的作用,也将文言文中所隐含的逻辑关系体现了出来。

在语篇层面,译文采用现代口语体的表达方式,注重译文的通俗性与易读性,充分体现了《传习录》原典所特有的语录体语言风格。沟口雄三在翻译过程中,尤为注重读者的阅读体验与理解深度,为此,他运用"( )"这一标识,在译文中大量增补了引文出处、人名地名等背景介绍信息,以便读者能够更准确地把握原文语境,深入理解语义。据统计,全书的此类补充信息多达 1500 余条,极大地丰富了译文的内涵与外延。试举例说明(见图 5-10)。

原文:

爱问:"'知止而后有定',朱子以为'事事物物皆有定理',似与先生之说相戾。"先生曰:"于事事物物上求至善,却是义外也。至善是心之本体,只是'明明德'到'至精至一'处便是。然亦未尝离却事物,本注所谓'尽夫天理之极,而无一毫人欲之私'者得之。"②

译文:

愛が問う、「(『大学』の)『止まるのを知りて後に定まるあり』について朱子は、『事事物物にみな定理がある』(『大学或問』)と敷衍していますが、これは先生の(心が理であるという)お説とくいちがうのではないでしょうか」

---

① 溝口雄三:『王陽明伝習録』、中央公論新社 2005 年、第 14 頁。

② 王守仁:《王阳明全集(新编本)》第一册,吴光,钱明,董平,姚延福编校,浙江古籍出版社2010 年版,第 2 页。

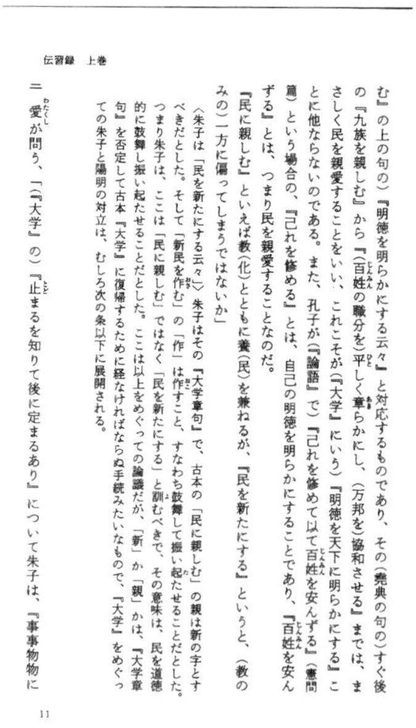

伝習録　上巻

二　愛が問う、「（『大学』の）『止まるを知りて後に定まるあり』について朱子は、『事事物物に

「民に親しむ」といえば教（化）とともに養（民）を兼ねるが、「民を新たにする」というと、（教の
み）一方に偏ってしまうではないか
〈朱子は「民を新たにする云々」〉朱子はその「大学章句」で、古本の「民に親しむ」の親は新の字とす
べきだとした。そして「新民を作む」の「作」は「すこと、すなわち教育して振い起にせることだとした。
つまり朱子は、ここは「民に親しむ」ではなく「民を新たにする」と訓むべき、その意味は、民を道徳
的に鼓舞し振い起たせることだとした。ここは上をめぐっての論題だ〉で、その意味は、民を道徳
周）という場合の、「己れを修める」とは、自己の明徳を明らかにすることであり、「百姓を安ん
ずる」とは、つまり民を親愛することなのだ。
る）という場合の、「己れを修める」とは、自己の明徳を明らかにす
とに他ならないのである。また、孔子が《論語》で「己れを修めて以て百姓を安んずる」〈憲問
さしく民を親愛することをいい、これこそが（《大学》にいう「明徳を天下に明らかにする」こ
の「九族を親しむ」から「（百姓の職分を）平しく章らかにし、（万邦を）協和させる」までは、ま
む）の上の句の）「明徳を明らかにする云々」と対応するものであり、その（「親（奥の句の）すぐ後
「民を新たにする」を否定して古本「大学」に復帰するために経なければならぬ手続みたいなもので、「大学」をめぐっ
ての朱子と陽明の対立は、むしろ次の条以下に展開される。

11

A

二　愛が問う、「至善をただ己れの心にのみ求めたならば、天下の事理について遺漏がありはし
ませんか」

〈義外の説〉『孟子』告子上に見える、孟子と告子の有名な論争。告子が、たとえば年長者を敬うという
義については、その義は相手が年長者であるということに規定されるのだから、それは自己にとって
外在のものだとした。これに対し、孟子は、敬う心が自己にあってはじめてそうなるのだから、義は心に内
在的なものだとした。朱子が事事物物に定理ありとしたのは、その理を自己に内在の
理だとしたためで、むろん告子と同じであるはずはないが、理をわが心の全分に原点づけた陽明からは、
そのように見えた。
章句）の明明徳・至善の箇所に、「天理の極を尽くしていささかの人欲の私のないありよう」と
付注しているのは、ここのところを的確にいい当てたものだ」
先生がいう、「事事物物の上に至善（なる理）を求めるなどは、〝義外の説〟じゃないか。至善とは
心の本体そのものであり、何よりも己れの明徳を明らかにして精一の極に至ること、これをおい
て外にない。とはいっても、それは事物とは無関係にそうあるのではない。朱子がここの（『大学
みな定理がある」（『大学或問』）と敷衍していますが、これは先生の（心が理であるという）お説と
くいちがいのではないでしょうか。

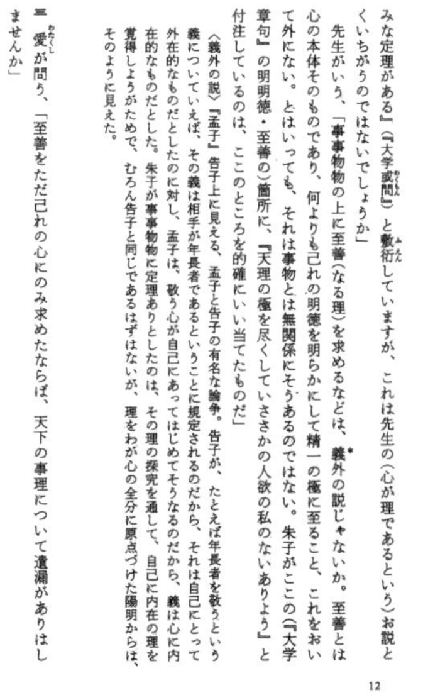

12

B

图 5-10　沟口雄三之《王阳明传习录》语录示例

　　先生がいう、「事事物物の上に至善（なる理）を求めるなどは、義外の説じゃないか。至善とは心の本体そのものであり、何よりも己れの明徳を明らかにして精一の極に至ること、これをおいて外にない。とはいっても、それは物事とは無関係にそうあるのではない。朱子がここの（『大学章句』の明明徳・至善の）箇所に、『天理の極を尽くしていささかの人欲の私のないありよう』と付注しているのは、ここのところを的確に言い当てたものだ」①

　　该译文有 5 条增补信息。第 1 条补充说明"知止而后有定"源自《大学》；第 2 条指明"事事物物皆有定理"出自《大学或问》；第 3 条阐释"与先生之说"指的是心即理之说；第 4 条的"于事事物物上求至善"意为于事事物物上求至善之道理；第 5 条的"本注"指的是《大学章句》里的明明德和至善。

　　因为沟口雄三将大量的补充信息已经直接放在译文中，所以译本的注释较少，共计 286 条。其中普通词汇释义有 16 条，人名、地名等专有名词58 条，文化、哲学术语释义 14 条，文本背景 147 条，引文出处查证 51 条。注释侧重于译本的文本背景解析和人名、地名等专有名词的解释。

　　总体而言，该译本在词汇选择上丰富多样，句法表达清晰流畅，译文通俗易懂。此外，沟口雄三巧妙地采用了"（　）"标识方式，直接在译文中增补相关信息，从而有效地传达了《传习录》的完整内容，对读者全面理解阳明思想发挥了很大的助力作用。

三、其他《传习录》日译研究

（一）中田胜之《传习录诸注集成》

　　中田胜，熊本县球磨郡人，汉学家、阳明学家，曾担任二松学舍大学名誉教授、群马医疗福祉大学名誉教授。主要论著有《王阳明靖乱录》(1988)、

---

① 溝口雄三：『王陽明伝習録』、中央公論新社 2005 年、第 11-12 頁。

《三岛中洲》(1990)、《东洋伦理入门》(1995)和《〈阳明学〉解义》(2001)等,发表多篇阳明学相关论文,并翻译出版《王阳明全集》第1卷《语录》(1983)和《王阳明 徐爱〈传习录集评〉》(2016)。

　　1972年,中田胜的《传习录诸注集成》作为《阳明学大系》的别卷出版。该书是《传习录》的注本,收录了①三轮执斋的《标注传习录》、②佐藤一斋的《传习录栏外书》、③吉村秋阳的《王学提纲》、④明代刘宗周的《阳明传信录》、⑤民国孙锵(1856—1932)的《传习录集评》①、⑥民国许舜屏的《评注传习录》②等六位学者的评注本。如图5-11所示,①～⑥不同数字代表不同评注本。

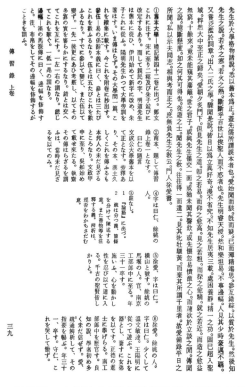

图 5-11　中田胜之《传习录诸注集成》评注示例

　　①　中田胜误以为是施邦曜注本,实为孙锵注本。
　　②　《评注传习录》为二松学舍大学与九州大学所藏,别处未见。该书注释完备明晰,阐明阳明思想要旨。

6 种注本的原评注均为汉文,中田胜把它们改成了日语。另外,在 6 种注本的空白处或者注末处,中田胜用小一号的字体补充了自己的注记。此注本考证翔实充分,注释完整齐备。

(二)安冈正笃之《王阳明(上)》和《传习录》

1972 年,时任全国师友协会会长的安冈正笃与柳町达也(1911—1980)、中田胜合作,出版了《王阳明(上)》一书,该书被收录于"阳明学大系"第 2 卷,由明德出版社组织出版。1973 年,明德出版社又出版了安冈正笃翻译的《传习录》,被收录于"中国古典新书"系列丛书第 69 卷。

《王阳明(上)》以《标注传习录》为底本,参考《传习录栏外书》等。该书在"解説"中阐述了《传习录》的编纂过程、编纂门生的具体情况、三轮执斋标注《传习录》的过程及社会价值,后附三轮执斋的《四言教讲义》和江户时期儒学家三重松庵(1674—1734)的《王学名义》。《王阳明(上)》是《传习录》全译本,其中,安冈正笃负责翻译语录部分,中田胜负责语录阐释部分。另外,注释内容源自中田胜的《传习录诸注集成》,由柳町达也负责选取和补充。

1973 年,安冈正笃选取了 40 余条语录进行主旨命名并翻译,出版了另外一个《传习录》译本。此译本不是全译本,有简单的译者说明与注释,专为青年学生所编写。安冈正笃在"解説"中详细地阐述了王阳明的个人经历、王阳明与门生的教学互动以及《传习录》的编纂过程,最后还附上了参考书目。安冈正笃在后记中解释自己事务繁忙,故校对交由当时担任全国师友协会事务局局长的山口胜朗(1922—)完成。山口胜朗现担任安冈正笃纪念馆理事、安冈正笃讲话选集刊行委员会委员。

(三)山下龙二之《传习录》

山下龙二,东京人。1947 年毕业于东京帝国大学文学部,名古屋大学教授。山下龙二著有《阳明学研究》两册(1971)、《朱子学和反朱子学——日本的朱子学批判》(1991)、《阳明学的终焉》(1991)等。

1972 年,山下龙二以《王文成公全书》为底本翻译《传习录》,并与《礼记》《近思录》等中国古典著作合为一册,被收录于"世界教育宝典"之《中国教育宝典·下》,由玉川大学出版部出版。玉川大学出版部与玉川学园于1929 年同年创立,玉川学园的创立者小原国芳(1887—1977)倡导"全人教育",其出版社也主要以介绍新教育运动和欧美最新教育思想的书籍为主。该出版社在 1932 年发布了面向儿童的百科全书《儿童百科大辞典》(全 30 卷),此乃日本首发。其后,以普及人性教育为宗旨,组织出版"世界教育宝典",主要收录日本、中国及西方有关人性德行和教育素质培养方面的著述。

在《中国教育宝典·下》一书中,山下龙二简要介绍了《传习录》的构成以及王阳明的生平事迹,选译了《传习录》的主要语录。他评价说,《训蒙大意》在王阳明的教育论中是极为重要的内容,体现了王阳明作为教育家提倡因材施教、量力而行的先进教学理念,值得着重学习。

(四)岛田虔次之《王阳明集》

岛田虔次(1917—2000),广岛县三次人,京都大学名誉教授。他将思想史研究运用于日本的中国史学研究之中,为中国明清思想史、朱子学史、阳明学史等相关研究提供了崭新的研究方法。著有《中国近代思维挫折》(1949)、《中国革命的先驱们》(1965)、《朱子学与阳明学》(1967)、《关于新儒学哲学——熊十力哲学》(1987)、《中国的传统思想》(2001)和《中国思想史研究》(2002)等。

1975 年,岛田虔次所著的《王阳明集》被收录于"中国文明选"第 6 卷,由朝日新闻社组织出版发行。

(五)荒木见悟之《传习录索引》

荒木见悟,广岛县佐伯郡人,九州帝国大学法文学部毕业,九州大学文学部教授,以研究儒教见长,侧重于阳明学和佛教的关系研究。主要著作有《佛教和儒教》(1963)、《明代思想研究》(1972)、《佛教与阳明学》(1979)、《明末宗教思想研究》(1979)、《阳明学的发展与佛教》(1984)、《阳明学的位相》(1992)、《阳明学和佛教心学》(2008)等。

1977 年,以荒木见悟为主导,九州大学中国哲学研究室编纂《传习录索引》出版。该书以"汉文大系"的《传习录》为底本,整理语录中的重要字词句,按照笔画顺序进行排列,方便阳明学研究者迅速找到《传习录》相关内容。1994 年,该书由研文出版社再次出版。

第四节　20 世纪 80 年代后《传习录》日译发展趋于稳定

继 20 世纪 70 年代阳明学研究的高峰后,20 世纪 80 年代的《传习录》日译与阳明学研究进入了稳定发展阶段,其间共有 5 个译本,即 1983 年大西晴隆(1924—)和中田胜的《王阳明全集》第 1 卷《语录》,1985 年守屋洋(1932—)的《新释传习录:现代"阳明学"入门》,1988 年洪樵榕(1922—2012)的《传习录新讲》、1988 年吉田公平(1942—)的《传习录》和《传习录:"阳明学"的真髓》。这 5 个译本各有侧重和特色,故本书将逐一介绍。

一、大西晴隆、中田胜之《语录》

(一)大西晴隆、中田胜其人

大西晴隆,出生于大阪府茨木市,专攻中国哲学、阳明学,京都大学文学部毕业,奈良大学名誉教授。著有《人类的知识遗产 25:王阳明》(1979)、《丛书·日本思想家 44》(1987),发表论文《对阳明"心即理"的考察》(1953)和《宋子伦理》(1982)等。另外,发表《对〈传习录〉的若干补注》3 篇,对《传习录》中注释不详的人物如"国英",地名如"南镇",字词如"也罢"进行了补充说明。

关于中田胜在本章第三节已有介绍,此处不再赘言。

(二)《语录》的构成介绍

《王阳明全集》总计 10 卷,由安冈正笃主编完成,译者包括近藤康信、冈田武彦、吉田公平和福田殖(1933—2016)等多位知名的阳明学研究者。其具体构成内容如下:

第1卷 语录 卷1～3。收录《传习录》和《朱子晚年定论》。

第2卷 文录 卷4～8。收录王阳明给友人和弟子们的书信和论说等157篇文集。

第3卷 奏疏(上) 卷9～11。收录公移以及镇压反叛时的上奏文书36篇。

第4卷 奏疏(下) 卷12～15。收录王阳明晚年最关心政治时期的上奏文书47篇。

第5卷 公移 卷16～18。收录平定宁王宸濠之乱和恩田叛贼时的公文150篇。

第6卷 诗 卷19～20。收录阳明诗赋560余首。

第7卷 外集 卷21～25。收录王阳明死后,遗漏的书信、论说以及祭文等。

第8卷 续篇 卷26～31。收录《外集》以外的以及诗赋、公移中遗漏的内容。

第9卷 年谱 卷32～36。收录钱德洪和王畿按年代顺序编纂的王阳明全部事迹。

第20卷 世德纪 卷37～38。收录王阳明之子王正亿的珍贵记录。

大西晴隆和中田胜负责翻译《王阳明全集》第1卷,即《传习录》。封面为"王阳明全集第一卷 语录""明德出版社",扉页题"创立三十周年纪念出版/监修安冈正笃",次为"新建侯文成王公小像"(见图5-12)。

后为王阳明门人王畿、邹守益(1491—1562)、钱德洪、侄子王正思和侄子王正愚撰写的"阳明形象"语录,后有日文译文,这些"阳明形象"语录在其他日译本中未曾看到,非常珍贵(见图5-13)。

《王阳明全集》第1卷《语录》以四部丛刊的《王文成公全书》卷1到卷3为底本,该书由"解说"和"本文"构成,"解说"由大西晴隆执笔。"解说"包括

图 5-12　大西晴隆、中田胜之《语录》封面及扉页

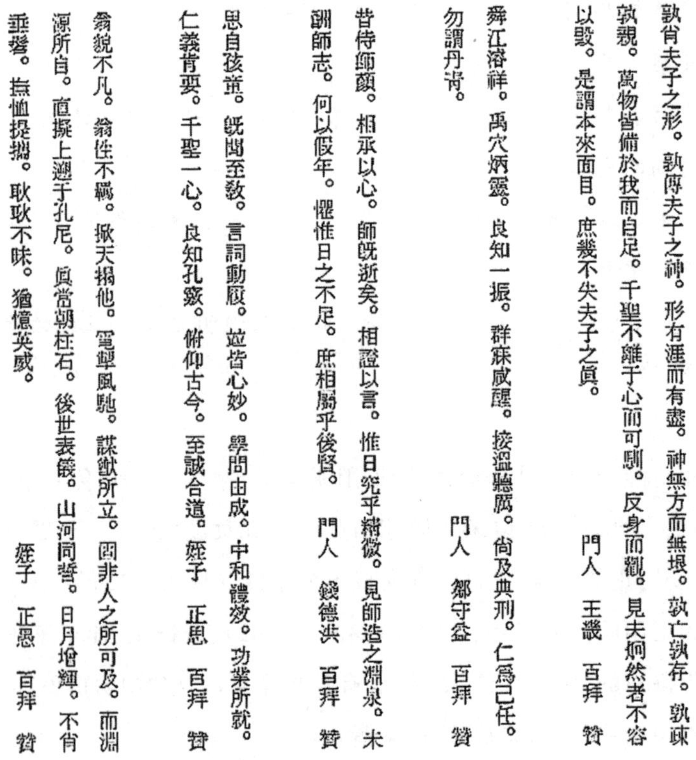

執肖夫子之形。執傳夫子之神。形有遷而有盡。神無方而無垠。執亡執存。執疎執親。萬物皆備於我而自足。千聖不離于心而可則。反身而觀。見夫炯然者不容以毀。是謂本來面目。庶幾不失夫子之眞。

門人　王畿　百拜　贊

舜江溶祥。禹穴炳靈。良知一振。群寐咸醒。接温聽膹。尚及典刑。仁爲己任。

門人　鄒守益　百拜　贊

昔侍師顏。相承以心。師旣逝矣。相證以言。惟日究乎精微。見師造之淵泉。未覩師志。何以假年。愾惟日之不足。庶相屬乎後賢。

門人　錢德洪　百拜　贊

思自孩提。旣聞至敎。言詞勳廎。竝皆心妙。學問由成。中和體效。功業所就。

仁義肯綮。千聖一心。良知孔竅。俯仰古今。至誠合道。

姪子　正思　百拜　贊

翁貌不凡。翁性不羈。掀天揭他。電轟風馳。謀猷所立。固非人之所可及。而淵源所自。直擬上邁于孔尼。眞常朝柱石。後世表儀。山河同誓。日月增輝。不肖垂譽。焉值提撕。耿耿不昧。猶憶英威。

姪子　正愚　百拜　贊

图 5-13　大西晴隆、中田胜之《语录》中的"阳明形象"语录

"良知哲学的生成"的阐释以及《王文成公全书》《传习录》《朱子晚年定论》的刊行过程介绍。"本文"译注由中田胜负责。"本文"包括《王文成公全书序》、《诰命》、多个《旧序》的译文和《传习录》的译文。《旧序》收录徐爱的《传习录序》、邹守益的《阳明先生文录序》、钱德洪的《阳明先生文录》、王畿的《重录阳明先生文录后语》和徐阶(1503—1583)的《阳明先生文录续篇序》。这些序文对日本读者理解王阳明人物形象及《传习录》《阳明先生文录》的思想价值极有裨益。

（三）大西晴隆的"良知"论

大西晴隆就"良知哲学的生成"这一主题展开重点阐述。大西晴隆首先详述了良知思想的产生过程，认为"知行合一""心即理"是有关心灵本来状态的命题，而"致良知"是抓取了作为本来状态的良知，使之成为现实状态的方法论。

良知之说发端于《孟子·尽心上》，"人之所不学而能者，其良能也；所不虑而知者，其良知也。孩提之童无不知爱其亲者，及其长也，无不知敬其兄也"①。朱熹指出，良知乃是本然之善，也就是说，良知是原本就具备的最为优越的道德价值判断力与规范定力。王阳明提及良知时，便暗含着良能之意，这在知行合一之说中体现得尤为明显，王阳明将良知归为《孟子·公孙丑上》中"四端"说的"是非之心"以及《大学》中的"好恶"，认为"良知只是个是非之心，是非只是个好恶，只好恶就尽了是非，只是非就尽了万事万变"②。道德的最高原理能够还原成极为平常的道理，如同"如好好色，如恶恶臭"③一样，体现了阳明学具有普通民众皆能接纳的简易特性。大西晴隆觉得，主观恣意的是非好恶就如同《首楞严经》里的"认贼为子"，是极其危险

①　孟子:《孟子》,万丽华,蓝旭译注,中华书局 2007 年版,第 295 页。

②　王守仁:《王阳明全集(新编本)》第一册,吴光,钱明,董平,姚延福编校,浙江古籍出版社 2010 年版,第 121 页。

③　王守仁:《王阳明全集(新编本)》第一册,吴光,钱明,董平,姚延福编校,浙江古籍出版社 2010 年版,第 32 页。

的，不能当作道德原理，所以王阳明要求"公是非，同好恶"①的真切功夫，原因就在于此。

朱子认为事事物物的定理乃是外在的、固定不变的，此定理系思辨抽象之产物，然而王阳明却觉得这种定理是"死格"。良知作为对各种变化状况的回应，能够确立起无穷的理，恰似依据规矩能够创造出无数的圆那般。"是非两字，是个大规矩"②，游离于状况之外、由读书穷理所引发的定理，反倒会成为这规矩功能的阻碍。由良知所产生的定理，绝非指超越经验的直观且神秘的作用，而是会针对具体状况作出回应的定理，"见父自然知孝，见兄自然知弟，见孺子入井自然知恻隐，此便是良知，不假外求"③所表达的正是这个意思，不存在脱离具体情形的定理。良知作为对具体状况的回应，在直观确立道理的同时，又以道理规约意志，催生意情意性的冲动力，推动实践，故而知行合一正源于此。良知不单是内在的道德准则，更是宇宙万物存在的依据，王阳明觉得良知是"造化的精灵。这些精灵，生天生地，成鬼成帝，皆从此出"④，"可知充天塞地中间，只有这个灵明"⑤，因此作为生成万物的"造化精灵"的良知本体，乃是充天塞地中间的灵明，是绝对活动的直觉本源的宇宙生命。

万物以宇宙生命为存在之依据，便形成了万物一体的"仁"，即所谓的"开放的道德"。良知原本是完完整整、众生皆具的，但作为道德准则，良知在能否发挥作用这一方面，却呈现出无尽的差别，圣愚之隔也由此显而易

<hr>

① 王守仁:《王阳明全集(新编本)》第一册,吴光,钱明,董平,姚延福编校,浙江古籍出版社2010年版,第86页。
② 王守仁:《王阳明全集(新编本)》第一册,吴光,钱明,董平,姚延福编校,浙江古籍出版社2010年版,第121页。
③ 王守仁:《王阳明全集(新编本)》第一册,吴光,钱明,董平,姚延福编校,浙江古籍出版社2010年版,第7页。
④ 王守仁:《王阳明全集(新编本)》第一册,吴光,钱明,董平,姚延福编校,浙江古籍出版社2010年版,第115页。
⑤ 王守仁:《王阳明全集(新编本)》第一册,吴光,钱明,董平,姚延福编校,浙江古籍出版社2010年版,第136页。

见。另外，王阳明所理解的"致良知以格物，格物以致其良知也"①中的"致良知"与"格物"，并非单方面的先后关系，而是相互为媒介的无限循环。经由这个循环过程，良知便会无限地展露其原本的功能。

大西晴隆从辩证的视角探讨了良知的本体性、表象以及良知的可变性，认定"良知哲学"乃是阳明思想的核心所在。并且，大西晴隆在阐释的过程当中，运用了《孟子》《阳明先生行状》《年谱》《王龙溪先生全集》《南史》《戒庵老人漫笔》以及《首楞严经》等相关内容，足见其深厚的汉学功底与哲学素养。

（四）《语录》的译介特点

《语录》是《传习录》全译本。中田胜原计划将《传习录》译成现代文，但考虑到《王阳明全集》文体的统一性，故改为汉文训读译文。试举例说明语录特点（见图 5-14）。

原文：

> 爱问："'道心常为一身之主，而人心每听命'。以先生'精一'之训推之，此语似有弊。"先生曰："然。心一也，未杂于人谓之道心，杂以人伪谓之人心。人心之得其正者即道心，道心之失其正者即人心，初非有二心也。程子谓'人心即人欲，道心即天理'，语若分析而意实得之。今曰'道心为主，而人心听命'，是二心也。天理、人欲不并立，安有天理为主，人欲又从而听命者？"②

译文：

> 爱問ふ、「『道心常に一身の主となりて、人心每に命を聴く』と。先生の精一の訓を以てこれを推すに、この語は弊あるに似たり」。先生曰く、「然り、心は一なり。未だ人を雑へざるとき、こ

---

① 王守仁：《王阳明全集（新编本）》第一册，吴光、钱明、董平、姚延福编校，浙江古籍出版社2010 年版，第 283 页。

② 王守仁：《王阳明全集（新编本）》第一册，吴光、钱明、董平、姚延福编校，浙江古籍出版社2010 年版，第 7-8 页。

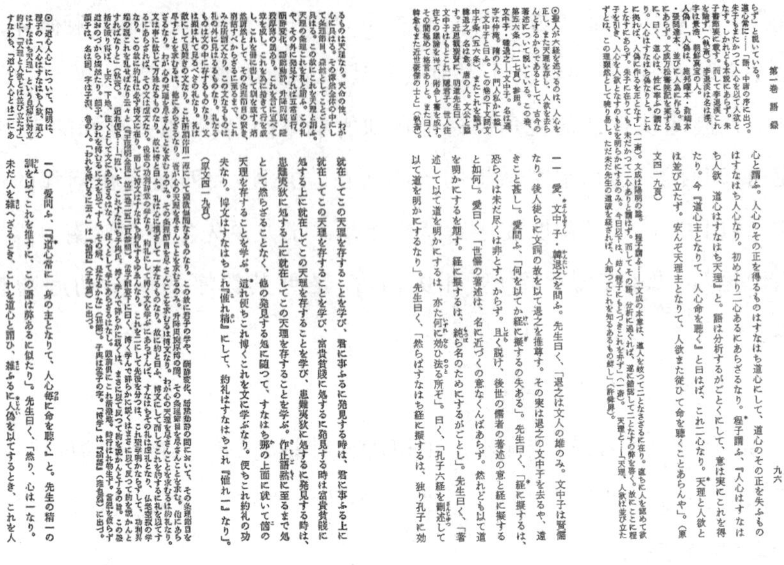

图 5-14　大西晴隆、中田胜之《语录》语录示例

れを道心と謂ひ、雑ふるに人偽を以てするとき、これを人心と謂
ふ。人心のその正を得るものはすなはち道心にして、道心のそ
の正を失ふものはすなはち人心なり。初めより二心あるにあら
ざるなり。程子謂ふ、『人心はすなはち人欲、道心はすなはち天
理』と。語は分析するがごとくにして、意は実にこれを得たり。
今『道心主となりて、人心命を聴く』と曰はば、これ二心なり。天
理と人欲とは並び立たず。安んぞ天理主となりて、人欲また従
ひて命を聴くことあらんや」。①

《语录》译文因为采用汉文训读翻译，故词汇和句式均未使用现代口语
体表达方式。如单词"问う""すなわち"使用古文形式"问ふ""すなはち"，

---

① 大西晴隆、中田勝：『語録』，明徳出版社 1983 年、第 95-96 頁。

句子如"この語は弊あるに似たり""初めより二心あるにあらざるなり"
"今『道心主となりて、人心命を聴く』と曰はば""人欲また従ひて命を聴く
ことあらんや"中的"似たり""あらざるなり""曰はば""あらんや"等表达
方式也具有明显的近代文言文文体特征。

　　注释采用"頭注"形式。中田胜以自己 1972 年的《传习录诸注集成》为
基础进行注释，并参考东敬治的《传习录讲义》、春日潜庵（1811—1876）的
《阳明学真髓》、宫内默藏的《传习录讲义》、山田准的《阳明学精义》及《传习
录》等。如图 5-14 所示，该语录共有 5 条注释。第 1 条关于"道心人心"，中
田胜注释说，王阳明与程子"人心即人欲，道心即天理"的观点相对立，提出
"天理、人欲并不立"，也就是认为"道心人心非二物"。第 2 条关于"道心常
为一身之主，而人心每听命"，中田胜引用三轮执斋的注释，三轮执斋在《标
注传习录》中标注"语出于《中庸》序，朱子亦尝以人心为人欲，然非本说，载
朱子书节要，而李退溪论之"①，中田胜补充说明"李退溪名滉，字景浩，朝鲜
真宝人"。第 3 条关于"人伪谓之人心"，中田胜引用佐藤一斋的注释，补充
"文成是王阳明的谥号"。第 4 条关于"程子谓"，中田胜仅引用佐藤一斋的
注释，未作个人补充。第 5 条关于"天理人欲不并立"，中田胜引用了许舜屏
的评注。由此可见，中田胜的注释十分详尽。他不仅在注释中广泛援引各
种资料，而且还会增添"新注"，融入自己的分析与考察。

　　（五）《王阳明全集》的社会评价

　　《王阳明全集》是明德出版社为纪念创社 30 周年而启动的重大翻译项
目。明德出版社是在安冈正笃主导下于 1954 年创立的出版社，自创社以
来，主要发行以儒学为核心的东洋思想学问书籍，出版了《王阳明全集》等中
国儒学典籍以及《冈田武彦全集》等日本学者的作品。

　　《王阳明全集》共 10 卷，从 1982 年开始，到 1987 年完成，完整收录《传
习录》以及王阳明给友人和弟子们的书信、论说、上奏文书和诗歌等。作为

---

　　①　三輪執斎：『標注伝習録』上、積玉圃 1712 年、第 14 頁。

第一个也是目前唯一一个完整的《王文成公全书》日译本,《王阳明全集》为日本社会正确完整地认识中国的王阳明及王阳明思想提供了最翔实的译本资料,对开展阳明学研究具有十分重要的开创意义和研究价值。

二、守屋洋之《新释传习录：现代"阳明学"入门》

守屋洋,出生于宫城县气仙沼市,专攻中国文学研究,精于翻译中国古典著作,译著包括《战国策》(1964)、《史记》(1972)、《贞观时政》(1975)、《新释传习录：现代"阳明学"入门》(1985)、《呻吟语》(1987)、《商君书》(1995)等。

1985 年,守屋洋著《新释传习录：现代"阳明学"入门》,由 PHP 研究所出版。该书由"前書き"和"本题"构成。

"前書き"介绍了王阳明思想产生的社会背景,阐述了王阳明的生平事迹以及《传习录》的具体构成。在"前書き"中,守屋洋认为朱子学打破了过去陷于训诂注释的儒学面貌,给中国儒学注入新气息,创立了一个宏大的哲学体系,朱子学明显倾向于"主知主义"①,主张居敬穷理。随着时间的流逝,朱子学到了明代也陷入烦琐的形式主义,失去了思想的活力。王阳明创立的阳明学就是在对朱子学的批判中兴起的,阳明学重视个体的主体性,强调个人能力,推崇主观能动性和行动的必要性,强调真知一定与行动相结合,而且阳明学的方法论始终是动态的,是要求通过"事上磨炼"和"省察克治"再走向社会实践,符合时代发展要求,在当时极具吸引力与生命力。

"本题"是《传习录》译文。守屋洋翻译了《传习录》上卷 27 个语录、中卷 11 个语录和下卷 55 个语录。《新释传习录：现代"阳明学"入门》不是全译本,守屋洋选取了能够直接指导日本当代社会的语录内容,期望通过重新诠释这些语录,使阳明思想能够成为日本现代社会生活的行动指南。

与其他译本相比,守屋洋在语录摘选上的最大特点是对"拔本塞源"和

---

① 主知主义是指在认识论中,相对于感觉主义和经验主义,站在主张真理可以通过理性获得的合理主义立场。

"万物一体之仁"两个阳明思想进行了归类阐述。拔本塞源指的是拔除树木的根、堵住水流的源头,比喻防患除害要从最根本处下手,就阳明学的"致良知"来说,就是"克其私,去其蔽"①。

守屋洋选取与"拔本塞源"相关的 5 个语录进行翻译,并根据中心思想将这些语录命名为「ポイントは「抜本塞源」」(要点是"拔本塞源")、"心の本体は同じである"(心之本体是一样的)、"心の本体に返るのが真の学問"(回归心之本体才是真正的学问)、"覇道が人心の荒廃を招いた"(霸道导致人心荒废)、"功利の学問を退けるために"(为了摒弃功利的学问)。本书以"拔本塞源"的第 1 条语录"ポイントは「抜本塞源」"为例进行考察(见图 5-15)。

原文:

夫"拔本塞源"之论不明于天下,则天下之学圣人者将日繁日难,斯人沦于禽兽夷狄,而犹自以为圣人之学。吾之说虽或暂明于一时,终将冻解于西而冰坚于东,雾释于前而云滃于后,呶呶焉危困以死,而卒无救于天下之分毫也已!②

现代口语体译文:

そもそも「抜本塞源」の論が天下に明らかにならないかぎり、聖人の学問を学ぼうとする者にとっては、いよいよわけがわからなくなり、果ては禽獣や夷狄の道におちいりながら、自分ではこれが聖人の学問だと錯覚するようになります。わたしの説にしても、一時は世に知られるようになったとしても、結局は西に氷が解ければ東に凍り、前に霧が消えれば後ろを雲がおおいかくすといったぐあいに、非難の嵐のなかで命脈を絶たれ、少しも世に益することなく終わってしまうでしょう。③

---

① ② 王守仁:《王阳明全集(新编本)》第一册,吴光、钱明、董平、姚延福编校,浙江古籍出版社 2010 年版,第 59 页。

③ 守屋洋:『新釈伝習録:現代「陽明学」入門』、PHP 研究所 1985 年、第 90 頁。

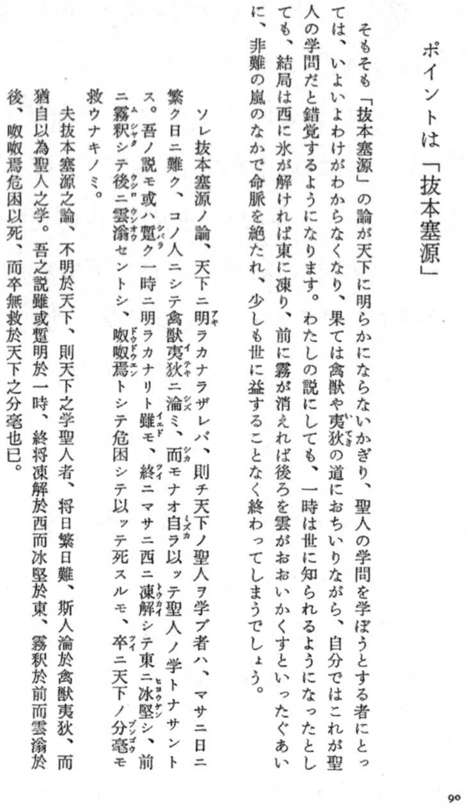

ポイントは「抜本塞源」

そもそも「抜本塞源」の論が天下に明らかにならないかぎり、聖人の学問を学ぼうとする者にとっては、いよいよわけがわからなくなり、果ては禽獣や夷狄の道におちいりながら、自分ではこれが聖人の学問だと錯覚するようになります。わたしの説にしても、一時は世に知られるようになったとしても、結局は西に氷が解ければ東に凍り、前に霧が消えれば後ろを雲がおおいかくすといったぐあいに、非難の嵐のなかで命脈を絶たれ、少しも世に益することなく終わってしまうでしょう。

ソレ抜本塞源ノ論、天下ニ明ラカナラザレバ、則チ天下ノ聖人ヲ学ブ者ハ、マサニ日ニ繁ク日ニ難ク、コノ人ニシテ禽獣夷狄ニ淪ミ、而モナオ自ラ以ッテ聖人ノ学トナサントス。吾ノ説モ或ハ蹔ク一時ニ明ラカナリト雖モ、終ニマサニ西ニ凍解シテ東ニ冰堅シ、前ニ霧釈シテ後ニ雲瀚セントシ、呶呶焉トシテ危困シテ以ッテ死スルモ、卒ニ天下ノ分毫モ救ウナキノミ。

夫抜本塞源之論、不明於天下、則天下之学聖人者、将日繁日難、斯人淪於禽獣夷狄、而猶自以為聖人之学。吾之説雖或蹔明於一時、終将凍解於西而冰堅於東、霧釈於前而雲瀚於後、呶呶焉危困以死、而卒無救於天下之分毫也已。

90

图 5-15　守屋洋之《新释传习录：现代"阳明学"入门》语录示例

汉文训读译文：

ソレ抜本塞源ノ論、天下ニ明ラカナラザレバ、則チ天下ノ聖人ヲ学ブ者ハ、マサニ日ニ繁ク日ニ難ク、コノ人ニシテ禽獣夷狄ニ淪ミ、而モナオ自ラ以ッテ聖人ノ学トナサントス。吾ノ説モ或ハ蹔ク一時ニ明ラカナリト雖モ、終ニマサニ西ニ凍解シテ東ニ冰堅シ、前ニ霧釈シテ後ニ雲瀚セントシ、呶呶焉トシテ危困シテ以ッテ死スルモ、卒ニ天下ノ分毫モ救ウナキノミ。①

　　守屋洋译本有现代口语体译文、汉文训读译文和汉文原文。其中,汉文训读译文采用的是"片假名＋汉字"(カタカナ＋漢字)的表记形式。这种表记方式在明治时期及大正初期仍较为流行,例如1913年安井小太郎点校的《传习录》"欄外書"部分就采用了这种方式(见图4-2),但这种方式在当代文章中其实非常少见。

　　守屋洋于文中阐释说,王阳明将"拔本塞源"当作破除错误学问观的方法论来运用,并觉得学问与修行的目标在于挖掘内在的良知,"拔本塞源"蕴含着王阳明思想中打破既有状态的强烈气魄。守屋洋认为,在当今日本社会,人们读书做学问已然丧失了这样的目标,变得趋于功利,仅一味地追求繁杂的知识,故而要矫正这种时风,就必定要有"拔本塞源"的气魄,方可断绝恶之根源。

　　守屋洋进一步阐释说,王阳明主张"所幸天理之在人心,终有所不可泯,而良知之明,万古一日,则其闻吾'拔本塞源'之论,必有恻然而悲,戚然而痛,愤然而起,沛然若决江河而有所不可御者矣"②。王阳明的"拔本塞源"论是将良知从最初的道德起点拓展至天地万物,让人们意识到自身在宇宙中的责任,明白人类发展与自然休戚相关、一体同源,唯有如此,方能达成"万物一体之仁"的辩证统一。

三、洪樵榕之《传习录新讲》

(一)洪樵榕其人

　　洪樵榕,中国台湾南投县人,曾就读于东京府立第四中学校、二松学舍及东京高等师范学校,后担任第三和第四届南投县县长。洪樵榕师从二松

---

①　守屋洋:『新釈伝習録:現代「陽明学」入門』、PHP研究所1985年、第90頁。
②　王守仁:《王阳明全集(新编本)》第一册,吴光,钱明,董平,姚延福编校,浙江古籍出版社2010年版,第62页。

学舍校长山田准,主要研究中国先秦时期的政治思想和王阳明哲学思想。

截至目前的所有日译本里,唯有洪樵榕以非日本本国学者的身份翻译了《传习录》,其翻译的契机源自当时二松学舍大学理事长浦野匡彦(1910—1986)的期望。浦野匡彦认为,日本现有的《传习录》日译本在训读译文和语录解说方面,与汉文原文存在语感上的差异。洪樵榕是一位在中国的古文、现代文,以及日语的文言文、现代口语体文这4个方面有深厚造诣的阳明学者,浦野匡彦期盼他能够梳理各国阳明学者的学说,重新整理并阐释阳明思想。正因如此,洪樵榕历经4年多的不懈努力,于1988年完成了这部《传习录新讲》,并由二松学舍大学出版部出版发行。

(二)《传习录新讲》的构成介绍

《传习录新讲》扉页为王阳明像(见图5-16),次为王阳明手书的《何陋轩记》。

图 5-16　洪樵榕之《传习录新讲》王阳明像

二松学舍大学教授石川梅次郎（1909—?）为该书撰写了序言。石川梅次郎曾翻译陈荣捷的英语论文《欧美的阳明学》，将英语世界中阳明学的最新研究成果引入到了日本。

洪樵榕在《传习录新讲》中简要介绍了《传习录》构成、王阳明生平及阳明思想，逐一阐释"心即理""良知""知行合一""致良知""诚意""慎读""立志""事上磨炼"的内容，认为上述内容为阳明思想之主体，并细致梳理了中日两国关于《传习录》的评注和翻译情况。

在日本，《传习录》的学习是从训读开始的，通过加上训点来阅读中国典籍的方法早已被日本上层社会熟练掌握。随着时代的变迁，日本语言和传统习惯的变化一直影响着汉文训读的变化。同样是中国典籍，《论语》《大学》的古文训读方式与到了明代的《传习录》的近世训读方式也是不一样的，故如何准确翻译接近近世的具有语录体特征的《传习录》是个难题。洪樵榕作为一位在中日古文、现代文方面皆表现精湛，且汉文学和阳明学功底深厚的学者，以日本的近世训读方式和现代口语体方式这两种方式，成功地翻译了中国明代口语体的《传习录》。

洪樵榕还用较大篇幅，撰写了《传习录中的训读》（见图5-17），具体说明了中国近世文章的日文训读处理原则，整理对照了《传习录》字句在古文训读和近世训读中的不同表达方式。《传习录中的训读》乃是该译本的一大突出亮点，无论是对于日语母语者，还是对于学习日语的外国学习者而言，在理解汉文训读方面都很有帮助。

（三）《传习录新讲》的译介特点

《传习录新讲》不是全译本，洪樵榕完整翻译了《传习录》上卷，又摘译了能补充完善阳明思想的中下卷部分语录，共计129条。

《传习录新讲》每个语录有"訓読""通釈"和"学説及語釈"。"訓読"是近世的训读译文，"通釈"是现代口语体译文，"学説及語釈"则主要是词汇解释和学说解析，学说解析广泛参考了中日两国学者的多个评注本，也加入了许多译者本身的解读。以书中第82条语录为例进行考察（见图5-18）。

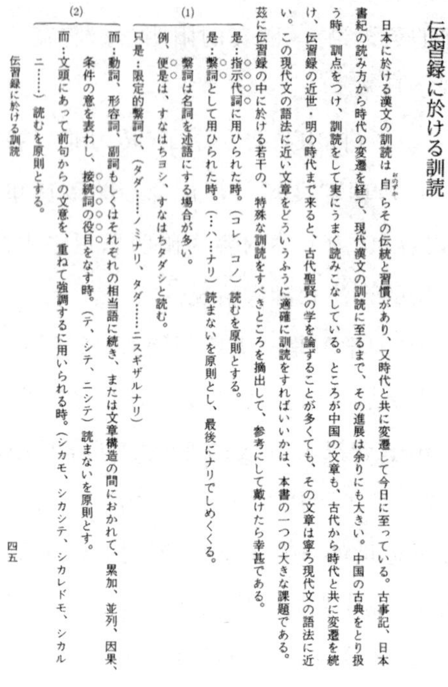

伝習録に於ける訓読

日本に於ける漢文の訓読は自らその伝統と習慣があり、又時代と共に変遷して今日に至っている。古事記、日本書紀の読み方から時代の変遷を経て、現代漢文の訓読に至るまで、その進展は余りにも大きい。中国の古典をとり扱う時、訓点をつけ、訓読をして実にうまく読みこなしている。ところが中国の文章も、古代から時代と共に変遷を続け、伝習録の近世・明の時代まで来ると、古代聖賢の学を論ずることが多くても、その文章は寧ろ現代文の語法に近い。この現代文の語法に近い文章をどういうふうに適確に訓読をすればいいかは、本書の一つの大きな課題である。茲に伝習録の中に於ける若干の、特殊な訓読をすべきところを摘出して、参考にして戴けたら幸甚である。

(1)

是：指示代詞に用ひられた時。（コレ、コノ）読むを原則とする。

是：繫詞として用ひられた時。（…ハ…ナリ）読まないを原則とし、最後にナリでしめくくる。

繫詞は名詞を述語にする場合が多い。

例、便是は、すなはちヨシ、すなはちタダシと読む。

只是：限定的繫詞で、（タダ……ノミナリ、タダ……ニスギザルナリ）

(2)

而：動詞、形容詞、副詞もしくはそれぞれの相当語に続き、または文章構造の間におかれて、累加、並列、因果、条件の意を表わし、接続詞の役目をなす時。（テ、シテ、ニシテ）読まないを原則とす。

而：文頭にあって前句からの文意を、重ねて強調するに用いられる時。（シカモ、シカシテ、シカレドモ、シカルニ……）読むを原則とする。

伝習録に於ける訓読　四五

A

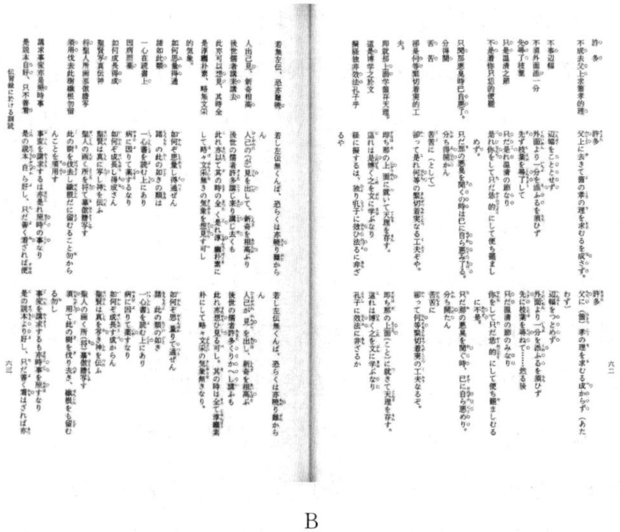

B

图 5-17　洪樵榕之《传习录新讲》中的《传习录中的训读》

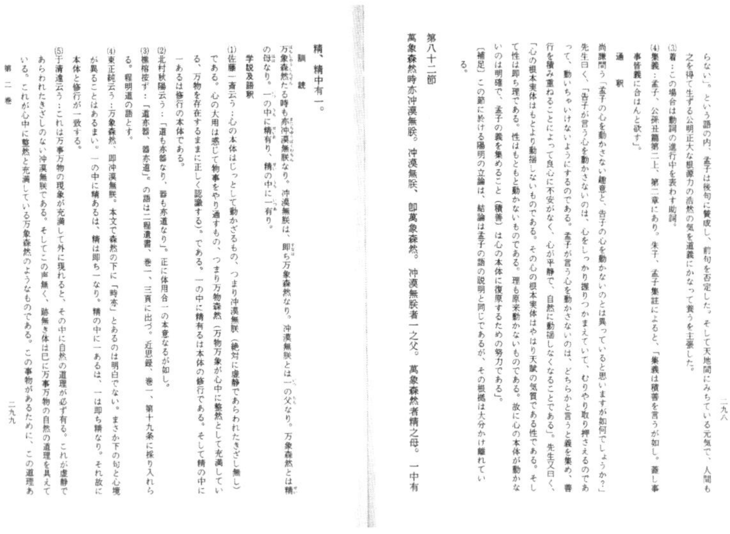

第八十二節

萬象森然時亦沖漠無朕。沖漠無朕。即萬象森然。沖漠無朕者一之父。萬象森然者精之母。一中有

精，精中有一。

A

第八十三節

心外無物。如吾心發一念孝親。即孝親便是物。

第八十四節

先生曰。「今為吾所謂格物之事。尚多流於口耳。况為口耳之學者。能反於此乎。天理人欲。其精微必時用力省察克治。方日漸有見。如今一說話之間。雖口講天理。不知心中倏忽之間。已有多

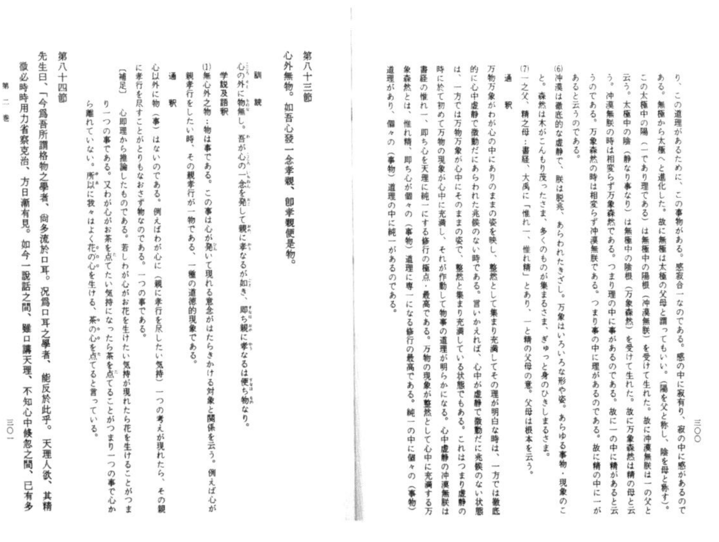

B

图 5-18　洪樵榕之《传习录新讲》语录示例

原文：

"万象森然"时，亦冲漠无朕；冲漠无朕，即万象森然。冲漠无朕者一之父，万象森然者精之母。一中有精；精中有一。①

近世训读译文：

万象森然たる時も亦沖漠無朕なり。沖漠無朕は、即ち万象森然なり。沖漠無朕とは一の父なり。万象森然とは精の母なり。一の中に精有り、精の中に一有り。②

现代口语体译文：

万物万象がわが心の中にありのままの姿を映し、整然として集まり充満してその理が明白な時は、一方では徹底的に心中虚静で微動だにあらわれた兆候のない時である。言いかえれば、心中が虚静で微動だに兆候のない状態は、一方では万物万象が心中にそのままの姿で、整然と集まり充満している状態でもある。これはつまり虚静の時に於て初めて万物の現象が心中に充満し、それが作動して物事の道理が明らかになる。心中虚静の沖漠無朕は書経の惟れ一、即ち心を天理に純一にする修行の極点・最高である。万物の現象が整然として心中に充満する万象森然とは、惟れ精、即ち心が個々の（事物）道理に専一になる修行の最高である。純一の中に個々の（事物）道理があり、個々の（事物）道理の中に純一があるのである。③

两相比较，洪樵榕的近世训读译文，体现了明代口语体《传习录》的日语近世训读表达方式，而现代口语体方式的译文更加贴近现代读者的阅读习

---

① 王守仁：《王阳明全集（新编本）》第一册，吴光，钱明，董平，姚延福编校，浙江古籍出版社2010 年版，第 27 页。

② 洪樵榕：『伝習録新講』，二松学舎大学出版部 1988 年、第 299 頁。

③ 洪樵榕：『伝習録新講』，二松学舎大学出版部 1988 年、第 300 頁。

惯,易于理解。这两种翻译方式的并行运用,不仅展现了洪樵榕对中日文化的深刻理解与精准把握,也为《传习录》在日本的传播与接受开辟了新的路径。洪樵榕在该语录的现代口语体翻译过程中,不仅精准捕捉了"万象森然""冲漠无朕"等深奥概念的精髓,还巧妙地通过扩充翻译的手法,对"一""精""一中有精""精中有一"等复杂术语进行了深入浅出的阐释,使得这些原本晦涩难懂的概念变得清晰易懂,展现了他深厚的学术功底和精湛的翻译技巧。

不仅如此,洪樵榕还对这一语录作了 7 条注释,援引了佐藤一斋、吉村秋阳、东沢潟及于清远的注评。佐藤一斋认为"冲漠无朕"是指心的本体是静止不动的,"万物森然"是指万物万象在世界上都是有秩序的存在,能够正确认识万物的存在,依照内心做事,"一中有精"是本体的修行,"精中有一"是修行的本体。洪樵榕在这个注释中补充了吉村秋阳①的道器合一观点。东沢潟认为"万象森然"即冲漠无朕,一中有精,精即一,精中有一,一即精,因此本体和修行是一致的。于清远认为"冲漠无朕是事物,万象森然是道理",两者结合则为感寂合一,感中有寂,寂中有感,从无极进化成了太极,所以可以说无极是太极的父母(阳为父,阴为母),太极中的阳(是一也是理)是受到无极中的阳根(冲漠无朕)而生的,故"冲漠无朕"是"一之父";太极中的阴(是静也是事)受到无极中的阴根而生的,故"万象森然"谓"精之母"。此外,洪樵榕自己也对"道亦器,器亦道"的引文出处及"冲漠""一之父""精之母"的意义进行了补充解说。

四、吉田公平之《传习录》2 个译本

(一)吉田公平其人

吉田公平,出生于宫城县岩沼市,专攻中国哲学、阳明学、日本近世思想

---

① 经核对,洪樵榕误将吉村秋阳写成北村秋阳,原文见吉村秋阳的《王学提纲》,川胜鸿宝堂 1861 年版,第 13 页。

史，东北大学文学博士，曾担任广岛大学文学部教授、东洋大学教授，退休后担任东洋大学名誉教授。吉田公平在东北大学的博士论文是《陆象山与王阳明》，自此以后他一直致力于东亚思想的学术研究，著作包括《王阳明全集》第 8 卷《续编》（1984）、《在日本的阳明学》（1999）、《日本近世的心学思想》（2013）和《来自阳明学的信息》（2013）等。

1988 年，吉田公平出版《传习录》（角川书店）和《传习录："阳明学"的真髓》（讲谈社）二书（见图 5-19）。

图 5-19　吉田公平之《传习录》和《传习录："阳明学"的真髓》封面

（二）吉田公平之《传习录》

1988 年，吉田公平著《传习录》，被收录于角川书店组织出版的"鉴赏中国的古典"第 10 卷。2013 年，讲谈社学术文库将《传习录》更名为《读王阳明〈传习录〉》再次出版，内容与 1988 年版一致，唯删去《传习录的窗户》一文。

《传习录》由序言、总论、译文、参考文献、王阳明年谱等构成。

吉田公平在序言中写道，正确解读朱子学和阳明学，对理解中国近世哲学和东西比较哲学的异同具有重要意义。他说朱熹是奠定新儒学基础的最大功劳者，其创立的朱子学能确立为中国正统思想的原因在于其构建了"治国平天下＋性善说＝自己完成自我救赎"的思想理论体系。王阳明则对此观点进行了批判，他主张真正的性善说。

吉田公平在总论中介绍了《传习录》的思想魅力、表现形式和篇目体例，简要叙述了王阳明生平、事业发展历程、主要思想以及《传习录》在日本的译介过程。

吉田公平在参考文献中，梳理了《传习录》的评注本及译本、王阳明传记及其他相关研究论著书目。

《传习录》以《王文成公全书》为底本进行翻译，但并非全译本。吉田公平共选取 36 条语录进行重点阐释，并以"五经皆史论""持敬蛇足说""良知现成論""良知大同論""万物一体論"等阳明学核心思想作标题。每一条语录有原文、现代口语体译文、汉文训读译文、注释和解说。

（三）吉田公平之《传习录："阳明学"的真髓》

1988 年，吉田公平著《传习录："阳明学"的真髓》，由讲谈社出版。1995年，由橘出版社再版《传习录："阳明学"的真髓》，但内容有所增加和修订。

《传习录："阳明学"的真髓》由"解説"和《传习录》下卷译文两部分构成。吉田公平在"解説"中，通过对朱王哲学进行比较，深入探讨了中国近世思想中的正统与异端观念，并详细叙述了王阳明思想的转变历程。在其他译本当中，鲜少看到有关王阳明思想演变过程的考察论述，这是该译本的一大显著亮点。

吉田公平认为龙场悟道是王阳明哲学思想的一个转折点，王阳明在龙场悟出的是以"心"为宇宙主体的圣人之道，"始知圣人之道，吾性自足，向之求理于事物者误也"[①]，倡导心即是理、心外无理，这标志着他从程朱理学的框架中跳脱出来，开始探索一条符合自己经验的心学之路。后来，王阳明平

---

① 王守仁：《王阳明全集（新编本）》第四册，吴光、钱明、董平、姚延福编校，浙江古籍出版社 2010 年版，第 1234 页。

定了宁王朱宸濠(1476—1521)叛乱,却又遭奸臣诬陷,历经重重磨难,最终提出"致良知"的思想理论体系,步入其思想的成熟期。王阳明在给其子王正宪的《寄正宪男手墨二卷》中说道,"吾生平讲学,只是'致良知'三字"①,可以说,"致良知"思想乃是王阳明学说的最高概括,也是其心学思想体系中最为核心的部分。这也正是吉田公平选取《传习录》下卷部分语录进行翻译的缘由。他觉得《传习录》下卷重点阐释了王阳明的良知心学,并且思想内容相对而言通俗易懂,日本读者更容易理解。

和角川书店出版的《传习录》译本一样,吉田公平同样对每条语录予以了主旨归纳并加以命名,每条语录皆具备汉文、现代口语体译文、汉文训读译文。但有所不同的是,在重要术语、文化概念、辞格句式、汉语文言特殊修辞以及引文出处等方面的注释数量上,《传习录:"阳明学"的真髓》比《传习录》少了许多。

(四)以"天泉桥问答"为例

吉田公平表示,天泉桥是阳明思想的重要阐发地,在中日思想界,《传习录》中有关"去花间草""精金"的讨论曾成为热门话题,然而其热度远远比不上"天泉橋問答"。"天泉橋問答",亦称天泉论道或天泉证道,于1527年9月发生。当时,王阳明接到朝廷命令即将前往广西平定思恩、田州的叛乱。钱德洪、王畿这两位弟子因对王阳明"四句教"的理解存在差异而前来请教,师徒三人在浙江绍兴的天泉桥上展开论道。吉田公平的2个译本都有关于"天泉橋問答"的语录翻译及解说,故本书以该语录为例,比较2个译本的翻译特点。为便于直观比较,选取部分语录内容列表如下(见表5-2):

① 王守仁:《王阳明全集(新编本)》第三册,吴光,钱明,董平,姚延福编校,浙江古籍出版社2010年版,第1039页。

表 5-2　吉田公平之《传习录》2 个译本比较

译本名称	伝習録	伝習録:「陽明学」の真髄
标题	天泉橋問答(下巻一一五条)	一一五　天泉橋問答——四句説問答
汉文	丁亥年九月、先生起復征二思・田一。将レ命レ行時、徳洪与二汝中一論レ学。 汝中挙二先生教言一曰、「無レ善無レ悪、是心之体。有レ善有レ悪、是意之動。知レ善知レ悪、是良知。為レ善去レ悪、是格物」。 徳洪曰、「此意如何。」 汝中曰、「此恐未二是究竟話頭一。若説二心体是無レ善無レ悪、意亦是無レ善無レ悪的意、知亦是無レ善無レ悪的知。物是無レ善無レ悪的物矣。若説二意有二善悪一、畢竟心体還有二善悪一在。 徳洪曰、「心体是天命之性、原是無レ善無レ悪的。但人有二習心一、意念上有二善悪一在。格・致・誠・正・修、此正是復二那性体一功夫。若原無二善悪一、功夫亦不レ消レ説矣。」	丁亥年九月、先生起復征思田。将命行時、徳洪与汝中論学。汝中挙先生教言曰、無善無悪、是心之体。有善有悪、是意之動。知善知悪、是良知。為善去悪、是格物。徳洪曰、此意如何。 汝中曰、此恐未是究竟話頭。若説心体是無善無悪、意亦是無善無悪的意。知亦是無善無悪的知。物是無善無悪的物矣。若説意有善悪、畢竟心体還有善悪在。徳洪曰、心体是天命之性、原是無善無悪的。但人有習心、意念上見有善悪在。格致誠正修、此正是復那性体功夫。若原無善悪、功夫亦不消説矣。
汉文训读译文	丁亥の年の九月、先生起ちて復た思・田を征す。将に行を命ぜんとせし時、徳洪と汝中と学を論ず。汝中、先生の教言を挙げて曰く、「善無く悪無きは、是れ心の体。善有り悪あるは、是れ意の動。善を知り悪を知るは、是れ良知。善を為し悪を去るは、是れ格物」と。 徳洪曰く、「此の意は如何。」と。 汝中曰く、「此れ恐らくは未だ是れ究竟の話頭にあらず。若し心体は是れ善無く悪無しと説かば、意も亦是れ善無く悪無きの意、知も亦是れ善無く悪無きの知、物も是れ善無く悪無きの物なり。若し意に善悪有りと説かば、畢竟心体も還た善悪有り」と。 徳洪曰く、「心体は是れ天命の性なれば、原是れ善無く悪無きもの。但だ人は習心あれば、意念の上に善悪有り。格・致・誠・正・修は、此れ正に是れ那の性体に復るの功夫なり。若し原善悪無ければ、功夫も亦説くを消いず。」と。	丁亥の年の九月、先生起ちて復た思・田を征す。将に行くを命ぜんとするの時、徳洪と汝中と学を論ぜり。汝中、先生の教言を挙げて曰く、善無く悪無きは、是れ心の体。善有り悪あるは、是れ意の動。善を知り悪を知るは、是れ良知。善を為し悪を去るは、是れ格物と。徳洪曰く、此の意は如何。汝中曰く、此れは恐らくは未だ是れ究竟の話頭にあらず。若し心の体は是れ善無く悪無しと説かば、意も亦た是れ善無く悪無きの意。知も亦是れ善無く悪無きの知。物は是れ善無く悪無きの物なり。若し意に善悪有りと説かば、畢竟、心の体は還た善悪有らんと。徳洪曰く、心の体は、是れ天命の性にして、原と是れ善無く悪無き的。但だ人に習心あれば、意念の上に善悪有るを見る。格・致・誠・正・修は、此れ正に是れ那の性体に復るの功夫なり。若し原と善悪無ければ、功夫も亦説くを消いずと。

续表

译本名称	伝習録	伝習録：「陽明学」の真髄
标题	天泉橋問答（下巻一一五条）	一一五　天泉橋問答一一四句説問答
现代口语体译文	嘉靖丁亥六年の九月、先生は起用されて、あらためて（江西省の）思恩・田州（の反乱）を征伐することになった。今にも出発をお命じになさろうとしていたとき、銭徳洪と王汝中は学問を論議していた。 王汝中は先生のご教示を取り上げていう、「善も悪もなく（既成の価値観から自由なのが）心の心体です。善・悪が結果するのは、（心が）意として活動したときです。その善悪を批判するのは良知です。そして善を実現し悪を排除するのは、主客関係の場においてです。」と。 銭徳洪がいう、「これをどう思うかね。」と。 王汝中がいう、「これは、きっと究極的なご教示ではありますまい。もし、心の心体が、善も悪もないのであれば、（その心が活動した）意は、善も悪もない（既成の価値観から自由な）良知のはずですし、（善悪を判断する）良知は善も悪もない（既成の価値観から自由な）良知のはずですし、（善悪が顕現する）物は善も悪もない（既成の価値観から自由に成立する）主客関係のはずです。もしも意に善悪が結果するというのであれば、とどのつまり、心の本体もまた善悪を固有していることになりますから。」と。 銭徳洪がいう、「心の本体は、天が命令して賦与した本性ですから、もともとは善も悪もないものです。しかし、人間には（後天的に身につけた）習心がありますから、意念の場に善悪を結果するのです。主客関係を正し、良知を発揮し、意念を誠にし、主体を確立し、人格を高める、ということは、これこそが、あの本来性としての本体を回復する努力にほかならないのです。もしも（意に）もともと善悪がないのであれば、努力することなど、いわなくてもよいのです。」と。	嘉靖六年九月、先生は起用されて、広西省の思恩・田州の反乱をまたもや征伐することになった。今にも出発をお命じになろうとしていたとき、銭徳洪と王汝中君は学問をめぐって論争していた。 王汝中君は先生が四句にまとめて発表されたご教示をとりあげていった、「善も悪もないのが心の本体です（第一句）。善悪が結果するのは、心が発動した意においてです（第二句）。その善悪を判断するのが良知です（第三句）。善を実現し悪を排除するとは、主客関係を正しくすることです（第四句）」と。 銭徳洪がいった、「このご教示をどう思うかね」と。 王汝中君がいった、「これはきっと最奥義ではありますまい。もし、心の本体が、善も悪もないのであれば、意も同じく善も悪もないという意ですし、良知も同じく善も悪もないという良知ですし、主客関係も同じく善も悪もないという関係です。もし、意に善悪が結果するというのであれば、とどのつまり、心の本体がそれこそ善悪を固有しているということになりましょうから」 銭徳洪がいった、「心の本体とは、天が命令して賦与した本性のことですから、もともと善も悪もないものです。しかし、人間には後天的に身についた習心がありますから、意念の場に善悪を結果してしまうのです。主客関係を正し、良知を発揮し、意念を誠にし、主体を確立し、人格を高める、ということは、これこそが、あの本来性としての本体を回復する努力に他ならないのです。もし、意にもともと善悪が結果しないのであれば、努力することなど、いわなくてもよいではないですか」

续表

译本名称	伝習録	伝習録:「陽明学」の真髄
标题	天泉橋問答(下卷一一五条)	一一五　天泉橋問答——四句説問答
注释条目	6条(具体内容:丁亥、征思田、德洪与汝中、先生教言、天命之性、格致诚正修)	4条(具体内容:问答发生时王阳明的情况、钱德洪和王汝中的简介、语录思想简述、该语录辑录情况)
解说	2851字	无

　　吉田公平根据问答地点,都将该语录命名为"天泉橋問答",且都附有汉文、汉文训读译文和现代口语体译文,但细致比较后,2个译本之间略有差异。

　　前者标题为"天泉橋問答",后者补充了"四句説問答"。"四句説"是日语中对"四句教"的基本固定表达方式,另有"四句決"的说法。

　　在原文上,前者是添加了"训点"的汉文,后者为汉籍原文,即不加"训点"的所谓"白文"。

　　在训读文上,两者表述及字数稍有差异,但差别不大。

　　在现代口语体译文中,前者用"(　)"标识提示是译者补充信息,但后者在译者补充信息时,直接省略"(　)"标识。如翻译"先生起复征思田"一句时,前者译"あらためて(江西省の)思恩・田州(の反乱)を征伐することになった",后者译为"広西省の思恩・田州の反乱をまたもや征伐することになった"。首先需要特别注意的是,思田之乱实际发生在中国的广西,前者翻译为江西,实属于误译。其次,吉田公平在《传习录:"阳明学"的真髓》一书中没有做标识,直接在译文中补充了"広西省""反乱"的信息,会让读者以为"広西省""反乱"是汉籍原文内容。这种翻译方式一方面体现了译者自信,但另一方面也会造成读者对语录补充内容有先入为主的印象。

　　关于"思田"的翻译,本书对多个译本进行核对后发现,三轮执斋标注为"思田"为两个州的名字,称为两广,中田胜引用三轮执斋标注,佐藤一斋、东敬治、小柳司气太、山田准等大部分译者未作解释,近藤康信在其现代口语体译文中，把"思田"准确翻译为"（广西省の）思州·田州"，但沟口雄三也与吉田公平译的《传习录》一样，将"思田"误译为"（江西省の）思恩·田州"。因此本书认为，补译增译是有效增添文本信息、达成语义对等的手段，然而为防止出现翻译错误或理解偏差，以"（　）"等的形式作标识，进行译者补充会更为合理。

另外，前者比后者的补充信息更多。如在翻译"若说心体是无善无恶，意亦是无善无恶的意，知亦是无善无恶的知，物是无善无恶的物矣"①时，前者补充"意"是心的活动，是既有价值观的自由体现，"知"为判断善恶的良知，"物"是体现善恶的主体与客体的关系。这样的补充有助于读者更清晰地理解原文中这些概念的内涵和相互关系，从而更准确地把握作者的思想。

2个译本最大的差别体现在对该语录背景和思想溯源的"解说"上。后者只是在注释中简要解释了"四句教"的发生背景和语录思想，但前者的"解说"字数多达2800余字（见图5-20）。吉田公平通过对《王文成公全书》《王阳明年谱》《邹东廓文集》《聂双江文集》《天泉证道纪》的考证，对天泉桥上讨论的"四句教"内容的产生、过程、后学论证进行了非常详尽的阐述和个人辨析。

吉田公平的《传习录："阳明学"的真髓》的侧重点在于对阳明思想进行整体性的阐述，并且对《传习录》下卷的142条语录展开了集中精解。不过，该书在阐释部分相对较为简略。与此相对，吉田公平的《传习录》虽只有对36个语录进行翻译，然其呈现出的3种翻译的文体样式、语录主旨的命名、译文中译者进行的再创造、详细的注释，尤其是其追根究底式的完备解说，都极为深刻地阐明了《传习录》语录当中的话语背景、致思维度、理论特质以及思想意义，这对于掌握阳明学的核心思想更有助益。

---

① 王守仁：《王阳明全集（新编本）》，吴光，钱明，董平，姚延福编校，浙江古籍出版社2010年版，第128页。

A

353　下巻

さて、この「天泉橋問答」の行われた状況については、王陽明の年譜の嘉靖六（一五二七）年の条に記述されている。王陽明は嘉靖六年五月に都察院左都御史を兼ねて思恩・田州の反乱を征討することを命ぜられた。出発する前日の九月八日に、銭緒山と王竜渓の二人は、張元沖を舟の中に訪ねて、為学の宗旨を議論した。その時にこの二人の話題に取り上げたことに発端した。張元沖は最も若くして、先生のこの発言は最終的な結論を議論した。そのまとめと銭緒山に話しかけたことに発端した。たし、先生の代講をつとめるほどの二人の先輩の議論を傍らで静かに聴きとどける役割をじたものであろう。

これがこの語録の第一段である。

二人で論議してもらうのがあかないので、先生が明日出発してしまうからには今晩のうちに先生を訪ねて直接に真意を問い質そうと、王竜渓が提案した。そこで他の知友門人が帰った後に、天泉橋のほとりに席をあらためて、王陽明に結判を請うた。これが第二段である。

一応の結判を示した後に、王陽明が

会誊する門人たち（1528年）

352

〈解説〉
問答の経緯

この語録は、問答の行われた場所にちなんで「天泉橋問答」といわれ、また問答内容から四句教・四句訣・四言教などといわれる。『伝習録』中、第一の名所である。

王陽明門下はもとより、広く中国・日本の思想界において、同じく銭緒山が編集した王陽明の年譜（『王文成公全書』所収）においても同様の記述をしている。王竜渓は自らの理解に沿った叙述をしており、同じく銭緒山が編集した王陽明の年譜（『王文成公全書』所収）においても同様の記述をしている。王竜渓は自らの理解の年譜（『王文成公全書』所収）においても同様の記述をしている。王竜渓は自らの理解「天泉證紀」は、はしなくも、後学が師教をどう理解したのかをうかがう貴重な試験紙の役割をすることにもなっている。朱子学徒や仏教徒の間でもこの「天泉橋問答」は大きな話題となった。ことほどさように、この「天泉橋問答」は問題の語録であったのである。

この「天泉證紀」は、はしなくも、後学が師教をどう理解したのかをうかがう貴重な試験紙の役割をすることにもなっている。王門後学ばかりではない。朱子学徒や仏教徒の間でもこの「天泉橋問答」は大きな話題となった。ことほどさようにこの「天泉橋問答」は問題の語録であったのである。

B

355　下巻

いきのひきたおしよりも、とかく非難の集中した四句教の圏外に王陽明を避難させようとしたわけだが、ひきのひきたおしよりも、とかく非難の集中した四句教の圏外に王陽明を避難させようとしたわけだが、ひ

銭緒山のこの記録よりも王竜渓の「天泉證道紀」の記録の方がより鮮明に叙述されている。例えば、王陽明の四句教を基本的に理解の差異がより鮮明に叙述されている。例えば、王陽明の四句教を基本的にけだが「天泉證道紀」では、銭緒山の四言教とはみなさない王竜渓の理解を記録している。けだが「天泉證道紀」では、銭緒山の四言教とはみなさない王竜渓の理解を記録している。王陽明・銭緒山の四言教理解を「天泉證道紀」の記述ははは王陽明・銭緒山は「四無」とりまとめたと、銭緒山の四言教理解を「四有」説であると王竜渓のそれは「四」説であると王竜渓のそれは「四」説であるとまとめた。これは「天泉證道紀」では、「四無」「権法」とりまとめた。ただし、「天泉證道紀」の記述ははは王竜渓の表現力がいかんなく発揮された一文である。ただし、王陽明は銭緒山の四有説を主張したりはしていない。たとえば、王陽明は銭緒山の四有説をうかんなく発揮された一文である。ただし、王陽明は銭緒山の四有説を主張したりはしていない。それは後述の鄒東廓の四言教理解にふさわしい表現であって、銭緒山の四有説を王陽明の教法とりきめつけているが誤謬である。東林党の顧憲成なども王陽明の教法とりきめつけているが誤謬である。

心の本体が無善無悪であることについては、「伝習録」上巻の「花間草章」でも言及しており、はや時期からの立論であった。致良知説発見後は頻繁に述べていたことはこれまでの説明で十分に理解できるであろう。

王陽明・銭緒山は「意・知（良知）・物の三者には善悪が有ることをふまえて努力すべき

354

あらためて四言教について教示した。これが第三段である。この三段目が、銭緒山と王竜渓とではその記述に差異がある。

まず、この「天泉橋問答」には差異がある。便宜上、三段の所で、銭緒山と王竜渓とではその記述に差異がある。ここでは「天泉橋問答」には差異がある。便宜上、三段に分けて叙述することにした。この三段目が、銭緒山と王竜渓の両者が張元沖の所で開陳した四言教理解の相違から解析していく

ここで問題となるのは、四言教そのものが、王陽明の口をかりて述べられていることであり、この四言教はてきびしい評価を下す者の中には、この四言教はてきびしい評価を下す者の中にも、この表現形式をとっている。この四言教は実は王竜渓の作であって、王陽明を祖述したものではないと非難する者がいた。

この四言教創作説について王竜渓その人は「天泉證道紀」において「毎に門人と学を論じて理あり。四無を提げて教法とくつがえすこの四言教を王陽明がつねに門人に教諭していたのであれば、銭緒山の問題提起そのものを即座に否定していたはずである。語録や書簡においても言及していたのか否かはともあれ、王竜渓が四言教の創作なのかいないにも不可能である。

四言教が王竜渓の創作とする説を根底からくつがえす証言がある。証人は銭緒山である。もし、四言教が王竜渓の問題提起そのものを即座に否定していたはずである。四言教が王陽明その人の教法であることは銭緒山四言教を王竜渓の創作とみて、王陽明と四言教を切り離そうと

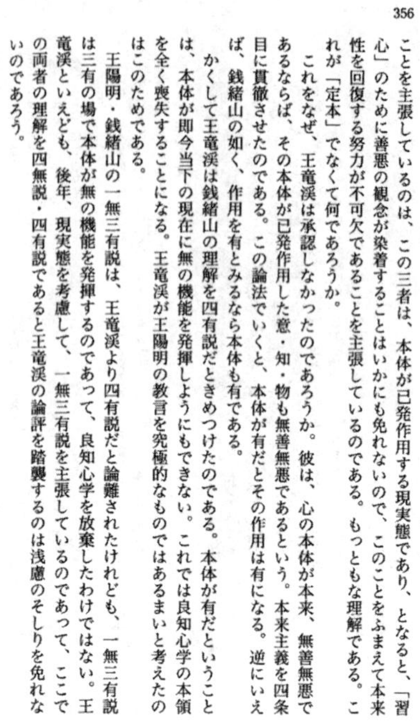

356

ことを主張しているのは、この三者は、本体が已発作用する現実態であり、となると、「習心」のために善悪の観念が染着することはいかにも免れないので、このことをふまえて本来性を回復する努力が不可欠であることを主張しているのである。もっともな理解でこれが「定本」でなくて何であろうか。

これをなぜ、王竜渓は承認しなかったのであろうか。彼は、心の本体が本来、無善無悪であるならば、その本体が已発作用した意・知・物も無善無悪であるという。本来主義を四条目に貫徹させたのである。この論法でいくと、本体が有だとその作用は有になる。逆にいえば、銭緒山の如く、作用を有とみるなら本体も有である。

かくして王竜渓は銭緒山の理解を四有説だときめつけたのである。本体が有だということは、本体が即今当下の現在に無の機能を発揮しようにもできない。これでは良知心学の本領を全く喪失することになる。王竜渓が王陽明の教言を究極的なものではあるまいと考えたのはこのためである。

王陽明・銭緒山の一無三有説は、王竜渓より四有説だと論難されたけれども、一無三有説は三有の場で本体が無の機能を発揮するのであって、良知心学を放棄したわけではない。王竜渓といえども、後年、現実態を考慮して、一無三有説を主張しているのであって、ここでの両者の理解を四無説・四有説であると王竜渓の論評を踏襲するのは浅慮のそしりを免れないのであろう。

C

图 5-20　吉田公平《传习录》之"天泉桥问答"语录解说

小　结

北京大学教授刘金才（1951—）说：

阳明心学在日本的传播是广泛而深入的，被日本基于自我社会文化而认知、吸纳、阐发和活用的阳明学，对于日本民众或者国民的道德培育发挥了极其重要且有效的作用。但在明治时代至二战结束前，阳明学也存在着被日本国体主义和军国主义恶用的一面，战后恢复的基于近代前的阳明学所建构的道德，才能真正体现阳明学道德价值的实相。①

　　诚然，在昭和前期，阳明学思想遭到了一些国粹主义者和军国主义者的恶意利用，特别是从 20 世纪 30 年代到二战结束前的这一时期，阳明学被涂抹上了浓厚的政治色彩。二战结束后，美国的民主思想在日本占据了主导地位，美国试图通过一系列的政策和措施，将其民主理念和制度模式引入日本，当时包括阳明学在内的儒学教育遭受到了全面压制。然而，时间流转至 20 世纪 60 年代，阳明学在日本的发展轨迹出现了明显转折。从这一时期开始，阳明学在理论研究以及社会实践应用这两个方面，都迎来了全新的发展契机，阳明学研究成果层出不穷，《传习录》译注本不断问世，且各具特色，阳明学民间讲习会和研究会遍地开花。这一良好的发展态势，不仅为阳明学自身的发展注入了强大的动力，也为进入平成时期后阳明学的持续发展营造了优良的学术基础和社会环境。

---

①　刘金才：《阳明学在日本的传播和对民众道德培育的影响》，《贵州文史丛刊》2016 年第 1 期，第 30 页。

第六章

平成时期及以后

——《传习录》译介稳定发展

1989 年，日本进入平成时期。平成时期是日本走出昭和时期的转型期。在平成时期的 30 余年间，日本经历了泡沫经济破裂、经济增长长期萎靡不振、人口老龄化和少子化严重等诸多社会问题，但如年号"平成"所期许的那样，日本内外天地平和，国民过上了安稳的生活。2019 年，平成天皇生前退位，其子德仁继位，令和时期开始。阳明学研究在此期间亦稳定发展，其间共有 4 个《传习录》日译本出版（见表 6-1）。

表 6-1 平成时期及以后的《传习录》日注本、日译本

序号	日注本、日译本（日文/中文）	姓名	出版社	出版时间
1	真説「伝習録」入門/真说《传习录》入门	林田明大	三五馆	1999
2	王陽明全集抄評釈/ 王阳明全集抄评释	冈田武彦	明德出版社	2006
3	王陽明 徐愛「伝習録集評」/ 王阳明 徐爱《传习录集评》	中田胜	明德出版社	2016
4	現代に甦る陽明学:『伝習録』を読む/ 复苏于现代的阳明学:读《传习录》	吉田和男	晃洋书房	2020

第一节　《传习录》日译稳步发展

1999 年，林田明大（1952—）出版《真说〈传习录〉入门》，由三五馆刊发。2006 年，明德出版社组织出版了冈田武彦的《王阳明全集抄评释》2 卷。2016 年，明德出版社又出版中田胜的《王阳明 徐爱〈传习录集评〉》。2019 年，日本进入令和时期。令和时期，目前只有吉田和男（1948—）于 2020 年出版了《复苏于现代的阳明学：读〈传习录〉》3 卷。

一、林田明大之《真说〈传习录〉入门》

林田明大，长崎县岛原市人，作家、阳明学研究家、实践家。1994 年出版《真说"阳明学"入门》，由三五馆刊行。该书被指定为日本 GLOBIS 商学院教材，成为经久不衰的畅销书。另有《日本人式的生活方式：用阳明学和禅"把不可能变成可能"》（1998）、《阳明学与忠臣藏》（1999）、《讨厌的"工作"也能微笑着做的阳明学》（2008）、《山田方谷思想：阳明学左派入门》（2010）、《评传·中江藤树：日本精神的源流·日本阳明学的始祖》（2017）、《涩泽荣一与阳明学》（2019）等。

《真说"阳明学"入门》的第一部分从立志修行时期、受难与觉悟时期以及武人·王阳明这 3 个角度对王阳明的生平进行了介绍。第二部分以《传习录》为切入点，阐释了阳明学的核心思想。第三部分则对日本阳明学派谱系进行了整理，涵盖阳明学的传入、幕末阳明学者以及明治时期以后的阳明学者等内容。同时，还引用了中江藤树、大盐中斋、西乡隆盛等阳明学者的论述和事迹，以此来佐证阳明学是日本近代化发展的精神支柱这一观点。

1999 年，林田明大在《真说"阳明学"入门》的基础上出版《真说〈传习录〉入门》，由三五馆刊发（见图 6-1）。

林田明大在序言中论述了他对《传习录》、王阳明以及阳明学的理解，阐

图 6-1　林田明大之《真说"阳明学"入门》和《真说〈传习录〉入门》封面

述了阳明学与禅学的关系。书中选取 12 个与"知行合一"、15 个与"事上磨炼"、9 个与"致良知"相关的语录进行翻译，并且围绕《传习录》相关人物与事件进行解说，同时穿插了中国禅僧、西方学者以及日本现代实业家的轶事，与阳明学思想阐释互相映衬，讲解生动有趣。

　　林田明大把阳明学思想与佛教、基督教、禅宗作比较，又把王阳明思想与德国著名思想家约翰·沃尔夫冈·冯·歌德（Johann Wolfgang von Goethe，1749—1832）、奥地利社会哲学家鲁道夫·施泰纳（Rudolf Steiner，1861—1925）、印度哲学家吉杜·克里希那穆提（Jiddu Krishnamurti，1895—1986）等哲学家的思想进行类比，认为这些思想既是帮助人从不安和矛盾中解放自我的修行之法，又是提升思想内涵的人性之学。但林田明大也特别提出，阳明学不是宗教，阳明学更重视现世，更贴近现实人类社会，是一种在改变现实过程中锻炼自我的实学。

二、中田胜之《王阳明 徐爱〈传习录集评〉》

2015 年,中田胜去世。2016 年 8 月,明德出版社出版其《王阳明 徐爱〈传习录集评〉》(见图 6-2)。

图 6-2　中田胜之《王阳明 徐爱〈传习录集评〉》封面

该书第一部分为 1983 年中田胜翻译的《王阳明全集》第 1 卷《语录》中徐爱所录的 14 条语录。两书译文一致,但中田胜对这 14 条语录进行了简明易懂的主旨归纳,依次为:记载王阳明对《大学》中关于"亲民"和"新民"的见解;记载王阳明对《大学》中关于"至善"的思考;记载王阳明对"孝"的内在及作用的思考;记载王阳明对"孝"的发现和对"至善"的思考;阐述阳明学中独特思想之一"知行合一"学说;关于《大学》的"格物"思考(一);关于《大学》的"格物"思考(二);关于"致知"的教导;关于王阳明对"博文约礼"的思考;记载王阳明对"道心"和"人心"的思考;关于王阳明对圣人讲述六经的见解;记载王阳明认为《春秋》与《易经》《书经》《诗经》《礼记》《乐记》一样既是史也是经的见解,并记录王阳明对《诗经》的看法。

该书第二部分《阳明学及研究要点》收录的是中田胜于1986年发表在由东京法令出版社发行的《月刊国语教育》上的5篇文章,即《阳明学的解说与导入》《阳明学的重要语录解析》《致良知是阳明学的精髓》《四句教是阳明学的奥义》和《王阳明的诗歌》。除第5篇文章外,其余4篇均涉及《传习录》语录内容。

《阳明学的解说与导入》主要介绍王阳明的生平事迹及其主要思想。中田胜在文中着重指出,在作为学习和研究阳明思想的教材方面,首先应当推崇《王文成公全书》38卷,至少也应该研习《传习录》《古本大学序》及《大学问》。

《阳明学的重要语录解析》中,中田胜从"诚意""格物致知""心即理""知行合一""事上磨炼""致良知""体认"等基本概念出发,阐述了阳明学核心思想。中田胜在文中翻译了16个《传习录》语句,并引用其他阳明学者的评注来论证其观点。

在《致良知是阳明学的精髓》中,中田胜选取多句与"良知"相关的语句进行翻译,并对良知的生成过程、天性特质、实现手段加以阐述。中田胜认为"致良知"是阳明学的核心要义。"致知"的状态会因每个人的经验以及修学的深浅程度而呈现出各式各样的变化,所以不存在统一的规则去要求所有人必须如此或必须那般。只要依据当时的年龄、所处环境以及自身经验,把自己最大程度的良知发挥出来即可。

《四句教是阳明学的奥义》中,中田胜对"无善无恶是心之体""有善有恶是意之动""知善知恶是良知""为善去恶是格物"4个语句进行逐句翻译,并就"善""恶""心之体""意之动""良知""格物"的字意以及实践"四句教"的方法论进行了深入探讨。

三、冈田武彦之《王阳明全集抄评释》

（一）冈田武彦其人

冈田武彦，兵库县人。1958年任九州大学教授，1961年任美国哥伦比亚大学客座教授。师从九州大学中国哲学家楠本正继（1896—1963），学习孔孟之儒学、宋学、阳明学、日本儒学，修习甚广，学术成果丰硕，有《冈田武彦全集》24卷，由明德出版社组织出版。冈田武彦还与日本中文出版社合作，影印刊刻了吉本襄的《阳明学》和东敬治的《王学杂志》。

冈田武彦作为国际著名的儒学家、阳明学家，其多部著作也被译成中文在中国出版，包括吴光等翻译的《王阳明与明末儒学》（2000），钱明翻译的《简素的精神——日本文化的根本》（2000），杨田等翻译的《王阳明大传：知行合一的心学智慧》三册（2015），钱明和徐修竹翻译的《孙子兵法新解：王阳明兵学智慧的源头》（2017），徐修竹翻译的《王阳明纪行：探访王阳明遗迹之旅》（2022），此外还有冈田武彦等多位日本学者撰写，钱明编译的《日本人与阳明学》（2017）。

（二）《王阳明全集抄评释》的译本特征

《王阳明全集抄评释》被收录于《冈田武彦全集》第6卷和第7卷，其内容由冈田武彦的《王阳明文集》（1970）、《王阳明（上）》（1989）和《王阳明（下）》（1991）三册构成（见图6-3），于2006年由明德出版社出版。其中，后两册也是"系列阳明学"丛书的组成部分。

《王阳明文集》首先系统解说了王阳明的生平与思想、王门三派的发展，简要介绍《王文成公全书》构成情况，后围绕"悟境之诗""立志""静坐""心之镜""致良知""朱子晚年定论""古本大学""陆象山文集"等主题展开论述。《王阳明（上）》对"龙场悟道""静坐论""性情论""明镜论""立诚说""知行合一说""良知说""王湛两学差异""六经是心中的财宝""万物一体论"等展开

图 6-3　冈田武彦之《王阳明全集抄评释》封面

论述。《王阳明（下）》阐释阳明学的特点及意义，介绍《传习录》的形成、版本源流及各个评注本、译本的基本信息，再就"立志说""心即理说""知行合一说""大学学说""亲民说""学问头脑""读书法""友道论""教育论""生死论""佛教道教论"等进行逐一翻译和阐述。

　　冈田武彦译本以陈荣捷的《王阳明传习录详注集评》为底本，译文未依照《传习录》原有顺序，而是拟定主旨内容，选取若干语录进行翻译，并进行阐释。语录翻译按现代口语体译文、汉文训读译文、注释、个人解说的顺序统一排列。以"事上磨炼"举例，冈田武彦选取 2 个语录进行翻译和诠释（见图 6-4）。

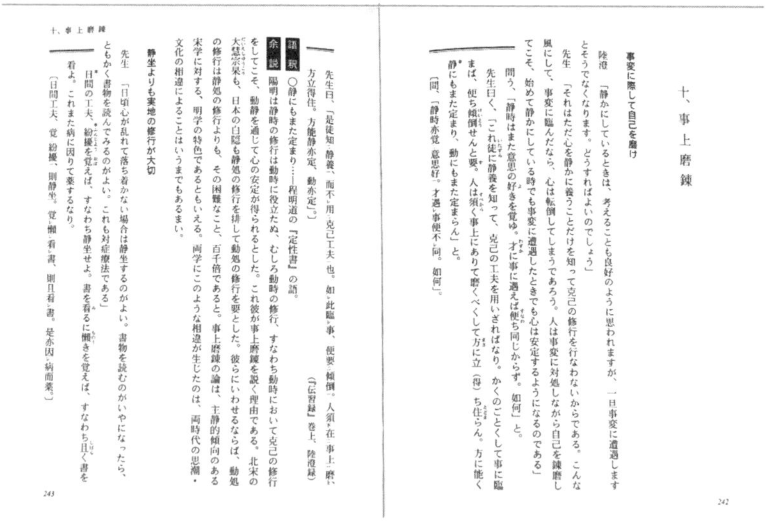

十、事上磨錬

事変に應じて自己を磨け

陸澄　「静かにしているときは、考えることも良好のように思われますが、一旦事変に遭遇します とそうでなくなります。どうすればよいのでしょう」と。

先生曰く。「これはただ心を静かに養うことだけを知って克己の修行を行なわないからである。こんな 風にして、心は転倒してしまうであろう。人は事変に対処しながら自己を錬磨し てこそ、始めて静かにしている時でも事変に遭遇したときでも心は安定するようになるのである」

先生曰く。「これは克己を知って、己の工夫を用いざればなり。かくのごとくして事に臨 まば、徒ら繍撰せんと要す。人は須く事上にありて磨く、べくして方に立つ。方に能く 静にもまた定まり、動にもまた定まらん。」
〔問、静時亦覚意思好、才遇事便不同、如何〕

242

先生曰、「是徒知ゝ静養、而不用ゝ克己工夫也、如ゝ此臨ゝ事、便要ゝ繍撰、人須ゝ在ゝ事上ゝ磨、 方立得ゝ住、方能静亦定、動亦定。」
〔『伝習録』巻上、陸澄録〕

語釈　○静にもまた定まり……程明道の『定性書』の語。

余説　陽明は静時の修行は動時に役立たぬ、むしろ動時の修行 をしてこそ、動静を通じての心の安定が得られるとした。これが事上磨錬の修行、すなわち動時において克己の修行 をすることである。北宋の大儒周茂叔も、日本の白隠も静坐の修行を排して動処の修行を覚た。彼らにいわせるならば、動処 の修行は静処の修行よりも、その困難なこと、百千億であると。事上磨錬の論は、主静的傾向のある 宋学に対するに、明学の特色であるともいえる。両学にこのような相違が生じたのは、両時代の思潮・ 文化の相違によることであるともいえようか。

静坐よりも実地の修行が大切

先生　「日頃心が乱れて落ち着かない場合は静坐するのがよい。しかし書物を読むのがいやになったら、 ともかく書物を読んでみるのがよい。これも対症療法である。
日間の工夫、紛擾を覚えれば、則ち静坐せよ。書を看るに懶きを覚えれば、則ち且つ書を 看よ。これまた病に因りて薬する也。」
〔日間工夫、覚ゝ紛擾、則静坐、覚ゝ懶ゝ看ゝ書、則且ゝ看ゝ書、是亦因ゝ病而薬〕

243

A

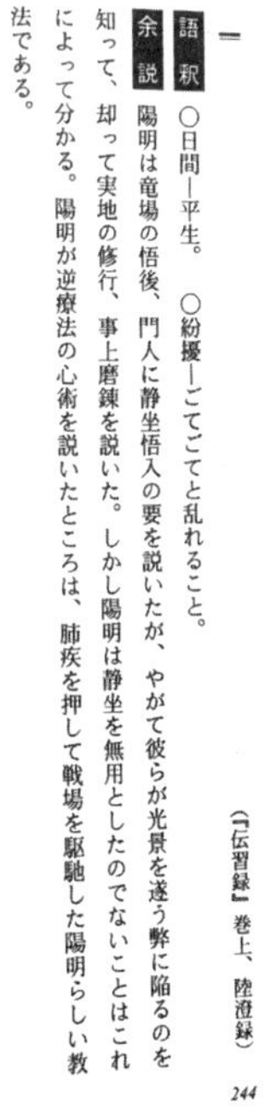

語釈　○日間―平生。○紛擾―ごてごてと乱れること。

余説　陽明は竜場の悟後、門人に静坐悟入の要を説いたが、やがて彼らが光景を遂う弊に陥るのを 知って、却って実地の修行、事上磨錬を説いた。しかし陽明は静坐を無用としたのでないことはこれ によって分かる。陽明が逆療法の心術を説いたところは、肺疾を押して戦場を駆馳した陽明らしい教 法である。
〔『伝習録』巻上、陸澄録〕

244

B

图 6-4　冈田武彦之《王阳明全集抄评释》语录示例

第一个语录如下：

原文：

　　问："静时亦觉意思好，才遇事便不同，如何？"先生曰："是徒知静养而不用克己工夫也。如此，临事便要倾倒。人须在事上磨，方立得住，方能'静亦定，动亦定'。"①

现代口语体译文：

　陆澄「静かにしているときは、考えることも良好のように思われますが、一旦事変に遭遇しますとそうでなくなります。どうすればよいのでしょう」

　先生「それはただ心を静かに養うことだけを知って克己の修行を行なわないからである。こんな風にして、事変に臨んだなら、心は転倒してしまうであろう。人は事変に対処しながら自己を錬磨してこそ、始めて静かにしている時でも事変に遭遇したときでも心は安定するようになるのである」②

汉文训读译文：

　問う、「静時はまた意思の好きを覚ゆ。才に事に遇えば便ち同じからず。如何」と。

　先生曰く、「これ徒に静養を知って、克己の工夫を用いざればなり。かくのごとくして事に臨まば、便ち傾倒せんと要。人は須く事上にありて磨くべくして方に立（得）ち住らん。方に能く静にもまた定まり、動にもまた定まらん」と。③

---

　　①　王守仁：《王阳明全集（新编本）》第一册，吴光，钱明，董平，姚延福编校，浙江古籍出版社2010年版，第13-14页。
　　②③　冈田武彦：『王陽明全集抄評釈』下、明德出版社2006年、第242页。

第二个语录如下：

原文：

　　日间工夫，觉纷扰则静坐；觉懒看书则且看书；是亦因病而药。①

现代口语体译文：

　　先生「日頃心が乱れて落ち着かない場合は静坐するのがよい。書物を読むのがいやになったら、ともかく書物を読んでみるのがよい。これも対症療法である」②

汉文训读译文：

　　日間の工夫、紛擾を覚えば、すなわち静坐せよ。書を看るに懒きを覚えば、すなわち且く書を看よ。これまた病に因りて薬するなり。③

　　冈田武彦选取的语录具有代表性，译文平易近人，便于理解。但相较于语录的翻译，他更侧重于语录的思想诠释方面。

　　在第一个语录中，冈田武彦阐述静时的修行对动时的修行没有帮助，但动时进行克己的修行，就会通过动与静的平衡获得内心的安定。这就是王阳明讲求在事上磨炼的缘由。冈田武彦补充说，北宋禅师大慧宗杲（1089—1163）和日本僧人白隐（1685—1768）也都摒弃静处修行，主张动处修行，按照他们的说法是因为动处的修行比静处的修行困难百千倍，所以相较于宋学的主静，"事上磨炼"之说是阳明学的一大特色。

　　在第二个语录中，冈田武彦阐述王阳明在龙场悟道后，向弟子们讲解静坐悟道的要领，但发现弟子们静坐时反而容易心思散乱，因此后来反其道而行之，劝他们实地修行、事上磨炼。冈田武彦称赞这种逆向疗法非常符合王阳明对症下药、因人施教的教学理念。

------

　　① 　王守仁：《王阳明全集（新编本）》第一册，吴光、钱明、董平、姚延福编校，浙江古籍出版社2010年版，第12页。

　　②③ 　岡田武彦：『王陽明全集抄評釈』下、明德出版社2006年、第243頁。

冈田武彦选取这 2 条语录进行翻译，并诠释了"遇事需磨炼自己"和"比起静坐更重要的是实地修行"是阳明思想中"事上磨炼"的真正含义。

本书认为冈田武彦的《王阳明全集抄评释》有 3 个特点。其一，该译本以语录翻译为基础，不过更侧重对阳明思想的理论特质和思想意义进行全面总括，进而深入剖析阳明思想的内涵，挖掘出其更为深刻的普适性价值。其二，该译本拓展了研究范围，它并非局限于单一的文本，而是根据主旨内容精选了涵盖《传习录》在内的《王文成公全书》中的相关语篇，并进行了条目式分类和精准翻译，这种方式使得读者能够更加系统清晰地理解阳明思想。其三，该译本不仅详尽细致地列举了阳明学相关的中日两国学者的诸多论著，为读者提供了丰富的参考资料，而且还特别介绍了陈荣捷的《传习录》英译本以及狄百瑞于 1970 年出版的《明代思想中的个人与社会》(*Self and Society in Ming Thought*)。可见，冈田武彦拥有广阔的国际视野，他将西方世界有关阳明学的研究成果也归入到自己的研究范畴之内，充分展现了其对阳明学研究的全球性关注和跨文化的研究思路。

四、吉田和男之《复苏于现代的阳明学：读〈传习录〉》

吉田和男，大阪府池田市人，日本经济学家，前财务官僚，京都产业大学教授。吉田和男经济学背景出身，著述颇丰，其中与阳明学相关的有《樱树下的阳明学——作为活在现代的实践行为学》(1999)、《塑造日本人心性的阳明学》(2002)和《复苏于现代的阳明学：读〈传习录〉》(2020)3 卷(见图 6-5)。

吉田公平指出，现代日本之所以经济无法复苏、社会问题频发，正是因为日本人丧失了本属于自己的精神。而在孕育"日本人的精神"的思想体系中，阳明学对江户时期及以后的日本社会发挥了重要作用，所以他倡议现代日本应以"心学"为最重要的教义，以"知行合一""格物致知""致良知""万物一体"等思想为指引，重新构筑"日本人的精神"，而这也是吉田公平撰写《复苏于现代的阳明学：读〈传习录〉》的初衷。

《复苏于现代的阳明学：读〈传习录〉》共有上中下 3 卷。

图 6-5　吉田和男之《复苏于现代的阳明学：读〈传习录〉》封面

上卷以《传习录》上卷的内容为主。吉田和男先是解释了阳明学的特点以及《传习录》的成书经过，接着从"格物""良知""心即理""天理人欲""知行合一""事上磨炼""万物一体之仁"等 7 个方面，探究《传习录》如何与现代社会应用相结合，最后探讨了阳明学在当代日本的社会价值与实践意义。

中卷围绕《传习录》中卷展开。吉田和男认为中卷内容是王阳明教育活动开始活跃，阳明学逐渐走向成熟的时期。该时期的语录思想逻辑清晰，且内容与日本平时所惯用的西方式逻辑性思维取向略有不同，是学习阳明思想的最佳选择。语录择取包括《答顾东桥书》《答周道通书》《答陆原静书》《答欧阳崇一》《答罗整庵少宰书》《答聂文蔚书》《训蒙大意示教读刘伯颂等》《教约》等。

下卷围绕《传习录》下卷内容进行解读。吉田和男以被现代日本人遗忘的"心"的修养为主轴，探索现代生活的行为学，进而探讨开辟新时代的心学世界。语录择取包括陈九川所录、黄以方所录、黄修易所录、黄省曾所录和《大学问》《示弟立志说》。

吉田和男没有对《传习录》进行直接翻译，而是将《传习录》语录内容穿插于阳明思想的阐释中，同时标注了《传习录》原文条目的序号，以便读者查阅原文。他将《传习录》定位为警世、实践之书,故在语录择取和思想诠释上也更侧重思想与社会实践应用的结合。

第二节　阳明学研究在日本的最新学术动态

进入 21 世纪以来,仍有一批坚持不懈的日本学者在持续推动阳明学的研究与发展。具有代表性的论著有中田胜的《"阳明学"解义》(2001)、立米泽女子短期大学教授荻生茂博(1954—2006)的《近代·亚洲·阳明学》(2008)、吉田公平的《日本近世的心学思想》(2012)、林田明大的《评传·中江藤树:日本精神的源流·日本阳明学的始祖》、福冈教育大学教授鹤成久章(1966—)的《明代儒教思想研究——阳明学·科举·书院》(2023)等。

本书通过中国的数字王阳明资源库全球共享平台①,日本的国立国会图书馆在线数据库②、KAKEN 科研经费资助项目数据库③和美国的 Web of Science 数据库④等平台,对日本学者的阳明学学术研究成果进行了全面考察。

为考察最新学术动态,本书将检索时间限定于令和时期,以"阳明学"或"传习录"为关键词进行检索。

---

①　数字王阳明资源库全球共享平台(https://www.e-yangming.com/index.html)是一个以阳明文化典籍文献为核心的数据库,收录古今中外与阳明文化相关的古籍、图书画册、研究报告、期刊文章、学位论文、影像等文献资料,是基于对阳明文化文献的普查、研究与整理开发建设的国际化文献共享数据库。

②　国立国会图书馆在线数据库(https://ndlonline.ndl.go.jp)是一个可以检索日本国立国会图书馆的收藏资料以及国立国会图书馆可用的数字内容,并开展各种申请服务的平台。

③　KAKEN 科研经费资助项目数据库(https://kaken.nii.ac.jp/ja/index)是一个可以检索日本学者的研究课题的数据库。该数据库是由日本文部科学省及日本学术振兴会协作建立,包含科研项目立项、研究成果概要(包括研究实施状况报告书、研究实绩报告书、研究成果报告书概要)、研究成果报告书、自我评价报告书等数据。由于该项目资助涉及所有学科领域,所以可以依据该数据库检索日本所有领域的最新课题研究成果。

④　Web of Science 数据库(https://webofscience.clarivate.cn)是一个涵盖了农业、生物科学、工程学、人类学、法律、经济、管理、商业、教育等诸多研究领域的外文期刊、会议和著作等文献信息的数据库。

自 2019 年起,日本学者共出版阳明学相关学术著作近 40 部,除了《与近代日本一起变化的阳明学》(2019)、《幕末和阳明学》(2022)、《近代日本的学术和阳明学》(2023)等研究日本阳明学思想演变的专著外,其他 20 余部作品主要围绕阳明学者中江藤树、熊泽蕃山、山田方谷、吉田松阴、大盐中斋、佐久间象山、涩泽荣一、三岛由纪夫的思想学说展开。

日本学者发表的阳明学相关论文有 100 余篇,主要内容包括阳明学思想研究、日本的阳明学者思想研究、中国的阳明后学研究以及阳明学著述的书评类文章。其中,对中国阳明后学的研究对象包括了王畿、邹守益、刘宗周、湛若水(1466—1560)、罗汝芳(1515—1588)、刘元卿(1544—1609)、黄宗羲(1610—1695)、李贽、冯少墟(1557—1627)等,书评中有对中国著名儒学研究家陈来(1952—)的《有无之境:王阳明哲学的精神》的介绍。可见,日本的阳明学研究者除了深入研究王阳明思想外,还关注着阳明思想在中国的传承和演变过程,对当代中国学者的阳明学研究也多有涉猎。另有实证考察研究,包括对王阳明铜像、明代画家蔡世新所绘制的阳明先生小像、江苏省阳明后学讲学遗迹考察以及翻译《传习录》的美国传教士亨克(又译为恒吉)的行迹考察。在 Web of Science 数据库上,本书以"Yangming"或者"Chuanxilu"进行检索,发现共有相关论文约 260 篇,但未找到由日本学者撰写的英语论文。

另外,通过 KAKEN 科研经费资助项目数据库检索,可知 2019 年及以后立项的研究课题共有 8 项,具体见表 6-2。

表 6-2　2019 年起以"阳明学""传习录"为关键词的 KAKEN 科研经费资助项目

课题名称	负责人	关键字	研究主旨	研究时期
方法论意义上的近代阳明学——再论日本及东亚近代思想史	立命馆大学古文英	池田草庵/山田方谷/三岛中洲/儒学思想/阳明学/朱子学/日本思想史/幕末维新期	以中国近代阳明学的发展及近代西方各国思想对阳明学的接受情况为参照,分析与此相关联的日本近代阳明学的发展走向。并以此为基础,探讨对社会主义运动、基督教等诸多近代思想产生重要影响的近代阳明学思想,从而重新考察日本近代的儒学思想形象。	2019—2021
近世社会中江藤树形象的形成研究	多摩大学高桥恭宽	书简/藤树学派/中江藤树/儒学/江户儒学/近世教育思想史/儒学思想/日本阳明学/日本儒学/阳明学/藤树学/日本思想史	研究江户前期儒学家中江藤树的主要著作,以及以其名义编著的训诫书在当时日本社会的接受情况。同时,分析通过这些书籍和其他各种形式接触到中江藤树教诲而创立的"藤树学"的学派思想,深入探究近世日本中的中江藤树形象。	2019—2023
阳明学派的三教合一思想与帝王政治研究	大谷大学岩本真利绘	高皇帝御制文集/杨起元/出版/嘉靖/版本/明代/洪武帝/祖制/中国/万历	明代后期,受阳明学影响的部分思想家将明太祖视为三教合一思想的集大成者。课题把阳明学派刊印的明太祖文集《御制文集》作为研究对象,细致探究其出版过程、编纂者信息以及彼时的政治情形,进一步阐明在明代后期对明太祖形象的构建方式,三教思想怎样结合朝廷政策,同时论及明末时期三教合一思想的昌盛与当时皇帝政治倾向的关系。	2019—2023

续表

课题名称	负责人	关键字	研究主旨	研究时期
幕末维新时期阳明学者吉村秋阳与吉村斐山未刊登文稿的翻刻与研究	活水女子大学荒木龙太郎	吉村秋阳/佐藤一斋/幕末维新期日本阳明学/王阳明/刘念台/大桥讷庵/吉村斐山/格物致知	对阳明学者吉村秋阳及其子斐山未出版的文稿添加注释、进行翻刻,以此作为新素材与新观点,推动幕末维新时期日本阳明学研究的发展,并从全新视角深入探究阳明学在东亚的接受情况和发展态势。	2020—2023
"岭南心学"研究基础建构——为再论明代心学史	福冈教育大学鹤成久章	岭南心学/陈献章/湛若水/明代心学/阳明后学/书院/明代思想史	全面广泛收集整理岭南地区心学学者的相关资料,考察"岭南心学"的实际状况。与此同时,深入探究"岭南心学"思想家的思想活动及其心学思想的独特之处,从崭新的视角客观评判阳明学的地位,重新深入探讨明代心学史。	2020—2024
关于佐藤一斋和大盐中斋对阳明学的理解——以文献学研究为基础	早稻田大学永富青地	大盐中斋/佐藤一斋/安冈正笃/阳明学/大盐中斋批注《大学》/《薛王二先生教言》	通过对江户后期儒学家佐藤一斋和大盐中斋的著作(包括未刊发文献)的文献整理和思想分析,全面考察他们对阳明文献的收集、校勘以及阳明思想研究,进而证实两者在对阳明思想的理解和对阳明学的研究方法上的完美继承关系。	2021—2024
"新安理学"的解构——对中国近世程朱阙里思想变迁的历时考察	东洋大学小路口聪	新安/《新安理学先觉会言》/阳明学/朱子学/讲学/阳明后学/新安理学/徽学/程朱阙里/考证学	以反映16世纪中期新安思想活动实况的《新安理学先觉会言》为文献基础,从时代性和思想性双重角度开展个案研究,考察形成宋元明清时期新安理学的思想特质,并以此为基础考察中国近世思想的本质。	2021—2025

续表

课题名称	负责人	关键字	研究主旨	研究时期
近代东亚阳明学相关书籍的网络与学术知识的思想史研究	立命馆大学古文英	阳明学/近代儒学/山田方谷/池田草庵/三岛中洲	着重于阳明学相关书籍的网络传播，以共时思想空间的视角深入挖掘东亚地区学术知识之间的相互关系，并从清代考证学、西洋近代学术观等宏观视野出发，重新剖析近代东亚学术知识体系的形成。	2023—2028

从 2019 年起立项的科研项目中，我们可以看到，日本学者以中日阳明学的文献资料以及日本阳明学者的研究著述为基础，致力于挖掘中日两国阳明学学术史的发展脉络与学术内涵，有力地推动了阳明学在当代日本社会的发展。

其中，笔者最关注的是早稻田大学教授永冨青地（1961—）的研究成果。永冨青地一直致力于王阳明文献整理研究，共主持相关科研项目 8 项，其中与《传习录》直接相关的课题有《关于江户时代阳明学资料的流入及其影响研究》《阳明后学著作文献学研究》《邹守益著作文献学研究》和《中国思想文献在近世日本社会的传入及其流通——以新儒教和医学思想文献为中心》。他在北京大学学习交流期间，受到当时担任北京大学教授陈来的影响，开始从事王阳明研究。他从文献入手，全面梳理了王阳明著作的编纂过程、出版传播情况以及现存版本的体系渊源。他于 2007 年出版的《王守仁著作的文献学研究》是当前从文献学角度全面考察阳明学文献的第一部专著，该书的附录中收录了他新发现的王阳明佚文、佚诗及《王阳明全集》未收序跋等，共计约 20 万字。

小　结

阳明学主张，人心本然之体原本理应是以天地万物为一体的。然而，在现实状况里,人心往往由于受到物欲的遮蔽,从而衍生出了私我的意识,把自我与他人以及万物分隔开来。鉴于此,若要让心之本体得以恢复,达至万物一体的至仁之境界,其根本之法便在于摒除私欲,实行"拔本塞源"式的变革。

正因如此,平成时期及以后的《传习录》日译者和日本阳明学研究者,更重视宣扬阳明学思想中的非功利主义特质以及更为纯粹的精神作用。他们深刻地意识到,越是处于物质文明高度发展的时期,就越应讲求阳明思想中"仁者以天地万物为一体,莫非己也……君子之学,为己之学也。为己故必克己,克己则无己"[①]的"为己""克己"和"无己"之道,从而实现道德层面的自我完善;而且,越处于这样的和平时代,就越应当清醒地认识到阳明学所蕴含的学术力量和社会价值,提升自身的思想修养,重新塑造日本国民精神,才能更好地应对 21 世纪复杂多变、充满挑战的国际环境。

---

① 王守仁:《王阳明全集(新编本)》第一册,吴光,钱明,董平,姚延福编校,浙江古籍出版社 2010 年版,第 289 页。

第七章

《传习录》日译本的特征研究

1712 年,《传习录》第一部日注本《标注传习录》问世,现日本已有将近 40 个译注本。在这漫长的发展进程中,就大环境而言,日本本国的社会、经济、文化、语言文字以及国际环境都发生了巨大变化,因此《传习录》的译注本风格迥异。从译注者个体的角度来说,其文化背景、社会身份各不相同,他们在各自不同的社会文化背景之下,充分发挥出独特的个人主动性,创作出风格多样的译注本,让阳明思想得以实现多层次、多角度的多样化阐释,从而绽放出绚烂多姿的光彩。

本章通过对《传习录》日注本、日译本进行整理、校勘、考证与分析,从典范底本、文体风格、译者特性以及学术价值这 4 个角度,对《传习录》在日本的发展特征展开探讨。在此基础之上,本书通过自建"王阳明《传习录》多语平行语料库",运用语料库研究方法,来对比考察《传习录》日译本的语言特征和翻译风格。

第一节 《传习录》日译本的典范底本

1572 年,《王文成公全书》出版,全书共 38 卷,《王文成公全书》汇聚了阳明学的全部重要文献,呈现了一个完整而系统的阳明学学说体系。其中卷 1 至卷 3 的《语录》部分分别对应《传习录》的上中下 3 卷。17 世纪初,《传习录》等传入日本,17 世纪中叶,日本的印刷业迎来了繁荣时期,教育事业也展现出了蓬勃的发展态势。这一时期,以《传习录》为代表的多部阳明学经典著作的和刻本得以刊印并发行于世,促进了阳明学在日本的传播与影响。然而,随着三轮执斋《标注传习录》与佐藤一斋《传习录栏外书》的出现,这两个注本迅速在日本社会赢得了广泛的认可与推崇。因此,在接下来的时间里,日本社会主要以这两个注本作为《传习录》的主要流布形式,《王文成公全书》也因此在江户时期一直未能得到刊印。

也正因如此,后来出现的《传习录》译注本很多以这两个注本为典范模板,其中包括东沢潟的《传习录参考》、东敬治的《传习录讲义》、安井小太郎的《传习录》、山川早水的《传习录:训注》、小柳司气太的《传习录》、汉学研究会的《王阳明传习录提纲》、小野机太郎的《现代语译传习录》、山田准的《传习录》、安冈正笃的《王阳明(上)》。而且,《传习录栏外书》也是基于《标注传习录》基础上的栏外注释,所以可以说《标注传习录》为日本阳明学的盛行注入了强心剂。

随着二战结束,阳明学在日本经历了长时间的沉寂。然而,自20世纪60年代起,日本学者们又再次燃起了对阳明学的研究热情,开展阳明学典籍译介活动。日本译者们对明治至昭和前期阳明学在日本的发展轨迹进行了深入的审视,他们意识到,尽管这段时期阳明学与日本的政治社会紧密相连,但也正是这种紧密的联系,使得阳明学在一定程度上偏离了其在中国本土的原始形态和思想精髓。基于这一认识,二战后的阳明学研究者在翻译《传习录》时,更倾向于选择以《王文成公全书》作为底本。

本书在深入比较各个译注本的过程中,也确实验证了这一变化趋势。以语录"爱曰:'先儒论六经,以春秋为史。史专记事。恐与五经事体终或稍异。'先生曰:'以事言谓之史,以道言谓之经。事即道,道即事。春秋亦经,五经亦史。易是包牺氏之史,书是尧、舜以下史,礼、乐是三代史。其事同,其道同,安有所谓异?'"[①]为例进行考察。

---

① 王守仁:《王阳明全集(新编本)》第一册,吴光、钱明、董平、姚延福编校,浙江古籍出版社2010年版,第11页。

　　图 7-1 至图 7-5 分别是 1602 年杨嘉猷刊行的《传习录》的和刻本、1712年三轮执斋的《标注传习录》、1830 年佐藤一斋的《传习录栏外书》、1936 年山田准和铃木直治的《传习录》及 1961 年近藤康信的《传习录》。三轮执斋以杨嘉猷和刻本进行标注，佐藤一斋以《标注传习录》为底本进行栏外注释，山田准和铃木直治的《传习录》是二战前的最后译本，自述以《标注传习录》为翻译底本，近藤康信的《传习录》是二战后的第一个译本，自述以《王文成公全书》为翻译底本。

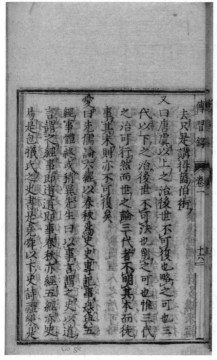

图 7-1　杨嘉猷之《传习录》语录示例

　　经过比较能够发现，该语录中的几个译注本之间的差别就在于"詩"字的有无。杨嘉猷的《传习录》是"书是尧舜以下史诗礼乐是三代史"[①]，三轮

―――――――――――――

①　王守仁：《传习录》，杨嘉猷刻本 1602 年，第 16-17 页。

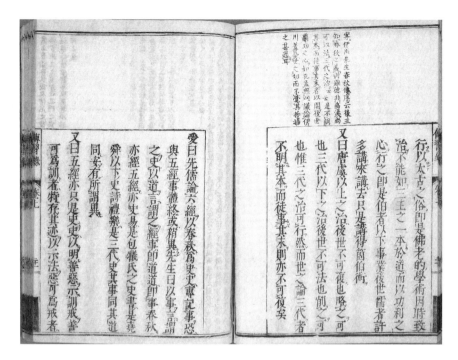

图 7-2　三轮执斋之《标注传习录》语录示例

执斋是"書是堯舜以下史詩禮樂是三代史"①,佐藤一斋亦是"書是堯舜以下史詩禮樂是三代史"②,山田准和铃木直治的译文是"書は是れ堯・舜以下の史、詩・禮・樂は是れ三代の史なり"③,以上版本都有"詩"字。但与此相对,近藤康信译为"書は是れ堯・舜以下の史、禮・樂は是れ三代の史なり"④,与《王文成公全书》语录原文"书是尧、舜以下史,礼、乐是三代史"⑤内容一致,没有"詩"字。

二战后以《王文成公全书》为底本的译注本,比如中田胜的《传习录诸注

①　三輪執斎:『標注伝習録』上、積玉圃 1712 年、第 21 頁。
②　佐藤一斎:『伝習録欄外書』上、啓新書院 1897 年、第 10 頁。
③　山田準、鈴木直治:『伝習録』、岩波書店 1997 年、第 39 頁。
④　近藤康信:『伝習録』、明治書院 2003 年、第 65 頁。
⑤　王守仁:《王阳明全集(新编本)》第一册,吴光,钱明,董平,姚延福编校,浙江古籍出版社 2010 年版,第 11 页。

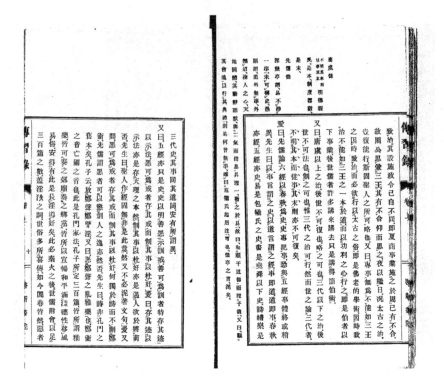

图 7-3　佐藤一斋之《传习录栏外书》语录示例

集成》、山下龙二的《传习录》、沟口雄三的《传习录》、岛田虔次的《王阳明集》等都没有"詩"字。大西晴隆、中田胜的《语录》中,中田胜还对"詩"进行了特别注释,"执斋本、一斋本,在'礼'字之前均有'诗'字,今特补之"(见图 7-6)。"詩"字的有无,虽看似微不足道,但却明显印证了《传习录》在日本的翻译底本经历了"杨嘉猷和刻本《传习录》—三轮执斋日注本《标注传习录》—谢廷杰《王文成公全书》"的演变过程。

另外,关于该语录条目的注释和解析也日趋深刻。三轮执斋和佐藤一斋无标注,山田准和铃木直治简单解释了"五经"和"包栖氏"的内容,近藤康信不仅对词语"先儒""事体""五经""道""包栖"的意思予以解释,而且在其"余論"中,近藤康信阐述道,在六经中,《春秋》被认为与其他书籍存在差异是该语录的讨论核心,王阳明站在"事即道,道即事"的立场,回答《春秋》与

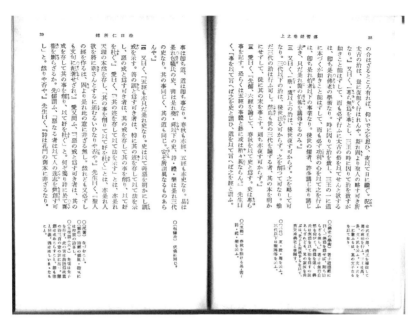

图 7-4 山田准和铃木直治之《传习录》语录示例

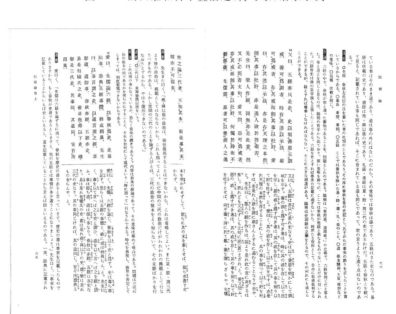

图 7-5 近藤康信之《传习录》语录示例

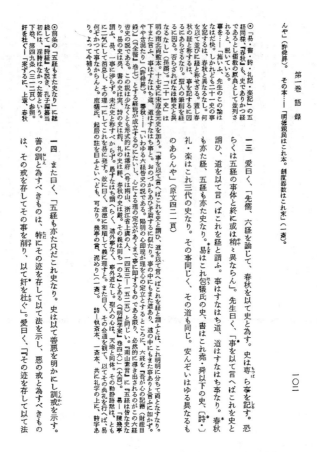

图 7-6　大西晴隆、中田胜之《语录》语录示例

其他五经并无不同，六经皆相同，王阳明将"事"与"道"同等看待，此观点意义深远。近藤康信又补充道，清代章学诚（1738—1801）也主张六经皆是史，认同王阳明的史即是经的观点。由此能够看出日本学者对《传习录》的研究日益深入，《传习录》的译者们从最初单纯的注释翻译，逐步在思想阐释方面有了更多的个人发挥。

　　沟口雄三解释说，在江户时期，日本并未刊行《王文成公全书》，彼时日本社会中广为流传的主要是三轮执斋的《标注传习录》与佐藤一斋的《传习录栏外书》，直至明治 30 年之后，《王文成公全书》方得以在日本刊印问世。可以说，日本过去其实并不是对中国的阳明学感兴趣，而只对日本式印象中的阳明学感兴趣,所以作为《传习录》的海外学习者,日本学者与读者应当认识到,中日两国在阳明学的理解与应用上,确实存在着诸多不容忽视的差异与分歧。沟口雄三也明确提出,要了解王阳明,理解真正的本土阳明思想,必须阅读《王文成公全书》。

总之,《传习录》典范底本从日注本《标注传习录》到汉文原典《王文成公全书》的这一转变并非偶然,而是日译者在长期的研究和实践中,逐渐认识到原典的不可替代价值以及其对于准确传达阳明思想的重要性。他们以更加严谨和敬畏的态度对待原典,力求通过对原典的深入研读和精准翻译,还原阳明学的本真内涵。这种转变体现了《传习录》日译者对原典的尊重、历史的反思和思想的进步,因此读原典、译原典、释原典逐渐成为二战后《传习录》译介、流布和传播的主流方式。

第二节 《传习录》日译本的文体风格

江户时期的日语文体包含白文、和文体、宣命体以及汉文训读体等。起初,《传习录》是通过添加"训点"来直接进行训读。而后在保持汉文语序结构的状况下,转变为日语文体来加以表达的汉文训读译文。但是,这种方式对于普通日本人而言,在阅读上仍然存在很大的困难。故而,后来出现的《传习录》译本开始省去"训点",融入和文体,调整成更契合日本人话语体系的和汉折衷体。紧接着,随着"言文一致运动"的推进,《传习录》译本也朝着更加口语化的表达方向发展。二战结束后,日本政府推行国语改革,日语文章通常以口语体撰写为主。但是,一些《传习录》译者出于对汉文原典的尊重和对文体风格多样性的追求,选择了在同一译本中融入两种或两种以上不同的文体表达方式,比如近藤康信译本、洪樵榕译本、冈田武彦译本、守屋洋译本、吉田公平译本等就是如此。

本书以吉田公平《传习录》的"天泉桥问答"语录为例,进行句对齐操作后,试分析译文的不同文体特点(见表 7-1)。

第一种通过"训点"进行汉文训读。

第二种是依照汉文语序翻译的汉文训读译文，是日语文言文语法的表达风格，尊重汉籍语义，用词精炼，结构相对工整，富于韵律，对古典语法有深厚基础，并想要追根溯源了解《传习录》原典的读者颇为适用。

表 7-1　吉田公平之《传习录》语录示例

原文	汉文训读	汉文训读译文	现代口语体译文
既而日：已后与朋友讲学，切不可失了我的宗旨	既而曰、已後、与二朋友一講レ学、切不レ可三失二了我的宗旨一	既にして曰く、已後、朋友と学を講めて、切に我の宗旨を失（了）う可からず。善無く悪無きは、是れ心の体	しばらくしていう、今後、友人と学問をきわめるときには、是非ともわたしの主旨を見失ってはいけない
无善无恶是心之体，有善有恶是意之动，知善知恶的是良知，为善去恶是格物，只依我这话头随人指点，自没病痛	無レ善無レ悪、是心之体。有レ善有レ悪、是意之動。知レ善知レ悪、是良知。為レ善去レ悪、是格物。只依二我這話頭一、随レ人指点、自没二病痛一	善有り悪有るは、是れ意の動。善を知り悪を知るもの、是れ良知。善を為し悪を去るは、是れ格物。只我の這の話頭に依りて、人に随いて指点せば、自より病痛没し	善も悪もないのが、心の本体なのです。善悪が結果するのが（心が）意として発動した場です。善悪を判断するのが、良知です。善を実現し悪を排除することが、主客関係を正すということです。わたしのこの主張に基づいて、人の素質を勘案して指導したならば、おのずと弊害は起こらないでしょう

续表

原文	汉文训读	汉文训读译文	现代口语体译文
此原是彻上彻下功夫	此原是徹上徹下功夫	此れ原是れ撤上撤下の功夫なり	これはもともとあらゆる素質の人の努力すべきことなのです
利根之人，世亦难遇，本体功夫，一悟尽透	利根之人、世亦難レ遇。本体・功夫、一悟尽透	利根の人は、世に亦遇い難し。本体・功夫、一たび悟りて尽く透るは	素質のすぐれた人は、世の中にめったにいないものです。本体を覚悟することだけが努力することで、一気に開悟したならば何もかもつきぬけられる、などというのは
此颜子、明道所不敢承当，岂可轻易望人	此顔子・明道、所レ不二敢承当一。豈可二軽易望レ人	此れ顔子・明道、敢えて承当せざる所なり。豈軽易に人に望む可けんや	顔回や程明道でさえも進んで引き受けようとしなかったことなのですから、決して軽率に人々に要望してはいけません
人有习心，不教他在良知上实用为善去恶功夫，只去悬空想个本体，一切事为俱不着实，不过养成一个虚寂	人有二習心一、不レ教下他在二良知上一実用中為二善去レ悪功夫上一、只去懸空想二箇本体一、一切事為、俱不二着実一。不レ過三養二成一箇の虚寂一	人は習心有れば、他をして良知の上に在りて実に善を為し悪を去るの功夫を用いしめざれば、只去きて懸空に箇の本体を想いて、一切の事為は、俱に着実ならず、一箇の虚寂を養成するに過ぎず	人には（実際には）習心がしみついているのですから、良知を基点に着実に善を実現し悪を排除する努力をさせずに、人間の現実態から目をそらして本体（の完全さ）ばかりを考えさせるようでは、どんなことをしたって、ぜんぜん着実なものにはならずに、役たたずを養成するがおちだ

续表

原文	汉文训读	汉文训读译文	现代口语体译文
此个病痛不是小小,不可不早说破	此箇病痛、不ニ是小小一。不レ可レ不ニ早说破一	此れ箇の病痛は、是れ小小にあらず。早く説破せざる可からず」と	この弊害は小さいものではないだけに、一刻も早く述べないわけにはいかなかったのだ。」と
是日德洪、汝中俱有省	是日德洪・汝中俱有レ省	是の日、德洪・汝中俱に省みる有り	この日、銭德洪も王汝中も二人とも反省した

第三种是现代口语体译文,选词不追求工整,句式表达更自由。该译文更注重考虑读者的知识面和理解力,对汉学和儒学不甚理解的日本现代读者来讲是非常有善意的。在该语录中,吉田公平首先补充了汉语原文中省略的关系表达,如"ならば""というのは""ですから""たって""ずに""だけに"等,使译文语义连贯,逻辑清晰,通顺明达,保证了原文意思的准确传递。其次,吉田公平将"朋友""话头""承当""说破""悬空"对应译为"友人""主張""引き受ける""述べる""人間の現実態から目をそらす"等更符合现代日语口语的表达方式。不仅如此,吉田公平适当地使用了增译和补译,如将"颜子""明道""德洪""汝中"译为完整的人物信息"顔回""程明道""銭德洪""王汝中",或通过使用"( )"直接增补信息。最后,现代口语体译文还进行了改译,如将"格物"引申译为"主客関係を正す","病痛"引申译为"弊害",将"彻上彻下功夫"引申译为"あらゆる素質の人の努力すべきこと",体现了译者的再思考,实现了意义上的再构建。

这3种文体的改变,我们既可以直观地感受到日语语言表达上发生了巨大变化,也可以真切地体会到《传习录》日译者们为了能让读者理解中国儒学典籍所作的不懈努力。尤其是现代口语体,其在相当程度上摆脱了汉文原典的语法束缚。它以更加贴近日本当代读者日常生活的语言表达习惯,对内容进行了重新诠释,提升了译文的可读性与流畅性,有力地推动了源自中国明代的阳明学说在当代日本的广泛传播,更好地促进了中国儒学思想在不同语言文化间的跨时空交流。

第三节 《传习录》日译本的译者特性

译本的风格与当时的社会环境以及语言文体密切相关,不过,译本的风格更是译者自身价值判断和价值取向的直观展现。译者的文化背景、社会身份以及翻译意识等都会对整个翻译过程产生直接影响。本节主要从译者在语录的选取、译者对思想的阐释,以及译者在副文本的运用 3 个方面来考察《传习录》日译本的译者特性。

一、译者在语录的选取方面

本书对《传习录》的日注本与日译本进行了详尽的分类与整理,《传习录》的日译本数量将近 30 个,其中,全译本约有 10 个。这些全译本不仅完整地保留了《传习录》语录的结构体系,还以高度的忠实性和完整性再现了原典的精髓,全面深入地传递了阳明思想的智慧与魅力,具体包括东敬治的《传习录讲义》、小柳司气太的《传习录》、小野机太郎的《现代语译传习录》、山田准与铃木直治的《传习录》、近藤康信的《传习录》、山本正一的《传习录:王阳明语录》、沟口雄三的《传习录》、大西晴隆与中田胜的《语录》等。

其他近 20 个译本为选译本或者节译本。

有些译者基于对阳明学思想精髓的深刻领会与高度概括,特意拣选了那些最能体现阳明学核心观点与哲学精神的语录进行翻译,旨在以最为精炼的形式展现阳明学的核心要义,助力读者迅速把握思想脉络。例如,山田准于 1935 年出版的《传习录》,选取 81 个语录篇章,并进行了深入且细致的解读;洪樵榕在《传习录新讲》中,虽未对全书进行全译,却精准地捕捉到《传习录》上卷乃是阳明思想核心的价值体现,因而完整翻译了《传习录》上卷,并从《传习录》中卷和下卷中选取了对王阳明哲学思想进行补充说明的语录；吉田公平的《传习录》虽然仅仅包含了36条语录的翻译，然而其展现出的3种不同风格的翻译文体样式、完备的注释以及深刻的解说，都为读者理解和把握阳明学的核心思想提供了很大的帮助。

有些译者更为注重目标读者的特性与需求，通过有针对性的选译策略，让译本更贴合读者的实际需要。譬如，汉学研究会编纂的《王阳明传习录提纲》，意在成为学校的汉文补充教材，所以特别强化了"致良知"与"事上磨炼"等思想的翻译；守屋洋鉴于日本当代社会的现状，认为迫切需要引导人们摒弃私欲、回归本心，因而在其译本中着重突显了"拔本塞源"与"万物一体之仁"的思想；吉田公平在《传习录："阳明学"的真髓》一书中仅选译了《传习录》下卷语录，原因在于他觉得《传习录》下卷内容对于读者而言相对容易理解，并且最能体现"良知"的精髓；吉田和男的《复苏于现代的阳明学：读〈传习录〉》则从解决现代日本社会问题的视角出发，围绕心学教义，精心挑选《传习录》中的相关内容进行翻译，以唤醒现代"日本人的精神"。

此外，在实际的翻译进程中，还可能受到多种客观条件的限制，使得译者没有进行完整的翻译。例如尾崎忠治口述、吉本襄记录的《传习录讲义》仅翻译了徐爱录的部分；公田连太郎的《传习录注解》只是完整翻译了上卷语录部分。

译者们对《传习录》进行选译或节译的原因是复杂的。这些原因并非各自孤立，而是相互交织、相互影响的，但首先都是译者自主选择的结果。这些译者虽然没有完整地呈现《传习录》的全貌，但仍然凭借其独特的视角与深刻的见解，创作出了风格各异的译本，为阳明学在日本的传播与发展贡献了重要力量。

二、译者在思想的阐释方面

翻译《传习录》的日译者们，往往具备深厚的汉学底蕴与儒学造诣，加之日语中汉字的自然融入，使得他们在翻译过程中能够较大程度地避免误译与漏译的现象。而且,为了精准传达语录的深层含义,他们还会直接在译文中融入了诸多隐含信息的阐释,以增强译文的清晰度与完整性。

不仅如此,一些译者在翻译与注释《传习录》的基础上,还创造性地添加了"文脉"(上下文解析)、"発明"(阐释发挥)、"解説"(解释说明),以及"余論"(补充观点)等译者个人阐释部分。这些独特的见解与深入的思考,不仅丰富了译本的内涵,也展现了译者个人在翻译过程中的发挥与创造,为读者提供了更加多元、深刻的阅读体验。陈荣捷评价东敬治译本铺张较多,学术发明较少,造成这一评价的原因,除了译文篇幅长之外,东敬治撰写的"文脉"和"発明"内容过多也是重要因素之一。但是,《传习录》作为汉文原典,尽管当时已有诸如《标注传习录》《传习录栏外书》和《传习录参考》等评注本,但对于缺乏深厚汉文功底的一般日本民众而言,阅读起来依然存在着相当大的困难。在这样的情况下,东敬治开创式地进行细致翻译和详细解说,实际上是非常合理且有必要的。

另外,近藤康信、冈田武彦和吉田公平等译者在完成语录的翻译之后,也作了大量的补充阐释。他们通过这样的方式,进一步深化了读者对《传习录》的理解,为读者提供了更多的思考角度和解读方向。还有,山田准的《传习录》、守屋洋的《新释传习录:现代"阳明学"入门》和吉田和男的《复苏于现代的阳明学:读〈传习录〉》都是将《传习录》语录内容作为观点或者论据自然融入于他们对阳明思想的论述过程中。

特别值得一提的是,宫内默藏在《阳明学讲话》中,还制作了有关朱子学和阳明学的《三纲八目图》,并以此为依据,阐述了自己的 3 个观点(见图 7-7)。

第一,关于"亲民"和"新民"之辩。朱熹认为三纲中"亲民"是错误的,正确的应该是"新民",而王阳明则认为正确的应为"亲民"。宫内默藏认为,"新民"是指让人们去除过去的污点,使其德行焕然一新,背负着对对方负责的意思,"新民"和"明德"是可以分离的;与此相对,王阳明认为"亲民"是爱民,与"明明德"不可分离,中江藤树也认为"亲民"是"明德"的感受和表现,有德之人必能产生爱。

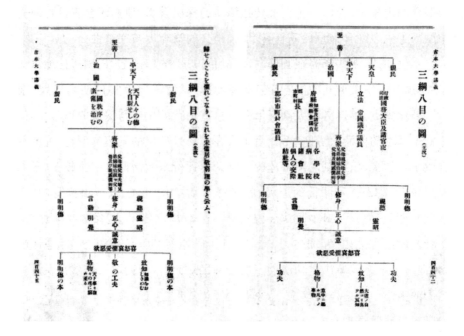

图 7-7 宫内默藏之《阳明学讲话》

第二，关于对"格物致知"的理解。宫内默藏阐述说，朱熹认为要先认清万物之理，然后才能去实践，否则实践就会变得毫无根据；与此相对，王阳明强调知行是同一的过程，知即行，行即知，两者是相互作用的不可分割的整体。

第三，宫内默藏在图中表示说，朱王学说第一层级都是"至善"，但在第二层级中，朱子学是"治国""平天下"，王阳明学说中除了包含"治国""平天下""亲民"之外，还包含了"天皇"。宫内默藏在书中并未就这点展开具体叙述，但他身为杂志《阳明学》的固定撰稿人以及吉本襄的盟友，这张《三纲八目图》也体现出他想要借助阳明学来维护日本国体，坚持天皇地位高于一切的政治思想。

宫内默藏所处的明治时期，正值西学盛行之时。深受中国"四书六经"、汉唐注疏、宋明清考证等东方思想熏陶的日本，在接纳西方思想的过程中，相较于穷究天下事物之理的朱子学,王阳明注重实践躬行的实用主义思想显然更契合当时复杂多元的日本社会。在宫内默藏制作的关于阳明学的《三纲八目图》中,体现了天皇在日本的绝对地位,其第三层级还涵盖了行政司法、立法、府县及市町村等政府管理机构,这也显示出他将阳明学思想的阐释与日本国情紧密结合,甚至直接借助阳明学为国家政治服务的意图。

《传习录》的译者们在思想阐释方面各有所长。在他们的译本中,既能看出他们深厚的学术功底、创造性的阐释能力、对原典的尊重与传承,以及对文化交流的积极推动,也能看到他们与本国的社会国情相结合,用阳明学思想来引导国民意识的一面,展现了译者们身为思想传播者所具备的强烈社会责任意识。

三、译者在副文本的运用方面

副文本概念来自法国叙事学家、文学理论家热奈特(Gérard Genette,1930—2018)。他指出:

> 所谓"副文本"指的是围绕文本的所有边缘的或补充性的数据。包括各种形式:与作者和编辑相关的(如标题、插图、题词、前言和注释);和媒体相关的(如作者的访谈,官方的概要);私人的(如通信、蓄意或非蓄意的秘闻)以及和文本生产与接受的物质手段有关的内容,如分段等。副文本与其说是一个界定清楚的范畴,不如说是一个有弹性的空间,它没有外部的边界或精确一致的内核。[①]

副文本是译本中不可或缺的一个组成部分,无论译本以何种媒介呈现,副文本都是不可或缺的。《传习录》日译本亦是如此,不同译本的差异只在

[①] 耿强:《翻译中的副文本及研究:理论、方法、议题与批评》,《外国语》2016 年第 5 期,第 105-106 页。

于副文本内容的厚重程度不同而已。

《传习录》日译本基本上都有序言，一般介绍阳明学思想、《传习录》价值和译者的翻译动机。其中，杉原夷山的《王阳明传习录》由井上哲次郎、三宅雪岭、服部宇之吉、高濑武次郎、远藤隆吉、鹿川渔人和杉原夷山本人等7人作序，是目前《传习录》译本中序言最多的。另外，一些译本如杉原夷山的《王阳明传习录》、汉学研究会的《王阳明传习录提纲》、大西晴隆和中田胜的《语录》与洪樵榕的《传习录新讲》等都附有王阳明肖像图，便于让日本读者直观感受王阳明的人物形象。还有，《传习录》日译本一般都有注释，对语录中出现的词汇、背景、引文等内容进行解释。部分译本后附索引，将《传习录》关键词和对应的页码进行整理和组织，方便读者快速找到所需信息，例如近藤康信作了非常细致的"用语索引"。

部分《传习录》的日译本还有一个副文本内容，即语录的标题命名。《传习录》原文并没有对语录进行主旨概括，但一些日译者对每个语录进行了主旨命名，使译文段落清晰，主题明确，帮助读者快速把握语录关键信息。早在1713年，川田雄琴在《传习录笔记》中就依据语录内容，命名为"立志是常""生知安行""欲于静坐""己私難克"等。杉原夷山的《王阳明传习录》选取语录的关键信息，命名为"心之本體""道心人心""心猶鏡""四句決"等。小野机太郎的《现代语译传习录》也进行了要旨概括，例如命名为"心即理""博文約禮""道心人心""三代の治"等。

但有趣的是，译者不同，对同一语录的标题命名也不一样，试举例说明。

原文：

　　爱问："'知止而后有定'，朱子以为'事事物物皆有定理'，似与先生之说相戾。"先生日："于事事物物上求至善，却是义外也。至善是心之本体，只是'明明德'到'至精至一'处便是。然亦未尝离却事物,本注所谓'尽夫天理之极,而无一毫人欲之私'者得之。"①

杉原夷山将该语录命名为"心之本體"(见图 7-8),小野机太郎则是"知止而後有定"(见图 7-9),而同时期,1916 年,《传习录》英译者——美国传教士、哲学与心理学教授亨克(Henke, Frederick G, 1876—1963)也进行了语录命名,标题为"The Highest Virtues are Innate"(见图 7-10),意为"至善是心之本体"。

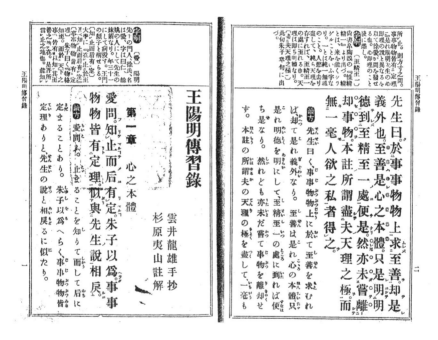

图 7-8 杉原夷山之《王阳明传习录》语录示例

这一现象反映了不同的《传习录》译者对于同一内容的主旨在理解层面上存在着一定的差异。然而,尽管理解有所不同,但他们的翻译工作都充分体现了译者的人文关怀,都是为了帮助读者能够迅速而有效地把握语录的

① 王守仁:《王阳明全集(新编本)》第一册,吴光、钱明、董平、姚延福编校,浙江古籍出版社 2010 年版,第 2 页。

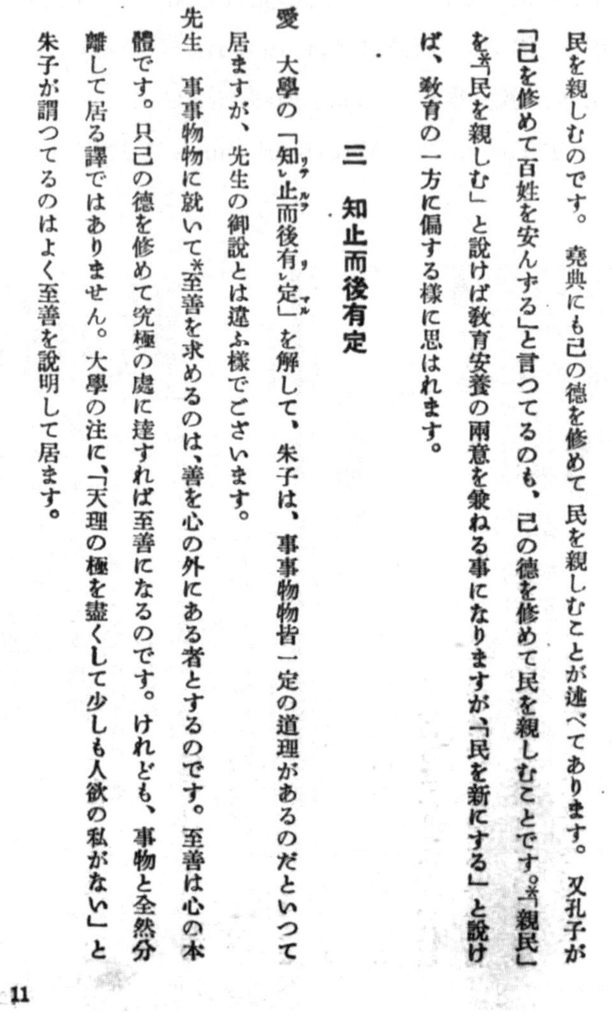

民を親しむのです。堯典にも已の徳を修めて、民を親しむことが述べてあります。又孔子が

「已を修めて百姓を安んずる」と言つてるのも、已の徳を修めて民を親しむことです。「親民」

を「民を親しむ」と説けば教育安養の兩意を兼ねる事になりますが、「民を新にする」と説け

ば、教育の一方に偏する様に思はれます。

三　知止而後有定

愛　大學の「知止而後有定」を解して、朱子は、事事物物皆一定の道理があるのだといつて

居ますが、先生の御說とは違ふ樣でございます。

先生　事事物物に就いて至善を求めるのは、善を心の外にある者とするのです。至善は心の本

體です。只已の德を修めて究極の處に達すれば至善になるのです。けれども、事物と全然分

離して居る譯ではありません。大學の注に、「天理の極を盡くして少しも人欲の私がない」と

朱子が謂つてるのはよく至善を說明して居ます。

11

图 7-9　小野机太郎之《现代语译传习录》语录示例

核心要旨，以最轻松的方式领悟到语录所传达的深刻内涵和重要意义，从而深入领悟阳明学的思想精髓。

《传习录》的日译者们通过序言、图像、解说、注释、评注、索引等多种类

型的副文本信息，补充不同语言和文化之间传播过程中的语言信息差异和文化背景信息缺失的问题，帮助日本读者尽可能地完整理解《传习录》的语义内容和思想内涵。在近 40 个译注本中，本书认为近藤康信译本的副文本信息最为丰富。全书共 633 页，包括王文成公肖像、例言、《传习录》解说、王阳明略传、学说概观、年谱略和门人表、近藤康信作的跋及重要术语索引表，每条语录均有详细注释及近藤康信的个人阐释。

and educating. In saying, 'To renew the people,' one becomes conscious of error."

The Highest Virtues are Innate

I made inquiry regarding the saying from the Great Learning, "Knowing where to rest, the object of pursuit is determined."[12] "The philosopher Chu," I said, "held that all affairs and all things have definite principles. This appears to be out of harmony with your sayings." (3)

The Teacher said: "To seek the highest virtue in affairs and things is only the objective side of the principles of righteousness. The highest virtues are innate to the mind. They are realized when the manifesting of lofty virtue has reached perfection. Nevertheless, one does not leave the physical realm out of consideration. The original notes say that the individual must exhaust heaven-given principles to the utmost and that no one with any of the prejudices of human passions will attain to the highest virtue."

I made inquiry saying, "Though the highest virtue be sought within the mind only, that may not enable the individual to investigate thoroughly the laws of the physical realm."

The Mind is the Embodiment of Natural Law

The Teacher said: "The mind itself is the embodiment of natural law. Is there anything in the universe that exists independent of the mind?[13] Is there any law apart from the mind?"

I replied: "In filial obedience in serving one's parents, or faithfulness in serving one's prince, or sincerity in intercourse with friends, or benevolence in governing the people, there are many principles which I fear must be examined."

The Teacher, sighing, said: "This is an old evasion. Can it be fully explained in one word? Following

[12] Great Learning, Introduction, ¶ 2.
[13] May in modern terminology best be translated "experience."

图 7-10　亨克之《王阳明传习录》语录示例

第四节 《传习录》日译本的学术价值

《传习录》的日注本与日译本，早期通常是以单行本的形式刊行，到了20世纪，则被广泛收录于日本的各类丛书或全集之中。本书按照汉文汉籍、哲学思想、名著鉴赏、教育教养以及原著者/译介者全集等5个类别对收录于系列丛书或全集的《传习录》译注本进行了分类，并整理列表如下（见表7-2）：

表 7-2 《传习录》日译本系列丛书或全集分类表

类别	姓名/书名	丛书/全集名称及卷号	出版社	出版时间
汉文汉籍系列丛书	三轮执斋述、川田雄琴记/《传习录笔记》	"汉籍国字解全书"第16卷	早稻田大学出版社	1911
	安井小太郎/《传习录》	"汉文大系"第16卷	富山房	1913
	小柳司气太/《传习录》	"汉文丛书"第14卷	有朋堂书店	1919
	龟井一雄/《传习录》	"圣贤遗书新释丛刊"第13卷	金鸡学院	1931
	山田准/《传习录》	"说汉籍丛书"第9卷	大东出版社	1935
	近藤康信/《传习录》	"新释汉文大系"第13卷	明治书院	1961
		后又被收录于"新书汉文大系"第22卷	明治书院	2003
哲学思想系列丛书	小野机太郎/《现代语译传习录》	"中国哲学丛书"第12卷	新光社	1923
	安冈正笃等/《王阳明（上）》	"阳明学大系"第2卷	明德出版社	1972
	中田胜/《传习录诸注集成》	"阳明学大系"别卷	明德出版社	1972

续表

类别	姓名/书名	丛书/全集名称及卷号	出版社	出版时间
名著鉴赏系列丛书	安冈正笃/《传习录》	"中国古典新书"第69卷	明德出版社	1973
	沟口雄三/《传习录》	"世界的名著"续4	中央公论社	1974
	岛田虔次/《王阳明集》	"中国文明选"第6卷	朝日新闻社	1975
	吉田公平/《传习录》	"鉴赏中国的古典"第10卷	角川书店	1988
教育教养系列丛书	山下龙二/《传习录》	"世界教育宝典"之《中国教育宝典·下》	玉川大学出版部	1972
	吉田公平/《传习录:"阳明学"的真髓》	"橘教养文库"第9卷	橘出版社	1995
原著者/译介者全集	东沢潟/《传习录参考》	《沢潟先生全集》上卷	川冈事务所	1891
	大西晴隆、中田胜/《语录》	《王阳明全集》第1卷	明德出版社	1983
	冈田武彦/《王阳明全集抄评释》	《冈田武彦全集》第6~7卷	明德出版社	2006

首先,《传习录》作为中国经典的汉文汉籍典籍,被收录于"汉籍国字解全书""汉文大系""汉文丛书""圣贤遗书新释丛刊""说汉籍丛书""新释汉文大系""新书汉文大系"7种系列丛书中。

《传习录》作为王阳明阐述其思想的中华优秀典籍,本身就具备很高的汉学价值。宁波广播电视大学余姚学院副教授华建新(1952—)在《〈传习录〉的文学价值初探》中,认为《传习录》有以下3个特点。一是主旨集中,结构相对较完整,语录体散文论证严密;二是注重人物的形象刻画,《传习录》中充分展现了王阳明作为一代心学大师的狂者性格,但又随和豁达、幽默风趣的亲切形象;三是善于用比,王阳明善于用比喻论证其心学思想,喻体意象丰富，寓意深刻，充分体现了心学思想的大众化特色。① 另外，《传习录》本身引经据典，通过对《传习录》的研读，对理解中国的《论语》《孟子》《中庸》《易经》《史记》《书经》《大学》《二程全书》《近思录》《大学或问》《大学章句》等汉文典籍原义及儒学思想流变都大有益处。

其次，王阳明是一位杰出的思想家、哲学家。《传习录》作为王阳明思想的核心哲学著作，涵盖了王阳明的主要哲学思想与重要主张，是对中国儒家理论的创造性传承与创新性发展。宋元以后，朱子学成为儒家学说的权威与正统思想，而《传习录》突破了当时占据主流地位的朱子学理论框架，重新构建了以"心即理""致良知""知行合一""事上磨炼"和"万物一体观"等为基本范畴的思想体系，无疑在儒家学说内部掀起了一场深刻变革。

随着阳明学研究的不断深入以及《传习录》多个译本的问世，日本学者不再局限于对原文的注释和翻译，而是投入更多精力系统阐释阳明思想的精髓及其哲学架构。其中，有 3 个译注本被纳入日本的哲学思想系列丛书，即小野机太郎的《现代语译传习录》被收录于"中国哲学丛书"第 12 卷，安冈正笃等的《王阳明（上）》和中田胜的《传习录诸注集成》被收录于"阳明学大系"系列丛书。《传习录》作为阳明思想的代表性著作，为日本学界和民众打开了了解阳明心学的窗口，使得日本学者和读者能够深入了解中国传统哲学，尤其是宋明新儒学中的心学体系，丰富了日本哲学的思想资源。通过《传习录》日译本在日本社会的广泛传播，其所传达的哲学思想，对日本民众的价值观、道德观和行为方式产生深远影响，进而在一定程度上塑造了日本社会的哲学思维和文化观念。

再次，《传习录》作为出色的文学作品，其日译本也因此被收录进日本的 4 个系列丛书之中，分别是"中国古典新书""鉴赏中国的古典""中国文明选"以及"世界的名著"。

"中国古典新书"是明德出版社自 1967 年起着手组织出版的 100 卷系

---

① 华建新：《〈传习录〉的文学价值初探》，《宁波大学学报》2011 年第 1 期，第 43-47 页。

列丛书。明德出版社于 1954 年在安冈正笃的主导下创立,其办社宗旨就是出版儒教相关书籍,传播东洋思想文化,以使其在当代社会发挥作用。"中国古典新书"系列丛书不仅包括广为人知的中国经典名著,还包括在日本相对较少见的《汉书·艺文志》《食经》《大同书》《伊川击壤集》《玉烛宝典》《幽梦影》等。另外比较引人注目的是该丛书中有较多明代的书籍,包括《呻吟语》《阴骘录》《五杂俎》《陈白沙集》《食物本草》《明夷待访录》,甚至还有明末来中国的意大利天主教传教士利玛窦(Matteo Ricci,1552—1610)撰写的《天主实义》。可以看出,除传统的"四书五经"之外,处于中国封建社会后期的明代优秀典籍也被日本学者所关注,这一点也充分展现出"新书"的特质。

"世界的名著"是中央公论社于 1966 年至 1976 年发行的 81 卷系列丛书。丛书收录婆罗门教典、佛教经典、中国诸子百家经典书籍、西方思想家学说以及政治经济科学艺术等多个领域的名人论著。"中国文明选"由朝日新闻社组织出版发行,具体包括《资治通鉴》《苏东坡集》《朱子集》《近思录》《王阳明集》《顾炎武集》《戴震集》《革命论集》《史学论集》《文学论集》《艺术论集》《政治论集》《近世散文集》和《近世诗集》等 15 卷。"鉴赏中国的古典"共计 24 卷,由角川书店组织发行,除"四书五经"外,还有《世说新语》《唐诗三百首》《宋代诗词》《中国小说选》《近世散文选》等中国经典文学作品。

另外,《传习录》具有很强的教育教养作用,有 2 个译本被分别收录于"世界教育宝典"和"橘教养文库"系列丛书中。

王阳明波澜壮阔的人生轨迹、卓越的军事智慧,以及他横溢的个人魅力,自然而然地赢得了日本民众的广泛认同,使得他们很愿意接纳王阳明学说的教化。此外,王阳明还是一位杰出的教育家,其教育理念独树一帜,与近代先进的教育学说多有契合之处,正如历史学家、作家郭沫若(1892—1978)在《王阳明礼赞》一文中所说,"王阳明对于教育方面也有他独到的主张,而他的主张与近代进步的教育学说每多一致"①。《传习录》的内容涵盖

---

① 漆宇勤:《传习录的教育智慧》,中国商业出版社 2018 年版,第 16 页。

正心、修身、养性、为学、治理、行事等诸多方面，展现了集立德、立功、立言于一体的王阳明在整个生命历程中的思想探索历程。它以师生对话的形式潜移默化地传递思想，是一部具有教化人心作用的经典之作。

山下龙二的《传习录》被收录于"世界教育宝典"之《中国教育宝典·下》，吉田公平再版的《传习录："阳明学"的真髓》被收录于橘出版社组织的"橘教养文库"系列丛书。另外，汉学研究会《王阳明传习录提纲》的编纂目的就是期望该书成为学校的辅助教材；山田准的《王阳明传习录讲本》被用于二松学舍的课堂教学；龟井一雄的《传习录》被用于金鸡学堂教学；安冈正笃的《传习录》专为青年学生学习所用；吉田和男的《复苏于现代的阳明学：读〈传习录〉》作为讲习教材，在他创建的樱下塾进行讲授。因此，《传习录》传到日本后，在道德修养、文化传承、实践指导、人格塑造以及哲学思维等多个方面发挥出了重要的教育价值。

最后，《传习录》亦被收录于《王阳明全集》以及《传习录》译注者的全集之中。

大西晴隆与中田胜翻译的《语录》被作为《王阳明全集》第 1 卷刊行。《王阳明全集》是明德出版社为纪念创社 30 周年而出版的重要图书，由安冈正笃主编，包含了《文录》《外集》《年谱》《续篇》等内容，对王阳明文武兼备的立体人物形象进行了全面阐释。

东泽泻的《传习录参考》被收录于《泽泻先生全集》。该全集涵盖了《泽泻先生年谱》《证心录》《大学正文》《中庸正文》《近思录参考》《传习录参考》等内容，由此可见东泽泻深厚的汉学文化底蕴。

《王阳明全集抄评释》被收录于明德出版社组织出版的《冈田武彦全集》。《冈田武彦全集》共计 24 卷，与王阳明直接相关的就有 11 卷，包括第 1～5 卷的《王阳明大传 生涯与思想》、第 6～7 卷的《王阳明全集抄评释》、第 8～9 卷的《王阳明纪行》、第 11～12 卷的《王阳明和明末儒学》，另外与阳明学相关的著作有第 17～18 卷的《宋明哲学的本质》、第 21 卷的《江户时期的儒学》和第 22 卷的《山崎闇斋和李退溪》等。

《传习录》是明代杰出哲学家、宋明理学心学流派的代表性人物——王阳明最为核心的文献著作,它全面而深刻地揭示了王阳明博大精深的哲学思想体系。与此同时,它更是一部凝聚着无数古圣先贤智慧结晶的汉籍佳作。而且,书中活泼的内容、生动形象的比喻、不俗的语言魅力,充分体现了王阳明深厚的文学素养、饱满的人格魅力和亲切灵活的教学策略,所以说,《传习录》成为一部兼具思想性、学术性、文学性与教育性的经典之作。作为一部有多重价值的中华优秀典籍,《传习录》东渡日本之后,历经了300余年的译介历程,在另一个国度展现出了强大的吸引力和旺盛的生命力。

首先,《传习录》日译本的典范底本经历了一个逐步演变的过程。最初是以杨嘉猷和刻本《传习录》为基础,随后过渡到三轮执斋的《标注传习录》和佐藤一斋的《传习录栏外书》,最终确立以《王文成公全书》为主要底本。这一演变反映了日本学界对《传习录》研究的不断深入和对底本选择的严谨态度。其次,译本文体方面也发生了显著的变化。从早期的汉文训读,到汉文训读译文、和汉折衷体译文,再到现在的现代口语体译文。这种转变不仅体现了日本语言文化的发展变迁,也反映了译者们为了让更多读者理解和接受《传习录》所作出的努力。再次,每个译本都鲜明地体现了译者的独特风格与解读视角。译者们在翻译过程中,充分发挥了个人的主观性和能动性,以独特的视角和创新的方法开展译本的翻译和阐释工作,使得《传习录》译本呈现出高度的灵活性、自主性和多样性。最后,《传习录》译本的学术价值得到充分肯定。《传习录》传入日本后,其在汉学、哲学、教育学、文学等多个领域的深刻价值得到了充分认可与发掘,阳明学思想在这片异国土地上大放异彩,实现了跨文化的深度交流与融合,呈现出一种阳明学思想源远流长、和谐共生的繁荣发展景象。

第五节　基于语料库的《传习录》英日译本比较研究

《传习录》作为阳明学教典,其外译过程也是阳明学在海外世界阐释、传

播和接受的过程。在日本，自 1712 年三轮执斋的《标注传习录》开始，各种
注本、译本层出不穷。与此相对，其他语言的外译活动起步就晚了许多。阳
明学及《传习录》的西传之旅始于 20 世纪初，且至今仅有 1916 年亨克翻译
的《王阳明哲学》(*The Philosophy of Wang Yang-ming*)和 1963 年陈荣捷
翻译的《传习录》(*Instructions for Practical Living and other Neo-
Confucian Writings by Wang Yang-ming*)。《传习录》虽早早传入朝鲜地
区，却直至 20 世纪 70 年代后才开始走上《传习录》韩译道路。俄语的唯一
一个译本是 2023 年出版的《俄语世界的王阳明与〈传习录〉研究》，译者科布
杰夫(А. И. Кобзев,1953—)完整翻译了《传习录》上卷内容。

　　本书旨在探究《传习录》在日本的译介与传播状况。然而，本书在《附录
一：〈传习录〉外注本、外译本概览》中一并梳理了《传习录》其他语种的译本
基本情况，同时在《附录二：〈传习录〉其他语种译本研究》中细致考察了英、
韩、俄语译本的译者情况以及译本特点。① 本书整理附录一和附录二主要
基于以下两方面的考量。其一，当下关于《传习录》英译本的研究较为丰富，
但在韩译本与俄译本方面，尚缺乏系统性的引介与探讨。本书通过对《传习
录》外译本的全面梳理，旨在为阳明学领域的广大研究者提供一个全面了解
《传习录》海外传播与翻译现状的途径。其二，本书认为，对译本的分析不能
仅局限于单一语种的考察，想要综合评价《传习录》日译本的翻译风格和语
言特征，选取其他语言的译本作为参照对象展开比较研究，也是一种重要的
研究策略，如此才能够更加完整客观地考察《传习录》在日本的译介情况。

　　然而，由于翻译时代各异、译介背景不同、译本数量有别，单纯开展多语
种译本的理论比较研究存在较大困难。故而，笔者团队于 2022 年开始建设
"王阳明《传习录》多语平行语料库"②。截至目前，已完成 2 个英译本、2 个
日译本的数据建设工作。因此，本书以自建语料库为基础，运用语料库研究

---

　　① 附录二的撰写工作得到绍兴文理学院钟莉莉老师、李秀芳老师、吴香淑老师、魏珏婷同学、
浙江越秀外国语学院杨春蕾老师和延边大学毛雨彤同学的无私帮助，在此表示感谢。
　　② "王阳明《传习录》多语平行语料库"网址：http://corpus.136.hmkj.com.cn。

方法,深入探讨《传习录》英日 4 个译本的翻译特征,细致研究《传习录》在不同国度、不同文化背景下的译本特点。

一、"王阳明《传习录》多语平行语料库"创建过程

《传习录》英译本迄今为止只有 2 个,即 1916 年亨克翻译的《王阳明哲学》以及 1963 年陈荣捷翻译的《传习录》。绍兴文理学院教授钟莉莉(1965—)团队以上述 2 个英译本为语料,于 2021 年 11 月建设完成并发布"王阳明《传习录》汉英平行语料库"。该语料库是绍兴文理学院首批校级培育科研平台"越地名人典籍翻译与传播研究中心"的研究成果之一。笔者团队在此基础上,增加 2 个日语译本,于 2023 年 6 月建设完成"王阳明《传习录》多语平行语料库",现有语料总数达 18000 余条,总计形符数 40 余万。因为韩译本、俄译本语料还在对齐整理中,故本书围绕英日译本的比较研究展开。

《传习录》日译本及评注本将近 40 个,在选取日译本时,本书从译本的完整性、准确性、学术价值及社会影响力等方面综合考量后,选取了近藤康信和沟口雄三 2 个译本。近藤康信译本有汉文训读译文、现代口语体译文两种译文方式,语料库建设时,选取的是使用历史假名的汉文训读译文,沟口雄三译本是使用现代假名的现代口语体译文。这 2 个译本都是全译本,代表两种不同的日语文体风格,具有典型性和可比性。

二、基于多语语料库的"四句教"外译特征比较研究

三轮执斋曾撰写《四言教讲义》,对王阳明"四句教"的教义进行了深入解析及阐发。三岛中洲以"四句教"为座右铭。井上哲次郎认为"四句教"是王门四句诀,王学派的主义纲领。成中英曾撰写"四句教"的相关论文在亚洲学会会刊上发表,后又在贵州的《阳明学刊》上翻译发表。陈来认为"四句教"思想是阳明晚年思想的最后阶段。瑞士汉学家耿宁(Iso Kern,1937—)认为,这个教理口诀(四句教)是对王阳明所做的《大学》(经文)四句解释的

浓缩,这四句对于他来说是核心的①。

通过 Wordsmith6.0 和 Paraconc 等语料库工具,统计出《传习录》汉语形符数共计 53729 个,类符共计 4837 个。在完成类符频次统计后,本书发现王阳明"四句教"一句中的 16 个类符,频次均超过 150 次,且在类符频次的排序中均排前 100 位以内(见表 7-3)。这一数据体现了"四句教"中的字词在《传习录》中的重要地位,故本书首先以"四句教"为研究对象,从词汇、句法和语篇 3 个层面进行比较,由点及面,考察 4 个译本的翻译特点。

表 7-3 "四句教"中的类符频次的统计情况

序号	类符	类符频次排序	次数	高频词频率	序号	类符	类符频次排序	次数	高频词频率
1	之	1	2460	3.79%	2	是	3	1432	2.21%
3	知	4	1047	1.61%	4	有	7	825	1.27%
5	心	9	758	1.17%	6	无	13	648	1.00%
7	为	18	576	0.89%	8	物	40	355	0.55%
9	良	43	327	0.50%	10	体	49	286	0.44%
11	意	51	285	0.44%	12	去	64	240	0.37%
13	善	73	209	0.32%	14	恶	85	179	0.28%
15	动	89	172	0.27%	16	格	92	167	0.26%

原文:

无善无恶是心之体,有善有恶是意之动,知善知恶是良知,为善去恶是格物。②

译文:

亨克译:Being without virtue and without evil is the original nature of the mind, while the presence of virtue and vice is due

①　耿宁:《人生第一等事:王阳明及其后学论"致良知"》上册,倪梁康译,商务印书馆 2014 年版,第 572 页。

②　王守仁:《王阳明全集(新编本)》第一册,吴光,钱明,董平,姚延福编校,浙江古籍出版社 2010 年版,第 128 页。

to the activity of the purpose(will). Knowledge of good and evil is due to the intuitive faculty. To do good and abhor evil implies the investigation of things.①

陈荣捷译:In the original substance of the mind there is no distinction of good and evil. When the will becomes active, however, such distinction exists. The faculty of innate knowledge is to know good and evil. The investigation of things is to do good and remove evil.②

近藤康信译:善無く惡無きは是れ心の體、善有り惡有るは是れ意の動、善を知り惡を知るは是れ良知、善を為し惡を去るは是れ格物。③

沟口雄三译:善なく悪もないのが心の本体、善あり悪もあるのが意の動、善を知り悪を知るのが良知、善をなし悪を去るのが格物。④

(一)"四句教"外译本的词汇特征比较研究

高频词是指一个词项出现频率至少占库容 0.10% 的词。⑤ 高频词的统计分析可以帮助我们更好地理解文本内容及主题,有助于分析整个文本的结构特征和提取文本的关键信息。如表 7-3 所示,"四句教"中 16 个字的出现频率均超过 0.10%,属于高频词。

---

① Henke, Frederick G. The Philosophy of Wang Yang-ming. Open Court Publishing Co, 1916. P195.
② Chan, Wing-tsit. Instructions for Practical Living and other Neo-Confucian Writings by Wang Yang-ming. Columbia University Press,1963. P243.
③ 近藤康信:『伝習録』、明治書院 2003 年、第 528 頁。
④ 溝口雄三:『王陽明伝習録』、中央公論新社 2005 年、第 406 頁。
⑤ 肖忠华:《英汉翻译中的汉语译文语料库研究》,上海交通大学出版社 2012 年版,第 66 页。

比较发现,亨克译本与陈荣捷译本在"四句教"中的词汇翻译上存在较大差异,以"意"一字的翻译为例。王阳明在《传习录》上卷讲道,"身之主宰便是心;心之所发便是意;意之本体便是知;意之所在便是物"①,主张"意"是"心""身""物"三者的因缘和合,"意"是诚意,是意念,是精神意志的表现。在阳明学体系中,"意之体"即"心之体",都是指良知本体。陈荣捷翻译为"will",但亨克在翻译时,出现了"purpose"和"will"二词平行出现的情况,反映了亨克对"意"的理解上的不确定性。且亨克将"purpose"作为"意"的首选翻译其实是不太恰当的,因为"purpose"的本意是目的,带有较强的个人主义倾向。

另外,在对"善""恶"的翻译上,亨克也存在前后不一致的情况,"善"先被译为"virtue",后译为"good",对"恶"的翻译也在"vice"和"evil"之间摇摆不定,由此推测亨克译本可能存在对中国儒学典籍的文化术语、哲学术语理解不到位的问题。另一方面,陈荣捷则将"善"和"恶"统一译为"good"和"evil"。"good and evil"是圣经中伊甸园里善恶之树(the tree of knowledge of good and evil)的用词,具有较强的西方文化色彩,虽带有一定的宗教内涵,但保持了"四句教"中同一术语翻译的前后连贯,从而不会造成读者的理解偏差,这种翻译方式有时难以展现概念词的丰富内涵,然而却统一了文化术语和哲学术语的表达,增强了读者的接受能力。陈荣捷自述,"我努力使全文翻译保持前后一致,以便读者在阅读时知道所说的是同一概念"②。

同时,陈荣捷还采用威妥玛式音译的方法来翻译《传习录》中的核心关键词。如将"四句教"中的"格物""事"分别译为"the investigation of things(ko-wu)"和"thing(wu)"或"event(shin)"。这种威妥玛式音译可以将之归为一种陌生化翻译策略,陈荣捷采用此种译介方式目的在于便于西方读者

---

① 王守仁:《王阳明全集(新编本)》第一册,吴光、钱明、董平、姚延福编校,浙江古籍出版社2010年版,第6页。

② 陈荣捷:《新儒学的术语解释与翻译》,张家才、席文译,《深圳大学学报》2013年第6期,第55页。

理解,同时保留中国文化的特色,尤其是具有中国特色词汇的内涵。①

在"四句教"的词汇层面翻译上,2个日译本是一致的,但字体上有差异。近藤译本是二战前的汉文训读译文文体,故文字依旧使用旧字体,而沟口译本则按照1949年日本政府公布的《当用汉字字体表》的规定字体,采用了新字体,由此可以看出日语汉字在二战前后发生的明显变化。

(二)"四句教"外译本的句式特征比较研究

亨克是西方传教士,当时众多传教士出于对原典的尊重,在翻译时宁愿亦步亦趋,即便译文不通顺也要保留原文的面貌。再者,亨克本人汉文功底不太深厚,所以由于对句子意义的不确定,可能从主观意愿上也更倾向于采用原文的语序。与此相对,陈荣捷译作为精通儒学、学贯中西的学者,在翻译的时候更愿意采用英语母语者的语言表达,将中国儒学经典的本质传递给更多的西方读者,故他的翻译不太拘泥于原文句型,而是更多地进行创造性诠释。例如陈荣捷将"无善无恶是心之体"译为"In the original substance of the mind there is no distinction of good and evil",将"心之体"的翻译前置,起到强调作用,而亨克译的"Being without virtue and without evil is the original nature of the mind",在句型上更加尊重汉文表达方式及语顺,从而更好地再现了原典的文体特征。

2个日译本在"四句教"的翻译上,字数基本一致,且结构工整,体现了译文的均衡之美。但细致比较,近藤采用汉文训读的文体方式,遵循了1912年《关于汉文教授的调查报告》的汉文用词规则和语法原则,故其译文与1919年小柳司气太的译文和1936年山田准的译文极其相似。如"善無く惡無きは"采用"形容詞＋は","善有り惡有るは""善を知り惡を知るは""善を為し惡を去るは"采用"動詞＋は"的句型结构,都明显体现了日语汉文训读体的句式表达。这种翻译方式忠实于汉文原典,文体风格正式,学术

---

① 辛红娟、费周瑛:《陈荣捷〈传习录〉英译的转喻视角研究》,《国际汉学》2019年第2期,第168页。

性更强。与此相对，沟口则采用国语改革后的现代口语体风格，"動詞/形容詞＋の"这种用言名词化的句式表达符合现代日语的语法结构，行文流畅，通俗易懂。

(三)"四句教"外译本的语篇特征比较研究

"四句教"原文自身结构规整，韵律感显著，意合程度颇高。正因如此，2个日译本均未运用接续词、接续助词等来达成语篇的连接，而是完全对应了汉文的语篇结构，句式整齐对称，逻辑架构清晰明了。

与此相对，英语是形合语言，句群之间逻辑关系通常需借助一定的衔接手段来实现[①]，故而在英译"四句教"时，需借用关系词、连接词、介词和代词等，以实现语篇的逻辑关系，进而将文言文中隐含的语义关系体现出来。如亨克用"while"一词，陈荣捷用"when"一词勾连起"无善无恶是心之体，有善有恶是意之动"的并列关系。另外，在翻译"知善知恶是良知，为善去恶是格物"一句时，亨克的译文为"It is the intuitive knowledge of good that gives knowledge of good and evil. To do good and expel evil is what is meant by investigation of things"，其语篇结构较为松散，难以让读者清晰地理解两个句子的对应关系。而陈荣捷则翻译为"The faculty of innate knowledge is to know good and evil. The investigation of things is to do good and remove evil"，句式结构对称，语篇关系清晰明朗，让读者能够迅速把握前后句在语义和逻辑上的关联。

三、基于语料库的《传习录》多语种译本比较研究

本书首先将"四句教"作为研究对象展开了比较，实则是从微观视角对《传习录》的4个译本的翻译风格进行了初步的探究。在此基础之上，本书借助自建语料库，再次从宏观视角出发，围绕译本的完整性、准确性、可读性

---

① 吕鹏飞、陈道胜：《基于语料库的〈论语〉英译本翻译风格比较研究——以辜鸿铭和亚瑟·威利两译本为例》，《上海翻译》2021年第3期，第64页。

以及厚重性这 4 个方面,对 4 个译本的特点加以考察。

(一)4 个译本的完整性考察

译文完整性作为衡量译本质量的关键指标之一,关系着译本能否全面、精准地传递原文的信息和思想。本书对《传习录》及其 4 个译本展开了精细的句对齐处理工作,总计整理中英日三语语料超过 18000 条。

1. 亨克译本缺译 565 条语料

经对比发现,亨克译本缺失钱德洪录、南大吉录、陈九川录、黄直录、黄修易录、黄以方录、黄省曾录的 10 余篇序文和跋文。部分语录存在缺失或不全的现象,如语录"佛以出离生死诱人入道……仙、佛到极处,与儒者略同"后的"但有了上一截,遗了下一截……文王只善处纣,使不得纵恶而已"①等 21 条语料缺失。浙江省社会科学院文化研究所所长王宇(1978—)通过与各个中文底本的比较,最后考证出亨克所翻译的是上海明明学社铅印的《学部校正阳明先生集要》。② 经本书再次考证,证实亨克的缺译是由于《阳明先生集要》本身原文语句的缺失。《阳明先生集要》由施邦曜在谢廷杰所编《王文成公全书》的基础上进行删减、点评、编辑而成。

2. 陈荣捷译本和近藤译本实现完全对应

2 个译本均以《王文成公全书》为底本,语录无漏译、缺译现象。陈荣捷以《四部丛刊》中的《王文成公全书》为底本,同时参考了中日多个评注本,务求详尽。近藤康信也以《王文成公全书》为中文底本,参考了三轮执斋的《标注传习录》、佐藤一斋的《传习录栏外书》、东敬治的《传习录讲义》、山田准和铃木直治的《传习录》、山田准的《阳明学精义》、安冈正笃的《王阳明研究》等。

---

① 王守仁:《王阳明全集(新编本)》第一册,吴光,钱明,董平,姚延福编校,浙江古籍出版社 2010 年版,第 20 页。

② 王宇:《亨克〈王阳明哲学〉及其中文底本〈阳明先生集要〉考述》,《浙江社会科学》2018 年第 10 期,第 113 页。

3. 沟口译本缺译 2 条语料

沟口译本仅缺少了黄省曾录的"今人不会宴息，夜来不是昏睡，即是妄思魇寐""曰：'睡时功夫如何用'"①两句话。沟口译本也以《王文成公全书》为底本，同时参照了南本系的正中书局版，本书推测此句极有可能是沟口雄三的漏译。

（二）4 个译本的准确性考察

《传习录》作为王阳明心学的重要文献，其语言深邃、思想丰富，对译者的理解和表达能力有着极高的要求。准确的译本首先需要译者对《传习录》的原文有深入的理解，包括其中的哲学思想、历史背景、文化语境等。只有全面把握原文的内涵，才能确保译文的准确性。同时，译者需要具备良好的语言能力，才能够准确地传达原文的含义，同时保持译文的流畅性。

1. 亨克译本误译较多

《传习录》涵盖了孔孟思想、先秦思想、宋代新儒学、佛教以及道教等诸多思想，且由于中英两种语言在形式、结构、字义等方面存在显著差异，亨克虽力求客观且真实地将原文要义展现给读者，但受限于其汉文水平及儒学功底，译本中存在较多误译情况。赵善鸣（Chiu Sin-ming，1923—2007）基于 1964 年再版的亨克译本指出，由于语言和文化的隔阂，译者对儒家经典理解不到位，造成较多误译现象②，如亨克将"是以每念斯民之陷溺，则为之戚然痛心，忘其身之不肖，而思以此救之，亦不自知其量者"③中的"不自知其量者"译为"I do not know its strength"④（我不知道它的力量），此处的

---

① 王守仁：《王阳明全集（新编本）》第一册，吴光，钱明，董平，姚延福编校，浙江古籍出版社 2010 年版，第 116 页。

② 费周瑛，辛红娟：《〈传习录〉在西方世界的传播与研究》，《浙江社会科学》2019 年第 5 期，第 122 页。

③ 王守仁：《王阳明全集（新编本）》第一册，吴光，钱明，董平，姚延福编校，浙江古籍出版社 2010 年版，第 87 页。

④ Henke, Frederick G. The Philosophy of Wang Yang-ming. Open Court Publishing Co, 1916. P431.

"不自知其量者"等同于成语"自不量力",显而易见,亨克的翻译有悖于原文,而陈荣捷的翻译"I do not know the limits of my ability"①则忠实于原典。

2. 陈荣捷译本倾向于采取归化策略②

陈荣捷在翻译文化术语或哲学术语时,为更好地再现原文的思想内涵,更多地采取了归化翻译策略。例如在翻译"曾子三省"时,陈荣捷采用归化策略,译为"daily examining himself on three points",并辅之以对该文化术语的背景阐释及"three points"的具体内容,使成语"三省吾身"这种修身方法的内涵跃然于纸上。再如,陈荣捷将"故曰'所以立命'"③译为"For this reason we say'establish destiny [ming, mandate]'"④,他把"命"字译为"destiny"。但在中国,"命"具有丰富的中国哲学内涵,与西方的"destiny"有所区别。因此陈荣捷在其后增补"命"的拼音"ming",读者可以根据该拼音在书后配套的词汇表中按图索骥找到"ming",并在右侧可以看到用软笔书法体标注的汉字"命"。陈荣捷凭借其自身深厚的语言造诣,在对中国文化特色词汇进行翻译时,运用增译与注释的方法,不仅有效助力读者跨越文化障碍,同时也展现了中国传统思想的独特魅力。

3. 近藤译本侧重学术性,沟口译本侧重科普性

17 世纪中叶,《传习录》及王阳明的其他相关著述在日本出现了和刻本。18 世纪初,日本的阳明学者就开始对《传习录》进行评注及翻译,至 20 世纪 60 年代,在日本已有 20 余个《传习录》的注本、译本,所以就译文准确

---

① Chan, Wing-tsit. Instructions for Practical Living and other Neo-Confucian Writings by Wang Yang-ming. Columbia University Press, 1963. P168.

② 归化策略是要把源语本土化,以目标语或译文读者为归宿,采取目标语读者所习惯的表达方式来传达原文的内容。

③ 王守仁:《王阳明全集(新编本)》第一册,吴光,钱明,董平,姚延福编校,浙江古籍出版社 2010 年版,第 48 页。

④ Chan,Wing-tsit. Instructions for Practical Living and other Neo-Confucian Writings by Wang Yang-ming. Columbia University Press,1963. P97.

性而言,这 2 个译本的质量均很高,不过翻译的主旨有所差异。

近藤的《传习录》被收录于"新释汉文大系"第 13 卷。该系列丛书侧重于译本的专业性和学术性,故近藤为尽可能忠实原文,准确传递原典的内涵,所以对《传习录》中出现的文化术语、哲学术语、文本背景等进行了精准翔实的阐述。沟口译本被收录于"世界的名著"系列丛书。该系列丛书注重译本的可读性和可欣赏性,故沟口侧重于用相对简浅的语言来阐述《传习录》语录内容。

以"曾子三省"为例,近藤将其译为"曾子の三省",但在注释中表明"曾子三省"出自《论语·学而篇》,并引用了原句"曾子曰:'吾日三省吾身:为人谋而不忠乎? 与朋友交而不信乎? 传不习乎?'"(曾子曰く、吾日に吾が身を三省す。人の為に謀りて忠ならざるか。朋友と交りて信ならざるか。伝はりて習はざるか①)。而沟口仅在译文中写道"曾子が日に三たび省みた(「論語」学而篇)"②,译文虽自然流畅,且说明了出处,但却未对"曾子三省"的具体内涵予以解释。

(三)4 个译本的可读性考察

译本可读性可以理解为翻译作品在目标语言读者中产生的阅读体验与理解效果。一个可读性高的译本,通常能够吸引并维持读者的阅读兴趣,使读者能够顺畅地理解原文的思想内容,同时感受到语言的魅力与美感。本书主要从平均句长、类符形符比以及弗莱士易读数 3 个方面对 4 个译本进行考察(见表 7-4)。

---

① 近藤康信:『伝習録』、明治書院 2003 年、第 172 頁。
② 溝口雄三:『王陽明伝習録』、中央公論新社 2005 年、第 121 頁。

表 7-4 4 个译本关于可读性的比较情况①

译本可读性比较	原文	亨克译	陈荣捷译	近藤康信译	沟口雄三译
句子个数	3694	3930	4605	4671	2705
平均句长	14.54	20.06	20.27	19.19	43.76
形符(个)	53729	78834	93339	89644	118365
类符(个)	4837	4915	5223	5452	7869
类符形符比(%)	36.20	35.23	34.5	33.62	32.86
弗莱士易读数	/	60.1	64.97	/	/

1. 平均句长比较

平均句长是指文本形符数和句子个数之间的比值,这在一定程度上反映了文本的正式程度、复杂程度和可读性程度。一般而言,平均句长数值与文本的句法结构复杂程度和文本阅读难度成正比。从表 7-4 能够看出,4个译本的平均句长都超出了汉文原典。亨克译本与陈荣捷译本的平均句长大致相同,近藤译本的句长相比这 2 个英译本稍短,然而沟口译本的句长显著高于前三者。这是由于沟口雄三更倾向于运用解释性强且具有口语体特征的句式表达,以还原《传习录》语录体的语言风格。并且,沟口雄三在翻译过程中,使用了大量的接续助词、接续词等,旨在降低文本的阅读难度,进而在更大程度上满足了译本的普适性需求。

2. 类符形符比比较

类符数就是文本内不同单词/汉字的数量;形符数就是文本内单词/汉字的总数。类符形符比就是特定文本中类符数量和形符数量之间的百分

---

① 句子个数统计工具:https://stanfordnlp. github. io/stanza/tokenize. html # tokenization-and-sentence-segmentation。

古汉语分词标注工具:https://github. com/jiaeyan/Jiayan。

英语分词标注工具:https://github. com/curiosity-ai/catalyst。

日语分词标注工具:https://clrd. ninjal. ac. jp/unidic/en/download_all_en. html # unidic_chj。

近藤译本:unidic-csj-3. 1. 0。

沟口译本:unidic-novel-v202308。

比，是体现文本词汇运用丰富程度的一个指标。一般来说，类符形符比越高，表明该文本的用词越丰富。从表 7-4 可以清晰看到，4 个译本在类符形符比这一指标上，数值差异并不明显。其中陈荣捷译本所呈现出的类符形符比仅仅稍低于亨克译本，这恰恰有力地证明了陈荣捷拥有极为丰富的英语词汇储备，其深厚扎实的语言功底，即便与美国本族语者相比，也毫不逊色。在翻译实践中，他既能精准拿捏用词，又能灵活处置各类语言情境，从而最大程度地还原原文的韵味与内涵。

3. 弗莱士易读度（Flesch Reading Ease）比较

弗莱士易读度是美国鲁道夫·弗莱士（Rudolf Flesch，1911—1986）博士设计出来的一个公式。通过统计计算每一百个单词中含有多少音节以及每个句子中的有意义单词的基础上，判断一篇阅读文章的阅读层次。数值在 0 和 100 之间，数字越大，文章易读性越高，难易程度对照如下：0～30 很难（Very difficult）；30～50 难（Difficult）；50～60 较难（Fairly difficult）；60～70标准（Standard）；70～80 较容易（Fairly easy）；80～90 容易（Easy）；90～100 很容易（Very easy）。弗莱士易读度比较暂不适用于汉语和日语，故本书仅对 2 个英译本进行对比，发现均在 60～70 的标准范畴中，表示 2 个译本阅读的难易度是合适的。

（四）4 个译本的厚重性考察

《传习录》作为融通儒释道三家要义的哲学文本，对三家典籍中的术语及核心内容的引用不在少数，其本身所包含的心学思想及哲学术语亦是艰深晦涩①，故需要通过厚语境化来降低文本阅读难度。厚语境化的提出者是美国哲学家与文化理论学者阿皮亚（Kwame Anthony Appiah，1954—），他明确指出这种类似于学术翻译的文本必须借助注释和评注。厚语境化也可以译为厚重翻译，厚重翻译的关键是阐释性文本材料，其实现路径为脚

---

① 徐赛颖：《"厚重翻译"观照下的亨克英译〈传习录〉探析》，《浙江大学学报》2020 年第 3 期，第 234 页。

注、尾注、文内释义、文末索引、序言、按语、附笔等延展手段①,本节主要从
脚注和文内释义两方面对 4 个译本进行考察。

1. 脚注方面

《传习录》译本的"厚重翻译"首先体现在脚注上。依据注释内容,本书
将 4 个译本的脚注划分为普通词汇、人名地名等专有名词、文化和哲学术
语、文本背景、引文出处 5 种注释类别,详见表 7-5。

表 7-5　4 个译本关于脚注的分类情况②

注释类别	亨克译	占比	陈荣捷译	占比	近藤康信译	占比	沟口雄三译	占比
普通词汇	20	5.01%	9	2.12%	842	40.91%	16	5.59%
人名地名等专有名词	34	8.52%	41	9.65%	146	7.09%	58	20.28%
文化和哲学术语	30	7.52%	75	17.65%	103	5.00%	14	4.90%
文本背景	69	17.29%	38	8.94%	322	15.65%	147	51.40%
引文出处	266	66.67%	262	61.65%	645	31.34%	51	17.83%
总计	399		425		2058		286	

就脚注的数量与内容而言,可以看出 4 个译本的译者们都付出了大量
努力,他们借由脚注这一形式对原文予以了进一步的诠释,只是侧重点有所
不同。

(1)亨克译本侧重于引文出处查证

亨克译本中脚注共 399 条,其中引文出处查证有 266 条,占 66.67%,
是 4 个译本中占比最高的,这表明亨克在向西方社会推介阳明思想时,希望
读者通过《传习录》去进一步理解中国其他的经典典籍。

---

① 徐赛颖:《"厚重翻译"观照下的亨克英译〈传习录〉探析》,《浙江大学学报》2020 年第 3 期,
第 232 页。

② 本书仅对《传习录》译文的脚注数量进行统计,序言及其他文本内容的脚注不在统计范围内。

（2）陈荣捷译本重在引文出处查证和文化、哲学术语的阐释

陈荣捷译本中共有脚注 425 条。陈荣捷在翻译时，不仅参考了国内学者，也参考了日本的三轮执斋、佐藤一斋、吉村秋阳、东沢泻、东敬治等 10 余名日本学者的评注本，自述做到辞必附释，名必加注，如遇引用句必追本求源。[①]

（3）近藤译本引经据典，注释详尽

近藤译本脚注多达 2000 余条，是 4 个译本中最多的。其中，引文出处查证多达 645 条。近藤译本不同于其他译本的一点是普通词汇的释义条目多达 800 余条，这是由于近藤康信在翻译时，为更能体现原典特质，译文中大量直接使用如"纤翳""荡涤""妍媸""员凿方枘""幽抑结滞""周旋揖让""赘疣枘凿""艰深隐晦""跳踉呼啸"等晦涩难解的汉语词语，故必须通过在脚注中解释词汇语义才能为日本普通读者所理解。

（4）沟口译本的注释较少

沟口译本的脚注条目相对较少，共计 286 条，主要侧重于译本的文本背景解析和人名、地名等专有名词的解释。

2. 文内释义方面

在文内释义方面，4 个译本也存在明显差异。除近藤译本之外，亨克译本、陈荣捷译本以及沟口译本都在译文中清晰地给出标识，用以补充语义信息，让译文更具厚重性。

（1）亨克在译本中运用"（　）"增补信息 122 条

这些增补信息中，一些是为了使语义表述更清晰，以方便读者理解，如"Tseng Yüan nourished the mouth and body of his father(the philosopher Tseng)"[②]，亨克补充"Tseng Yüan"是指哲学家曾子。一些是为了进一步

---

① 陈荣捷：《欧美的阳明学》，石川梅次郎，华国学译，《外国问题研究》1981 年第 3 期，第 101 页。

② Henke, Frederick G. The Philosophy of Wang Yang-ming. Open Court Publishing Co, 1916. P315.

阐释中国文化术语词汇,说明该词的中文表述及其含义。如"The character ko(格,meaning 'investigate,rectify')also contains the instruction of the character chih(至,meaning 'to attain, to go to')"①,亨克说明了"格"和"至"的汉字写法和语义。

(2)陈荣捷在译本中通过"[ ]"增补信息 148 条

例如陈荣捷将"孟子'巧力圣智'之说,朱子云:'三子力有余而巧不足。'"②译为"Mencius [considered Po-i as a sage who is pure, I-yin as a sage who has a great sense of responsibility,Liu-hsia Hui as a sage who was in harmony with all,and Confucius as a sage who acted according to the need of the time,that is,he could be pure,responsible,harmonious,and so forth. Mencius also] said that wisdom is comparable to skill and sageness to strength. Chu Hsi said that the first three gentlemen were excessive in strength and deficient in skill [and that only Confucius possessed all wisdom,skill,sageness,and strength]"③,他在译文中补充了"巧力圣智"的出处信息和"三子"的指代信息。"巧力圣智"出自《孟子》的"孟子曰:'伯夷,圣之清者也;伊尹,圣之任者也;柳下惠,圣之和者也;孔子,圣之时者也。'"④,"三子"指代伯夷、伊尹、柳下惠。通过这 2 个注释性翻译,使读者理解了后面文中"three gentlemen"的具体所指,也能理解王阳明认为只有孔子拥有所有的智慧、技能、才智和力量。

(3)沟口在译本中运用"( )"增补信息 1600 余条

沟口译本虽脚注较少,但沟口雄三将大量的引文出处、人名地名等背景介绍的补充信息以"( )"的标识形式直接增补在译文中。

---

① Henke,Frederick G. The Philosophy of Wang Yang-ming. Open Court Publishing Co,1916. P311.

② 王守仁:《王阳明全集(新编本)》第一册,吴光,钱明,董平,姚延福编校,浙江古籍出版社 2010 年版,第 121 页。

③ Chan,Wing-tsit. Instructions for Practical Living and other Neo-Confucian Writings by Wang Yang-ming. Columbia University Press,1963. P227.

④ 孟子:《孟子》,万丽华,蓝旭译注,中华书局 2007 年版,第 218 页。

例如沟口雄三将"参互错综，以质于先生，然后知先生之说，若水之寒，若火之热，断断乎百世以俟圣人而不惑者也"①，译为"（その古本『大学』と『大学章句』の両者に）比較検討を加え、その上で先生にも質問を重ねた挙句、先生の所説こそ、まさに水が冷たく火が熱いのと同じく、「百世の後の聖人にかけてもかわることのない」（『中庸』）不易の定論であると得心するに至った"②。沟口雄三在"（　）"中增补"参互错综"的典籍是指古本《大学》和《大学章句》，解释"断断乎百世以俟圣人而不惑者也"出自《中庸》。经统计，沟口译本中的补充信息多达 1600 条左右，这对读者把握典籍出处，理解《传习录》思想提供了很大帮助。

（五）小论

基于"王阳明《传习录》多语平行语料库"研究结果，可以发现 4 个译本既有共性也各具特色。4 个译本均使用大量注释、文内释义等延展手段增强译本的厚重性，且译本可读性强，除亨克译本外，其他译本内容完整或接近完整。

在表达方式上，亨克因其本身汉学儒学功底受限，在译文处理上更靠近汉语的语序和表达，翻译时更多地采用了异化翻译③；陈荣捷是一个汉学儒学根基扎实、英语功底深厚的译者，因而更愿意采用西方社会容易接受的语言表达，在中国文化术语和句式表达的翻译处理上更多地运用了归化的翻译策略。

与此相对，日本在漫长的历史发展过程中，一直处于儒学文化圈中。儒家文化圈是以儒家文化构建基础社会的区域的统称，又称为汉字文化圈。日本长期受中国汉学、儒学文化熏陶，且汉字在日语中大量使用这一先天优

---

①　王守仁：《王阳明全集（新编本）》第一册，吴光，钱明，董平，姚延福编校，浙江古籍出版社 2010 年版，第 1 页。

②　溝口雄三：『王陽明伝習録』，中央公論新社 2005 年，第 7 页。

③　异化翻译是指在翻译上迁就外来文化的语言特点，采取相应于作者所使用的源语表达方式，来传达原文的内容，即以源语文化为归宿。使用异化策略的目的在于考虑民族文化的差异性、保存和反映异域民族特征和语言风格特色，为译文读者保留异国情调。

势,使得《传习录》日译不论在思想阐释上,还是语言表达上,都非常具有准确性。2个日译本中,近藤的汉文训读译本在词汇选取和句式表达上更具有稳定性和准确性,翻译风格更趋于直译,文体正式;沟口译本更侧重于内容阐释,译文内增补信息多,文字表述相当通顺且语意连贯,较突出地展现了《传习录》本身语录体的口语风格。

比较了《传习录》英日译本的特点后,笔者联想到哲学家马丁·海德格尔(Martin Heidegger,1889—1976)在《通往语言之路》开篇中的一句话,"前些时候,我曾笨拙地称语言为存在之家。如果说人是因语言的缘故方才居于存在的宣告和召唤之中,那么,我们欧洲人和东方人也许是居于完全不同的家中……因此,家与家之间的对话几乎是不可能的"①。确实,两国文化如果差别较大,在翻译过程中,就容易存在难以较为准确表达和阐释真正原本语义的问题。文炳也指出,语言翻译上的困难与形而上学上的困难,同样存在于阳明心学在美国的翻译、传播和研究过程中,使得相关阳明心学海外传播资料在翻译的准确性,尤其是内容的准确性、专名和译名的规范性上都有所欠缺。② 故相比于英译本,从译者个体层面来说,日本已有很多的《传习录》译注本可作为参考,所以不管是近藤康信还是沟口雄三,他们对汉文原典的理解和对哲学思想的把握上已经非常成熟。从大的地域文化背景来讲,因为相近的地理位置、相通的汉字文化和儒学思想体系,这些都使得中国典籍在日本的译介与传播方面确实具有得天独厚的先天优势。

四、"王阳明学说多语种数据库平台"建设规划

笔者团队现有的"王阳明《传习录》多语平行语料库"包括完整的 4 个译本语料以及《传习录》外译本索引、字频统计表和文化术语库,是截至目前国内唯一的《传习录》多语平行语料库。

---

① 王宾:《"不可译性"面面观》,《现代哲学》2004 年第 1 期,第 87 页。
② 文炳、潘松、刘吉文等:《阳明心学海外传播研究》,浙江大学出版社 2022 年版,第 404-405 页。

　　在此基础上，笔者团队一方面将继续补充韩语译本和俄语译本语料，另外一方面将继续扩容，增加《大学问》《朱子晚年定论》、王阳明书信、诗歌等更多体现王阳明思想的内容，规划构建内容更丰富的"王阳明学说多语种数据库平台"。在信息时代，大型多语种数据库平台的建设对推进翻译实践、建设对外话语体系、深化以及拓展中华文化对外传播事业都具有重要意义。

　　在学术研究和教学实践的过程中，我们深刻意识到，外国读者在理解《传习录》时，面临诸多挑战。一方面，古文的语言表达会造成理解隔阂与语言壁垒；另一方面，《传习录》所内含的文化思想博大精深，其中不仅涉及"四书五经"、宋明理学等儒学文化概念词，还涵盖佛家的《法华经》《金刚经》《碧严录》和《圆觉经》等内容，此外，还有大量的人物信息、历史典故以及社会背景等信息。这些因素共同构成了跨文化传播的天然障碍，使得译者们在准确完整地传播阳明思想方面存在极大困难，故在笔者看来，厘清字词语义、规范术语概念以及建立文化术语库乃是实现精准传播的关键一步。为此，笔者团队在自建的语料库平台上已经整理完成了《传习录》中的 60 个字词的中日英三语对照表（详见附录三），未来拟在两年内完成阳明学多语种文化术语库的建设目标。

小　结

　　国际著名哲学家、汉学家安乐哲（Roger T. Ames，1947—）曾呼吁：

　　　　停止将中国文化随意地、不负责任地塞进西方哲学的框架中……必须试着从中国哲学本身出发去理解它。①

　　承载中国数千年文化的中华优秀典籍是中华民族丰富的历史积淀和深邃的智慧，是中国文化软实力的珍贵源泉。在文化全球化的背景下，如何将

_____

① 安乐哲，刘荣：《儒家角色伦理学：克服文化比较中的不对称性》，《求是学刊》2014 年第 4 期，第 5 页。

中华典籍精准翻译并传播到世界各地,本质上就是一种深度的跨文化交流行为。

以《传习录》为核心的阳明思想在东亚地区和西方世界的译介与传播过程,就是中国文化价值观念与他国文化的交流与碰撞过程。所以,作为《传习录》的译者和传播者,只有精准传递《传习录》语录背后的阳明思想,方能在潜移默化中推动阳明文化于不同国度中的有效传播,才能做好不同文化、不同国度之间的思想"摆渡人",进而共同助力人类文明的交融汇通与共同发展。

第八章

日本阳明学的发展特征及当代价值

本书第一章介绍了阳明学以及《传习录》最初传入日本的情形。早在1513 年,日本禅僧了庵桂悟与王阳明在浙江宁波会面,揭开了中日阳明学文化交流史的序幕。到了 17 世纪中叶,《传习录》及其他阳明学典籍的和刻本在日本开始刊印流传,然而真正意义上的阳明学研究始于儒学家中江藤树。中江藤树深入探究阳明学的精髓,并对阳明学的理论进行了本土化的阐释与创新,使其更契合日本的社会文化。以中江藤树为代表的藤树学派的兴起,以及藤树学派思想在日本社会的传播,被视作是日本阳明学发展的开端。

本书从第二章到第六章,以日本的年代划分作为时间轴线,全面系统地梳理了《传习录》在日本的译注情况。《传习录》作为一部蕴含多重价值的中华优秀典籍,在异国的土地上成功生根发芽,茁壮成长,硕果累累,其在日本总计产生了将近 40 个译注本。与此同时,本书还深度探究了阳明学在日本的传播过程中,那些发挥重要作用的人物和事件。这些人物的思想传承以及事件的推动力量,共同促进了阳明学在日本的持续传播与强劲发展。

本书第七章从典范底本、文体风格、译者特性和学术价值这 4 个方面,对《传习录》日译本的整体情况进行了深入细致的考察。同时,以笔者团队自建的"王阳明《传习录》多语平行语料库"为数据基础,以英译本作为参照,比较分析了《传习录》日英译本的翻译风格和译本特征。此外,为实现对《传习录》外译情况的全面考察,本书附录一整理了《传习录》所有语种的外译本基本信息,附录二介绍了《传习录》在英、韩、俄语世界的译介与传播情况,从侧面印证了《传习录》在日本拥有悠久的译介历史以及深厚的研究基础。附录三列举了笔者团队目前整理的中日英三语对应的 60 个《传习录》字词对照表,为以后建立阳明思想学术术语库作好前期准备。

　　作为本书的终章,本书首先以《传习录》的译介和传播这一视角作为切入点,重新梳理阳明学在日本的历史发展脉络,并进行全新的阶段划分,期望呈现出一个独特视角下的日本阳明学发展脉络。其次,从日本阳明学研究的变迁过程及阳明学核心思想在日本的本土化转型这两个维度出发,剖析日本阳明学的哲学特征与思想内涵。在此基础之上,本书深入探究了日本阳明学在当代学术界的发展现状,剖析了其在当代日本社会中所承载的社会价值以及面临的挑战。最后,本书还将视角拓展至国际,综合考察日本阳明学对西方阳明学研究的积极贡献,以及日本阳明学在中国的回环情况和传播价值。

第一节　从《传习录》译注看日本阳明学

　　关于阳明学的发展特征,中日学界存在若干种分类观点。

　　高濑武次郎指出,中日阳明学有所不同,日本阳明学具备极强的"事业"元素,承担起重建现代民族国家的重大责任,有力推进了日本从江户时期的封闭社会向明治时期开放型的现代社会的转变进程。沟口雄三为从根本上消除中日阳明学存在"同质性"的误解,提出"两种阳明学"的观点,认为中日两国的阳明学在思想根源、理论构造等方面存在显著差异。荻生茂博表明,日本历史上的"近代阳明学"与"前近代阳明学"这两种阳明学之间存在根本性的差别,"前近代阳明学"是在日本近代之前就已然存在并发展的阳明学,日本的"近代阳明学"本质上属于帝国意识形态下的政治言说。吉田公平细致阐述了阳明学在日本经历的 5 次发展高峰。钱明依据阳明学某一具象的道德范畴,将日本阳明学划分为"孝""行""诚""气""忠""身"6 种类型的阳明学。北九州市立大学教授邓红(1958—)认为，应当正确认识到阳明学的学术研究和阳明学社会运动之间存在巨大差异。

本书根据日本历史时期的划分，将《传习录》在日本的译介历程分为兴起、全面发展、多元发展、曲折发展和稳定发展5个阶段。在此基础上，本书结合《传习录》在日本译注特点的变化和传播发展的实际情况，尝试对日本阳明学的发展阶段进行重新划分，并深入分析不同阶段日本阳明学的发展状况。

一、17世纪初到19世纪80年代日本阳明学的发展

17世纪初，阳明学传入日本。彼时日本正处于江户时期，受藤原惺窝和林罗山等为代表的朱子学派的强烈抨击，阳明学最初仅仅是作为一种学说为日本儒学学者所了解，直到宽永年间才出现了精通阳明学的儒者——中江藤树，"宽永之比，近江之人，中江与右卫门，首唱明之王守仁号阳明之学……其徒有熊泽次郎八等"①。中江藤树将阳明思想融入《翁问答》《大学考》等作品中，并经由其学派门人传播开来，因此中江学派对阳明学思想在日本的研究与传播有肇始之功。

从17世纪开始，日本封建制度开始动摇，资本主义生产关系萌芽，中小地主产生，城市平民力量壮大，人们开始渴望社会变革。当时日本虽以程朱理学为儒学正统，但历经百年后，程朱理学已经不复往日的繁荣，逐渐走向僵化腐朽，王阳明思想以其自身的独特性打破了程朱理学在日本的官学主导地位。

1712年，三轮执斋《标注传习录》的出现，使得日本社会从杨嘉猷和刻本过渡到日本人注解过的《传习录》，"后比至正德，京都有云三轮善藏执斋者，专主王阳明之学，云阳明学，云心学"②。《标注传习录》的出现成为日本人研究阳明学的重要标志，三轮执斋由此被誉为日本阳明学的中兴之祖。

---

①②　黄滢：《论"日本近世阳明学系谱"的近代生成》，《外国问题研究》2020年第1期，第110页。

1713 年,三轮执斋弟子川田雄琴整理《传习录笔记》4 册。师徒二人的阳明学传播活动亦得到了地方权势的支持,他们通过私塾讲学的形式来普及阳明思想。

1830 年,作为日本官学——昌平坂学问所的儒官,佐藤一斋在《标注传习录》的基础上进行栏外注释,完成了《传习录栏外书》。他在书中最后写道,"方今学者,率皆务博竞多,从事于无用虚文,荡不知返。其弊殆极矣。物穷必反,天之道也。吾知不出二十年,世必有注明此录,以阐王子之旨者。吾老矣,不及见也。果然,我栏外诸说,终亦归于覆瓿。虽然,前人为是诠者鲜,后之人或视以为注脚嚆矢,亦未可知也"①,在某种程度上半公开地倡导阳明学思想。《传习录栏外书》在当时虽未出版,但门生传抄较多,传布较广。其中一个门生吉村秋阳刊发《王学提纲》,他在序言中明确称赞王阳明和阳明思想,"明正德嘉靖之际,王文成公致知之学兴焉。直揭人人真种,使之反己而自求之,端本澄源,破学者习心之蔽矣"②。

该时期共出现 4 个《传习录》译注本。这些译注本以对《传习录》进行文本标注和背景注释为主。在中江藤树、三轮执斋、川田雄琴、佐藤一斋、吉村秋阳等学者的阐释下,阳明学影响的阶级群体不断丰富和扩大,从早期以大名、幕吏、富商、豪农为代表的中上阶层,逐渐拓展到中下武士阶层和部分农民阶层,并对幕末明治维新人士产生了深远影响。

阳明学从"万物一体之仁"出发,并从"心即理"发展到"致良知",把"心"提升到万物之本的根本层面,其本质是一种对人的自我价值的尊重和关怀,所以阳明学说能在日本普通民众中渐渐传播开来,但这个时期阳明学最大的贡献是引起了日本武士阶层的思想转变。江户后期,虽然武士社会地位依旧,但原来的只重武而轻文的思想已然行不通,而阳明学成为日本武士精神转变的重要推手,武士阶层开始主张"文武合一"精神。"文武合一"精神发展自王阳明的"儒者之功,仁人之勇"精神。在阳明学的影响下,武士阶层摈弃了重

---

① 佐藤一斋:『伝習録欄外書』下、啓新書院 1897 年、後書第 4 頁。
② 吉村晋:『王學提綱』乾卷、川勝鴻寶堂 1861 年、序第 2 頁。

武轻文、道德欠缺的传统理念。例如水户藩的藩校弘道馆明确提出"忠孝无二，文武不岐，学问事业不殊其效，敬神崇儒无有偏党，集众思，宣群力，以报国家无穷之恩"①，这一理念契合"文武不岐""文武合一"的主张，意味着武士不仅要具备强大的武力，还要拥有深厚的文化素养和高尚的道德品质。

阳明学将普通的武士和日本民众从威严的封建等级制度下解放出来，他们在阳明学中发现了一种直截了当的精神力量，这也为幕末的明治维新运动提供了强有力的精神基础，为日本社会实现各方面的近代化发展奠定良好的基础。梁启超评价阳明学之于日本维新的意义，"日本维新之役，其倡之成之者，非有得于王学，即有得于禅宗"②，"遂成日本维新之治，是心学之为用也"③。陈荣捷也在《传习录》序言中，明确表明，"在日本历史上，阳明学为明治维新的领导者们提供了灵感和动力，从而为日本的重新觉醒和复兴作出了重大贡献"④。

二、19 世纪 80 年代到 20 世纪第二个十年日本阳明学的发展

1868 年，明治天皇建立明治新政府。明治初期，日本政府推行全盘西化政策，西方文化成为日本社会的主流文化导向，这给原本的东洋传统文化带来了极为严重的打击。东方儒学思想因此被搁置一旁，就连曾鼓舞众多维新志士，推动幕末维新运动，对日本近代化进程发挥重要作用的阳明学思想也遭到了冷遇。然而，明治政府在持续推行了十几年的全盘西化政策后，却意外地遭遇了日本社会精神层面的摇摆与动荡。因为在这一过程中，日本传统文化和价值观受到了前所未有的冲击，许多日本人开始质疑自己的文化身份，感到在东西方文化的夹缝中迷失了方向。这种文化认同的危机，

① 钱明：《从"文武合一"到"心刀合一"——基于中日阳明学比较的视域》，《浙江学刊》2020 年第 1 期，第 17 页。

② 梁启超：《梁启超全集》第二集，中国人民大学出版社 2018 年，第 571 页。

③ 梁启超：《梁启超全集》第四集，中国人民大学出版社 2018 年，第 29 页。

④ Chan，Wing-tsit. Instructions for Practical Living and Other Neo-Confucian Writings by Wang Yang-ming. Columbia University Press，1963. Preface P1.

导致了社会精神的动荡和不安。因此进入 19 世纪 80 年代,日本政府以及社会中的有识之士纷纷呼吁改变当下全盘欧化的社会风气。民众也迫切渴望从被他们曾经主动舍弃的东方儒学思想里重新寻回精神依托,重新恢复日本精神,以支撑起崭新的工业文明。

在这一背景之下,自 1881 年起,日本文部卿福冈孝弟推行了一系列教育改革,包括阳明学在内的汉学教育以及儒学思想得以重新回归日本主流社会的视野。1891 年,东泽泻以《标注传习录》为底本,著成《传习录参考》。东泽泻乃是佐藤一斋学派的门生,沿着"佐藤一斋—吉村秋阳—吉村秋阳之子吉村斐山及吉村秋阳弟子东泽泻"这样的一条轴线,江户初期到明治早期的阳明学传承就被串联了起来。

其后,东泽泻之子东敬治继承父学,继续研究阳明学,并于 1906—1907 年完成了《传习录讲义》。这是日本首个真正意义上的《传习录》的完整译本,该书由陆军大将男爵长谷川好道作序。同一时期,还有尾崎忠治口述、吉本襄记录的《传习录讲义》。尾崎忠治本人担任东京上诉院长、大审院长、枢密顾问官,该书的序言由日本官僚、政治家渡边国武和国粹主义教育家、思想家、政治家杉浦重撰写。另外,宫内默藏在《阳明学》杂志上连载《传习录讲义》,他所设计的阳明学的《三纲八目图》中,第二层就包含了"天皇"的绝对领导地位。杉原夷山获得云井龙雄誊抄的《传习录》并加以注解,他在序言中解释注解《传习录》的原因,一方面是出于对王阳明的崇敬,另一方面更是源自对幕末政治家、众议院议员云井龙雄的敬仰。

可见在该时期,多位《传习录》译者,在身为学者和译者的同时,还兼具政治家、社会家的身份。但彼时他们为何未选择朱子学,反而更倾向于阳明学呢?这与日本人对王阳明的个人崇拜以及阳明学说契合当时日本政治社会的需求有关。日本社会认为,阳明学传至日本后带来了新的思潮,推翻了黑暗的幕府统治。明治新政府成立后,阳明学又能够助力将日本建设成为一个独立自由,同时又绝对服从天皇体制的近代化国家。

因为阳明学包含了系统的君臣观、德治观、平等观和知行观。阳明学继承传统儒学的君臣观念,认为"君君、臣臣、父父、子子,名正言顺,一举而可为政于天下矣"①,讲求民以君为心,君以民为体,即一个国家以君为核心,民众为基础,君与民相生相依。在道德伦理上,阳明心学崇尚"仁者以天地万物为一体"②,认为人当有诚爱恻隐之心。在平等观念上,阳明学认为在良知良能上圣人和普通人没有什么区别,"你看满街人是圣人,满街人倒看你是圣人在"③。在知行观上,阳明学侧重实学,知行合一,强调"知行工夫本不可离"④,"人须在事上磨炼做功夫乃有益"⑤。这些理念都为日本迅速走上资本主义道路,同时还能保障天皇稳固且绝对的权威地位提供了思想支撑。

该时期,还有一个推动阳明学发展的重要力量,那就是出现了专门的阳明学杂志——《阳明学》和《王学杂志》。《阳明学》和《王学杂志》均以深入阐释《传习录》中的阳明思想为核心任务,旨在通过这一途径提升国民的道德修养和维护国家的根本体制,这一系列努力最终促使阳明学成为了倡导力行变革的重要学说。但不可回避的是,两个期刊政治服务属性很强,带有明显的民族主义和国粹主义的性质。冈田武彦评价《阳明学》的办刊主旨,就能明显体现出该时期日本阳明学服务政治、服务天皇的政治属性,"有识之士忧虑(欧化主义的泛滥),认为不复活传统思想文化,养成人们的道德心,建设道义的国家,就不能发挥国体之精华,发扬国威,在世界列强中保持国家的安泰"⑥。所谓的国体即万世一系的日本天皇制,国威即天皇高于一切

---

① 王守仁:《王阳明全集(新编本)》第一册,吴光,钱明,董平,姚延福编校,浙江古籍出版社2010年版,第18页。

② 王守仁:《王阳明全集(新编本)》第一册,吴光,钱明,董平,姚延福编校,浙江古籍出版社2010年版,第28页。

③ 王守仁:《王阳明全集(新编本)》第一册,吴光,钱明,董平,姚延福编校,浙江古籍出版社2010年版,第127页。

④ 王守仁:《王阳明全集(新编本)》第一册,吴光,钱明,董平,姚延福编校,浙江古籍出版社2010年版,第46页。

⑤ 王守仁:《王阳明全集(新编本)》第一册,吴光,钱明,董平,姚延福编校,浙江古籍出版社2010年版,第101页。

⑥ 邓红:《何谓"日本阳明学"》,《华东师范大学学报》2015年第4期,第155页。

的政治原则。在当时的有识之士看来,阳明学比朱子学更适合实践躬行,更适合成为拯救时弊的思想武器,阳明学能够在全盘欧化的西方思潮中帮助重建日本国民之精神,进而维护天皇至高无上的政治地位。

于是,阳明学从原本纯粹的心学修养之学问,逐渐转化为国家意识形态的政治主张之一。在此期间,有 7 个《传习录》译注本相继问世,它们对日本近代阳明学的蓬勃发展起到了重要推动作用。然而,值得注意的是,这些译本的诞生往往伴随着译者的政治教化愿景,其翻译动机或多或少地掺杂了将阳明学应用于社会政治实践的意图。因此,这些译本及其相关研究,更多地成为阳明学社会运动在日本的一种显性表达与实践探索。

三、20 世纪第二个十年到 20 世纪 60 年代日本阳明学的发展

1912 年日本进入大正时期,民主主义风潮盛行,日本社会出现了短暂的平稳时期。1926 年,大正天皇驾崩,皇太子裕仁继位,是为昭和时期。昭和是日本年号中所用时间最长的,以二战结束为界,昭和时期可被分为前期和后期两个阶段。昭和前期,日本踏上了军国主义的黑暗道路,相继发动了侵华战争和太平洋战争,给中国、朝鲜、东南亚以及太平洋地区的人民带来了深重的灾难,同时也给自己带来了毁灭性的后果。昭和后期,日本进入战后经济恢复阶段。

从 20 世纪第二个十年开始到 20 世纪 60 年代,日本共出现 9 个《传习录》译本。就《传习录》的译介目的而言,此阶段与明治时期存有明显的不同。在这个阶段,《传习录》主要被视作汉学、儒学及哲学领域的经典之作,其译注更多聚焦于传承与弘扬阳明学的哲学思想与《传习录》的汉学价值。例如,1913 年,安井小太郎点校三轮执斋的《传习录》,被收录于"汉文大系"第 16 卷;1919 年,小柳司气太的《传习录》被收录于"汉文丛书"第 14 卷;1923 年,小野机太郎的《现代语译传习录》被收录于"中国哲学丛书"第 12 卷;1931 年,龟井一雄的《传习录》被收录于"圣贤遗书新释丛刊"系列丛书出版;1935 年,山田准的《传习录》与饭岛忠夫的《近思录》合成一册,被收录

于"说汉籍丛书"第9卷。

此外，《传习录》还被编纂成教学用书并正式出版，旨在借助阳明心学的深邃思想，发挥其在教育与思想启迪方面的独特教化作用。例如，1922年，汉学研究会编著了《王阳明传习录提纲》，在绪言中写道"供致良知之资之微意亦存焉"[①]，期望此书能进入学校教学领域，与师范学校、中学及高等学校的其他现行汉文教科书一并使用，并希望凭借此书帮助学生实现良知的微妙意旨。1927年，山田准出版了《王阳明传习录讲本》，主要也是供学生课堂教学使用。

该时期的译者们推崇阳明学教育，主张阳明学是一种以自我修养、注重内在的道德修养与自我反省为核心的良知哲学，强调每个人内心都具备一种天然的良知，只要去不断反省，事上磨炼，实践躬行，就能激发并发挥出这种良知，实现人生的价值和自我升华，所以这一时期的《传习录》译介是日本学者最注重原典翻译、原典阐释的时期。然而，尽管阳明学的纯粹学术研究以及《传习录》的翻译工作在日本持续开展，却未能吸引社会的广泛关注，其社会影响力相对较为有限。不仅如此，这一时期阳明学在日本的实际应用与《传习录》译介之间，出现了明显的背离现象。

阳明学从江户时期开始就被日本的武士阶层所推崇，伊来瑞（George L. Israel，1966—）在《阳明学之欧美传播与研究》一书中，引用法国历史学家格鲁塞（René Grousset，1885—1952）的话："王阳明和他的著作有一种崇高的精神，这种精神可以满足具有武士精神的人的思想渴求。事实上，日本的精英阶层对王阳明的热爱正如他们对禅师的热爱，因为在他的思想中，他们找到了一剂良方，可以让他们成为一个完美的人，同时他们还发现了个人的道德颂祷，正如从禅家所接到的指示一样。朱熹创造了博学者和持唯物主义思想的官员。王阳明却塑造了武士。"格鲁塞认为朱熹和王阳明的学说将中国和日本的世界划分开来。但是在中国推崇朱熹包罗万象的哲学，

① 漢学研究会编：「王陽明伝習録提綱」、中興館1922年、緒言第1頁。

客观性和适合中国发展趋势的科学特性思想时,王阳明的哲学思想却因为其个人主义和显著的道德质量而受到日本人的欣赏。①

但是,由于历史原因和地理条件的局限,有勇少谋甚至有勇无谋,尤其是仁勇合一与仁智合一的关系问题,并未得到根本性的解决,终至成为武士文化的负面遗产之一。② 进入 20 世纪 30 年代,日本的民族主义、国粹主义乃至军国主义等意识形态开始甚嚣尘上,此时阳明学被作为武士阶层继任者的少数日本军官所利用,成为培养武士道精神的思想武器之一。所以在这个时期,《传习录》的译介研究与日本阳明学的实际应用产生了脱节,日本阳明学与真正的阳明学思想逐渐背道而驰,不可避免地由于当时的政治关系而走上了变形的曲折之路。然而,我们必须明确,即便当时日本推崇武士精神的统治阶层中存在阳明学的思想,但阳明学本身绝非右翼的思想。后来,武士精神被错误解读和利用,日本国粹主义和军国主义思想泛滥,最终引发了第二次世界大战。二战结束后,美国占领日本,儒学被认为是强制人们遵守的封建道德学说而迅速淡出人们的视野,曾经作为中学教育核心的儒学教育几乎销声匿迹,《传习录》的译介也由此出现了近 20 年的空白期。

四、20 世纪 60 年代起日本阳明学的发展

第四个日本阳明学发展阶段始于 20 世纪 60 年代,并延续至今。二战结束后,在美国占领当局的主持下,日本政府在政治、经济和教育等各个方面都实行了所谓的民主化改革,日本经济也得以迅速恢复和高速发展。到了 20 世纪 80 年代,日本成为仅次于美国的世界第二大经济大国。伴随着物质的极大富足,日本社会在精神层面却出现了严重的金钱至上主义和思想道德滑坡,日本民众也开始沉溺于无节制的消费欲望中,社会陷入浮躁,于是阳明学作为"圣学""心学"与"实学"统一的学说,又再一次成为日本民

---

① 伊来瑞:《阳明学之欧美传播与研究》,吴文南译,学苑出版社 2022 年版,第 25 页。
② 钱明:《从"文武合一"到"心刀合一"——基于中日阳明学比较的视域》,《浙江学刊》2020 年第 1 期,第 17 页。

众寻求道德修炼和人文关怀的支撑点，曾被战火所阻挠的日本阳明学研究和《传习录》译介在 20 世纪 60 年代后开始如火如荼地复燃起来。

从 1961 年近藤康信的《传习录》到目前最新译本《复苏于现代的阳明学：读〈传习录〉》，日本共出现了 17 个《传习录》译注本。抛开了此前被打上的政治印记，这个时期的阳明学研究重新回归到传统的学术思想研究范畴。日本学者们从中国儒学的传承角度出发，深挖阳明学的哲学本质和思想价值，尤其 20 世纪 70 年代"阳明学大系"系列丛书的问世，不仅将日本的阳明学研究与传播再度推向高潮，而且对国际阳明学的研究与传播也产生了深远影响，其价值至今犹存。①

从平成时期到现在，日本共出现 4 个《传习录》日译本。值得关注的是，这 4 个译本有个共通点：都不是《传习录》全译本，且注释较为简略，但基于语录的译者解说内容却翔实深刻。本书认为，这是因为自 1712 年三轮执斋《标注传习录》问世，《传习录》评注和译介经过长久的发展，已经非常成熟，不管是多种文体的文本翻译，还是注释出处考证都已经非常完备，因此，这些译者们不再满足于对语录的译介以及注释的补充，而是充分发挥学者的学术能动性，将研究重心更多地置于《传习录》的再度诠释上。

不仅如此，《传习录》的译者们充分认识到，阳明学作为一种诞生于危机时代的思想，其所担忧的社会问题，恰恰也是日本当下所面临的社会课题。在一个物质丰富但道德观念多元化的时代，日本社会正遭遇如道德滑坡、人际关系淡漠、个人作用被显著弱化等诸多问题，故而这些译者们并非仅仅止步于对《传习录》的学术诠释，更是亲身实践，践行真知，发挥社会活动家的主观能动性。

守屋洋在《传习录》《论语》《韩非子》和《孙子兵法》等研究领域方面积极开展社会活动，受到众多日本企业经营者的拥护，具有比较广泛的社会影响力。作为一名社会活动家，他号召国民学习王阳明"拔本塞源"之魄力，摒弃

---

① 钱明：《国内外的"阳明学"何以出现大温差》，《文史天地》2023 年第 9 期，第 14 页。

"私己之欲"和"功利之毒",回归本心做学问,存养天理。

林田明大长期运营阳明学研究会和姚江学会,致力于阳明学人才的培育。在 1997 年的国际阳明学京都会议上,他以佛教、儒教、道教、神道等本为一体作为基调,鼓励学者们积极开展阳明学研究以及实践体悟活动。林田明大认为阳明学能为当代日本社会提供有益的思想启迪和精神滋养,呼吁人们学习阳明学,实现内心的自省和修炼,达成精神的升华,从而让人们在面对各种挑战和诱惑时,能够保持清醒与坚定。

中田胜曾担任群马医疗福祉大学名誉教授,2016 年 8 月,在他去世一年多后,群马医疗福祉大学校长、理事长铃木利定(1946—)选取了中田胜撰写的阳明学论文和他翻译的徐爱所录的语录,出版了《王阳明 徐爱〈传习录集评〉》。铃木利定兼任该校的日本阳明学研究所所长,期望通过该书将阳明思想普及到高校教育中。

吉田和男是日本经济学家、前财务官僚,他的《樱树下的阳明学——作为活在现代的实践行为学》和《复苏于现代的阳明学:读〈传习录〉》中关于阳明学与经济学关系的阐述,不仅对企业家如何经营企业,也对个人如何更好地实现社会价值具有重要参考意义。他认为个人的行动能够带动其他人的行动,进而形成更大的力量;唯有纠正自身,方能纠正社会;只有改变自己的行动,才可真正改变社会,阳明学拥有改变人性本质的力量。他期望在社会层面上广泛传播与普及阳明学,为此他先后组织成立了"21 世纪日本人精神研究会"和阳明学学习会"樱下塾"。这些社会活动本身就充分彰显了他期望借助阳明学革新自我,进而改变社会的强烈社会责任意识。

九州大学的冈田武彦更是积极致力于提升阳明学的社会影响力。笔者私以为,于当代日本而言,冈田武彦堪称是推动阳明学在日本、东亚乃至世界发展的日本学者中的第一人。

首先,冈田武彦成立东洋之心学习会等,向社会普及以阳明学为主的汉学思想。冈田武彦在学会和书院里长期讲授《传习录》《王阳明文集》《论语》《礼记》《孟子》等汉学典籍,其所传授的"简素精神""身学说""兀坐说""崇物论"等思想，与王阳明的心学学说相一致。

其次，冈田武彦多次来华考察王阳明遗迹，积极推进王阳明遗址修复工作。冈田武彦曾多次来访中国，与其门生及其他日本学者对中国本土有关王阳明的遗迹进行实地探查，为王阳明遗迹和纪念碑等多处阳明遗址修复工作作出贡献。在1989年4月5日于浙江绍兴举行的"明王阳明先生之墓"竣工揭幕仪式上，冈田武彦在墓前致辞，并朗诵了自己创作的四六骈俪体祭文。6日，他参加了在浙江余姚举办的国际阳明学研讨会，有力地推动了中日阳明学交流以及中国传统文化的国际化发展。

最后，冈田武彦积极参加和组织阳明学学术会议，推动阳明学在国际社会的传播。1972年，冈田武彦参加了在美国夏威夷大学举办的王阳明诞辰500周年纪念活动，作了题为《明末与幕末的朱王学》和《王阳明与日本文化》的报告。1989年，在冈田武彦的倡议下，二松学舍大学创刊《阳明学》，该期刊也成为当代日本阳明学学术研究最重要的专业期刊。1994年4月，他在福冈组织召开了"东亚传统文化国际会议"，倡议在世界格局动荡的20世纪末，重新学习东亚传统文化思想，开拓人类发展未来。1997年8月，他在京都组织召开以"对21世纪的地球和人类作出贡献的阳明学"为主题的国际阳明学京都会议。参会人员包括岛田虔次、沟口雄三、吉田公平、吉田和男、林田明大等多位《传习录》日译者，还有美籍华裔秦家懿(Julia Ching，1934—2001)、中国的杜维明、汤一介（1927—2014）、韩国的崔在穆（최재목，1961—）、日本的荒木龙太郎、福田殖、永富青地、中纯夫(1958—)等约300位学者。

由此可见，这一时期的《传习录》译者们并非只在理论的殿堂中苦心钻研，而是凭借自身对《传习录》的深刻洞见和精准阐释，全方位、深层次地探讨个体与社会之间错综复杂的关系。他们身体力行，积极投身于各式各样的社会活动当中，深刻践行"知行合一"与"事上磨炼"的阳明学核心理念，矢志不渝地追求"致良知""万物一体之仁"的精神境界，为助推日本社会的道德进步以及和谐共生贡献着重要力量。

五、小论

本书以《传习录》译介传播的历史进程作为时间脉络，把日本阳明学划分为了4个发展阶段。

第一个阶段起始于17世纪初，一直持续到19世纪80年代。此阶段是《传习录》文本的标注及阐释时期，总计出现了4个译注本，阳明学思想在日本开始崭露头角，并逐步从民间的学说缓慢地向地方藩学以及幕府官学逐步拓展延伸。

第二个阶段从19世纪80年代至20世纪第二个十年。在此期间，共计有7个《传习录》译注本问世。这是《传习录》译者及阳明学研究者与政治结合最为紧密、社会作用发挥最为显著的阶段，同时也是日本近代阳明学的繁荣时期。

第三个阶段从20世纪第二个十年至20世纪60年代。此间，一共产生了9个《传习录》译本。这是《传习录》译介最为纯粹的阶段。作为中华优秀典籍的经典之作，《传习录》译注本被广泛收录于多个系列丛书中。然而，我们必须客观地认识到，这也是《传习录》的译介研究与阳明学实际应用出现明显背离的阶段。

第四个阶段从20世纪60年代开始，一直延续至今。其间，共有17个译注本出现。这是《传习录》译介成果最为高产的时期，译者们将承载着阳明学核心思想的《传习录》视作和平时代精神滋养的重要源泉之一，积极开展极具译者个人特性的翻译研究工作。与此同时，他们更积极投身于阳明学的社会教化活动中，实现了理论研究与社会实践的深度融合与和谐统一。

《传习录》的译介与阳明学的广泛传播，不仅是特定时代思想风貌的具体展现，更是与当时社会思潮紧密互动、相互影响的过程。回顾《传习录》在日本的译介历程，我们可以深刻体会到，阳明学思想在不同历史阶段与日本社会内多样化的思想潮流交织融汇，共同塑造了日本文化的多元景观。在这一过程中，基于日本独特的政治文化土壤与时代背景，阳明学思想经历了明显的本土化改造，展现了其在不同环境下的多重价值，体现了思想传播与社会文化环境之间的深刻互动关系。

三轮执斋在《标注传习录》序言中说道：

> 使凡读此录者，皆先观先生之德业与日月同悬者，而知其教诲论说为孔孟之正宗，以无疑于格物致知之功、知行合一之实云尔。①

阳明学本身就是强调人的道德主体性和个体能动性，坚持良知是心之本体，亦是知行的本体，其习得的过程就是自由活泼的、积极主动的、简易直接的、极具创造性的。阳明学思想本身所具备的精神特质的纯粹性以及习得过程的便利性，能够成为有效化解日本在全球化进程中所衍生出的思想困境的重要手段，为构建符合时代发展需求的日本国民精神文明体系提供有力支撑。

第二节　日本阳明学的哲学特征

17 世纪初，王阳明创立的阳明学远播至日本，历经 400 余年的发展，其学说与日本本国的政治、社会、思想、文化、教育等许多方面紧密结合，逐渐演化出独具本土风貌的"日本阳明学"。本节聚焦于阳明学在日本的思想变迁过程及其核心思想的本土化转型两大维度，剖析日本阳明学的哲学特征。

一、日本阳明学研究的思想变迁

西方社会从古希腊时期开始一直到 19 世纪为止，科学与哲学一直是相辅相成发展起来的。阳明学自最初传入西方之时，便作为一种东方哲学思

---

① 三輪執斎：『標注伝習録』上、積玉圃 1712 年、第 4 頁。

想,在西方世界开启了学理性的哲学研究。与此相反,日本与西方不同,就连日本是否存在哲学都曾有过相关探讨。日本哲学家竹尾治一郎(1926—)在《日本有哲学吗?》中写道:

> 在日本的哲学界中,不论战前战后,从重视科学的角度出发来研究哲学的哲学家人数最少,这是明治以来日本哲学与西方哲学的巨大不同点……明治以来,我们所看到的哲学,实际上全部是从西方舶来的。而且,最清楚地表明了其舶来性质的事实就是,日本哲学缺乏西方意义上的人文科学传统,特别是缺乏古典研究的雄厚基础。[①]

竹尾治一郎认为,明治以来,日本的哲学全部是西方的舶来品,对于这一说法,本书认为可从日本阳明学的思想变迁过程来加以探讨。

(一)江户时期的日本阳明学研究

在江户时期,日本德川幕府为巩固封建统治和加强中央集权进行了一系列改革,其中在文化上最重要的一条举措就是定朱子学为国学。从此,朱子学作为官学,开辟了江户新儒学时代。阳明学传入日本后,主要在民间社会缓慢传播。由中江藤树开启的江户阳明学尚停留在对阳明学原理的把握与辨析上,这是日本早期阳明学最主要的特征。[②] 中江藤树虽然是阳明学的信奉者,但他也不拘泥于阳明学,而是兼取诸家之长,形成了独特的思想理论体系,奠定了日本阳明学的基本理论格局。中江藤树在宇宙观方面,完全遵循了阳明学的心本论。然而,对于"明德""格物""亲民"等《大学》中的条目,中江藤树进行了自己的阐释与发挥,其中最具本土化改造的思想当属将"孝"界定为"明德"的本质,构建了以"孝"作为万事万理的"全孝说"理论。

① 竹尾治一郎:《日本有哲学吗?》,张萍译,《国外社会科学》1980年第9期,第46-47页。
② 丁青:《战后初期阳明学在日本的接受与传播——以战后派文学家三岛由纪夫为例》,《绍兴文理学院学报》2023年第1期,第70页。

也就是说，中江藤树认为"心"是天地万物之本源，而天地万物皆在孝德当中。后来，中江藤树的门生熊泽蕃山把阳明学引入到了"事功之学"里，他的关注点更侧重于关心国计民生的社会政治实践。

之后，日本阳明学长期陷入沉寂状态。虽然在三轮执斋的"再建"之下出现了短期中兴，但随后又没落下去。直至 18 世纪末，在佐藤一斋、大盐中斋等人的发展下，日本阳明学又迎来了复兴，并持续到幕府末期。佐藤一斋对阳明学的重要补充是他朴素的辩证法思想，他认为对立的法则充塞于宇宙间，一切事物无一不是对立物的统一。[①] 大盐中斋则对王阳明的"致良知"有了新的阐释，他将"致良知"中主体自觉改造自我与改造社会相联结，把阳明学从个人修养的道德哲学转变为改造社会的行动哲学。幕府末期的吉田松阴也是江户时期阳明学的代表人物之一，他将"知行合一"学说发展为引领明治维新运动的思想动力和引导明治维新人士的思想指南。

因此，日本早期的阳明学研究聚焦于对阳明学基本思想的解读与阐释。儒学家们强调"心"作为主体力量的重要性，挖掘阳明学中的良知力量，鼓励知行合一，倡导孝道，来提升民众的精神境界与素养。而且，儒学家们更加关注阳明学对现实社会的改造潜力，进而把阳明学引入事功主义之中，使其成为一种指导实践、追求实效的学说思想。总体来说，江户时期的阳明学研究，主要集中在对其核心思想的概念性阐释上，展现出一种质朴而深刻的哲学反思，由此阳明学在民间社会得到了广泛的接受与传播。

(二)明治至昭和前期的日本阳明学研究

进入明治时期，日本新政府积极推行文明开化政策。此时期对阳明学思想的解读，在很大程度上是与西方思想进行比较、融合的过程，这与日本的高等教育有着紧密的关联。日本的大学是依据 1886 年日本政府颁布的《大学令》设立的，当时在大学里研究和讲授的哲学是以康德和黑格尔为核

---

① 朱七星：《中国、朝鲜、日本传统哲学比较研究》，延边大学出版社 1995 年版，第 361 页。

心的德国唯心论的形而上学哲学。正因如此,在日本大学开展东方儒学思想的研究时,往往会率先想到其对立概念——西方哲学,而后习惯性地运用西方哲学的理论体系和研究方法来进行对比性地认识东方儒学思想。例如,三宅雪岭以西方哲学视角,试图构建王阳明的哲学体系,思考儒学的近代性和价值;井上哲次郎利用西方的学术方法,对日本幕府时期的儒学进行分析归类,并以阳明学为研究对象,探索东西方哲学的一般性、普遍性的部分,借用西方哲学来完成对东洋思想的改造;高濑武次郎引入康德哲学的"绝对命令"①,认为良知即绝对命令,需要把行为本身视作自为的客观必然性,从而对阳明学进行了直觉主义伦理学②的转换。

该时期,不仅仅以三宅雪岭、井上哲次郎和高濑武次郎为代表的官派学者在研究阳明学,日本的政治家、文学家都热衷于将阳明学与苏格拉底、康德、谢林、黑格尔、叔本华等西方哲学家的思想进行比较研究,由此迎来了日本阳明学哲学研究的发展高潮。刘金才说:

> 明治阳明学运动的展开影响到近代日本的整个思想界和多种社会思潮,使阳明学与近代日本的国家主义、至诚主义、明治基督教、自由民权、自由民族主义、夏目文学、西田哲学等的思想都发生了联系。③

在大正及昭和前期,阳明学研究延续了明治时期的研究范式。日本学者们采用东西方思想比较的方式,将阳明学与合理主义、自我意识、自由平等、唯物论等当时流行的西方哲学进行比对,以总结得出阳明学的特征。

---

① 绝对命令是指德国哲学家康德用以表达普遍道德规律和最高行为原则的术语,又称定言命令。

② 直觉主义伦理学认为,道德判断和道德原则不是通过理性推理或经验归纳得出的,而是通过直接的道德直觉来把握。这种直觉被视为一种内在的、非推导性的能力,能够让人们直接感知到某些行为或事物的道德属性。

③ 刘金才:《阳明学在日本的传播和对民众道德培育的影响》,《贵州文史丛刊》2016 年第 1 期,第 28-29 页。

昭和前期最有名的阳明学者、《传习录》译者山田准在 1932 年的《阳明学精义》中，将王阳明与苏格拉底、笛卡儿（René Descartes，1596—1650）、康德、费希特、黑格尔、伯克莱（Berkeley，1685—1753）等人进行了对比考察。三岛复在 1934 年的《王阳明哲学》中，把阳明学与西方的斯多葛哲学、基督教、康德哲学、绿色哲学、实用主义予以比较。三岛复将阳明学的知行合一思想和苏格拉底的知行说进行对比，指出王阳明重在行，而苏格拉底重在知；康德哲学的实践理性与阳明学的良知存在相通之处，不过陆王心学缺乏哲学的纯理性；良知说虽与基督教存在相似点，但它属于泛神论，并且对儒家始祖、至圣先师孔子也持有批判态度，这和一般宗教中将教主绝对化的态度不同，强调了阳明学与基督教的差异。中国哲学研究者、京都大学教授安田二郎（1908—1945）使用西方哲学的概念、体系与手法来研究阳明学，提出朱子学和阳明学之间的根本差别在于为学的方法而已，前者（朱子）到达这个体验的过程多以理论来构成，而后者（阳明）从其经验出发。前者是"自下而上"的理论，后者是"自上而下"的理论。"自下而上""自上而下"则是运用的德国哲学家康德的理论。"上"指理性，"下"指认识，"自上而下的方法"即客观的演绎法，"自下而上的方法"则是主观的演绎法。①

（三）昭和后期的日本阳明学研究

二战结束后，日本学界逐渐认识到王阳明的思想形成实则与西方哲学毫无关联，因而对二者进行比较，实际上很难获取准确的研究成果，反倒存有滑入表面化、片面化比较陷阱的风险，无益于对阳明学哲学本质的理解。因此，很多日本学者开始摒弃单纯的东西哲学思想比较研究，转而更聚焦于以下两方面研究。

一方面聚焦于阳明学内在逻辑的微观剖析，深入探究阳明学的思想本质，从其核心概念、理论架构到实践应用入手，力求全方位展现阳明学的思想丰富性与多维度价值。这一过程不仅涉及对"良知""心即理""知行合一"

---

① 邓红：《何谓"日本阳明学"》，《华东师范大学学报》2015 年第 4 期，第 163 页。

等核心概念的深度挖掘,还涵盖了对阳明学方法论、伦理学、政治哲学等多方面的综合研究。以岛田虔次、沟口雄三、山井涌(1920—1990)等研究学者为代表。

岛田虔次围绕"近代思维"展开研究,他首先突破了日本阳明学的三点式快餐理解法。岛田虔次使用唯物、唯心、主观、客观的范畴探讨阳明学,将阳明哲学假定为"主观唯心论",而且他表示了唯心主义不是反动的,也不赞成主观唯心主义比客观唯心主义还反动那样的表达方式。[①] 岛田虔次认为王阳明的核心是人的概念的成立与发展,不但从人的社会性、政治性来把握人的本质,还从"万物一体"和"良知"(心即理)结合产生出的准则来把握人类社会。他提出阳明学乃是朱子学的内在发展,其终极追求是把主体的自我意识当作现实判断的标准,故而就阳明学而言,最高道德的判断标准已从外在的定理转至内在的道德主体。

沟口雄三批判性地吸收岛田虔次的思想,揭示中日两国各自阳明学的特性,深入阐述了中日两国阳明学的异同,在现代学术的意义上提出了"两种阳明学"这一概念。[②] 在他看来,中日阳明学在思想构造、理论事实和两国思想史上的地位及其作用等方面都存在很大差异,因而是属于异质的"两种阳明学"。

中国思想学者、东京大学名誉教授山井涌探讨了阳明学与理气哲学的内在关系,明确了阳明心学以心统摄,涵化理与气的独特性。他结合哲学分析方法与思想史研究方法,解读了阳明学的核心命题,揭示出阳明学思想的多义性与整体性特征,并重新评价了阳明学的价值。

另一方面则扩大研究视角,从宏观视角出发,将阳明学置于宋明理学发展脉络及东亚思想史的广阔背景下,围绕朱子学与阳明学、中国阳明学与日

[①] 邓红:《日本的阳明学与中国研究》,广西师范大学出版社 2018 年版,第 142 页。

[②] 关于中日两国的阳明学比较,沟口雄三撰写了《两种阳明学》《关于日本阳明学》和《中国的阳明学与日本的阳明学》三篇论文,译文可参考生活·读书·新知三联书店出版的《李卓吾·两种阳明学》。

本阳明学、阳明学与阳明后学、阳明学的佛儒道三教观等方面进行跨时代、跨文化的比较研究。这一研究方向旨在揭示阳明学在儒家思想传承中的独特地位，及其与同时期东亚各国思想文化的互动关系，进而构建出一个更为全面、立体的阳明学研究框架。以岛田虔次、楠本正继、山下龙二、荒木见悟、冈田武彦等研究学者为代表。

岛田虔次运用历时研究方法，沿着"陆象山思想—王阳明思想—王门后学思想—李贽、黄宗羲思想"的脉络，纵向探究陆王心学思想的动态发展历程。山下龙二则通过梳理中国思想史的整体发展脉络，深入探讨了阳明学在明清时期的发展情况，并阐述了日本阳明学研究的核心观点。

楠本正继、荒木见悟和冈田武彦都出自九州大学。九州学派的阳明学研究特色是舍弃西方哲学的种种概念范畴，而深入到中国传统思想的内在理路，在体认和把握古人种种论说的基础上再来进行理论化的尝试。[①] 楠本正继系统地探讨了宋明时期儒学思想的发展过程，通过深入解读原典文献，考察了从新儒学出现到阳明学兴起的完整思想史脉络，特别是对阳明学的内在理路及历史意义进行了深刻阐述。荒木见悟借助"本来性"和"现实性"这两个相互对立的概念，对佛教典籍与朱王哲学的理论架构展开探讨，在分析宋明儒学的动态趋势时，他以与佛教的交汇点作为主轴来研究阳明思想运动，并进行了实证性的剖析。冈田武彦考察了宋明思想文化发展的脉络与特点，深刻论述了阳明学产生的历史缘由及其内容特点、产生的社会影响和发挥的历史作用，并细致论述了阳明后学的多个分支的特点。

（四）小论

阳明学思想在日本的研究并非一成不变的，它随着时间的推移、社会环境的变化以及学术思潮的演进，经历了一系列的转变和发展。通过对日本阳明学研究发展过程的深入剖析，我们能够清晰地洞察到日本学术研究在

---

① 荒木见悟：《阳明学的位相》，焦堃、陈晓杰、廖明飞、申绪璐译，江苏人民出版社 2022 年版，中译本说明第 2 页。

哲学领域上的探索与成长。

阳明学研究在江户时期尚处于一个相对较为初级和朴素的哲学思想探索阶段。在这一时期，阳明学刚刚传入日本，其传播和研究尚处于起步阶段。当时的研究缺乏系统的理论框架和深入的分析方法，学者们对于阳明学的理解和阐释还比较浅显，主要集中在对基本概念和核心观点的初步探讨上，然而这一朴素的初探时期却为后来阳明学在日本的哲学研究发展奠定了基础。

明治时期到昭和前期，许多阳明学研究者沿袭了三宅雪岭、高濑武次郎以及井上哲次郎的"心即理""知行合一""致良知"这种三点式快餐理解法。与此同时，由于深受西学的影响，日本学者对于阳明学的研究侧重于与西方思想的比较，并且在该时期，阳明学研究为政治服务的色彩颇为浓厚，就"阳明学是什么哲学"这一命题所展开的完整讨论相对较少。这是由于日本缺少哲学的深厚土壤，尤其是缺乏古典研究的坚实基础以及西方意义上的人文科学传统，故而他们在急切吸纳西方文明的过程中，也仓促地引入西方世界的哲学架构和哲学术语，并给东方思想披上哲学的外衣。

二战后，日本阳明学研究发生转向，阳明学研究回归到阳明学的本体研究中，一批成熟的日本思想研究者逐渐意识到将儒学思想回归到本宗才是哲学研究的本源，对阳明学的研究主体、研究方法等方面都有了独立的学理上的系统思考。研究者们既纵向考察了朱子学、象山学、阳明学、阳明后学的演变过程，又横向比较了中日两国阳明学思想的异同，探讨了在多元思想文化体系下发展中的日本阳明学。其间涌现出了岛田虔次、山下龙二、山井涌、冈田武彦、荒木见悟、沟口雄三等一批新一代的阳明学者，他们深耕于日本近代思维研究、新儒学研究、近世政治思想研究和理气论比较哲学研究，由此日本阳明学的理论形态研究日益深入。

日本的阳明学在朱子学、古学、神道等多重思想文化交织的社会环境里另辟蹊径，开拓出了一片崭新的领域，对日本的思想发展产生了广泛深刻的影响。随着时代的不断进步，日本学者的哲学素养与学术能力持续提升，他们对阳明学哲学特质的理论探索也愈发深入和全面。这既体现在对阳明学内在哲学逻辑的精细剖析上，也展现在将其置于更宏大哲学框架中进行跨领域审视的广阔视野中。因此，探究阳明学思想在日本的研究变迁轨迹，实则是对竹尾治一郎问题的一种间接而有力的回应，进而得出"日本是逐步发展出自身的哲学体系"这一结论。

二、阳明学核心思想的本土化现象

阳明学作为中国儒学传统文化中重要的组成部分，在日本的传播最早能够追溯至 17 世纪初。相较于中国阳明学以及朝鲜地区的阳明学，日本对于阳明学的接受展现出了极高的包容度，甚至达到了近乎狂热的喜爱程度。在这漫长的发展过程中，阳明学必定与日本本土文化相互交融、彼此渗透，进而形成有别于中国阳明学的独特特质，其本质思想层面亦会发生变化，文学家三岛由纪夫就明确指出，"阳明学虽是来自中国的哲学，但在日本行动家的心中已经是完全过滤后，变成了日本化、本土化的哲学"①。本书将从心和理之辩、体和用之辩、道德和事功之辩这 3 个方面入手，探讨阳明学核心思想在日本的本土化转型现象。

（一）在心和理之辩方面

沟口雄三曾以"心本主义"和"理本主义"来概括中日两国阳明学的特点。他认为，一部中国思想史是把握"理"的方法的变迁史，在这种意义上说阳明学也属于"理本主义"。王阳明的"心即理"从自我的这一主体出发，在此历史演变中要担负起寻求应对这一历史现实的现实之理的责任，在这一意义上是主动与能动的，但这种主动性与能动性是为了探索和确立理，不能离开这一前提而片面强调一般意义上的主动性和能动性。同时，所谓内发性，也是指确定生活在现在的我们自身的主体中所应有之理的根源，使理再

---

① 三岛由纪夫：『行動学入門』、文春文庫 2016 年、第 227 頁。

生于现在的各个局面中。[①]

阳明学核心理念在于良知即天理，"盖良知只是一个天理，自然明觉发见处，只是一个真诚恻怛，便是他本体"[②]，强调"良知"作为自然明觉、真诚恻隐之心的本质，即为其本体，也即天理之所在。"真诚恻怛"的主体性活动是良知显现的途径，通过此活动，个体得以体悟并实践天理，进而达至成圣成贤之境。阳明学所倡导的"心即理"，强调心为理之根源，理非外求于物，而内在于心，体现了心与理的统一性。在阳明学中，去除人欲、恢复心之本然状态，便是存天理、显良知的过程。

但在日本，这种"理"被作为超越性的、实体性的规范性来把握，"心即理"往往被解释为心是最高的规范。沟口雄三认为：

> 在日本有着比起普遍的"理"来说，更加重视主观的心的纯粹性之"心本主义"的风土，阳明学在这方面特别显著，日本阳明学和中国本来的阳明学的本质区别，就在于离开了"理"的心情伦理方面。[③]

在日本的文化土壤中，"心本主义"思想盛行，相较于普遍性的"理"，更重视主观心灵的纯粹性。

原本，日本的神道思想就根植于一种观念，即"天地神祇八百万"，认为世界万物皆由神创造，万物有灵。这种独特的多神教信仰体系，使得日本在接受外来思想文化时，心态上显得尤为开放，既无沉重的历史包袱，也鲜见强烈的抵触情绪。因此，当阳明学这一外来哲学思想传入日本时，日本人并未感到有必要对固有的神道观念进行大的调整或重构，也无须从纷扰复杂

---

① 沟口雄三：《李卓吾·两种阳明学》，孙军悦，李晓东译，生活·读书·新知三联书店2019年版，第207页。
② 王守仁：《王阳明全集（新编本）》第一册，吴光，钱明，董平，姚延福编校，浙江古籍出版社2010年版，第92页。
③ 邓红：《日本的阳明学与中国研究》，广西师范大学出版社2018年版，第100页。

的现实世界中抽丝剥茧以求"格物致知"。

王阳明自身早年有学佛学道的经历,后虽自创儒家学说,但他三教统合的博大思想在《传习录》中有充分体现,"王阳明的一生都在出佛入老,在《传习录》中阳明详细地阐述了他的儒佛道三教观,他认为儒佛道三教的智慧是平等的,应该互相借鉴,但是佛老的一些理论不利于用世,也不能达到真正的超脱。阳明用良知理论将儒佛道三教智慧融会为一,他认为佛家的心性本体、道家的自然工夫、儒家的仁爱都是良知心体的本然之则"[1]。阳明学说本身就是一个儒释道三教融合的思想体系,所以传至日本后的阳明学与日本神道在心性论方面存在着深刻的共鸣,呈现出与神道合一的趋向。两者都强调从内心出发,探索真理与道德之源。

在神道中,心被视为与天理相通,而天理则往往被具象化为至高无上的天神。阳明学则主张心即理,心的本体即是最高的道德法则,"此心之本体即宿于人心之天神"[2],"阳明学……确实承认神的存在。那么神是什么呢?神就是天。天也称之为天理……具备此心即天理而成为天心一体"[3]。这种对心之纯粹性与本体性的共同追求,使得阳明学的心性理论能够轻易地与日本神道中的自然崇拜理念相融合,从而在日本社会中得到了广泛的共鸣与接纳。思想史家有马政佑(1873—1931)明确提出阳明学的唯心论特质与日本神道在根本上存在一致性,均强调心的灵妙与宇宙的包容性,"阳明学本是唯心论,讲说心之灵妙透彻,能遍及万物包罗宇宙,自然在根本上与我日本神道有一致之处"[4]。一些政治家及阳明学者甚至也因此认为日本是实践阳明思想最理想的国家,"将我日本自古以来实行的神道组成一学

---

① 刘晓民:《儒佛道三教融合视域下的〈传习录〉思想研究》,南京大学硕士学位论文2014年,第17页。

②④ 沟口雄三:《李卓吾·两种阳明学》,孙军悦,李晓东译,生活·读书·新知三联书店2019年版,第258页。

③ 沟口雄三:《李卓吾·两种阳明学》,孙军悦,李晓东译,生活·读书·新知三联书店2019年版,第258-259页。

说，即成阳明学之说。而行阳明学于国家时……日本实为阳明理想之国体……"①。

因此，日本阳明学在强调"心"的纯粹性时，有时可能过分突出了心的主观性，而将"理"的客观性与普遍性置于次要地位。这种倾向导致日本阳明学在阐释"理"时，展现出一种独特的"心本主义"特点，即倾向于从"心"出发去理解和实践"理"，而非完全遵循中国宋明理学中"理"作为宇宙法则的普遍性和客观性。这种变化虽体现了日本阳明学的本土特色，但也意味着在一定程度上偏离了中国阳明学对"理"的原始理解，以及对历史与现实问题的理性观照。

（二）在体和用之辩方面

体用观是中国哲学重要的思辨方式。关于体用观的命题——体用一源，显微无间，最早是由程颐提出的。所谓体，是指本原、本体；所谓用，指显现、作用。程颐认为隐微的理与显著的象，二者统一，没有间隙。儒家有儒之体用，佛教有佛之体用，道家有道之体用。因为在理论上，这个世界不可能存在有体而无用或有用而无体的现象。②

在阳明学中，"体"常常被理解为良知，即每个人内心先天具有的道德判断力和善良本性。良知被视为宇宙和人生的根本，是一切道德和价值的源泉，是超越具体现象和外在事物的不变的本质存在。"用"则指的是"体"的外在表现、功能和作用。在阳明学的语境下，"用"就是良知在具体的生活情境和实践中的体现和发挥。

无论在"体"的层面上，还是在"用"的层面上，日本阳明学都与中国本土文化有着千丝万缕的联系，这是一种绵延数千年的、深入骨髓的依存关系。然而，日本的"体"并非单一纯粹，它既包含了本土民族的神道，又逐渐深度融合了从中国、朝鲜地区传播而来的中国儒家文化以及印度佛教文化。在

---

① 沟口雄三：《李卓吾·两种阳明学》，孙军悦、李晓东译，生活·读书·新知三联书店2019年版，第258页。
② 吴震：《朱子学与阳明学》，北京大学出版社2022年版，第19页。

接纳这种多元且丰富的"体"文化时，由于它触及了更为深远的哲学思辨与文化根源，因此理解和领悟的门槛相对较高，这要求接收者具备巨大的文化包容力与深刻的洞察力。因此，日本人在接纳阳明学的体用观时，他们更容易吸收并践行阳明学的"用"之道。这是因为"用"之道侧重于实践与应用层面，特别是阳明学中的"用"，其方法论与策略不仅直观明了，还具备极强的可操作性，使得日本人能够迅速将其融入日常生活与社会实践中。冈田武彦明确表示：

> 阳明学最有东方文化的特点，它简易朴实，不仅便于学习掌握，而且易于实践执行。在人类这个大家庭里，不分种族，不分老幼，都能理解和实践阳明的良知之学。[①]

日本学者们往往就阳明学中某一个具象的显性的道德范畴进行解读和定义，并"用"于实践。例如熊泽蕃山认为阳明学为"自反慎独之功""治心之心术"，儒学家、史学家山鹿素行（1622—1685）认为阳明学为"骋聪明矜意见"，儒学家伊藤东涯（1670—1736）认为阳明学是"简易"之道，政治家、哲学家中江兆民（1847—1901）认为阳明学为"良知之学"，井上哲次郎认为"阳明的道德是彻底自律的"，安冈正笃说阳明学是"身心之学""从吾之学"，冈田武彦则认为阳明学是"体认之学，培根之学，身心相即、事上磨炼之学"。阳明学本身的思想本质就是强调个性化的发展、个人意愿的尊重及个体创造力的调动，具有很强的实践价值，因此即便在当代的日本社会，阳明学作为涵养内心、简易直接、追求进取变革的具象化学问，其"用"的功能依然受到重视并得到广泛运用。

（三）在道德和事功之辩方面

阳明学之所以能在日本民众中，尤其是武士阶层获得广泛的接受，这与

<hr>

[①] 申维：《知行合一：王阳明传》，北京燕山出版社2018年版，第361页。

王阳明本人在日本所受到的高度崇拜有着紧密的关联。王阳明不仅作为卓越的思想家,构建了独特的哲学体系,还以其实践精神,直接参与了巩固统治的军事活动,如平定江西匪患、宁王朱宸濠之乱及西南土司叛乱,展现了非凡的军事才能。正因如此,日本社会认为阳明学不是虚妄之学,而是切实体现了超越世俗的决心、精神的觉醒、知行合一以及自我完善的实用之学。

中国的阳明学,其核心在于倡导弘扬人的内在道德本性——良知与心之本体,这一思想体系深深植根于孝悌慈等传统道德价值之中。当阳明学东传至日本后,儒学家中江藤树的两名弟子——渊冈山和熊泽蕃山,分别推动了存养派与事功派的发展,其中事功派后来成为了日本阳明学的主流学派。熊泽蕃山作为事功派的代表人物,强调将心学理念应用于国家治理与教育的实践之中,凸显了心学的现实价值。他对个体灵性、创造力及生命本身的重视,在日本学界引发了广泛共鸣,这种倾向促进了实践与社会改造的紧密结合,推动了日本阳明学向事功主义的转型。因此,在日本社会中,阳明学的精神修养所具有的道德价值备受推崇,然而,其重"事功"的特点更为社会所看重。高濑武次郎在《日本之阳明学》中明确指出:

> 我邦阳明学之特色,在其有活动的事业家,藤树之大孝,蕃山之经纶,执斋之熏化,中斋之献身事业,乃至维新诸豪杰震天动地之伟业,殆无一不由于王学所赐与。[1]

日本阳明学孕育了许多积极投身于事业的人物,他们的事迹无一不彰显了阳明学的影响与力量,所以阳明学所倡导的事功精神,对推动日本近代化进程具有不可磨灭的贡献,至今仍是激励日本在现代化道路上不断前行的精神动力。

这种对事功主义的推崇在日本社会各阶层均有显著体现,尤其与武士

---

[1] 张君劢:《论王阳明》,江日新译,上海人民出版社2021年版,第210页。

阶层极度崇尚功劳、积极入世的价值观不谋而合。相较于朱子理学那繁复深邃的体系，阳明学简洁明了的实践导向更贴近日本武士所特有的气质与追求。后来日本武士道中所体现出的基本精神，也与阳明学的四大学术品格有关，可以概括为四个字：一是"武"字，对应于武士道所强调的文武合一；二是"行"（事）字，对应于武士道所强调的道术合一；三是"心"字，对应于武士道所强调的心剑合一；四是"简"（易）字，对应于武士道所强调的简素精神。① 需要注意的是，日本的武士精神虽在江户时期受阳明学影响得到了提升和重塑，但对武士阶层来说，"武"最简单的实现方式就是通过武力获取功劳，建立功业，所以其本身就存在过度强调武力与个人意志，过分追求事功而忽视道德伦理的导向作用的危险，后来部分右翼学者把武士道和阳明心学相联系，这一行为在一定程度上助推了极端思想的发展。

中国社会科学院研究员王家骅（1941—2000）在《儒家思想与日本文化》中写道：

> 日本军国主义在其恶性发展的过程中，与儒学结下了不解之缘。这主要表现在国内，日本的军国主义者利用以儒家德目为基本内容的武士道精神毒化日本人民的思想；在国外，则以建设"王道乐土"作为侵略亚洲各国的宣传工具。②

他指出，日本军国主义在恶性膨胀的过程中，利用了经过扭曲的武士道精神，以儒家道德条目为幌子，毒化了日本民众的思想。在国际舞台上，更是以构建"王道乐土"为幌子，行侵略扩张之实。在那一时期，阳明学中的"事功"理念遭到了极端化的曲解，与日本武士道精神中的"重武"元素被错误地捆绑在一起，形成了一种扭曲的价值观。这种价值观深刻影响了日本武士阶层，使得他们在道德与事功的天平上发生了严重倾斜，过分地、片面

---

① 钱明：《阳明学在域外的传播、展开与影响》，《人文天下》2017 年第 23 期，第 20 页。
② 王家骅：《儒家思想与日本文化》，浙江人民出版社 1990 年版，第 181 页。

地追求事功,而将道德伦理的基石置于不顾。这种极端化的价值取向,最终成为推动日本滑向军国主义深渊的原因之一,导致了日本在军国主义道路的泥潭中越陷越深。

（四）小论

中国阳明学传入日本后,经历了一个循序渐进的本土化和民族化进程。日本社会在吸收和融合阳明学的过程中,着重凸显了心的主导地位,并且将重实践与事功这一特点放大了很多。

在心和理的哲学辨析上,日本阳明学倾向于强调个体内心直觉与情感体验的首要性,这与中国阳明学中重视天理的理性探究及现实之理的观照形成鲜明对比。中国阳明学强调通过理性思考来洞察天理,而日本阳明学则更多地通过心灵的直觉与情感体验来把握"理"的内涵。在"体"和"用"的关系探讨中,中国阳明学虽强调知行合一,但更多聚焦于对本体论的哲学探讨,致力于构建完备的心性理论体系。相比之下,日本阳明学则表现出更为强烈的实践导向,侧重于将阳明思想应用于实际生活中,解决实际问题。至于道德和事功的讨论上,中国阳明学虽不排斥事功,但其核心仍在于道德的内圣修养,视之为实现社会和谐与个体完善的根本途径。然而,日本阳明学表现出更为突出的事功倾向,在其理论架构中,对事功的追求与重视得到了明显强化,与此相比,对道德修养的强调则显得相对弱化了。

第三节　日本阳明学的当代价值

阳明学作为一种思想体系,深刻融合了儒家、佛教禅宗及道家哲学的精髓,它不仅传承了传统哲学的深邃底蕴,更以非凡的活力与创造力,为中国哲学史的发展注入了新动力。它既是一种认知哲学,还是一种生存哲学,更是一门实践哲学。在认知层面,阳明学强调"万事万物皆有心",主张平等、客观地看待万事万物;作为生存哲学,阳明学强调"心外无物、心外无事、心外无理"，主张向内求心，倡导"为天地立心"；在实践层面，阳明学强调"知行合一"，主张格物致知，充分体现了中国传统文化"和合共生"的精神内核。①

阳明学传入日本后，日本学者对《传习录》及其他阳明学著述展开了丰富译介和深刻研究。阳明学以其平实易懂的哲理性和强而有力的实践性，被日本社会广泛接受、深入阐释、多方融汇，其文化价值和哲学思想直到现在依然散发光芒。日本阳明学不仅对日本的方方面面产生深远影响，也对西方世界阳明学研究的展开起到了较大推动作用，同时也在中国实现了思想的回环和学术的共建。

一、日本阳明学的学术影响

进入 21 世纪，日本学界依然不断推进阳明学研究，其研究范畴涵盖了王阳明相关文献的整理研究、《传习录》各种形式的译介与阐释研究、阳明后学的学派研究以及阳明学的国际传播影响研究等方面。从科研学术层面而言，日本二松学舍大学和九州大学始终是阳明学的研究要地，其研究成果代表着日本阳明学学术研究的前沿水准，同时也是阳明学海外研究的重要组成部分。

三岛中洲身为汉学塾二松学舍的创立者，在创立塾学之时便将儒学教育置于最为重要的地位。汉学塾二松学舍于 1928 年变更为二松学舍专门学校，而后在 1949 年又更名为二松学舍大学。直至当下，二松学舍大学始终秉持汉学立校的办学特质，其中阳明学研究便是一大亮点。1978 年，二松学舍大学创立了阳明学研究所。1989 年，在冈田武彦的提议下，开始公开出版具有学校特色的学术期刊《阳明学》，内容主要包括专题论文、一般论文和译注三部分，中日韩三国均有学者在此刊上发文。2008 年 4 月，阳明学研究所更名为阳明学研究室，2018 年 4 月，又更名为阳明学研究中心。

① 辛红娟：《异域"心"声：阳明学在西方的译介与传播》，浙江大学出版社 2022 年版，序言第 2 页。

阳明学研究中心作为日本唯一专门研究阳明学的研究中心,继续致力于以东亚地区为中心的阳明学及其相关思想文化研究,为开展有关东亚阳明学的综合研究和弘扬日本精神作出贡献。

立足于本校的汉学特色和深厚的儒学背景,阳明学研究中心举办了"当代王龙溪研究""当代阳明后学研究"等阳明学相关学术论坛活动。2019年,二松学舍大学与浙江工商大学、浙江省伦理学会共同举办了第四届阳明学与浙江文化学术论坛,为提炼阳明文化的时代内涵、促进中日阳明学互鉴互学、加强中国智慧的国际传播发挥了重要作用。

阳明学研究中心每年举办学术研讨会。2022年9月,阳明学研究中心举办"近代日本的学术和阳明学"研讨会。与会者就日本阳明学研究在思想史上的地位、阳明学研究的现状、幕末到近代的阳明学、近代学术制度与阳明学的关联等内容开展讨论,并对未来的阳明学研究进行了展望。2023年12月,阳明学研究中心举办"水户学与尊王攘夷——近代日本汉学与阳明学"研讨会。学者们从水户学、徂徕学、朱子学、阳明学等思想的概念本质出发,深入探讨了各个学说在日本近代社会的展开情况,再一次明确了阳明学在日本思想史发展中的重要地位。2024年12月,阳明学研究中心举办主旨为"阳明学研究的方法论"的学术研讨会。研讨会以"方法论"为主题,旨在深度挖掘阳明学研究领域中的新观点、新材料和新方法。与会学者围绕王阳明文献传播、阳明后学以及阳明学研究中的相关科举制度等方面展开探讨与交流,为推动阳明学研究在方法论层面的拓展与深化提供了丰富的思路与多元的视角。

《阳明心学海外传播研究》一书中列举了二松学舍大学阳明学研究中心举办的4次大型研讨会、公开举行的10次学术讲座以及1989年到2022年日本《阳明学》杂志刊载的32期共计300余篇论文的情况,这些数据客观反映了日本二松学舍大学阳明学的研究概况。另外,学校还组织出版了《阳明学讲话》(1980)、《阳明学十讲》(1981)、《传习录新讲》(1988)和《近代日本学术和阳明学》(2023)等阳明学相关书籍。

九州地区自古以来便文化底蕴深厚，历史悠久，孕育了诸如贝原益轩（1630—1714）、楠本端山（1828—1883）以及楠本硕水（1832—1916）等儒学界的杰出人物。战后日本阳明学研究的主要代表是楠本正继、安冈正笃、岛田笃次、冈田武彦、山下龙二、荒木见悟、山井涌和沟口雄三，其中九州地区有三位，占了三分之一①，都出自九州大学。九州大学是日本顶尖学府之一，其在中国哲学史领域，尤其是在宋明儒学领域上成果丰硕。

楠本正继的《宋明时代儒学思想研究》（1962）、《中国哲学研究》（1975）等系统阐述了中国哲学体系及宋明儒学思想的特色。荒木见悟的《佛教与儒教——中国思想的形成》（1963）和《近世儒学的发展——从朱子学到阳明学》（1974）则围绕佛教和儒教的交流以及思想的内部构造进行了深入解析。冈田武彦的《王阳明和明代儒学》（1970）、《江户时期的儒学——朱王学在日本的发展》（1982）和《中国思想的理想与现实》（1983）等研究了王阳明以后的明末清初思想及阳明学在日本的发展情况。另外，九州学派的町田三郎（1932—2018）、佐藤仁（1927—2020）、柴田笃（1952—）、难波征男（1945—）、疋田启佑（1937—）、吉田公平、荒木龙太郎及中国学者钱明、邓红也一直致力于宋明理学研究。

楠本正继在战前创立了九州大学的中国哲学研究会。中国哲学研究会主编《中国哲学论集》，收录了许多中日韩学者的阳明学相关论文。"阳明学大系"系列丛书以及《王阳明全集》的编纂者、译者也是出自九州学派者较多。不仅如此，九州学派的学者们鉴于宋明儒学研究工具书的缺失，遂集合力量编纂出版了一批索引类书籍，如《二程遗书索引》（1972）、《二程外书粹言索引》（1974）、《传习录索引》（1977）。

其中，冈田武彦在日本社会乃至国际社会上是最具影响力的日本阳明学者。冈田武彦在"思远会""东洋之心学习会""简素书院"等学会书院中，长期讲授以《传习录》为代表的中国经典典籍，传授"身学说""兀坐说""简素

---

① 钱明：《冈田武彦先生与日本九州学派》，载冈田武彦等著钱明编译《日本人与阳明学》，台海出版社 2017 年版，第 306 页。

精神""崇物论"等理论。为纪念冈田武彦的功绩,2007 年 10 月,在福冈县朝仓市成立了秋月书院关雎学舍冈田武彦纪念馆。纪念馆一楼设有兼作研修室的大厅,收藏了冈田武彦约 2 万册藏书的书库,以及放置了书画、挂轴、古董、印章等的展示室等。

二、日本阳明学的社会价值

王阳明曾在江西濂溪书院和白鹿洞书院、广西敷文书院、贵州文明书院、浙江稽山书院等书院讲学。在当时,书院成为王阳明传播其思想的学术要地。应当说,阳明学思想的传播,特别是在江浙两广地区的广泛传播,与书院的繁荣兴盛有着密不可分的关系。王阳明的弟子门人众多,分布于全国各地,他们兴办的书院同样遍布四方。其弟子们通过讲学和著述等方式,继续传承和发扬阳明学思想,为阳明学的进一步发展以及书院的持续兴盛贡献力量。

阳明学传入日本之时,恰值日本的江户时期。此时期社会安稳,幕府及各地大名藩主都非常重视教育,踊跃开办学问所和学塾,讲习之风颇为盛行。阳明学亦借由书院和塾学的途径逐渐向社会普及。从江户时期中江藤树的藤树书院、三轮执斋的明伦堂、吉田松阴的松下村塾,再到明治时期三岛中洲的汉学塾二松学舍,昭和时期安冈正笃的金鸡学院和日本全国师友协会,后到平成时期冈田武彦的东洋之心学习会和简素书院、吉田和男的樱下塾等,阳明学在日本的传播一直具有自发性、非强制性和持久性的特点。

直至今日,阳明学在日本学界、政商界和民间社会仍有一定规模的拥护者。在政商界,阳明学作为经世济民之实学,"致良知""知行合一""事上磨炼"等注重心性锻炼和实践事功的阳明思想依然高度融入于政治思想和经济管理文化中。一些民间团体自发组建了阳明学研究会和《传习录》学习会,并举办系列学术交流活动和读书会活动,例如熊本阳明学研究会已经出版了两期《致良知》杂志。中江藤树纪念馆、三轮执斋含翠堂纪念碑、佐藤一斋的讲学处治新馆、昌平坂学问所、三岛中洲纪念馆、涩泽荣一纪念馆等阳明学遗迹遗址依然留存。

但令人遗憾的是，进入令和时期后，日本阳明学尽管持续发展，然而就整体态势而言却"遇冷"，其发展遭遇了一定的困境。

首先，学术研究陷入相对沉寂的状态。相较于20世纪70年代恰逢王阳明诞辰500周年的阳明学研究热潮，目前，日本只有二松学舍大学阳明学研究中心在定期举办阳明学学术研讨会，其创办的《阳明学》也是目前日本唯一固定刊发的阳明学专门期刊。九州大学的宋明理学研究因为一直沿用过去传统讲座制的研究模式，着力于理论研究，现宋明理学方面成果较少，研究层级出现了断代式的下降，学派发展现已逐渐衰微。

其次，当前日本阳明学面临领军人物缺失的问题。在日本近代社会，阳明学得以迅猛发展，《传习录》译本层出不穷的原因，一方面是在于阳明思想所蕴含的行动哲学理念、自立自强主张与当时力求发展的日本社会需求高度契合；另一方面也是因为有一些有力促进阳明学发展的组织者和推动者，如经济界的涩泽荣一、政治界的安冈正笃、文化学术界的冈田武彦。然而，随着他们的相继离世，日本阳明学不管是在学术发展层面，还是在社会普及领域，都缺失了极具影响力与号召力的领军人物。故而，当下日本阳明学的学术研究，其深度和广度均受到一定程度的制约，难以获取突破性的成果。在社会普及方面，也缺乏能够凭借强大的个人魅力以及广泛的社会影响力，把阳明学推广给更广泛群体的社会活动家。

再次，当代日本阳明学研究欠缺与国际社会的紧密联结。在过去，日本阳明学的海外传播及日本学者的学术交流都对阳明学的国际化发展发挥了重要作用，但本书通过Web of Science数据库及KAKEN科研经费资助项目数据库中检索发现，在令和时期，没有发表在英语期刊的日本学者的阳明学论文，也没有关于西方阳明学研究的立项课题，现今的日本阳明学研究者主要着力于王阳明及其后学思想研究、阳明学的日本本土化研究和东亚视域下的阳明学研究。

最后，在信息化高速发展的现代社会，精神修养的作用容易被忽视。冈田武彦在"对 21 世纪的地球和人类作出贡献的阳明学"国际阳明学京都会议上的致辞中,表示了自己对 21 世纪人类发展的忧虑,"近年来,科学文明逐渐暴露出破坏环境、利己主义、重视物质经济价值、破坏人伦道德等弊端"①。在社会较为浮躁的 21 世纪,学历主义至上、利己主义和金钱主义泛滥,人们往往容易忽略对道德意识和精神修养方面的培育。

这确实是社会经济高速发展后不得不直面的问题。在科技迅猛发展的当今社会,人们只关注物质文明建设显然是不够的,所以冈田武彦在会上呼吁,"为了克服这些弊端,我认为已经到了必须认真思考 21 世纪以后阳明学的意义和价值的时期……随着文明文化的进步,人类智慧越发达,我们就越要磨炼良知,扬其光明,明其功过,彻底清除人类的功利心,我认为这乃是实现文明文化、人类智慧发展、和平繁荣之未来的必由之路"②,期望借助阳明学改变社会风气,实现人类文明的共同发展。

无论人类在科学技术的发展道路上取得何种巨大的成就,精神文明的建设始终都是不可或缺的重要内核。对于今后日本阳明学的发展而言,应当深深扎根于社会的各个层面,充分激发广大民众对于阳明学的学习热情,积极开拓更为宽阔的国际学术视野,深入挖掘阳明思想在情感教育、人格教育以及生命教育等方面所蕴含的良知之光,着力培养民众共生共存的道德意识论以及万物一体的自然生态观。唯有如此,才能在 21 世纪充分发挥阳明学的意义和价值。

三、日本阳明学的西传贡献

浙大宁波理工学院教授蔡亮(1974—)在《阳明思想在欧美的传播研究》一文中,整理了 3 条阳明学传入欧美世界的路径,其中 1 条是"东渡西传",特指阳明思想经由东亚,主要是从日本传播到欧美的路径。在 20 世纪初期以前,只有在西方的辞典类著述中可以看到有关王阳明的生平事迹及哲学

---

①②　フリー百科事典『ウィキペディア(Wikipedia)』:https://ja.wikipedia.org/wiki/冈田武彦。

观点的条目解释。西方阳明学研究的真正开端始于 20 世纪初期。彼时,幕末维新运动结束,日本迅速走上了近代化道路,社会各个领域实行全盘西化,而这一时期也正处于日本阳明学的稳定发展阶段。正因如此,具有中西互补包容特质的日本,自然而然地成为了阳明学西传欧美的文化摆渡者。钱明也指出,在接受近代"阳明学"概念的问题上,不仅中、韩两国受到日本影响,而且西方人最早了解王阳明也可以说是通过日本人才得以实现①。

明治时期,欧美的一些驻东亚的学者和传教士开始关注到阳明学对日本社会发展的作用,尤其是注意到江户末期和明治维新初期出现的阳明学思潮及运动,由此王阳明及阳明学逐渐成为传教士和东亚研究学者的关注焦点。1872 年,一群驻日的英美外交官、商人和传教士成立了日本亚洲学会,并出版《日本亚洲学会会刊》(*Translation of the Asiatic Society of Japan*)。日本学者羽贺(T·Haga)是第一个用英语介绍阳明学的学者,1892 年,他在会刊上发表了 1 篇有关日本哲学流派的英文文章《关于日本哲学流派的说明》("Note on Japanese Schools of Philosophy")中简要提到王阳明,指出在当时日本所有的哲学流派中,阳明学处于重要的地位。

经由在日本的传教士、商人等的译介与传播,阳明思想逐渐传至西方世界。当时担任敞院出版社负责人及《一元论者》杂志主编的德裔美国学者保罗·卡鲁斯(Paul Carus,1852—1919)与日本著名禅宗研究者、思想家铃木大拙(1870—1966)合作,将东方的禅宗佛学引入美国。在此过程中,势必会提及阳明思想。保罗·卡鲁斯在 1899 年发表的《日本哲学》(*Philosophy in Japan*)中谈及王阳明,使用的是王阳明的日语发音"Oyōmei"(おようめい),只在其后面加括号标注"Wang Yang Ming"。《传习录》的翻译也使用了日语发音"Denshuroku"(でんしゅうろく)。除此以外,整个 19 世纪西方世界几乎没有阳明学的声音。

1913 年,在日本同志社大学任教的传教士弗莱克·阿伦森·朗巴特

① 钱明:《关于东亚世界的"阳明学"概念》,《贵阳学院学报》2015 年第 2 期,第 8 页。

(Frank Alanson Lombard，1872—1953)著《明治以前的日本教育研究》（*Pre-Meiji Education in Japan*），分析了阳明学在明治以前日本教育领域上的研究成果以及对日本社会产生的深刻影响。1914 年，另外一位到日本传教，并在日本关西学院任教的加拿大人罗伯特·康奈尔·阿姆斯特朗（Robert Cornell Armstrong，1876—1929)完成《来自东方的光：日本儒学研究》（*Light from the East：Studies in Japanese Confucianism*）一书，他在《儒学中的阳明学》一节中讲解了中国儒学传统中的阳明思想，这是西方学界首次出现介绍阳明思想的专章专节，"阳明学"一词也用了日语发音表达"The O-yomei School"。该书以 100 页的篇幅对王阳明和日本的阳明学派进行了详细介绍，着重阐述了江户时期和明治时期的阳明学信奉者如中江藤树、三轮执斋、佐藤一斋、大盐中斋、佐久间象山、西乡隆盛、吉田松阴的事迹，这对阳明学在西方的传播也发挥了作用。

　　除了幕末维新时期，另外一个日本阳明学对西方阳明学发展起到推动作用的时期是 20 世纪 70 年代。当时美国新儒学研究兴起，以华裔汉学家或长期居住在欧美的海外华人为主干力量，为纪念王阳明诞辰 500 周年开展了比较丰富的学术研究和社会活动。

　　在这个时期，西方阳明学的研究力量和日本学界紧密相连，共同营造了一个学术互通的良好环境。以冈田武彦为代表的日本学者踊跃参与国际阳明学的学术研讨会，他们的研究成果也对西方社会的阳明学发展起到了重要支撑作用。而且，冈田武彦的宋明儒学宏观研究、荒木见悟的阳明学与佛教的关系研究、山下龙二的中日阳明学史研究、山井涌的"气"哲学研究等在当时世界范围内的阳明学研究领域上都处于领先地位。另外，欧美学术界公认的中国哲学权威，美籍华人陈荣捷英译的《传习录》中引用日本学者的注释甚多，也对提升日本阳明学研究的国际地位起到帮助。

　　特别值得一提的是，日本的"阳明学大系"第 1 卷《阳明学入门》中收录了陈荣捷撰、二松学舍大学教授石川梅次郎译的「欧米の陽明學」。该文原题为 Wang Yang-ming：Western Studies and an Annotated Bibliography，发表在《东西方哲学》(*Philosophy East & West*)1972 年第 1 期的第 75 页到 92 页。但《阳明学入门》却于 1971 年出版,可见日本学界已经非常早地关注到欧美阳明学的研究成果和陈荣捷的学术地位,并早一年收录该论文。后中国东北师范大学华国学(1926—1986)将陈荣捷撰、石川梅次郎译的日文版文章翻译成中文,题为《欧美的阳明学》于 1981 年在期刊《外国问题研究》上发表。可以说,借助日语这一语言媒介及日本学者的学术桥梁作用,将美籍华人学者用英语介绍的欧美阳明学发展情况回传至了中国。这一过程不仅体现了东西方学术文化的深度交融,也有效拓宽了文化传播的边界,提升了阳明学的国际影响力。

日本阳明学也影响了当时的俄罗斯。科布杰夫曾表示,在俄罗斯普通民众中,王阳明为人所知要归功于日本文学家三岛由纪夫。三岛由纪夫的文学作品以及他的《作为革命哲学的阳明学》俄语版(Учение Ван Янмина как революционная философия)在俄罗斯风靡一时,因为三岛由纪夫是阳明学的忠实信奉者,故其作品中传递的阳明思想也吸引了更多的普通民众去关注阳明学。

由此可见,日本的阳明学在西方阳明学发展的两个关键时期均发挥了重要的推动作用。在第一个时期,日本幕末维新时期涌现的阳明学思潮乃至运动,引发了一批驻日传教士、外交官以及商人的高度重视,同时也激起了西方社会对日本阳明学的浓厚好奇心,推动他们着手研究东方的阳明哲学思想。而在第二个时期,也就是 20 世纪 70 年代,彼时中国国内对阳明学的研究尚处于不明确的状态。然而,日本却涌现出了一批在国际上具有一定影响力和话语权的阳明学研究专家。他们不仅出版了多个版本的《传习录》译本,还推出了一系列有关阳明学的研究论著。这些研究成果为西方阳明学的研究提供了重要参考,为阳明学在西方世界的传播提供了坚实的研究基础。当然,日本阳明学的西传贡献并不仅限于这两个特定时期,其持续的探索与发展,对阳明学的国际传播与研究,以及对不同文化间的深度交流与融合,一直发挥着积极的推动作用。

四、日本阳明学的中国回环

王阳明认为,"学术"不是某些人的私有财产,而是天下之公器,是天下人共享的公理,"夫学术者,今古圣贤之学术,天下之所公共,非吾三人者所私有也。天下之学术,当为天下公言之,而岂独为舆庵地哉"[①]。中国传统文化是中华文化传承与发展的重要资源,文献典籍则是传统文化的核心载体,切实做好中华优秀典籍外译和文化传播具有重要的价值和意义。通过对《传习录》的译注和阐释,中国的阳明学思想影响了日本社会的发展轨迹,推动了其社会的发展和文化的进步。与此同时,文化的传播本质上是一种双向互动的过程,《传习录》的日文译本及日本在阳明学领域的研究成果,又反过来回馈至中国,实现了阳明文化在中日两国之间的流动、回环以及深度互融,共同构筑了跨越国界的文化桥梁。

首先,一些日本《传习录》注本、译本被翻译成中文在中国出版,实现了中国经典典籍译出再译入的循环过程。如郑州大学教授吴志远(1983—)和大象出版社编审李小希(1985—)将三轮执斋的《标注传习录》译成中文,于2014年9月由光明日报出版社出版。2017年,深圳大学教授黎业明点校佐藤一斋的《传习录栏外书》,由上海古籍出版社出版。1992年,施冰心翻译守屋洋的《新释传习录:现代"阳明学"入门》,并以《知行的智慧:王阳明传习录新译》为书名,由台北稻田出版社出版。

其次,日本学者的阳明学著述陆续在中国出版。邓红与武汉大学教授欧阳祯人(1961—)共同主编的"日本阳明学研究名著翻译丛书"已于2022年由山东人民出版社完成出版。该系列收录了井上哲次郎的《日本阳明学派之哲学》、高濑武次郎的《日本之阳明学》、安田二郎的《中国近世思想研究》、楠本正继的《宋明时代儒学思想研究》、岛田虔次的《朱子学与阳明学》、

---

① 王守仁:《王阳明全集(新编本)》第三册,吴光,钱明,董平,姚延福编校,浙江古籍出版社2010年版,第847页。

冈田武彦的《明代哲学的本质》、荒木见悟的《明代思想研究》、山井涌的《明清思想史研究》等著作，全面展现了日本阳明学研究从萌芽、展开至高潮各个阶段的优秀成果，充分反映了日本阳明学研究的发展进程与学术水平。另外，冈田武彦的《王阳明大传：知行合一的心学智慧》、荒木见悟的《阳明学的位相》、沟口雄三的《李卓吾·两种阳明学》、吉田和男的《塑造日本人心性的阳明学》等日文著作也被翻译成中文，与中国读者共享。

再次，学术成果实现共通共享。2010 年，吴震与日本关西大学教授吾妻重二（1956—）共同主编了《思想与文献：日本学者宋明儒学研究》一书，由华东师范大学出版社出版。该书突出"思想与文献"这一研究主题，除吴震《杨慈湖在阳明学时代的重新出场》一文外，另外 22 篇文章都是日本学者在宋明儒学研究领域中的重要研究成果，展示出了日本学者扎实的研究功底，为中国的宋明儒学研究提供有益借鉴。2017 年，钱明编译的《日本人与阳明学》一书正式出版。该书收录了以冈田武彦为代表的日本学者近 30 年来在华参会期间发表的 19 篇论文及演讲稿，为读者提供了一个深入了解日本阳明学观以及"九州学派"思想的研究路径。

最后，随着对外交流与合作的不断推进，两国阳明学者之间的学术交流也日益丰富。不仅多地建立阳明学研究院和研究中心，实现两国学者之间的交流互访，同时，与阳明学相关的多个国际大会的召开，更为深入研究和传播阳明文化搭建了高端的学术交流平台。1994 年在日本福冈召开东亚传统文化国际会议；1997 年在日本京都召开"对 21 世纪的地球和人类作出贡献的阳明学"国际阳明学京都会议；2008 年在日本东京举办了"东亚阳明学：王阳明龙场悟道 500 年暨中江藤树诞生 400 年"国际学术研讨会；2019 年日本二松学舍大学与浙江工商大学、浙江省伦理学会共同举办了第四届阳明学与浙江文化学术论坛；自 2020 年起，浙江绍兴每年举办阳明心学大会，包括日本学者在内的多位海外学者参加。

日本阳明学的丰硕研究成果被引入中国并翻译出版，为中国学者打开了一扇深入了解日本阳明学研究现状与动态的重要窗口。同时，两国学术成果的共享,促进了两国学者间的思想碰撞,为阳明学研究指明新的发展方向。多场国际学术会议的成功召开,更是有效地推动了阳明学在两国之间学术资源的发掘、交流以及培育模式等方面的建设进程。这些成果不仅有效提升了阳明学在中日两国、整个东亚区域乃至全球范围内的认知度与影响力,更为世界儒学的多元化发展构建了一个更加广阔的平台与更加有利的环境。

小　结

思想文化不分国界,不同文化之间的交流与碰撞能够产生思想的活力,思想传播本身就是一件互补互惠互利的盛事。阳明思想在日本的传播,一方面是把我国的优秀传统文化带到国外,促进了日本的思想进步与社会改革,另一方面通过在日本的不同阐释和发展,也丰富了中国阳明思想的文化内涵,提升了阳明思想的完整性和多元性,还让世界充分见证了中华文化的独特魅力与强大力量,在一定程度上提高了中国文化的显示度和影响力。

日本阳明学丰富的研究成果,激励着中国学者以更为广阔的视野挖掘阳明学的多元价值与深层内涵。同时,日本在阳明学的现代阐释和应用经验,不仅为中国阳明学在新时代的探索提供了新的思路,还为全球文化交流中探寻人类共同价值贡献了独特的智慧与力量。这种跨文化的交流与合作,有益于打破文化隔阂,增进不同国家和民族之间的相互理解与尊重,共同助推人类文明的进步与发展。

结　语

2023 年 5 月，笔者有幸聆听了中国翻译协会常务副会长黄友义(1953—)"从'翻译世界'到'翻译中国'——历史的转向、时代的使命"的讲座。黄友义先生从国际发展趋势、话语转换意识、国际传播的意识和精准表达意识四方面分析了当前中译外的重要性，讨论了如何做好翻译过程中的话语体系转换，强调了"翻译中国"必须要具有国际传播意识并力求表达精准，以便最大程度地用外语"讲好中国故事"。

深入研究中华优秀典籍在不同语言、不同时代以及由不同译者所完成的译本，能够为我们提供一个更为全面而客观的视角，去审视中国经典文献在全球范围内的译介与传播状况。这对促进文明交流互鉴，构建中国文化传播话语体系和学术体系，提升中国在世界上的对外话语形象具有重要的推动作用。

阳明学作为王阳明及其后学智慧与思想的结晶，随着《传习录》在日本的多重译介以及广泛传播，对日本社会的发展进步起到了重要作用。开展对阳明学文献典籍的译介与传播研究，探究在不同国度下，阳明思想与经济发展、社会进步之间的辩证关系，不仅能够发掘出阳明文化的多元面貌和丰富内涵，还能从另一角度剖析政治文化与学术思想的相互作用关系，这对于弘扬中华传统文化、推进中国现代精神文明建设有着重要的借鉴价值。

我们对阳明学的研究并不局限于哲学思想范畴，而是以《传习录》等文献典籍为学术依据，立足国际视野，从政治、军事、教育、经济、伦理、外交等多领域开展阳明学研究。在"讲好中国故事,传播好中国声音"的时代大背景下,阳明学必将成为中国、东亚乃至世界思想文化领域中的一颗璀璨明珠。

参考文献

[1] 安岡正篤.王陽明研究[M].東京:明德出版社,1922.

[2] 安乐哲,刘荣.儒家角色伦理学:克服文化比较中的不对称性[J].求是学刊,2014(4):1-7,200.

[3] 安田二郎.中国近世思想研究[M].符方霞,译.济南:山东人民出版社,2022.

[4] 本村昌文.岡山大学附属図書館小野文庫蔵『伝習録』について[J].楷:岡山大学附属図書館報,2022(75):2-6.

[5] 蔡亮.阳明思想在欧美的传播研究[J].浙江社会科学,2022(2):111-122,159.

[6] 長谷川三千子.三島由紀夫と陽明学:精神の「無効性」に徹した行動哲学[J].祖国と青年.2006(11):31-38.

[7] 陈福康.日本汉文学史[M].上海:上海外语教育出版社,2011.

[8] 陈来.有无之境:王阳明哲学的精神[M].北京:生活·读书·新知三联书店,2009.

[9] 陈立胜.宋明儒学中的《身体》与《诠释》[M].北京:商务印书馆,2019.

[10] 陈荣捷.王阳明传习录详注集评[M].上海:华东师范大学出版社,2009.

[11] 陈荣捷.王阳明与禅[M].台北:台湾学生书局,1984.

［12］陈荣捷.欧美的阳明学［J］.石川梅次郎,华国学,译.外国问题研究,1981(3):99-107.

［13］陈荣捷.新儒学的术语解释与翻译［J］.张加才,席文,译.深圳大学学报,2013(6):52-56.

［14］陈羽萌.语用充实视域下的《传习录》日译本研究［D］.贵阳:贵州大学,2023.

［15］崔玉军.东西方哲学家会议与中国哲学研究在美国的发展［J］.国外社会科学,2005(4):42-50.

［16］崔在穆.东亚阳明学［M］.朴姬福,靳煜,译.北京:中国人民大学出版社,2009.

［17］崔在穆.比较阳明学:以中韩日三国为视域［M］.钱明,译.上海:上海古籍出版社,2021.

［18］大島晃.井上哲次郎における東沢瀉［J］.陽明学,2001(13):135-142.

［19］大学.中庸［M］.王国轩,译注.北京:中华书局,2007.

［20］島田虔次.朱子学と陽明学［M］.東京:岩波書店,1999.

［21］岛田虔次.中国思想史研究［M］.邓红,译.上海:上海古籍出版社,2009.

［22］邓国元.王阳明思想"最后定见"辩证——兼论"四句教"与"致良知"之间的思想关系［J］.中国哲学史,2018(3):81-87.

［23］邓红.日本的阳明学与中国研究［M］.桂林:广西师范大学出版社,2018.

［24］邓红.何谓"日本阳明学"［J］.华东师范大学学报,2015(4):153-166,172.

［25］鄧紅.中国における「日本陽明学」の受容:張君勘と朱謙之の場合［J］.北九州市立大学文学部紀要,2016(85):109-131.

［26］荻生茂博.近代・アジア・陽明学［M］.東京:ぺりかん社,2008.

［27］丁青，张传兵.王阳明《传习录》在日本的译介过程及其特征［J］.
　　　绍兴文理学院学报，2023（7）：16-23.

［28］丁青.战后初期阳明学在日本的接受与传播——以战后派文学家
　　　三岛由纪夫为例［J］.绍兴文理学院学报，2023（1）：68-73.

［29］董平.王阳明的生活世界［M］.北京：中国人民大学出版社，2009.

［30］费周瑛，辛红娟.《传习录》在西方世界的传播与研究［J］.浙江社
　　　会科学，2019（5）：121-127，159.

［31］冈田武彦，等.日本人与阳明学［M］.钱明，编译.北京：台海出版
　　　社，2017.

［32］冈田武彦.王阳明大传：知行合一的心学智慧［M］.杨田，冯莹莹，
　　　袁斌等，译.重庆：重庆出版社，2015.

［33］岡田武彦監修.王學雜誌復刻版［M］.東京：文言社，1992.

［34］高洁.日语小史［M］.上海：上海外语教育出版社，2021.

［35］高瀬武次郎.日本之陽明學［M］.東京：鉄華書院，1898.

［36］高瀬武次郎.日本之阳明学［M］.张亮，译，邓红，校注，济南：山东
　　　人民出版社，2022.

［37］高橋文博.原型としての中江藤樹：近世日本における陽明学の
　　　展開（1）［J］.就実大学大学院教育学研究科紀要，2018（3）：
　　　33-49.

［38］耿宁.人生第一等事：王阳明及其后学论"致良知"［M］.倪梁康，
　　　译.北京：商务印书馆，2014.

［39］耿强.翻译中的副文本及研究：理论、方法、议题与批评［J］.外国
　　　语，2016（5）：104-112.

［40］沟口雄三.李卓吾·两种阳明学［M］.孙军悦，李晓东，译.北京：
　　　生活·读书·新知三联书店，2019.

［41］哈斯.浅谈郑晓的生平与著作［J］.赤峰学院学报，2015（3）：
　　　31-32.

[42] 华建新.《传习录》的文学价值初探[J].宁波大学学报,2011(1): 43-47.

[43] 荒木见悟.阳明学的位相[M].焦堃,陈晓杰,廖明飞,等,译.南京:江苏人民出版社,2022.

[44] 黄滢.论"日本近世阳明学系谱"的近代生成[J].外国问题研究, 2020(1):109-116,120.

[45] 黄宗羲.明儒学案[M].北京:中华书局,1985.

[46] 吉田公平.日本における陽明学[M].東京:ぺリカン社,1999.

[47] 吉田公平.日本近代:明治大正期の陽明学運動[J].国際哲学研究,2018(3):181-188.

[48] 吉田公平.二松学舎の陽明学——山田方谷・三島毅・三島復・山田準[J].陽明学,2005(17):3-32.

[49] 吉田和男.塑造日本人心性的阳明学[M].张静,明磊,译.北京:东方出版社,2016.

[50] 金吉洛.韩国象山学与阳明学[M].李红军,译.北京:社会科学文献出版社,2016.

[51] 金世贞.从实心与时代精神看韩国阳明学[J].贵阳学院学报, 2018(6):13-19.

[52] 井上清.日本历史[M].闫伯纬,译.西安:陕西人民出版社,2011.

[53] 井上哲次郎.日本阳明学派之哲学[M].付慧琴,贾思京,译.北京:中国社会科学出版社,2021.

[54] 李洁.阳明文献的获取方法——基于 OCLC WorldCat 日文版阳明文献书目数据视角[J].内蒙古科技与经济,2022(11): 133-136.

[55] 李甦平.韩国儒学史[M].北京:人民出版社,2009.

[56] 连清吉.安井小太郎の『日本儒学史』について[J].九州中國學會報,1996(34):55-69.

[57] 梁启超.梁启超全集[M].北京:中国人民大学出版社,2018.

[58] 廖七一.语料库与翻译研究[J].外语教学与研究,2000(5):380-384.

[59] 林田明大.真説「陽明学」入門:黄金の国の人間学 新装版[M].東京:ワニ・プラス,2019.

[60] 林月惠.朝鲜朝前期性理学者对王阳明思想的批判[J].台湾东亚文明研究学刊,2013(2):99-127.

[61] 刘金才.阳明学在日本的传播和对民众道德培育的影响[J].贵州文史丛刊,2016(1):23-30.

[62] 刘孔喜,许明武.亨克及王阳明心学著作在英语世界的首译[J].国际汉学,2019(3):45-53,204.

[63] 刘孔喜,许明武.《传习录》英译史与阳明学西传[J].中国翻译,2018(4):28-35.

[64] 劉珉.王陽明資料の新研究:龍場に至るまで[D].東京:早稲田大学,2020.

[65] 刘晓民.儒佛道三教融合视域下的《传习录》思想研究[D].南京:南京大学,2014.

[66] 陆九渊.陆九渊集[M].钟哲,点校.北京:中华书局,1980.

[67] 吕鹏飞,陈道胜.基于语料库的《论语》英译本翻译风格比较研究——以辜鸿铭和亚瑟·威利两译本为例[J].上海翻译,2021(3):61-65.

[68] 吕顺长.日本近代文书解读入门[M].杭州:浙江工商大学出版社,2024.

[69] 麦克阿瑟.麦克阿瑟回忆录[M].上海师范学院历史系翻译组,译.上海:上海译文出版社,1984.

[70] 孟子.孟子[M].万丽华,蓝旭,译注.北京:中华书局,2017.

[71] 牛建科.王阳明与日本[J].浙江学刊,1996(3):47-50.

［72］牛立忠.日本阳明学的特质及其影响［J］.通化师范学院学报，2017(5):83-88.

［73］潘畅和.古代朝鲜阳明学的理论走向及其原因——以郑齐斗为中心［J］.世界哲学,2014(3):123-130.

［74］漆宇勤.传习录的教育智慧［M］.北京:中国商业出版社,2018.

［75］钱德洪,编述；王畿,补辑；罗洪先,删正.向辉,彭启彬,点校.阳明先生年谱［M］.北京:北京燕山出版社,2022.

［76］钱明.《阳明全书》的成书经过和版本源流［J］.浙江学刊,1988(5):75-79.

［77］钱明.朝鲜阳明学派的形成与东亚三国阳明学的定位［J］.浙江大学学报,2006(3):138-146.

［78］钱明.关于日本阳明学的几个特质［J］.贵阳学院学报,2014(6):1-8.

［79］钱明.当代日本儒学的民间形态［C］.纪念孔子诞生 2555 周年国际学术研讨会论文集(卷二),2004.

［80］钱明.关于东亚世界的"阳明学"概念［J］.贵阳学院学报,2015(2):2-9.

［81］钱明.阳明学在域外的传播、展开与影响［J］.人文天下,2017(23):18-29.

［82］钱明.从"文武合一"到"心刀合一"——基于中日阳明学比较的视域［J］.浙江学刊,2020(1):12-18.

［83］钱明.国内外的"阳明学"何以出现大温差［J］.文史天地,2023(9):14-15.

［84］钱明.思想与社会——王阳明的"事""术""道"［M］.贵阳:孔学堂书局,2023.

［85］钱穆.阳明学述要［M］.海口:海南出版社,2021.

［86］三島由紀夫.行動学入門［M］.東京:文春文庫,2016.

[87] 三岛由纪夫.三岛由纪夫作品系列典藏版[M].陈德文,译.北京：人民文学出版社,2019.

[88] 三宅雄二郎.王陽明[M].東京：政教社,1895.

[89] 山村奨.近代日本と変容する陽明学[M].東京：法政大学出版局.2019.

[90] 山村奨.森鴎外における大逆事件と陽明学：井上哲次郎との比較による[J].総研大文化科学研究.2017(3)：265-275.

[91] 山村奨.井上哲次郎と高瀬武次郎の陽明学：近代日本の陽明学における水戸学と大塩平八郎[J].日本研究.2017(56)：55-93.

[92] 山下竜二.中江藤樹の思想形成と漢詩[C].名古屋大学文学部研究論集,1980(78)：153-168.

[93] 杉原夷山.陽明學神髄[M].東京：大学館,1909.

[94] 申维.知行合一：王阳明传[M].北京：北京燕山出版社,2018.

[95] 申绪璐.佐藤一斋及其心学思想[J].孔学堂,2021(2)：85-95,186-196.

[96] 市來津由彦.『伝習録』における心の内と外[J].陽明学,2009(21)：7-37.

[97] 施敏洁.阳明心学在日本[M].杭州：浙江大学出版社,2021.

[98] 石崎東国.陽明學派の人物[M].奈良：前川書店,1912.

[99] 石新卉,罗婉莹.《传习录》及阳明学在日译介发展[J].文学教育,2021(1)：70-71.

[100] 司马迁.史记[M].北京：中华书局,2007.

[101] 藤井伦明.三岛由纪夫与叶隐——现代日本文人所实践的武士道[J].台湾东亚文明研究学刊,2010(2)：255-288.

[102] 田中正樹.王陽明の「物」の周辺：「物各付物」を中心に[J].陽明学,2008(20)：139-166.

[103] 土田健次郎.王守仁の知行合一論[J].東洋の思想と宗教,2023

（40）:1-21.

[104] 王宾."不可译性"面面观[J].现代哲学,2004(1):81-87.

[105] 王家骅.儒家思想与日本文化[M].杭州:浙江人民出版社,1990.

[106] 王晶.验证易读式程式是否适合中国英语学习者[D].上海:华东师范大学,2011.

[107] 王守华,卞崇道.日本哲学史教程[M].济南:山东大学出版社,1989.

[108] 王守仁.王阳明全集:新编本[M].吴光,钱明,董平,姚延福,编校.杭州:浙江古籍出版社,2010.

[109] 王宇.亨克与王阳明的西传[N].浙江日报,2017-1-9(11).

[110] 王宇.亨克《王阳明哲学》及其中文底本《阳明先生集要》考述[J].浙江社会科学,2018(10):110-115,144,159.

[111] 王阳明.传习录[M].陆永胜,译注.北京:中华书局,2021.

[112] 王阳明.郦波评点《传习录》[M].郦波,评译.北京:人民出版社,2023.

[113] 王阳明.王阳明家书[M].周月亮,程林,评析.武汉:长江文艺出版社,2021.

[114] 王阳明.传习录[M].钱明,孙佳立,注.哈尔滨:哈尔滨出版社,2016.

[115] 王阳明.传习录栏外书[M].佐藤一斋,注评,黎业明,点校.上海:上海古籍出版社,2017.

[116] 王阳明.标注传习录[M].三轮执斋,点校,吴志远,李小希,译.北京:光明日报出版社,2014.

[117] 文炳,潘松,刘吉文,等.阳明心学海外传播研究[M].杭州:浙江大学出版社,2022.

[118] 吴光.王阳明思想学说的当代价值[J].当代贵州,2015(23):

56-57.

[119] 吴文南.王阳明《传习录》中的哲学术语英译研究[J].龙岩学院学报,2021(4):56-62.

[120] 吴震.宋明理学新视野[M].北京:商务印书馆,2021.

[121] 吴震.宋明理学视域中的朱子学与阳明学[J].哲学研究,2019(05):67-75.

[122] 吴震,吾妻重二,主编.思想与文献:日本学者宋明儒学研究[C].上海:华东师范大学出版社,2010.

[123] 吴震.19世纪以来"儒学日本化"问题史考察:1868—1945[J].杭州师范大学学报,2015(5):1-21.

[124] 吴震.再论"两种阳明学"——近代日本阳明学的问题省思[J].社会科学战线,2018(7):31-43,281.

[125] 吴震.关于"东亚阳明学"的若干思考——以"两种阳明学"问题为核心[J].复旦学报,2017(2):13-25.

[126] 吴震.朱子学与阳明学[M].北京:北京大学出版社,2022.

[127] 夏佳来.阳明文化对日本文学的影响[N].宁波日报,2022-1-20(8).

[128] 肖忠华.英汉翻译中的汉语译文语料库研究[M].上海:上海交通大学出版社,2012.

[129] 辛红娟.异域"心"声:阳明学在西方的译介与传播[M].杭州:浙江大学出版社,2022.

[130] 辛红娟,费周瑛.陈荣捷《传习录》英译的转喻视角研究[J].国际汉学,2019(2):160-168,126,206-207.

[131] 徐倩.日本明治时期的阳明学研究——以三宅雪岭、高濑武次郎、井上哲次郎为核心[D].武汉:武汉大学,2017.

[132] 徐赛颖."厚重翻译"观照下的亨克英译《传习录》探析[J].浙江大学学报,2020(3):231-240.

[133] 徐志敏.阳明文化在朝鲜半岛的传播[N].宁波日报,2022-1-20 (8).

[134] 杨伯峻.论语译注[M].译注.北京:中华书局,1980.

[135] 杨春蕾.王阳明思想学说在俄罗斯的传播与影响[J].湖北社会科学,2018(9):89-95.

[136] 杨春蕾,科布杰夫.阳明学在俄罗斯不同社会意识形态下的传播轨迹——从主观唯心主义到主观自然主义的认知流变[J].浙江学刊,2021(2):24-30.

[137] 杨春蕾.简述阳明学在俄罗斯的传播历史、现状及特点[J].汉字文化,2018(17):22-23.

[138] 杨惠中.语料库语言学导论[M].上海:上海外语教育出版社,2002.

[139] 陽明學大系編集部,編.陽明學入門[M].東京:明德出版社,1971.

[140] 杨天宇.礼记译注[M].上海:上海古籍出版社,2004.

[141] 杨晓维,秦蓁.了庵桂悟使明与阳明学之初传日本——基于《送日东正使了庵和尚归国序》真迹实物与文本的研究[J].史林,2019(5):86-91,219.

[142] 野村惠二.伝習録に於ける引用典例(一)[J].大阪府立大学紀要,1965(13):103-119.

[143] 野村惠二.伝習録に於ける引用典例(二)[J].大阪府立大学紀要,1966(10):101-114.

[144] 野村惠二.伝習録に於ける引用典例(三)[J].大阪府立大学紀要,1967(5):87-94.

[145] 伊来瑞.阳明学之欧美传播与研究[M].吴文南,译.北京:学苑出版社,2022.

[146] 永冨青地.王守仁著作の文献学的研究[M].東京:汲古書

院,2007.

[147] 永富青地.陳来著『有無之境：王陽明哲学的精神』について[J].環日本海研究年報,2021(26):59-68.

[148] 于闽梅.王学左派的欲望观及其现代性[J].吉林师范大学学报,2020(3):20-25.

[149] 余群.王阳明心学美学思想研究[M].北京：人民出版社,2022.

[150] 余芮,严功军.俄罗斯汉学家科布杰夫阳明学译介与跨文化阐释研究[J].外国语文,2023(6):132-139.

[151] 袁淼叙.汉学家科布泽夫的中国古代哲学研究与翻译[J].浙江大学学报,2023(7):137-145.

[152] 佐藤一斎.佐藤一斎全集[M].冈田武彦,監修.東京：明德出版社,1990-2010.

[153] 张帆,刘华文.中国哲学典籍翻译的译释层次分析——以《传习录》英译文本为例[J].外语研究,2024(2):94-99.

[154] 张鸿彦.儒家"三纲八目"思想在俄罗斯的翻译与阐释[J].中国俄语教学,2023(3):69-77.

[155] 张君劢.论王阳明[M].江日新,译.上海：上海人民出版社,2021.

[156] 张崑将.当代日本学者阳明学研究的回顾与展望[J].台湾东亚文明研究学刊,2005(2):251-297.

[157] 张崑将.近代中日阳明学的发展及其形象比较[J].台湾东亚文明研究学刊,2008(2):35-85.

[158] 张崑将.修养与行动之间：近代东亚阳明学解释的辩证关系[J].台湾东亚文明研究学刊,2012(2):121-151.

[159] 张菁洲.《传习录》版本与传播研究[D].贵阳：贵州师范大学,2018.

[160] 张菁洲.传习录在明代的传播特点研究[J].辽宁工业大学学报,

2017(3):85-88.

[161] 张菁洲.图书的回环:王阳明文献在日本明治时期的传刻[J].新世纪图书馆,2022(1):77-83.

[162] 赵慧芳,石春让.陈荣捷英译《传习录》的副文本研究[J].外国语文研究,2023(1):86-96.

[163] 郑蕾,丁青.论日本阳明学与中国阳明学的交流发展——以九州学派冈田武彦为例[J].今古文创,2024(4):58-60.

[164] 郑德熙.阳明学对韩国的影响[M].台北:文史哲出版社,1986.

[165] 郑仁在,黄俊杰.韩国江华阳明学研究论集[C].上海:华东师范大学出版社,2008.

[166] 志村敦弘.内なる天:王守仁「良知」説再考[J].白山中国学,2021(27):1-23.

[167] 櫛淵理.三島事件の裁判長として——陽明学と武士道——三島由紀夫の文武両道に対する疑問[J].文芸春秋,1972(9):132-138.

[168] 中純夫.朝鮮の陽明学:初期江華学派の研究[M].東京:汲古書院,2013.

[169] 朱七星.中国、朝鲜、日本传统哲学比较研究[M].延边:延边大学出版社,1995.

[170] 朱谦之.日本的朱子学[M].北京:人民出版社,2000.

[171] 竹尾治一郎.日本有哲学吗?[J].张萍,译.国外社会科学,1980(9):46-47.

[172] 朱熹.四书章句集注[M].北京:中华书局,1983.

[173] 朱义禄."心力"论——阳明心学在近代中国的重振与发展[J].思想与文化,2016(1):292-309.

[174] 朱欣晔,丁青.多语平行语料库建设及海外文化传播研究[J].今古文创,2023(46):115-117.

[175] 邹建锋，何俊. 日本阳明学文献汇编[G]. 北京：北京燕山出版社，2021.

[176] Baker M. Towards a Methodology for Investigating the Style of a Literary Translater [J]. Target，2000(2)：241-266.

[177] Cua A. S. Unity of Knowledge and Action：A Study in Wang Yang-Ming's Moral Psychology Hardcover [M]. University of Hawaii Press，1982.

[178] Harries K. Book Review：On the Way to Language by Martin Heidegger and Peter D. Hertz [J]. Duke University Press on behalf of Philosophical Review，1972(3)：387-389.

[179] Ivanhoe P. J. Ethics in the Confucian Tradition：The Thought of Mengzi and Wang Yangming [M]. Hackett Publishing Company，2000.

[180] Nivison D. S. Book Review：Instructions for Practical Living and Other Neo-Confucian Writings by Wang Yang-ming；Wing-tsit Chan，The Philosophy of Wang Yang-ming by Frederick Goodrich Henke [J]. Journal of the American Oriental Society，1964(4)：436-442.

[181] Schirokauer C. M. Book Review：Instructions for Practical Living and Other Neo-Confucian Writings by Wang Yangming Translated with notes Wing-tsit Chan [J]. The Journal of Asian Studies，1964(1)：151-152.

[182] Shih Vincent Y. C. Book Review：Instructions for Practical Living and Other Neo-Confucian Writings by Wang Yang-ming，translated，with notes，by Wing-tsit Chan，A Source Book in Chinese Philosophy Translated and compiled by Wing-tsit Chan [J]. Philosophy East and West，1965：293-296.

［183］Watters T. A Guide to the Tablets in a Temple of Confucious ［M］. Shanghai：American Presbyterian Mission Press，1879.

［184］Петров А. А. Ван Би. Из истории китайской философии［M］. Москва；Ленинград：Изд-во АН СССР，1936.

［185］Петров А. А. Очерк философии Китая［M］. Москва；Ленинград：Изд-во АН СССР，1940.

［186］김세정.한국근대양명학에 관한 연구 현황과 전망［J］. 유학연구,2018(2):119-178.

［187］최재목.우리 글로 만나는 왕양명, 양명학의 진면목은?——「전습록傳習錄」한글번역, 그 겉과 속［J］. 오늘의 동양사상, 2003(9):256-277.

［188］김세정.한국에서의 중국양명학파 연구 현황과 과제［J］.양명학,2020(12):95-175.

［189］한정길.근대 이후 한국의 양명학 연구［J］.한국학연구,2017 (11):67-103.

［190］김민재.양명학의 전래 초기, 조선 성리학자들의 비판적 인식 검토——김세필과 이황의 양명학 비판을 중심으로［J］. 양명학 제 52 호,2019(03):149-184.

［191］https://ja. wikipedia. org/wiki/.

［192］https://www. meijishoin. co. jp/news/n22294. html.

＊为统一起见,参考文献省略《传习录》的外注本、外译本信息,具体参考《附录一:〈传习录〉外注本、外译本概览》。

《传习录》外注本、外译本概览

语种	序号	外注本、译本（外文/中文）	姓名	出版社	时间
日语	1	標註伝習録/标注传习录	三轮执斋	积玉圃	1712
	2	伝習録筆記/传习录笔记	三轮执斋述、川田雄琴记	当时未出版，后被收录于"汉籍国字解全书"出版	1713
	3	伝習録欄外書/传习录栏外书	佐藤一斋	当时未出版，后有启新书院版等多个版本	1830
	4	王学提綱/王学提纲	吉村秋阳	川胜鸿宝堂	1861
	5	伝習録参考/传习录参考	东泽潟	川冈事务所	1891
	6	伝習録講義/传习录讲义	宫内默藏	铁华书院	1896—1900
	7	伝習録講義/传习录讲义	尾崎忠治述、吉本襄记	铁华书院	1898
	8	伝習録講義/传习录讲义	东敬治	松山堂	1906—1907
	9	陽明学講話/阳明学讲话	宫内默藏	文华堂书店	1907
	10	王陽明伝習録/王阳明传习录	云井龙雄抄、杉原夷山注解	千代田书房	1910
	11	伝習録:訓註/传习录:训注	山川早水	冈崎屋	1910

语种	序号	外注本、译本(外文/中文)	姓名	出版社	时间
日语	12	伝習録/传习录	三轮执斋注、安井小太郎校	富山房	1913
	13	伝習録/传习录	小柳司气太	有朋堂书店	1919
	14	王陽明伝習録提綱/王阳明传习录提纲	汉学研究会	中兴馆	1922
	15	伝習録:現代語訳/现代语译传习录	小野机太郎	新光社	1923
	16	王陽明伝習録講本/王阳明传习录讲本	山田准	二松学舍出版社	1927
	17	伝習録/传习录	龟井一雄	金鸡学院	1931
	18	伝習録註解/传习录注解	公田连太郎	洗心书房	1934—1935
	19	伝習録/传习录	山田准	大东出版社	1935
	20	伝習録/传习录	山田准、铃木直治	岩波书店	1936
	21	伝習録/传习录	近藤康信	明治书院	1961
	22	伝習録:王陽明語録/传习录:王阳明语录	山本正一	法政大学出版局	1966
	23	伝習録諸註集成/传习录诸注集成	中田胜	明德出版社	1972
	24	伝習録/传习录	山下龙二	玉川大学出版部	1972
	25	王陽明(上)/王阳明(上)	安冈正笃等	明德出版社	1972
	26	伝習録/传习录	安冈正笃	明德出版社	1973
	27	伝習録/传习录	沟口雄三	中央公论社	1974
	28	王陽明集/王阳明集	岛田虔次	朝日新闻社	1975

续表

语种	序号	外注本、译本（外文/中文）	姓名	出版社	时间
日语	29	語録/语录	大西晴隆、中田胜	明德出版社	1983
	30	新釈伝習録：現代「陽明学」入門/新释传习录：现代《阳明学》入门	守屋洋	PHP研究所	1985
	31	伝習録新講/传习录新讲	洪樵榕	二松学舍大学出版部	1988
	32	伝習録/传习录	吉田公平	角川书店	1988
	33	伝習録：「陽明学」の真髄/传习录："阳明学"的真髄	吉田公平	讲谈社	1988
	34	真説「伝習録」入門/真说《传习录》入门	林田明大	三五馆	1999
	35	王陽明全集抄評釈/王阳明全集抄评释	冈田武彦	明德出版社	2006
	36	王陽明 徐愛「伝習録集評」/王阳明 徐爱《传习录集评》	中田胜	明德出版社	2016
	37	現代に甦る陽明学：『伝習録』を読む/复苏于现代的阳明学：读《传习录》	吉田和男	晃洋书房	2020
英语	1	*The Philosophy of Wang Yang-ming*/王阳明哲学	Henke, Frederick G	Open Court Publishing Co	1916
	2	*Instructions for Practical Living and other Neo-Confucian Writings by Wang Yang-ming*/《传习录》	Chan Wing-tsit	Columbia University Press	1963
韩语	1	세계사상대전집45：전습록/世界思想大全集45：传习录	김학주	대양서적	1972
	2	世界의 大思想 30：傳習錄/世界的大思想30：传习录	송하경	휘문출판사	1974

续表

语种	序号	外注本、译本(外文/中文)	姓名	出版社	时间
韩语	3	(新譯)傳習錄/(新译)传习录	안길환	명문당	1998
	4	양명학공/阳明学功夫	김흥호	솔	1999
	5	전습록(傳習錄)/传习录	정차근	평민사	2000
	6	傳習錄:실천적 삶을 위한 지침 1—2/传习录:实践生活指南 1—2	정인재, 한정길	청계	2001
	7	(新完譯)傳習錄:왕양명의 사상과 학문의 세계/(新完译)传习录:王阳明的思想和学问世界	김학주	명문당	2005
	8	전습록: 조선이 거부한 양지의 학문/传习录:朝鲜拒绝的良知学说	김동휘	신원문화사	2010
	9	낭송전습록/朗诵传习录	문성환	북드라망	2014
	10	전습록: 실천하는 지식인, 개혁을 외치다/传习录:实践中的知识分子呼吁改革	김용재	풀빛	2019
	11	(왕양명의) 전습록전자자료/(王阳明的)传习录	정갑임	웅진씽크빅: 웅진지식하우스	2019
俄语	1	Ван Ян-мин и его "Записи преподанного и воспринятого"/俄语世界的王阳明与《传习录》研究	А. И. Кобзев	Издательство Нестор-история	2023

附录二

《传习录》其他语种译本研究

《传习录》在英语世界的译介与传播

关于阳明学在西方世界的传播，浙江理工大学教授文炳（1971—）等撰写的《阳明心学海外传播研究》，宁波大学教授辛红娟（1972—）等主编的《异域"心"声：阳明学在西方的译介与传播》，美国中乔治亚州立大学教授伊来瑞（George L. Israel,1966—）撰写、闽江学院副教授吴文南（1973—）翻译的《阳明学之欧美传播与研究》已经做了深入全面的阐述。

早在 17 世纪初，阳明学传至了朝鲜与日本，而《传习录》及阳明思想在西方世界的译介与研究只能追溯到 20 世纪初，迄今为止，较完整或完全完整的《传习录》英译本只有 2 个。第一个英译本出现于 1916 年，是美国传教士、哲学与心理学教授亨克翻译的《王阳明哲学》，时间与阳明学西传时间基本一致，第二个译本是 1963 年美籍华人哲学史家陈荣捷翻译的《传习录》。

一、亨克之《王阳明哲学》

（一）亨克其人

1876 年，亨克在美国艾奥瓦州出生，他出生于一个牧师家庭，后来成长为一个基督教徒和卫理公会牧师。1900 年底，亨克受卫理公会派遣来中国传教。1907 年春回美国,后于 1910 年获得芝加哥大学哲学博士学位。同年,亨克再度受邀来到中国,入职当时著名的教会大学——金陵大学①。1911 年,受上海英国皇家亚洲文会北中国支会(the North China Branch of the Royal Asiatic Society of Shanghai)之邀,对阳明哲学展开深入研究后,亨克开始对阳明哲学的思考方式产生浓厚兴趣,并且了解到阳明思想对中日两国文化都产生了深刻的影响,因此选择翻译王阳明的哲学著作,将其介绍到英语世界,以期激发更多西方学者去全面深入了解中国的优秀思想成果,从而真正理解其价值②。

1913 年,亨克在会刊上刊发《王阳明的生平与哲学研究》("A Study in the Life and Philosophy of Wang Yang-ming"),1914 年,亨克在美国哲学期刊《一元论者》(Monist)发表论文《王阳明:一个中国心学思想家》("Wang Yang-ming, a Chinese Idealist")。亨克在这两篇文章里不仅简要介绍了王阳明的传奇生涯,还向西方学界介绍了王阳明的心学思想,以及阳明思想在中国思想发展史上的作用和地位。

(二)《王阳明哲学》的构成介绍

1916 年,美国敞院出版社出版亨克的《王阳明哲学》(The Philosophy of Wang Yang-ming)(见附录二:图 1)。该书是英语世界第一部研究王阳明的专著,也是第一部王阳明的著作选集③,该书使王阳明的哲学思想第一次完整地进入西方④。

《王阳明哲学》由序言、译者序、《传习录》译文、《大学问》中的部分语录、62 篇书信和序跋文字等组成。

序言由亨克在芝加哥大学的教授导师詹姆斯·塔夫茨(Tufts J. H,

---

① 金陵大学是南京大学的前身。
② 刘孔喜,许明武:《亨克及王阳明心学著作在英语世界的首译》,《国际汉学》2019 年第 3 期,第 47 页。
③ 伊来瑞:《阳明学之欧美传播与研究》,学苑出版社 2022 年版,序言第 3 页。
④ Chan, Wing-tsit. Wang Yang-ming: Western Studies and Annotated Bibliography. Philosophy East and West, 1972. P77.

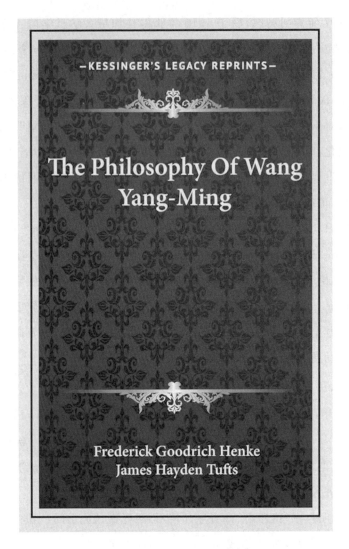

附录二：图 1　亨克之《王阳明哲学》封面

1862—1942)撰写。詹姆斯·塔夫茨希望该书能够激发人们全面了解中国人的辉煌成就，并对其价值有更深刻的认识。他提出亨克译本弥补了英文文献中关于王阳明哲学介绍的严重不足，是世界上第一个把王阳明哲学思想丰富翔实地呈现给英语世界的英语读本。作为教育者、思想引导者，他期望更多欧美学生能够主动地全面深入了解中国优秀思想作品，并能真正欣赏其价值。

亨克在其译者序中指出,当时欧美学界非常欠缺对自孔孟思想之后的中国哲学思想史的了解,甚至认为除"四书五经"以及《道德经》外,中国再无其他具有哲学价值的优秀作品。亨克在序言中概括了王阳明的主要思想,包括"人是万物的尺度"(Man is the measure of all things)、"知行合一"(To keep knowledge and action,theory and practice together)和"天人合一"(Heaven,earth,man,all things are an all-pervading unity)。

亨克的在华经历及深厚的哲学功底,是其完成《传习录》英译的坚实基础。同时,翻译期间他也得到了三位金陵大学同事的鼎力相助。序言中写道,第一位教授审阅了译本的第一大部分"《王阳明传记》"和著作部分的"王阳明的书信";另一位教授审阅了译本著作部分的"《传习录》"和"语录";第三位教授审阅了译本著作部分的"王阳明的书信(续)"①。

(三)《王阳明哲学》的译本特点

对西方读者来说,《传习录》作为儒家经典著作,语言晦涩难懂,且难以抓住主题,因此在敞院出版社负责人保罗·卡鲁斯的建议下,亨克为译文每一小节添加了斜体字标题,便于读者理解语录主旨。例如,*"The Truly Educated Man Expels Passion and Cherishes Natural Law"* *"Cherishing a Reverent Mind and Investigating Principles Are One and the Same"* *"Apprehensiveness and Watchfulness Both Imply Thought"*。译文文本中可发现文字间隙中经常有加了括号的数字,是指该处译文在中文原著中对应的页码,这有助于读者进行中英文对照阅读。

亨克在翻译《传习录》"问""曰"的问答句中,很少使用"asked"与"answered"这样直观的问答形式,大部分使用"said"或者"made inquiry saying"这样的表达方式。这与亨克受过系统的现代大学哲学教育的学术

---

① 刘孔喜,许明武:《亨克及王阳明心学著作在英语世界的首译》,《国际汉学》2019年第3期,第47页。

背景有关。因为西方哲学奠基人苏格拉底提出了"产婆术"①，强调通过对话和讨论来发现真理，鼓励人们去探索和思考，而不是简单接受别人的观点。

经考察，发现亨克译本在以下几个方面存在问题。

1. 语录缺译较多

亨克译本中，《传习录》中许多语录缺失。如缺失语录"惟干问：'知如何是心之本体？'先生曰：'知是理之灵处。就其主宰处说，便谓之心；就其禀赋处说，便谓之性。孩提之童，无不知爱其亲，无不知敬其兄，只是这个灵能不为私欲遮隔，充拓得尽，便完；完是他本体，便与天地合德。自圣人以下，不能无蔽，故须格物以致其知'"②，这个语录探讨了"知"（知识、智慧）与"心之本体"（心的本质或本性）之间的关系，以及如何通过"格物致知"来达到对心之本体的理解和实践。再如缺失"虚灵不昧，众理具而万事出。心外无理，心外无事"③一句，这句话论述了王阳明认为虚灵与良知意思相通，这亦是阳明思想中的重要核心观点之一。

所以说，这些语录的缺译对完整阐释阳明思想是不利的。关于缺译原因，其实与其中文底本的选取密切相关。王宇在《亨克〈王阳明哲学〉及其中文底本〈阳明先生集要〉考述》中论述了他对亨克译本的底本考察过程，提出美国著名汉学家、斯坦福大学教授倪德卫（Nivison D. S, 1923—2014）证实亨克翻译的是施邦曜辑评的《阳明先生集要》，但该书版本很多，最后对比各种版本后，王宇最后考证出亨克所翻译的是上海明明学社铅印的《学部校正阳明先生集要》。笔者团队经过对语录的逐一核对，再次确认亨克译本以

---

① "产婆术"是苏格拉底创立的一种寻求普遍知识的方法。通过交谈，在问答中不断揭示对方自相矛盾之处，引发人的主动思考，使人逐步寻求正确答案的方法。

② 王守仁：《王阳明全集（新编本）》第一册，吴光、钱明、董平、姚延福编校，浙江古籍出版社2010年版，第37页。

③ 王守仁：《王阳明全集（新编本）》第一册，吴光、钱明、董平、姚延福编校，浙江古籍出版社2010年版，第16页。

《学部校正阳明先生集要》为底本①。

2. 译文直译较多

在金陵大学几位老师的协助之下,亨克在翻译过程中尽可能地对原典予以尊重,努力尝试做到忠实于原文。然而,由于亨克对于一些词语的理解不够深刻,对这些词语背后所蕴含的文化背景缺乏充分的认知,又或许是因为亨克认为倘若没有对词语的准确把握,译者过度进行阐释反而会致使对文本产生误读,所以亨克在许多地方采用了直译这种异化的翻译方式。但不得不指出的是,这种方式在某些时候会使得译文无法完整地传达语录的原本意旨,试举例说明。

亨克将"则如来书所云'三关、七返、九还'之属,尚有无穷可疑者也"②译为"then, as your letter says, though the three organs of sense(ear, eye, voice) return to it seven times and again nine times, there still remain an infinite number of things that can be doubted"③(见附录二:图2)。在亨克的翻译中,"三关"被概括为"three organs of sense",并在后面的括号中附上注释来说明这三个器官。"七返""九还"则直接译为"seven times""nine times"。对外国读者来说,虽不影响阅读,但绝大多数读者不了解"三关、七返、九还"是源于道教术语,意义传达有所缺失。

3. 译本中有误译情况

亨克作为一位土生土长的西方人,在中国停留的时间相对较短,缺乏深厚的中国文化积淀和长期的语言环境浸润,这导致他在对东方儒学思想的解读以及汉语词汇的理解方面不可避免地存在着一定的不足之处,其译文的准确性也受到了一些学者的质疑。陈荣捷就评价说:

---

① 关于缺译情况,本书第七章第五节有具体展开,也可通过"王阳明《传习录》多语平行语料库"进行语料对比查询。

② 王守仁:《王阳明全集(新编本)》第一册,吴光,钱明,董平,姚延福编校,浙江古籍出版社2010年版,第68页。

③ Henke, Frederick G. The Philosophy of Wang Yang-ming. Open Court Publishing Co, 1916. P237.

LETTERS 237

this is not understood, then, as your letter says, though the three organs of sense (ear, eye, voice) return to it seven times and again nine times, there still remain an infinite number of things that can be doubted.

Does Intuitive Knowledge of Good Exceed the Natural Functioning of the Mind?

Your letter says: "Intuitive knowledge of good is *ab initio* characteristic of the mind and is to be identified with the following: the virtuous disposition, the equilibrium of having no stirrings of feelings, the state of perfect tranquility, and the state of perfect fairness and impartiality. Why is it, then, that ordinary men are all unable to carry it out, but are obliged to wait until they have learned it! If the equilibrium, complete tranquility, and perfect fairness already belong to the mind, they may be identified with intuitive knowledge of good. As I today investigate these things in my own mind, I find that my intuitive knowledge at no point lacks goodness, but my mind lacks the equilibrium, the stillness, and the fairness. Does this imply that the intuitive faculty exceeds the natural functioning of the mind?" (12)

Wang Answers in the Negative

Since nature at no point lacks excellence, the intuitive faculty at no point lacks goodness. The intuitive knowledge of good is the state of equilibrium in which there are no stirrings of feelings, and this is the original nature of perfect fairness and tranquility. It has been prepared and provided for in the case of all men, but will under circumstances be darkened and obscured by desire. For this reason it is necessary to learn how to dispel any darkening or obscuring that has taken place. However, the original nature of the intuitive faculty from the very beginning cannot have the least added or taken away. Intuitive knowledge at no point lacks goodness. That the equilibrium, the tranquility, and the perfect fairness cannot be

附录二:图 2 亨克之《王阳明哲学》语录示例

　　他的译著都是远在六十年以前所完成的。那时新教传教士和十七、八世纪天主教牧师对朱子哲学的理解不同,因而 Henke 对王学尚未入门,并且由于不了解《传习录》的中文评论和日文的注释书,译文中存在许多误译。①

―――――――――――――――

① 　陈荣捷:《欧美的阳明学》,石川梅次郎,华国学译,《外国问题研究》1981 年第 3 期,第 100 页。

比如,亨克翻译"如今仕者有由科,有由贡,有由传奉,一般做到大官"[1]为"It may be compared to officials of the present day, some of whom have become high officials through examinations, some through offerings, some through the promulgation of service rendered or through similar means"[2]。语录涉及中国古代独特的科举制度和入仕文化,"科"指的是通过科举考试进入官场,"贡"表示由乡里推荐,而"传奉"则指继承前辈的爵位或受到高官的提拔。这些概念在西方文化中并没有直接对应的词汇,所以亨克在翻译时将"科"简单地译为"examination",并将"贡"译为"offerings",即供品,将"传奉"译为"the promulgation of service rendered or through similar means",即通过提供公布的服务内容或者类似方式,都显示了译者对于这些字词含义的理解不够深入,出现了误译情况。

4. 翻译中存在用基督教词语解释中国术语概念的情况

历史上,来华传教士为实现传教的宗教目的,常常以基督教教义概念直接比附中国传统哲学,这种操作在一定程度上造成了文化误读现象。亨克作为一位美国传教士,其身份本身就带有浓厚的宗教色彩。这种身份背景使得他在翻译过程中不可避免地会受到其宗教信仰的影响,会不自觉地采用一些已经形成的、带有比较宗教学色彩的翻译惯例和术语体系。这种做法虽然有助于西方读者的理解,但也有可能导致中国文化特色的流失和误读。

例如,亨克把"主宰也谓之帝"[3]译为"considered as ruler or lord, it is called Shang-ti(God)"[4],他把"帝",即"天",译为基督教词汇"shang-ti

---

① 王守仁:《王阳明全集(新编本)》第一册,吴光,钱明,董平,姚延福编校,浙江古籍出版社2010年版,第20页。

② Henke, Frederick G. The Philosophy of Wang Yang-ming. Open Court Publishing Co, 1916. P89.

③ 王守仁:《王阳明全集(新编本)》第一册,吴光,钱明,董平,姚延福编校,浙江古籍出版社2010年版,第17页。

④ Henke, Frederick G. The Philosophy of Wang Yang-ming. Open Court Publishing Co, 1916. P83.

(God)"。再如,亨克对"道"一词有多种不同的翻译。亨克将"人心之得其正者即道心,道心之失其正者即人心。初非有二心也"①译为"When a selfish mind is rectified it is an upright mind; and when an upright mind loses its rightness it becomes a selfish mind. Originally there were not two minds"②。亨克在此处将"道"翻译为"upright"。"upright"这一用词在基督教的语境中具有"义"的含义。这与基督教神学的"因信称义"③救赎论学说相契合,指出人们通过信仰得到救赎,并成为在上帝面前被视为正义的人。关于"爱朝夕炙门下,但见先生之道"④,亨克将"先生之道"译为"his doctrines",也很容易让读者联想到基督教教义的意思。

(四)《王阳明哲学》的社会评价

亨克作为一位成长于欧美哲学神学和传统的西方人,他对于王阳明思想的理解和阐释带有极为鲜明的西方特质。而且,他的基督教思想背景也不可避免地融入了他对阳明心学的体认与解读过程之中。再者,《阳明先生集要》的中文底本本身就存在《传习录》语录缺失的状况,这也致使译本出现了较多的漏译现象,以致无法完整地阐述阳明思想。另外,由于亨克自身的汉学和儒学能力受限,所以在亨克的译本中存在一些直译或误译的现象,因而无法完整或准确地传达语义。

即便如此,对于海外的阳明学研究发展来说,亨克在阳明学英译史上作出了开创性的贡献,这一点是毋庸置疑的。亨克的《王阳明哲学》不仅标志着世界上首个《传习录》英文译本的诞生,而且作为后续英译研究及其他相关领域探索的重要参考,其价值也得到了广泛的认可与肯定。《王阳明哲

---

① 王守仁:《王阳明全集(新编本)》第一册,吴光,钱明,董平,姚延福编校,浙江古籍出版社2010年版,第8页。

② Henke, Frederick G. The Philosophy of Wang Yang-ming. Open Court Publishing Co, 1916. P62.

③ "因信称义"是基督教神学救赎论的重要教义,主要出现在《罗马书》《哥林多前书》《加拉太书》等圣经篇章中。

④ 王守仁:《王阳明全集(新编本)》第一册,吴光,钱明,董平,姚延福编校,浙江古籍出版社2010年版,第1页。

学》一经出版,就有一些学者以书评形式对亨克译本的内容与质量作出评价。1916 年,哥伦比亚大学发行的《哲学、心理学和科学方法杂志》(*The Journal of Philosophy*, *Psychology*, *and Scientific Methods*)连续几期都在附录中介绍了亨克的《王阳明哲学》。1917 年,芝加哥大学出版的《圣经世界》(*The Biblical World*)专栏中充分肯定亨克译本的贡献,认为该译本有助于纠正西方学术界对中国只有孔孟老庄哲学的误解,肯定了阳明学的哲学地位,明确了阳明学与朱子学的不同。同年,颜嘉乐(Kia-Lok Yen)评价称,亨克致力于客观地将阳明学的要义展现给读者,其译文非常忠实原文。也正是由于他这种忠实的翻译,使得西方学生得以了解王阳明及其哲学。

在当时的西方思想界,有一种"秦汉之后无哲学"的谬论,因此亨克的研究脱离了当时西方思想界只着眼于先秦哲学,认为中国孔孟之后再无哲学的狭隘观点,他率先将研究目光投射到中国哲学的宋明新儒学发展时期。陈荣捷也同样充分肯定亨克是欧美第一个研究阳明哲学的人,认为亨克"是开山的功臣,是一切研究王学的人,所值得感谢的人物"①。

另外,值得一提的是,《王阳明哲学》在出版后不久便传至日本。小柳司气太在《传习录》中,除了推荐学习三宅雪岭的《王阳明》和高濑武次郎的《阳明学新论》之外,还推荐了亨克的《王阳明哲学》。亨克译本于 1916 年问世后不久,小柳司气太便于 1919 年敏锐地捕捉到了这一西方学术前沿动态,并积极在日本社会进行宣传,由此能够看出,当时日本和西方世界之间学术交流的密切。

二、陈荣捷之《传习录》

(一)陈荣捷其人

陈荣捷是广东省开平县(现广东省开平市)人,1924 年从岭南大学毕业

---

① 陈荣捷:《欧美的阳明学》,石川梅次郎,华国学译,《外国问题研究》1981 年第 3 期,第 100 页。

后赴美国哈佛大学留学，1925 年转入哈佛大学哲学系，主修东方哲学，1929
年博士毕业，同年回母校岭南大学任教，1935 年陈荣捷开始赴美从事中国哲
学研究，成为 20 世纪在世界舞台上对中国哲学传播最为活跃的学者之一。

陈荣捷是世界性的中国哲学权威，在美国历经半个多世纪的努力，把东
西方哲学思想最为完备地介绍到西方，开启了对中国哲学研究的中西比较
哲学模式，在新儒学领域取得举世公认的成就。亚洲研究协会评价陈荣捷
是"向西方传授中国学术传统的中间人，当今之世无人能出其右"①。欧美
学界将他誉为"介绍东方哲学文化思想至西方最为完备周详之中国大
儒"②。中国当代著名哲学家、教育家、思想家冯友兰(1895—1990)曾为他
赋诗"白鹿薪传一代宗，流行直到海之东。何期千载檀山月，也照匡庐洞里
风"③，赞佩他一生奉献于中西文化的汇通交流。陈来认为陈荣捷重视观念
史的分析，从历史的脉络观察思想发展，从概念的分析探讨学派流变，而且
注重原始资料和史学考证，特别重视利用日韩学者的研究成果，评价他治学
精神严谨，平实缜密，又有深厚的西学学养，是欧美学术界公认的中国哲学
权威，英文世界中国哲学界研究的领袖，也是国际汉学界新儒学研究的
泰斗④。

(二)《传习录》的构成介绍

1963 年，哥伦比亚大学出版社出版陈荣捷的《传习录》。该书英文名为
Instructions for Practical Living and other Neo-Confucian Writings，直
译为《实用生活指南和其他新儒家著作》，但国内一般译为《传习录》(见附录
二：图 3)。

《传习录》封面上方书写"Instructions for Practical Living and other
Neo-Confucian Writings"。书名字体大小不一，最大字体是"Neo-

---

① 1994 年《纽约时报》发表文章报道陈荣捷先生去世的消息，引述了亚洲研究协会的授奖词。
② 陈荣捷：《王阳明与禅》，台湾学生书局 1984 年版，第 232-233 页。
③ 1982 年，冯友兰参加夏威夷的国际朱熹会议有感，为陈荣捷赋诗一首。
④ 陈荣捷：《王阳明传习录详注集评》，华东师范大学出版社 2009 年版，序言第 4 页。

附录二:图 3 陈荣捷之《传习录》封面

Confucian",突出该书主题为"新儒学"。配图在封面的中间位置,在"by Wang Yang-ming"之上,告知读者原著作者为王阳明。图片取自"新建伯赠侯王文成公像"①,封面底部为"TRANSLATED, WITH NOTES, BY WING-TSIT CHAN,"说明此译本附有注释。

---

① 赵慧芳、石春让在论文《陈荣捷英译〈传习录〉的副文本研究》中注明,"新建伯赠侯王文成公像"由日本哲学家楠本正继拍摄,由北大教授黄节收藏。经查询,该图像由清代画家沈俊绘制,现藏于绍兴博物馆。

在版权信息页可以看出，陈荣捷《传习录》是美国哥伦比亚大学赞助编纂的"文明的记载：资料与研究"（Records of Civilization：Sources and Studies）的第 68 号系列项目，也是狄百瑞筹划的哥伦比亚大学"东方经典著作译丛工程"（Columbia College Program of Translation from the Oriental Classics）的译著之一。

《传习录》由他序、译者自序、翻译笔记、引言、译文和术语汇编等构成。

狄百瑞撰写序言。狄百瑞在序言中解释了翻译《传习录》的缘由与价值，他认为王阳明的思想涵盖了人类的道德良知、人类行为动机的内在根源、个人在思想和行动中的正直品格以及人类在宇宙中的地位，王阳明的思想不仅在中国，而且在日本、韩国等国家的受教育民众中都产生了深刻影响。此外，狄百瑞还评价了陈荣捷的翻译忠实于原文。

陈荣捷在自序中提及翻译动机。一是《传习录》集中体现阳明哲学思想，是 13 世纪初以来中国最重要的哲学著作经典，没有通读过此书的人不可能对中国哲学思想有透彻了解。二是亨克译本错误和删减较多，且亨克对文本进行了重新编排，故读者难以充分了解《传习录》的所有内容，所以通过再译《传习录》，可以向西方读者传递真实且完整的中国哲学思想。

陈荣捷在翻译笔记中阐述了自己在翻译《传习录》的准则。正如陈荣捷在一次研讨会中作题为"中国哲学在海外的五十年"（Fifty Years of Chinese Philosophy Abroad）的报告中提到的翻译要遵守 7 条原则①一样，《传习录》的翻译也遵循此基准。

在引言中，陈荣捷介绍了王阳明生活的时代背景以及个人经历，对阳明学的核心思想进行了简要解析，同时还对其思想进行了个人的阐释及评价。引言部分以概括性的方式向西方读者介绍东方思想，具备较强的导读功能。

译文后面附有中、日、英文的参考书目、中英文对应词汇库以及索引。

---

① 7 条原则为：尽可能参考阅读各种中文典籍注释；对中国哲学术语添加注释；详述专有名词内容；采取意译方式翻译引用的书籍或者文章；考证或者解说人名和地名；注明引文出处；指明重要章句在中国哲学史中的关键作用。

陈荣捷不但在参考书目当中列举了许多日注本、日译本的信息,而且在中英文对应词汇库中也记录了中江藤树、三轮执斋、佐藤一斋、东敬治等日本阳明学研究者的条目信息。由此可以得知,陈荣捷不仅参考了大量的日文资料,还广泛吸收和融合了许多日本学者的学术成果。在《王阳明传习录详注集评》里,陈荣捷同样以条目式的方式介绍了《传习录》的中日评注本,明确提到"《传习录》评注,不下二十种。中日各半。以注释论,则日本方面较胜。以评论言,则中国方面为优"①。

(三)《传习录》的译本特点

陈荣捷自幼接受汉学文化与儒学思想的教育,后来又在美国接受了系统的英语文化和哲学素养的培养,故而其深厚的中西方文化素养转化成为他的内在文化资本,为他更出色地完成语录的翻译及注释奠定了坚实的基础。

语录体是中国古代哲学思想表达的一种独特形式,待到宋明理学时期,这种语录体形式愈发常见。为了忠实重现语录体的语言表达,陈荣捷在很大程度上保留了大部分对话中学生询问"asked"与教师回答"said"的问答对话形式。将其与亨克译本相比较,陈荣捷译本具有如下特点。

1. 译文内容完整

陈荣捷译本以《四部丛刊》中的《王文成公全书》为底本,并参考多个中日评注本。笔者团队经过逐句核对,没有发现缺译或漏译的情况。除了对《传习录》进行翻译之外,陈荣捷还另外翻译了《大学问》以及 7 篇与社会政治政策相关的文章。这些翻译内容较为系统地体现出了书名"实用生活指南"(Instructions for Practical Living)的基本思想,展现了王阳明将其思想运用到实践当中的实例。

2. 尽可能做到了学术术语的统一性

《传习录》是一部以儒家心学为主,融合了佛教和道家思想的作品,包含

---

① 陈荣捷:《王阳明传习录详注集评》,华东师范大学出版社 2009 年版,第 8 页。

了丰富的中国哲学思想,所以在对其进行翻译时,必然要将其置于中国儒释道文化的宏大背景之中来进行。陈荣捷对中国哲学有着全面且完整的理解,因而他在翻译《传习录》时能够拥有整体投射的意识,除了那些不可避免的细微调整之外,他尽可能始终如一地对这些术语采用前后统一的术语翻译原则,使读者在阅读时知道译文指向的是同一概念,有助于读者理解哲学术语的内涵,降低阅读难度。例如陈荣捷将"知行合一"译为"the unity of knowledge and action",将"天理"译为"the Principle of Nature","心即理"译为"the mind is identical with principle","无善无恶"译为"neither good nor evil","虚灵"译为"pure intelligence","格物"译为"the investigation of things","事上磨炼"译为"be trained and polished in the actual affairs of life"。

3. 译文中补译较多

陈荣捷具有丰富的中国文化知识储备和深厚的儒学素养,使得他在翻译时,可以非常顺其自然地补充一些语录中的隐藏信息。比如《传习录》涉及许多中国古代人物,例如在对"百姓不亲,舜使契为司徒,敬敷五教,所以亲之也。"[①]这一句中的"舜"字的文化信息处理上,亨克直接译为"Shun",而陈荣捷为弥补西方读者文化知识的缺失,将其译为"Emperor Shun",明确说明了舜的帝王身份。再如陈荣捷把"桀纣"译为"Kings Chieh [r. 1802—1752 B. C. ?] and Chou [r. 1175—1112 B. C.]",不仅点明了两人的君王身份,还补充了生卒信息。

4.《传习录》中有大量注释

《传习录》本身引经据典,涉及众多中国古代文化名人,其思想更是丰富多元、内涵深刻。然而倘若在译文中进行过多的阐释,译文内容则会变得晦涩艰深、冗长繁杂,所以陈荣捷更多地选择采用脚注的方式,对中国特有的

---

① 王守仁:《王阳明全集(新编本)》第一册,吴光,钱明,董平,姚延福编校,浙江古籍出版社2010年版,第2页。

词汇语义作进一步的解释。

例如对人名"子莘"的翻译,亨克译为"Tzu-hsin",陈荣捷译为"Ma Tzu-hsin"。陈荣捷首先在译文中直接补充了"子莘"的姓的信息,另在脚注中说明"子莘,实名明衡,1517 年获贡士之荣,继而于 1524 年担任监察御史一职,祖籍福建,他为阳明学在该地区的传播起了重要作用"①。又如对"虚灵不昧"一词,陈荣捷就在脚注中说明该词出自朱熹《大学章句》,即"明德者,人之所得乎天,而虚灵不昧,以具众理而应万事者也"②。

陈荣捷尤其对一些中国特有的学术术语进行了细致的补充说明,如陈荣捷将"三关""七返""九还"译为"three gates""seven returns""nine returns"(见附录二:图 4)。但"三关""七返""九还"本为中国道家修行秘术,难以理解,故陈荣捷在脚注中说明"三关"为"the mouth, hands, and feet, considered as the gates of heaven, man and earth",具体指的是口、手、足,意为天、人、地之三门;"七返"为"the return of the soul after seven periods",指的是魂魄经历七个周期后的归返时期,"九还"为"the return of the soul after a complete cycle",意指魂魄完成一个完整周期后的归返。陈荣捷对道教哲学和道家的修炼之道也有深入研究,所以他对"三关""七返""九还"的注释,有效地向西方读者传达了道教修炼中强调身体和精神的净化与提升,以及灵魂在多个周期中完成轮回与进化的内涵。

(四)《传习录》的社会评价

陈荣捷《传习录》译本出版后,立刻引起了学界的广泛关注。纽约城市大学历史系教授谢康伦(Schirokauer C. M, 1929—2018)认为陈荣捷用注译法翻译了《传习录》中的中国哲学术语,能够忠实地保持同一术语翻译的

---

① Chan, Wing-tsit. Instructions for Practical Living and other Neo-Confucian Writings by Wang Yang-ming. Columbia University Press, 1963. P36.

② 朱熹:《四书章句集注》,中华书局 1983 年版,第 3 页。

one is refined, he will be intelligent, single-minded, spiritual, and sincere, and if he is single-minded, he will be refined, intelligent, spiritual, and sincere. They are not two different things. However, the doctrine as interpreted by the Confucians of later generations and by [Taoists who advocate] nourishing life has remained one-sided and consequently [refinement as emphasized by the Confucians and singleness as emphasized by the Taoists] do not reinforce each other. Although my discussion of refinement and singleness the other day was in response to your desire to nourish the spirit, nevertheless the task of becoming a sage is none other than this.

154. Your letter says, "The prime spirit, prime force, and prime essence must each have its place of preservation and origination. There are also the essence of the true passive element yin and the force of the true active element yang...."

Now, innate knowledge is one. In terms of its wonderful functioning, it is spirit; in terms of its universal operation, it is force; and in terms of its condensation and concentration, it is essence. How can it be understood in terms of shapes and locations? The essence of true yin is the mother of the force of true yang, and the force of true yang is the father of the essence of true yin. Yin is the root of yang and yang is the root of yin.⁴ They are not two different things. If my theory of innate knowledge is clearly understood, then all such matters can be understood without any explanation. Otherwise there will be an infinite number of things in doubt, such as [the Taoist formulas to prolong life] called the "three gates," the "seven returns," and the "nine returns,"⁵ mentioned in your letter.

⁴ According to Chou Tun-i's *T'ai-chi t'u-shuo*, in *Chou Lien-hsi-chi*, 1:2a. His theory is that when the activity of yang reaches its limit, it becomes tranquil. Through tranquillity, yin is generated. When tranquillity reaches its limit, yang begins again. Thus movement and tranquillity alternate and become the root of each other.
⁵ The "three gates" were the mouth, hands, and feet, considered as the gates of heaven, man, and earth, respectively; the "seven returns" were the return of the soul after seven periods, and the "nine returns," the return of the soul after a complete cycle.

附录二：图 4　陈荣捷之《传习录》语录示例

前后一致性，并提供了丰富的有价值的副文本信息①。倪德卫虽然对陈荣捷在"知行合一""致良知"等概念的阐释上存在疑问，但仍然高度赞扬陈荣

①　Schirokauer C. M. Book Review：Instructions for Practical Living and other Neo-Confucian Writings by Wang Yang-ming Translated with notes by Wing-tsit Chan. The Journal of Asian Studies，1964(1). P151-152.

捷新译本的贡献①。美籍华人学者、华盛顿大学中国哲学、文学与文化史教授施友忠(Shin Vincent Y. C,1902—2001)特别指出,《传习录》翻译非常出色,可读性强,为那些期望得到中国哲学第一手资料的西方学者提供了极大的便利②。《传习录》日译者洪樵榕在《传习录新讲》中特别提到陈荣捷译本,认为陈荣捷不仅完整地翻译了《传习录》,还翻译了《大学问》和社会政治相关的公文数篇,注释颇详,是记录东方文化的重要英译本。

正如狄百瑞在序言中说道,陈荣捷的翻译笔记展现了译者研精覃思、忠实还原原著信息的翻译观,增加了译文准确性的说服力。同时术语和引语的完整再现为读者后续阅读和查找提供便利。③ 陈荣捷在翻译时,既尽可能地保留《传习录》的文化特色,又准确地传达《传习录》的哲学意蕴,且对《传习录》大量专有名词和术语概念予以考证,并加以注释说明。他并非一味地追求中英文的绝对对等,而是尽可能运用英语中现有的用法习惯,在形式上更贴合西方读者的阅读和理解习惯。如此一来,既能够降低阅读障碍,方便读者作进一步的查阅,又打破了西方社会因缺乏中国文化知识而形成的文化壁垒,有助于准确且完整地传递中国思想。

陈荣捷的王阳明翻译研究工作对北美阳明学的传播有重要影响,他将阳明学系统深入地传播到西方学术界、哲学界。陈荣捷译本用中国话语方式解说中国话语,在保留中国哲学的本相的同时,打开了阳明学进入西方世界的心门。④ 陈荣捷的译本不仅是学术交流的桥梁,还是文化理解的钥匙,

---

① Nivison D. S. Book Review: Instructions for Practical Living and Other Neo-Confucian Writings by Wang Yang-ming, trans. Wing-tsit Chan, The Philosophy of Wang Yang-ming by Frederick Goodrich Henke. Journal of the American Oriental Society, 1964. P439.

② Shin Vincent Y. C. Book Review: Instructions for Practical Living and Other Neo-Confucian Writings by Wang Yang-ming, translated, with notes, by Wing-tsit Chan, A Source Book in Chinese Philosophy Translated and compiled by Wing-tsit Chan. Philosophy East and West, 1965. P293.

③ 赵慧芳、石春让:《陈荣捷英译〈传习录〉的副文本研究》,《外国语文研究》2023 年第 1 期,第 89 页。

④ 吴文南:《王阳明〈传习录〉中的哲学术语英译研究》,《龙岩学院学报》2021 年第 4 期,第 57 页。

为英语世界的阳明学研究提供了丰富的资源与灵感，为中国新儒学走进西方世界贡献了不可磨灭的力量。

《传习录》在韩语世界的译介与传播

阳明学传入朝鲜地区后，批判阳明学的李滉（이황，1501—1570）以及他所撰写的驳斥阳明学的《传习录论辩》反而更具权威性。因此长期以来，阳明学在朝鲜地区只是一种在少数学者之间流传的"隐学"。《传习录》主要通过手抄口授的方式来传播，家学传承成为阳明学说得以延续的主要途径，这就导致《传习录》在朝鲜地区的译介研究要远远晚于日本。

一、《传习录》初传朝鲜地区

2019 年，韩国学者金民在（김민재，1979—）等人在《阳明学》杂志上发表《阳明学传入初期朝鲜性理学家的批判意识研究——以金世弼与李滉的阳明学批判为重心》（양명학의 전래초기, 조선 성리학자들의 비판적 인식 검토——김세필과 이황의 양명학 비판을 중심으로）一文。文中系统整理了《传习录》初传朝鲜的几位学者的论说，依据其主张，本书列表如下（见附录二：表 1）：

附录二：表 1　韩国学者关于《传习录》初传朝鲜地区的时间论说

时间	学者	主张依据来源
1521 年以前	吴钟逸（오종일）	《十清集》《讷斋集》
1522 年以后	李能和（이능화）	无
1553 年传入	尹南汉（윤남한）	《耻斋日记》
1558 年传入	高桥亨（고교형）	《宣祖实录》
1558 年传入	金忠烈（김충렬），刘明钟（유명종）	《西厓集》
1566 年传入	张志渊（장지연），玄相允（현상윤）	《退溪全书》

根据学者吴钟逸(오종일,1944—)的主张,《十清轩集》和《讷斋集》中记载了朝鲜性理学者金世弼(김세필,1473—1533)与其好友诗人朴祥(박상,1474—1530)谈及阳明学的内容,应该是最早且有明确依据的《传习录》初传记录。

金世弼,号十清轩。朴祥,号讷斋。从时间上看,该时期的《传习录》应该是指《传习录》上卷内容,也就是王阳明门人薛侃刊刻的《初刻传习录》。依据金世弼的行踪记录以及《中宗实录》记载,金世弼曾两次出使中国,在此期间他大量购置了宋、元、明代儒士对于《易经》《中庸》等的注解书籍。金世弼第一次出使是在 1518 年冬天,他以圣节使的身份前往明朝。第二次出使是在 1519 年 10 月,他兼任正朝使和谢恩使再次奔赴明朝。当时的明朝正处于正德皇帝(1491—1521)在位时期,国家局势混乱,宁王朱宸濠也正是在这一时期发动叛乱,而后他被王阳明擒获。金世弼在 1520 年 3 月回国后,还将王阳明平定宁王之乱的情况呈报给了朝鲜中宗(조선 중종,1488—1544)。

关于金世弼评价阳明学说及《传习录》的记载,被收录于《十清轩集》卷 4《附家先记闻》,"先生文集中,有与讷斋酬唱三绝句评论阳明学术者。阳明文字出来之后,东儒不省其为何等语。先生一见其《传习录》,已觉其为禅学,寄诗讷斋,深斥如此。则其与门人讲论之际,排斥之严,可知也。退陶以后进,晚年始斥阳明之学。退陶以前,觉阳明之诐淫者,独先生一人而已"①。可知金世弼作为使臣来往明朝过程中已经知道王阳明,后与好友朴祥有相互讨论阳明学术。《十清轩集》记载了金世弼评价《传习录》的三首诗句:"阳明老子治心学,出入三家晚有闻。道脉千年传孔孟,一毫差爽亦嫌云""紫阳人去斯文丧,谁把危微考旧闻。学蹈象山多病处,要君评话复云云""木铎当时余响绝,一编传习亦多闻。前头取舍吾心孔,(二字缺)西河学僭云"。

---

① 林月惠:《朝鲜朝前期性理学者对王阳明思想的批判》,《台湾东亚文明研究学刊》2013 年第 2 期,第 104 页。

金世弼自注此三诗是对王阳明《传习录》所作出的评论。在诗中,他指出阳明学穿梭于儒释道三家之间,其学术实践承袭象山,但在传承孔孟之道方面存在差异。由此,我们可以推测,《传习录》最初的传播者有可能是金世弼本人,也有可能是他所在的使臣团。就在这一时期,《传习录》开始传入朝鲜地区。

二、《传习录》韩译本整理及译介特点

尽管《传习录》早早传入朝鲜地区,可阳明学始终受到以李滉为代表的朝鲜士人的强烈批判,被主流学派不断排挤。李滉,字景浩、季浩,号退溪、陶翁、退陶、清凉山人、真宝人,安东府礼安县温溪(今庆尚北道安东市)人,是研究中国儒学和程朱理学的著名哲学家、儒学家,被誉为"朝鲜之朱子"。他继承发展了孔孟之道和程朱理学,并创立退溪学,他一生治学与为官并行,集官吏、思想家的身份于一身。

李滉立足于朱子学的立场,撰写《传习录论辩》等著述,对阳明学进行了系统性批判。在哲学方面,李滉尊崇朱子学的客观唯心主义思想,排斥王阳明的主观唯心主义。他主张"理"乃世界的本原与主宰,若无"理",则天地和人类万物皆不存在,一切皆无从谈起。他着重强调"天理"与"人欲"的对立关系,要求人们摒弃人欲,遵循天理。李滉的哲学思想在朝鲜哲学史上产生了深远的影响,以他为代表的朝鲜官学派对于陆王心学强烈的排斥心态,致使阳明学在朝鲜传播伊始就遭遇了极大的政治阻碍。后来虽有卢守慎(노수신,1515—1590)、崔鸣吉(최명길,1586—1647)等学者倡导阳明学,又有郑齐斗(정제두,1649—1736)创建的江华学派发扬阳明学说,但直至20世纪中期,阳明学在朝鲜地区的思想文化领域中仍然处于非常弱势的地位,一直到了20世纪70年代才正式开启了《传习录》的译介与传播之路。

20世纪70年代正是韩国经济开始腾飞的阶段,中日韩三国关系快速升温,韩国推行将儒家"忠"的思想与经济建设相结合的"儒家资本主义"模式,造就了经济腾飞的"汉江奇迹"。进入20世纪90年代,韩国更是跻身亚

洲四小龙之列。东亚儒学文化圈中儒学思想的引领作用，被视为韩国经济得以高速发展的一个重要因素。与此同时，随着经济的迅猛增长，韩国面临着社会整体浮躁、民众精神世界空虚的困境。在此背景下，韩国社会重新认识到包括阳明学在内的儒学思想的重要性和必要性，韩国阳明学研究因此迅速崛起，成为东亚阳明学研究的重要组成部分，同时《传习录》的译介工作也由此得到了迅速推进。

对于韩国民众而言，《传习录》是一部追求良知、践行真知、回归本源的珍贵著作，他们期望借由学习《传习录》，探索在道德层面个人主体性的确立，找寻在复杂的转型社会中的安身立命之所。对韩国社会来说，《传习录》传递的"知行合一""致良知""万物一体之仁"的宏大世界观，为实现人与自然、人与社会的共生共存提供思想基础。正因如此，《传习录》韩译起步虽晚，但发展迅猛，从1972年金学主(김학주，1934—)选译《传习录》开始，截至目前，本书共整理发现11个《传习录》韩译本(见附录二：表2)。

附录二：表 2 《传习录》韩译本一览表

序号	韩译本(韩文/中文)	姓名	出版社	出版时间
1	세계사상대전집 45: 전습록/世界思想大全集 45:传习录	김학주	대양서적	1972
2	世界의 大思想 30:傳習錄/世界的大思想 30:传习录	송하경	휘문출판사	1974
3	(新譯)傳習錄/(新译)传习录	안길환	명문당	1998
4	양명학공부/阳明学功夫	김흥호	솔	1999
5	전습록(傳習錄)/传习录	정차근	평민사	2000
6	傳習錄:실천적 삶을 위한 지침1—2/传习录:实践生活指南 1—2	정인재 한정길	청계	2001
7	(新完譯)傳習錄:왕양명의 사상과 학문의 세계/(新完译)传习录:王阳明的思想和学问世界	김학주	명문당	2005

续表

序号	韩译本（韩文/中文）	姓名	出版社	出版时间
8	전습록: 조선이 거부한 양지의 학문/传习录：朝鲜拒绝的良知学说	김동휘	신원문화사	2010
9	낭송전습록/朗诵传习录	문성환	북드라망	2014
10	전습록: 실천하는 지식인,개혁을 외치다/传习录：实践中的知识分子呼吁改革	김용재	풀빛	2019
11	（왕양명의）전습록전자자료/（王阳明的）传习录	정갑임	웅진씽크빅: 웅진지식하우스	2019

　　韩国岭南大学教授崔在穆在论文《用我们的文字认识王阳明，阳明学的真面目是？——〈传习录〉韩译的外与内》（우리 글로 만나는 왕양명, 양명학의 진면목은? ——「전습록傳習錄」 한글 번역, 그 겉과 속）中概述了《传习录》在韩国的译介情况。本书选取《（新完译）传习录：王阳明的思想和学问世界》《传习录：朝鲜拒绝的良知学说》和《传习录：实践中的知识分子呼吁改革》3 个代表性译本，探讨韩译本的译者情况和翻译特点。

　　（一）金学主之《（新完译）传习录：王阳明的思想和学问世界》

　　2005 年，金学主完成《（新完译）传习录：王阳明的思想和学问世界》（《（新完譯）傳習錄：왕양명의 사상과 학문의 세계》），由明文堂出版（见附录二：图 5）。该译本是全译本。金学主其实是第一个选译《传习录》的韩国学者，1972 年，他出版的《世界思想大全集 45：传习录》就是《传习录》的第一个韩语节选译本。

　　金学主毕业于首尔大学文理学院中文系，之后在中国台湾大学获中国文学硕士学位，在首尔大学获中国文学博士学位。历任首尔大学教授，东亚文化研究所所长，现为首尔大学名誉教授。著有《汉代诗研究》（1975）、《中国文学序说》（1976）、《中国文学概论》（1977）、《中国文学史》（1989）和《孔子

附录二:图 5　金学主之《(新完译)传习录:王阳明的思想和学问世界》封面

的生平与思想》(2003)等,翻译《诗经》《大学》《中庸》《老子》《庄子》《荀子》《列子》《墨子》和《孟子》等多本中国古代典籍。

《(新完译)传习录:王阳明的思想和学问世界》由序、解题、《传习录》译文及附录构成。

金学主首先阐述了《传习录》的词源、王阳明的生平事迹和思想主张、阳明学对后世的影响以及门人表等内容。其后,在附录部分载入了王阳明的

《大学古本序》《大学问》《示弟立志说》，还有《王阳明年谱》以及《索引》。

关于王阳明思想，金学主归结其核心观点为"心即理""格物致知""知行合一""天理人欲""事上磨炼"以及"致良知"，本书择重点介绍。

心即理："心"所在的地方即是"物"，具备万物之理就是"心之本体"。朱子也说事物的本性就是理，但与王阳明主张的"心即理"在性质上大相径庭。朱子学认为理有内外，存在心之理与物之理。而与此相对，阳明学继承发展了陆象山的"心即理"说，主张"心外无理，心外无事"。

格物致知：朱子把"格"解释为"至"，"物"解释为"事之理"，"致"解释为"推及"，"知"解释为"知识"。"格物致知"就是探究万事万物的本末，从而获得更多、更广泛的知识。但王阳明将"格"释义为"正"，将"物"释义为"事"，将"致"释义为"至"，将"知"释义为"良知"。因此，在阳明学当中，"格物致知"指的是纠正不道德的意识和不正的本心，使其达至良知的这一过程。

知行合一：王阳明认为"知者行之始，行者知之成"。这意味着只有品尝了食物才能知晓其味道，只有践行了孝道才能明白真正的孝道，而痛苦唯有自己亲身经历方可体会。在通常观念上，"认知"和"行动"是不同的，但是作为真正的学习，"认知"就是"行动"，正确的行动就是良知。

天理人欲：学问的目的在于成圣，成圣在于"存天理去人欲"，这是宋代以来学者们的理想。阳明思想中做学问的实践原则也是继承了"存天理去人欲"，这与一开始就否定"天理"和"人欲"之区别的陆象山大不相同。在这方面，王阳明是继承了朱子学，而不是象山学。

事上磨炼：王阳明曾劝弟子们静坐修养心灵，以免沾染世间的功利，但结果弟子们却变得不爱动，只会偷懒，有脱离儒家本真性格的倾向。因此，王阳明晚年主张"事上磨炼"，即把所有的事情或机会作为修行的手段，始终坚持以自我为主体，不为周遭环境或个人私欲所动摇，磨炼工夫。

致良知："致良知"是晚年王阳明学说的中心思想。王阳明认为"良知"是人与生俱来的真实智慧，是最真实的是非判断标准，是可以成为心灵的本体。王阳明认为"良知"通向天理，做学问本身就是"致良知"的过程。

　　《(新完译)传习录:王阳明的思想和学问世界》以《王文成公全书》为底本,亦参考了日本三轮执斋的《标注传习录》。每条语录由译文、原文、注释、解说四部分构成,试举例说明(见附录二:图6)。

附录二:图6　金学主之《(新完译)传习录:王阳明的思想和学问世界》语录示例

原文:

　　先生于大学"格物"诸说,悉以旧本为正,盖先儒所谓误本者也。爱始闻而骇,既而疑,已而殚精竭思。参互错综,以质于先生,然后知先生之说,若水之寒,若火之热,断断乎百世以俟圣人而不惑者也。①

————————

　　①　王守仁:《王阳明全集(新编本)》第一册,吴光,钱明,董平,姚延福编校,浙江古籍出版社2010年版,第1页。

译文：

　　선생님께서는《대학》의 격물（格物）에 관한 제설에 대

하여 모두 구본（舊本）이 올바르다고 하셨다. 그것은 옛 선

비들（程子, 朱子를 가리킴. 이하도 같음）이 이른바 잘못

된 판본이라 말한 것이다. 나는 처음에 그런 말을 듣고는

놀랐으나 뒤에는 의심하게 되었고, 다시 정력을 다하여 생

각하면서 여러 가지 자료들을 참고하기도 하고 선생님께 여

쭈어 보기도 하였다. 그런 뒤에야 선생님의 학설은 물이 차

고 불이 뜨거운 것과 같이 절대로 영원히 다른 성인（聖人）

이 나온다 해도 변경되지 않을 것임을 알게 되었다.①

　　该译本的译文语序接近汉文原典，语言精练，偏书面语。注释简单明
了，解释了"大学""格物诸说""旧本""殚精竭思""参互错综""百世以俟圣人
而不惑"的意思。

　　金学主在书中评价阳明学为积极的行动哲学。王阳明晚年提出的"满
街都是圣人"这一观点，在社会上引发了巨大反响，它犹如一把利斧，劈开了
束缚人们内心思想的封建僵化理念，撼动了原有的封建观念的牢固地位，彰
显了王阳明对中国学术和社会的批判意识以及自由主义倾向。阳明后学中
的泰州学派进一步强化了这一主张，其结果是在文学领域出现了反对效仿
明代旧文人作品的倾向，如公安派②便以个性和创意来对抗传统，倡导自由
创作。金学主认为，倘若明朝未曾灭亡，阳明学和中国文学或许能够朝着更
为正确的方向演进，很有可能给中国带来文艺复兴式的文化热潮。

---

　　①　김학주：《（新完譯）傳習錄：왕양명의 사상과 학문의 세계》，명문당，2005，P34。
　　②　公安派是明代后期崛起的以湖北公安人袁氏三兄弟为领袖的一个文学流派。

（二）金东辉之《传习录:朝鲜拒绝的良知学说》

2010 年，金东辉（김동휘）翻译《传习录:朝鲜拒绝的良知学说》（《전습록：조선이 거부한 양지의 학문》），由新元文化社出版（见附录二:图 7）。

附录二:图 7　金东辉之《传习录:朝鲜拒绝的良知学说》封面

金东辉是中国朝鲜族人，毕业于长春光学精密机械学院，曾担任中国朝鲜语规范委员会常务会员、延边翻译家协会常务理事、延边人民出版社社长,译作有《清代哲学》(1995)、《中国五千年皇宫秘史》(1997)、《治国方略》(2005)和《商道与人道》(2006)、《中国儒学史》(2016)等著作。

金东辉在序文中对《传习录》的内容构成、王阳明的生平以及其主要学说进行了介绍。金东辉觉得王阳明的心学哲学纠正了程朱理学烦琐复杂的不良风气,构建了重视道德意识自觉性的独特学派。尽管王阳明所提出的心学在基本倾向上属于主观唯心主义,然而在朱子的性理学走向衰退之时,王阳明倡导心学,大力推进儒教的内圣之道,其思想价值颇高。

如书名所示,《传习录:朝鲜拒绝的良知学说》一书有两个关键词:其一为"拒绝",其二为"良知"。金东辉认为,凭借朝鲜曾经"拒绝"的阳明思想之力,能够唤醒并达成人类的道德本心。阳明学主张人的认知是对本心良知的自我认知,人人皆具良知,良知即为天理,一切事物及其规律皆涵盖于良知之内。脱离上天赋予的良知,世间万物便不可能存在,人的良知乃是自然界万物得以存在的依据。阳明学思想与"行动"相伴,知是行的呈现形式,知为行之开端,行为知之成果,知中有行,行中有知。借由"行动"到达"良知",进而实现个人精神的修炼以及社会的稳定发展。

《传习录:朝鲜拒绝的良知学说》是全译本。每条语录由原文、译文、解说、注释四部分构成,试举例说明(见附录二:图8)。

原文:

　　爱问:"昨闻先生'止至善'之教,已觉功夫有用力处。但与朱子'格物'之训,思之终不能合。"先生曰:"格物是止至善之功,即知至善,即知格物矣。"①

译文:

　　서애가 물었다.

　　"어제 선생의 '지선至善 의 경지에 이른다.'에 관한 가

---

① 王守仁:《王阳明全集(新编本)》第一册,吴光,钱明,董平,姚延福编校,浙江古籍出版社2010年版,第5页。

【광석】
양명 선생은 "지知는 행行의 시작이고 행은 지의 완성이다. 이것을 터득할 경우, 지만 말했더라도 행이 이미 존재하고, 행만 말했더라도 지 역시 이미 존재한다."라고 말했다. 다시 말해 지는 행의 시작이고 행은 지의 완성으로서 이 두 가지는 서로 시작과 같이 된다. 따라서 한 가지 일을 실행하려면 반드시 먼저 그 지가 있어야 하고 실행하려는 사람은 그 지를 전제로 하여야 한다. 더 쉽게 말하자면 사람이 물을 마실 때 그 차고 뜨거움을 미리 알아야 하고, 각종 음식의 맛은 자신의 혀뿐만 아니라 마음으로도 체득해야 한다. 그렇지 않으면 물이나 음식의 진정한 맛을 알 수 없다. 모든 일의 이치가 이러하기 때문에 직접 체험하고 깨닫지 않고서는 그 진정한 의미를 깨달을 수 없다.

卷上 9 조목
서애가 물었다.
"어제 선생의 '지선至善'의 경지에 이른다.'에 관한 가르침을 듣고 공부하는 데 힘써야 할 곳이 있음을 깨닫게 되었습니다. 그런데 아무리 생각해봐도 주희의 '격물格物'에 관한 교훈과 끝내 부합되지 않았습니다."
선생께서 대답하셨다.
"'격물'이란 곧 지극한 선에 이르는 공부다. 이미 '지선'을 알았다면 곧 '격물'을 아는 것과 같다."

1) 지선知善: 선의 극치에 이름을 말한다.
2) 격물格物: 사물의 원리를 탐구함을 말한다.

032 전습록傳習錄

【原文】
愛問:"昨聞先生 '止至善' 之教, 已覺功夫有用力處, 但與朱子格物之訓, 思之終不能合."
先生曰:"格物 是 '止至善' 之功, 既知 '至善', 卽知 '格物' 矣."

【광석】
지선이란 무엇인가? 악이 없을 뿐만 아니라 선도도 없는, 사물의 근원만이 존재하는 자연의 본체를 바로 지선이라 한다. '지선'의 개념을 이해하면 어째하여 '격물'에 힘써야 하는가 하는 도리도 이해하게 된다. 이 글이 전하는 간단한 교훈은 사소한 일과 사물에 구애받지 말라는 것이다. 모든 사물은 자연의 법칙을 따라야 하며, 자연 환경을 파괴하는 것은 잘못이고, 지나친 수식은 바로 한쪽으로 치우친 편견이다. 이 두 가지는 모두 '지선'에 이를 수 없다.

卷上 10 조목
서애가 물었다.
"어제 선생의 (지선에 관한) 가르침을 통해 격물설을 추론해 봤을 때 그 대략을 이해할 수 있었습니다. 그러나 주자의 풀이는 『서경書經』의 '정일精一'이나 『논어論語』의 '박약博約', 그리고 『맹자』의 '진심지성盡心知性'을 근거로 삼고 있습니다. 따라서 아직도 석연치 않은 점이 있습니다."

3) 정일精一: 『서경書經』에 나온 말로 마음을 집중하여 순수하게 하고 한결같이 한다는 뜻이다.
4) 박약博約: 『논어論語』에 있는 말이다. 학문을 널리 배우고 예로써 단속한다는 뜻이다.
5) 진심지성盡心知性: 『맹자孟子』 진심상편盡心上篇에 있는 말. 마음을 다하면 본성을 알 수 있다는 뜻이다.

권상卷上 033

附录二:图 8　金东辉之《传习录:朝鲜拒绝的良知学说》语录示例

르침을 듣고 공부하는데 힘써야 할 곳이 있음을 깨닫게 되었습니다. 그런데 아무리 생각해봐도 주희의 '격물格物'에 관한 교훈과 끝내 부합되지 않았습니다."

선생께서 대답하셨다.

"격물이란 곧 지극한 선에 이르는 공부다. 이미 지선을 알았다면 곧 '격물'을 아는 것과 같다."①

---

① 김동휘:《전습록: 조선이 거부한 양지의 학문》, 신원문화사, 2010, P32。

金东辉在解说中表明该语录的主旨为阐释"至善"。王阳明认为"至善"乃是存在于事物根源处的自然本体，倘若理解了"至善"的概念，便能明白为何要致力于"格物"的道理。该语录所传达的是做事不可局限于琐碎细节，一切事物均需遵循自然规律，不可破坏自然环境，不然就难以达到"至善"的境地。译文简洁明了、亲切自然，不拘泥于汉语原文的字面表达，而是深入挖掘并诠释了文本的深层含义及其延伸意义，使韩国读者能够更好地理解语录的思想精髓。

（三）金容载之《传习录：实践中的知识分子呼吁改革》

2019 年，金容载（김용재，1967—）翻译《传习录：实践中的知识分子呼吁改革》（《전습록：실천하는 지식인，개혁을 외치다》），由翠出版社出版（见附录二：图 9）。

金容载毕业于成均馆大学儒学专业，后在成均馆大学院获文学硕士和哲学博士学位。曾担任成均馆大学儒学东洋学院企划委员、教育教材编委、教育科学技术部和文化体育观光部的审议咨询委员，现任诚信女子大学汉文教育系教授。合著有《现在这里的儒学》（2005）和《韩国儒学和开放思维》（2008）等。

《传习录：实践中的知识分子呼吁改革》被收录于"青少年哲学仓库"第40 卷。该书先是介绍了《传习录》的成书历程、语录构成、主要术语、相关书目和人物，并在译文之后还阐述了王阳明的生平经历、《传习录》面世时的社会背景、阳明学主要思想内容。因为《传习录》原文篇幅庞大、内容深奥，为便于青少年群体阅读，金容载择取《传习录》中具有代表性的王阳明核心思想，将其划分为 6 个章节，并在不脱离原典本义的范围内进行了意译。第一章"心即理"包含 14 个语录，第二章"知行合一"包含 5 个语录，第三章"致良知"包含 4 个语录，第四章"万物一体"包含 10 个语录，第五章"儒佛道三教合一"包含 3 个语录，第六章"实践工夫论"包含 10 个语录。

金容载以《中国古典精华文库》中的《王阳明全集》第一部《传习录》为底本进行翻译，同时参考了韩国学者金兴浩（김흥호，1919—2012）的译本《阳

附录二:图 9　金容载之《传习录:实践中的知识人高呼改革》封面

明学功夫》。每条语录由标题、译文以及解说构成,现试举例加以说明(见附录二:图 10)。

附录二：图 10 金容载之《传习录：实践中的知识人高呼改革》语录示例

原文：

　　凡明不得，行不去，须反在自心上体当即可通。①

译文：

　　일반적으로 알수 없고 행할수 없는 것은 반드시 돌이

켜봐서 자기 마음에 합당하도록 하면 곧 통달할수 있을

것이다.②

　　该译本的亮点在于对语录主旨的精准命名以及详尽解说。金容载对每
条语录都进行了标题命名，帮助读者理解语录的中心思想，他将这条语录命

---

　　① 王守仁：《王阳明全集（新编本）》第一册，吴光，钱明，董平，姚延福编校，浙江古籍出版社
2010 年版，第 16 页。
　　② 김용재：《전습록：실천하는 지식인，개혁을 외치다》．풀빛，2019，P107．

名为"回顾心之本体并学习吧"。在翻译部分,金容载采用通俗易懂的日常用语,简洁明了地传递了语录的核心内容。在解说部分,金容载对"心之体""良知""人心""道心"等多个文化术语的概念进行了详细阐释,这有益于向韩国民众,特别是向青少年群体传播阳明学的核心思想。

金容载作为韩国为数不多的阳明学专家,一直致力于阳明学研究,他呼吁只有铭记良知于心,体悟实践,才能成为真正的知识分子。该译本对思考自我主体性的现代韩国年轻人来说,无疑是珍贵的译作。

三、《传习录》在韩国的社会价值

自 20 世纪 90 年代以来,多个《传习录》韩译本相继面世,这一热潮不仅体现了王阳明哲学思想在韩国学术界的兴起,还预示了其正逐渐渗透至韩国民众的日常生活,成为他们追求精神修养与践行真知的宝贵资源之一。在现代,越来越多的韩国人认识到,阳明学是以人皆可为尧舜这一孔孟之道为前提,聚焦于如何修养心灵,并进一步拓展至人与万物为一体的"万物一体观"的学问;是为了在充斥着对立和矛盾的社会环境中,深度挖掘人的道德本心,引领人们朝着安居乐业的大同社会稳步迈进的学问;是体现了自我主义、个性主义、积极主义和行动主义的重视精神修养的学问。

为推动韩国阳明学研究的不断发展,1995 年,韩国正式成立了韩国阳明学会。1997 年,学术杂志《阳明学》应运而生,为韩国学者们提供了一个发表研究成果、交流学术见解的重要平台。自 2004 年起,韩国每年举办江华阳明学国际学术大会,广邀国内外的知名学者、专家参会研讨。通过这一系列的举措,韩国在阳明学研究领域不断拓展深度与广度,取得了诸多令人瞩目的成果,在国际阳明学研究的舞台上逐渐崭露头角。

不管日本的阳明学,还是朝鲜地区的阳明学,都是在中国阳明学的基础之上进行接受、演变和利用而形成的阳明学,它们都同属于东亚阳明学的范畴。立足于东亚文明互鉴的广阔视角下,我们能够清晰地看到,不同国度对阳明学的接受、认同和传播过程,实际上就是一个动态且积极地开展东亚身份认同的表征过程。当下,中日韩三国阳明学三大学派鼎立之势已然形成,共同推动着东亚阳明学的研究、传承和发展,这也为增进东亚地区的文化交流与合作提供了坚实基础,为促进东亚地区的和谐发展贡献了积极力量。

《传习录》在俄语世界的译介与传播

相较于阳明学在日本呈现出多元化且蓬勃发展的态势,阳明学在俄罗斯的发展进程则显得缓慢且艰难。阳明学最早于 20 世纪 30 年代传入俄罗斯,此后,虽有部分俄罗斯学者论及阳明学,然而始终未形成系统且全面的王阳明研究体系。直至进入 20 世纪 70 年代后,恰逢王阳明诞辰 500 周年的重要节点,国际学术界掀起了王阳明研究的热潮。国际阳明学研讨会的相继召开,阳明学学术著作以及《传习录》译作的纷纷问世,极大地拓展了阳明学的国际研究广度。这股热潮也蔓延至俄罗斯学界,促使他们开始将关注的目光投向阳明学领域,探寻其深邃的思想内涵与跨文化的价值意义。

一、阳明学在俄罗斯

浙江越秀外国语学院副教授杨春蕾(1971—)撰《王阳明思想学说在俄罗斯的传播与影响》《阳明学在俄罗斯不同社会意识形态下的传播轨迹——从主观唯心主义到主观自然主义的认知流变》《简述阳明学在俄罗斯的传播历史、现状及特点》等多篇文章,就阳明学在俄罗斯的传播与接受情况进行了深入阐述。文章指出,直至 20 世纪 30 年代,俄罗斯汉学家才经由西方传教士接触到阳明学。当时的俄罗斯学界将阳明学定义为主观唯心主义,例如汉学家彼特罗夫(Петров А. А.,1907—1949)评价王阳明是"从极端的主观唯心主义转化来的直觉主义"[①]。

[①] Петров А. А. Очерк философии Китая. Изд-во АН СССР, 1940. P267.

进入 20 世纪 60 年代,伴随俄罗斯经济的迅猛发展,其政治环境变得相对自由民主,思想领域亦逐步敞开。与此同时,鉴于日韩和西方对阳明学展开的深入研究,俄罗斯对于阳明学的认知也渐趋客观。特别是进入 20 世纪 70 年代以来,出现了一位对俄罗斯阳明学研究发展起到重要推动作用的汉学家、阳明学研究者——科布杰夫。20 世纪 70 年代末,科布杰夫的专著《王阳明哲学》的问世,标志着在俄罗斯对王阳明的研究进入了公开、系统、全面的时期①。他不仅发表了多篇阳明学论文,并于 2023 年 10 月出版了第一部俄语版本的《传习录》译本。

二、科布杰夫之《俄语世界的王阳明与〈传习录〉研究》

(一)科布杰夫其人

科布杰夫是俄罗斯享有盛誉的学者,身兼多重身份,他是汉学家、阳明学家、哲学家、文化学和历史学家,同时也是一位翻译家。科布杰夫的研究方向广泛,涵盖了中国哲学、文化、历史以及中西文化比较。

在学术领域方面,科布杰夫不仅担任着俄罗斯科学院东方学院中国研究部主任,同时兼任莫斯科物理技术学院的荣誉教授、俄罗斯国立人文大学《东方哲学》教育科学中心主任等重要职务,同时也是黑龙江大学俄罗斯语言文学与文化研究中心的兼职研究员和国际易学联合会的副会长,俄罗斯汉学网站"synologia.ru"的主编,《国际汉学译丛》的编委之一。

在学术成就方面,科布杰夫出版了 6 部关于中国哲学、科学与文化史的学术专著,发表了 1300 余篇学术文章,许多文章被收录于俄罗斯权威的各类百科全书和大型工具书《中国精神文化大典》②之中。2010 年,他因对中

---

① 杨春蕾:《王阳明思想学说在俄罗斯的传播与影响》,《湖北社会科学》2018 年第 9 期,第 92 页。

② 《中国精神文化大典》由俄罗斯科学院远东研究所所长、俄中友协主席季塔连科院士担任主编,编委会成员均是当今俄罗斯权威的汉学家。《中国精神文化大典》代表了当代俄罗斯汉学研究的最高水平。

国研究的杰出贡献和《中国精神文化大典》的编纂工作而荣获俄罗斯国家奖章。

科布杰夫对中国古典哲学和阳明学的研究方面尤为精深。他自学生时期起便开始关注这一领域，其博士论文《王阳明哲学》为他在该领域的研究奠定了基础，此后他持续推进阳明学研究工作。1983年，他出版《阳明学和中国传统哲学》，深入剖析了阳明学的哲学范畴，对其核心思想及在中国传统哲学体系中的位置进行了探讨。2002年，他出版了以王阳明为主要研究对象的专著《中国新儒学》，并且在附录当中收录了由他首次翻译的《大学问》以及《古文观止》中王阳明的《稽山书院尊经阁记》《象祠记》《瘗旅文》这3篇散文的译文。2009年科布杰夫发表《俄罗斯的阳明学》[①]一文。其后续有关阳明学研究的论文主要包括《王阳明与〈大学〉》(2011)、《阳明后学东林学派》(2011)、《阳明学研究在俄罗斯及中国哲学特点》(2012)、《王阳明旧译新论》(2013)、《王阳明最早的俄译和阿理克》(2013)、《王守仁波折的命运和他的"心学"》(2020)等。[②] 他的研究成果在学术界产生了广泛影响，为俄罗斯及国际汉学界对中国哲学和文化的理解作出了重要贡献。

科布杰夫从中国文化的特性和中国哲学的普遍性问题入手，把王阳明放在整个中国哲学史的框架之下来研究。此外，他还将中西哲学的对比研究、文化问题研究和文献史料研究融为一体，深入探讨主观唯物主义的理论，尝试发掘阳明学说中所体现的主观唯物主义思想，并从独特的视角开拓性地提出并论证了主观自然主义的观点。

（二）《俄语世界的王阳明与〈传习录〉研究》的构成介绍

2023年，科布杰夫的《俄语世界的王阳明与〈传习录〉研究》(Ван Ян-мин и его "Записи преподанного и воспринятого")由俄罗斯涅斯托尔历史

---

① 该文后被收录于贵州师范大学阳明学研究中心主任、教授余怀彦的专著《良知之道：王阳明的五百年》(2016)一书中。

② 余芮、严功军：《俄罗斯汉学家科布杰夫阳明学译介与跨文化阐释研究》，《外国语文》2023年第6期，第133页。

出版社出版(见附录二:图 11)。该书是《传习录》第一个俄语译本,对阳明思想在俄罗斯的传播具有里程碑意义。该书是浙江省稽山王阳明研究院 2019 年国际合作课题的结题成果,现由延边大学毛雨彤负责翻译为中文。

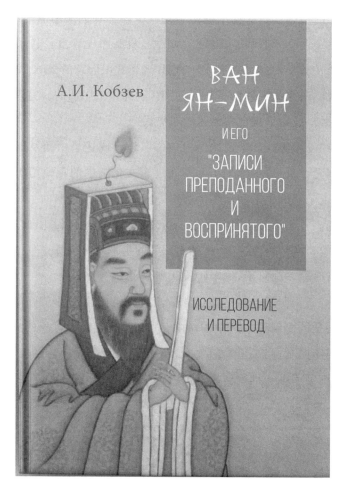

附录二:图 11　科布杰夫之《俄语世界的王阳明与〈传习录〉研究》封面

《俄语世界的王阳明与〈传习录〉研究》由两部分构成。第一部分主要介绍王阳明及其哲学思想,由"前言""王阳明及其学说的历史地位""王阳明哲学谱系及其与佛、道的关系""主观化本体论""人类学宇宙论""王阳明的认识论""明末阳明学"7 个部分构成。第二部分是《传习录》译文,科布杰夫以谢廷杰辑刊的《王文成公全书》为底本，进行俄语翻译。后附俄汉术语对照索引及参考文献。

"前言"部分由两小节组成。第一小节中，科布杰夫指出，王阳明及其学说在中国及周边国家始终处于推崇与批判交替出现的矛盾状态之中，该小节重点阐述了这一矛盾状态。第二小节中，科布杰夫着重论述了俄罗斯学界对王阳明及其学说的研究情况。初期，因受意识形态的影响，学界对王阳明及其学说的研究欠缺理性认知；而后期，学界对王阳明的研究逐步挣脱意识形态的束缚，开始呈现出多元化的态势。

第一章"王阳明及其学说的历史地位"，该章阐述了中国及周边国家对阳明学的多元评价，也肯定了阳明学在远东文化圈中的重要历史地位。同时，本章对王阳明的生平和求学经历作了叙述，并将王阳明的生平和学说发展进行分期。科布杰夫主要是采用了黄宗羲在《明儒学案》中的划分方法，以 1508 年贵州龙场悟道为节点，把王阳明的生平划分为学说草创时期和学说发展完善时期 2 个阶段，每个阶段又划分出 3 个小阶段。

第二章"王阳明哲学谱系及其与佛、道的关系"，共 7 小节。前两小节主要讲到阳明学既受到程朱理学的影响，同时也受陆象山思想的启发。后 5 节阐述了王阳明与佛教、道教的关系。王阳明学说的建构与佛教、道教有一定的渊源，王阳明虽然批判佛教，但其心学本体又不可否认地受到佛教禅宗的影响。

第三章"主观化本体论"，主要阐释了"物""理""礼""文""微"五个儒家哲学的核心概念，探讨了王阳明的人生哲学，分析了阳明学说中的儒释道三者之间的相互影响。通过考察王阳明思想风格的流变，梳理其思想谱系，科布杰夫提出阳明学理应属于主观唯物主义的观点，总结了王阳明主观自然主义哲学的基本结构。

第四章"人类学宇宙论"，主要是探讨王阳明对传统儒家"天""人""性""命"哲学问题的思考。从王阳明视角考察了先秦儒家和宋儒所讨论的"性情"问题，同时引入了"身体"的概念，论述王阳明主观本体论的物质身体基础,从中国古典哲学的"形神"关系探讨了"身心"关系。

第五章"王阳明的认识论",这一章主要阐释了王阳明"知行合一"和"致良知"的哲学命题,科布杰夫认为,王阳明的"知行合一"是对宋儒"知先行后"观点的驳斥,并指出明代新儒家将认识论以及相关的人学问题置于自身关注的核心位置,有力地证明了从宋代至明代哲学思想的进步。

第六章"明末阳明学",简要介绍了阳明后学的情况,包括王畿、王艮、李贽、高攀龙(1562—1626)等人,以及泰州学派、东林派、稽山派的代表人物及其主要思想。

(三)《俄语世界的王阳明与〈传习录〉研究》的译本特点

《俄语世界的王阳明与〈传习录〉研究》不是《传习录》的全译本。科布杰夫翻译了《传习录》上卷内容,即门人徐爱、陆澄和薛侃所录的语录条目,共计 129 条。《传习录》上卷内容包括了王阳明早期讲学时主要讨论的格物论、心即理思想以及有关经学本质与心性的问题。以徐爱录第 1 条为例,考察其译文特点(见附录二:图 12)。

原文:

爱问:"'在亲民',朱子谓当作'新民'。后章'作新民'之文似亦有据。先生以为宜从旧本作'亲民',亦有所据否?"①

科布杰夫译:

[Я],Ай,спросил:《Чжу-цзы говорил, что [высказывание "Великого учения" о Пути-дао],"состоящем в породнении с народом"(цзай циньминь)следует читать как [о состоящем в] "обновлении народа"(синь-минь). В последующем параграфе (чжан)["Великого учения"] выражение "создавать обновленный

---

① 王守仁:《王阳明全集(新编本)》第一册,吴光,钱明,董平,姚延福编校,浙江古籍出版社 2010 年版,第 2 页。

Записи преподанного и воспринятого

Нижеследующее записал ученик Сюй Ай

того, что слышал каждый день, чтобы приватно показать единомышленникам, вместе просмотреть и проверить их правильность. Надеюсь, я не исказил поучений и высказываний наставника. Написал ученик Сюй Ай.

[以下門人徐愛錄]
[Нижеследующее записал ученик Сюй Ай]

[1] 愛問，「『在親民』，朱子謂當作新民。後章『作新民』之文似亦有據。先生以為宜從舊本作『親民』，亦有所據乎？」

[1] [Я], Ай, спросил: «Чжу-цзы⁸ говорил, что [высказывание "Великого учения" о Пути-*дао*], состоящем в породнении⁹ с народом (*цзай цинь-минь*)¹⁰ следует читать как [о состоящем в] "обновлении народа" (*синь-минь*). В последующем параграфе (*чжан*) "Великого учения" выражение "создавать обновленный народ" (*цзо синь-минь*)¹¹, кажется, также имеющимся основанием. Полагает ли наставник, что соответствующее старому тексту [прочтение] "породнение с народом" также обоснованно или нет?»

См. переводы Л. Д. Позднеевой, В. В. Малявина и Л. Е. Померанцевой [Мудрецы 1994, с. 111–112; Чжуан-цзы 1995, с. 384–385; Философия 2004, с. 222]. *Ли* 里 — мера длины, в древности — около 500; см. [Духовная 2006–2010, т. 5, с. 330, табл. 10].

⁸ Чжу-цзы "Учитель Чжу" — Чжу Си.

⁹ В круг значений иероглифа *синь* 親 ("породнение") входят: родители, родственники, родственные отношения, близкие отношения, породниться, ладить и т. п. Трактовку здесь *цинь* "породнение" посредством схожего знака *синь* 新 ("обновление") Чжу Си воспринял от Чэн И *程顥* (И-чуань *伊川*, 1033–1107), уроженца древней столицы Лоян *洛陽* (провинция Хэнань), одного из основоположников неоконфуцианства. Он происходил из знатного чиновничьего рода, вместе со старшим братом Чэн Хао *程顥* (Мин-дао *明道*, 1032–1085) в 1046–1047 гг. учился у Чжоу Дунь-и *周敦颐* (Лянь-си *濂溪*, 1017–1073) и в 1059 г. стал *цзинь-ши*. Произведения Чэн И и Чэн Хао входят в "Эр-Чэн цюань-шу" ("二程全書 — "Полное [собрание] произведений двух [братьев] Чэн). См. [Кобзев 2002, указатель; Духовная 2006–2010, т. 1, с. 606–608].

¹⁰ "Состоит в породнении с народом" (*цзай цинь-минь* 在親民) — цитата из первой фразы "Да-сюэ" (I, 1; см. перевод [Кобзев 2014, с. 114]).

¹¹ "Создавать обновленный/новый народ" (*цзо синь-минь* 作新民) — приведенная я в комментирующие части "Да-сюэ" (II, 2,2; см. перевод [Кобзев 2014, с. 121]) цитата из "Шу-цзина" (гл. 29/37 «Кан-гао» 康誥 "Указ/Обращение Кан[-шу]»; см. переводы [Чтимая 2014, с. 346; Шу-цзин 2020, с. 282]), где, согласно В. М. Майорову, "прежде всего, имеется в виду принятие иньского народа в качестве новых подданных Чжоу. А кроме того, воспитание и преобразование иньского народа, который в значительной степени утратил моральные качества в период правления последнего иньского вана Ди Синя и при его преемнике У-гэне, поднявшем мятеж против Чжоу" [Чтимая 2014, с. 668].

366

先生曰，「『作新民』之『新』，是自新之民，與『在新民』之『新』不同。此豈足為據？『作』字卻與『親』字相對。然非『親』字義。下面『治國平天下』處，皆說『新』字無發明。如云『君子賢其賢而親其親，小人樂其樂而利其利』，『如保赤子』，『民之所好好之，民之所惡惡之，此之謂民之父母』之屬。皆是『親』字意。『親民』猶孟子『親親仁民』之謂，親之即仁之也。『百姓不親』，舜使契為司徒，『敬敷五教』，所以親之也。堯典『克明峻德』便是『明明德』。『以親九族』，至『平章協和』，便是『親民』，便是『明明德於天下』。又如孔子言『修己以安百姓』，『修己』便是『明明德』。『安百姓』便是『親民』。說親民便是兼教養意，說新民便覺偏了。」

Наставник сказал: «"Обновление" из [выражения] "создавать обновленный народ" обозначает "самообновляющийся народ" и не тождественно "обновлению" из [выражения] "состоит в обновлении народа" (*цзай синь-минь*)¹². Достаточно ли этого для обоснования? Хотя иероглиф "создавать" (*цзо*) сопоставлен с иероглифом "породнение" (*цинь*), однако не имеет смысла "породнение"¹³. Ниже в пассажах ["Великого учения"]

¹² "Самообновляющийся народ" (*цзы-синь чжи минь* 自新之民) — формула из комментария Чжу Си к вышеуказанной цитате из «Кан-гао» в «Да-сюэ» (II, 2.2; см. перевод [Кобзев 2014, с. 121]). Согласно современному комментатору Ли Шэнлуну 李生龍, данное различие носит грамматический характер: иероглиф *синь* 新 является глаголом «обновлять» в выражении «состоит в обновлении народа», т. е. «состоит в [том, чтобы] обновлять народ» (*цзай синь-минь* 在新民), и прилагательным «обновленный/новый» в выражении «создавать обновленный/новый народ» (*цзо синь-минь* 作新民) [Ли 2009, с. 5, примеч. 3].

¹³ Перевод данного пассажа соответствует стандартному тексту «Чуань-си лу», принятому в Чэнь Жун-цзе [Чэнь 1983, с. 27; Ван 1997, с. 2; Ли 2009, с. 3; Chan 1967, р. 5], сделанному на основе издания Люй Дуна 隆東 (Цзин-мин Цин-лай 1506–?, *цзинь-ши* 1544 г.) исправил его, заменив последний иероглиф *цинь* иероглифом *синь*, что обусловливает следующий перевод: «Хотя иероглиф "создавать" (*цзо*) сопоставлен с иероглифом "породнение" (*цинь синь-минь* 在新民), однако не имеет значения "обновление" (*синь* 新)» [Ли 2012, с. 6–7, примеч. 2]. В издании Дэн Ай-миня [Дэн 2012, Предисловие 1, с. 5], чей комментарий в дополнение к готовящейся книге «Философия Ван Ян-мина» («Ван Ян-мин чжэ-сюэ») был составлен в начале 1980-х годов, а впервые опубликована на Тайване в 2000 г. Помимо издания Люй Дуна, такой же текст содержится в «Собрании главных [произведений Ван] Ян-мина, составленном Ши Бан-яо в 1635 г. [Ши 2009, с. 28]. Без аргументации и ссылки на источник соответствующий этому английский перевод осуществил Ф. Г. Хенке: «Иероглиф "делать", используемый иероглифом "любить", не имеет значения обновления [Henke 1916, с. 49], а недавно со ссылкой на Дэн Ай-миня такой оригинал воспроизвел и перевел на современный китайский язык Ван Сяо-синь [Ван 2018, с. 9, 10, примеч. 2]. Данное текстологическое расхождение даже получило причудливое отражение в популярных изданиях «Чуань-си лу», где в оригинальном тексте стоит иероглиф *синь*, а в переводе на современный язык — *цинь* [Ся 2013, с. 3–4].

367

附录二：图 12　科布杰夫之《俄语世界的王阳明与〈传习录〉研究》之语录示例

народ" (цзо синь-минь), кажется, также имеющимся основанием. Полагает ли наставник, что соответствующее старому тексту [прочтение] "породнение с народом" также обоснованно или нет?»①

本书将俄语译文试译如下：

[我]，爱问："朱子说，[关于"大学之道"的说法]，'与民亲近'应理解为[在]'新民'。在[《大学》]的下一章中，'作新民'一词似乎也有依据。先生以为依照旧文[读]作'亲民'也有什么依据吗？"

① А. И. Кобзев. Ван Ян-мин и его "Записи преподанного и воспринятого". Издательство Нестор-история，2023. P366.

首先,科布杰夫为有助于俄罗斯读者理解,在原文基础上增补了一些内容,增补内容主要用"[   ]"进行标记,例如该语录中增补"在亲民"和"作新民"之辨是源于大学之道之说等。

其次,科布杰夫对中文专有名词都用俄语标注了中文拼音的发音,如"新民"后面括号所标注的"*синь-минь*"是"新民"拼音"xin min"的发音,"作新民"后面括号所标注的"*цзо синь-минь*"是"作新民"拼音"zuo xin min"的发音。

最后,科布杰夫特别注重对中国专有名词的注释。该语录分别注释了"朱子""亲""在亲民""作新民"的意思,同时对这些专有名词的内涵意义作出了详细的注释。比如关于"作新民",科布杰夫首先指出"作新民"出自《尚书》,所指的是被周人接纳为新民的殷人臣民。科布杰夫还引用了马约罗夫(В. М. Майоров,1948—2011)对于社会背景的解析:在商朝末期,处于末代商纣王(本名帝辛)统治下的人们道德沦丧,周朝取代殷商后,原本的商朝遗民因道德败坏而抵触周人的统治,因此周人对他们实施了道德教化。

科布杰夫译本注释详尽完备,注释部分的篇幅往往远超原文翻译的篇幅。科布杰夫作为一名出色的译者,在确保《传习录》于俄语世界的通读性之时,于阐释过程中亦是旁征博引,注释详实,充分体现了其极强的学术性与专业性。

(四)《俄语世界的王阳明与〈传习录〉研究》的社会评价

《俄语世界的王阳明与〈传习录〉研究》是科布杰夫阳明学研究的最新成果,堪称科布杰夫当下王阳明哲学研究的典范之作。书中深刻阐述了王阳明的哲学思想,认为王阳明是中国传统文化的杰出代表、伟大的思想家和教育家,指出阳明学构筑了中国及其邻国的新儒家思想之基础,尤其在日本,阳明学成为明治维新时期的主要精神支柱。

该书在俄罗斯的阅读网站①上获得 4.6 的评分,但因为是 2023 年新出

---

① 阅读网站网址:https://androeed.ru/files/chitai-besplatno.html。

版的学术成果，所以目前在俄语世界还未获得太大关注。然而，科布杰夫的学术研究实力和翻译水平是毋庸置疑的，他在中俄双语译介和跨文化研究阐释上，一直备受国内学者推崇。武汉大学副教授张鸿彦（1987—）称赞科布杰夫《大学》译本是俄语世界中迄今为止最为严谨和全面的译文[①]，浙江大学副教授袁淼叙（1981—）也指出该译本是学术型译本典范[②]。《传习录》译本沿袭其《大学》译本的译注风格，非常注重学术性，对中文术语进行了详细的解释。同时，考虑到俄语世界理解《传习录》的需要，科布杰夫在直译原文的基础上又增补了一些内容，更有利于《传习录》在俄语世界的传播。

科布杰夫阳明学研究底蕴深厚，《俄语世界的王阳明与〈传习录〉研究》一书，正是用其半个多世纪的哲学功底，极力突破语言障碍，直指阳明心学所要表达的真实意义的经典之作。该书作为《传习录》的俄语首译之作，可谓译文形美意达，注释详尽周到，精准地传达了王阳明思想的精神内涵，大大地降低了俄罗斯读者在理解上的难度，使他们能够直接感受阳明学的思想魅力。

---

① 张鸿彦：《儒家"三纲八目"思想在俄罗斯的翻译与阐释》，《中国俄语教学》2023 年第 3 期，第 71 页。

② 袁淼叙：《汉学家科布泽夫的中国古代哲学研究与翻译》，《浙江大学学报》2023 年 7 月，第 141 页。

《传习录》部分字词英译、日译对照表

（依据出现频次排序）

序号	字词	亨克译	陈荣捷译	近藤康信译	沟口雄三译
1	知	know; realize; understand; learn; recognize; be known; are understood; become aware of; virtue; wise; knowledge; have understanding; the intuitive faculty; is acquiring	come to realize; realize; know; learn; understand; found; knowledge; acquiring knowledge; wisdom; wise; recognize	知る；知；智	知る；知；得心する；覚える；察知；わかる
2	心	mind; thing; feeling; mental constitution; mental capacity; heart; desire	mind; feeling; motive; objective; mindedness; heart	心；本心	心；気分；本心；魂胆；気持ち
3	生	be born with; life; beget; arise	at birth; be born with; inborn; be engendered from; create; arise	生；生ずる；生ける；生まれる；生じる；生ぜん	生；生じる；生ずる；生まれる；生きる；生育
4	事	impose in; serve; things; be occupied; devote one's self to; be carried on; events; affairs; objective affairs; physical realm; facts; acts; anything; in serving; matter; difficulty; corresponding evil; work; conditions; positions; life; crises and problems; business; task; outstanding characteristic; occupation; questions; the work of duty; reason; business; occurrence; ways	pay attention to; engage in; be done; be occupied; serve; in serving; acts; events; matter; facts; things; cases; condition; something; work; function; everything; actual affairs of life; daily affairs; positions; human affairs; business; task; item; activity; work; deeds; objective; concern; action; the actual affairs of life; creation; story; doing	事ふる；事	事える；事；課題；事蹟；事柄；むしろ；境位；事例；意味；もの；任
5	天	nature; shang-ti; heaven	nature; heaven	天	天
6	理	the principles of; principles	the principles of; principle; the principle of	理	理；道理

续表

序号	字词	亨克译	陈荣捷译	近藤康信译	沟口雄三译
7	物	things；the thing；affairs	Thing(wu)；event(shin)	物	物；万物；物事
8	良知	intuitive faculty；intuitive knowledge；intuitive knowledge of good	innate knowledge；innate faculty；innate knowledge of the good	良知	良知
9	明	understand；understand and elucidate；shed light on；cause…to be understood；exhibit；manifest；explain；bright；brilliant；clearness；illustrious；clear；brightness；intelligence；brightening up the mirror, the understanding of；become like a bright mirror；be made clear to；be manifested；become intelligent；be comprehended；clearly；clear understanding in…；manifesting illustrious virtue；have elucidated	manifest；understand；clear；illuminate；be illuminated；be known；be understood；be made clear to；be brilliant in…；distinguish；clear；brilliant；clarity；clearly；enlightenment；brightening up the mirror；appear；become intelligent；intelligence；the manifested mundane world；it is clear that；determining；clearly prevail；shine	明；明か；明かにする；明かなる	明；明きらか；明るい；明示する；明らかにする；明らかなる；はっきりさせる；明澄；透明；理解する；明晰；明るさ
10	体	character；original；character；substance；body；form；matter；original nature；original；state；unity；members；natural condition；structure；nature of mind；appreciate；appreciation of nature	substance；the substance of；body；personal realization；form；true nature；realize；follow；had the qualities of；personal；personally	體；體する	体；本体；実感する；本来的あり方；本来的なあり方；本来のあり方；有りかや形；ありよう；本質；体得する；身をもって
11	意	idea；purpose；aim；motive；interpretation；wish；view	idea；will；motive；intention；purpose；mean；indication；opinion	意；意志	意；ということをいうものだ；問題；本意；意図；という；というのは；心構え；意味；考え方；真意；作意
12	道	path；the way of truth；say；spoke；doctrine of the sages；the truth	truth；moral；talk；spoke；the way of truth；the way；doctrine；the Sage's doctrines	道；道る；道ふ；道ひ	道；道（って修める）る；講じる；言及；いう
13	中	due；mean；equilibrium；ordinary	in；perfection；mean；to；equilibrium；due；average	中；中る	中；「中」；かなう；うち；及第

续表

序号	字词	亨克译	陈荣捷译	近藤康信译	沟口雄三译
14	致	extend to the utmost; was; influence; exclusively; to be; give	extend; extension; was; affect; cause; fixed; to; concentrated; to give; achieve; show; entrust; resort to	致；致す	致；致す；発揮する；伝える；きわめる
15	善	good; virtue; excellence	good; goodness	善；善く；善き	善；善く；正しい；適用；善いもの
16	性	one's nature; nature; disposition	one's nature; nature	性	性
17	圣人	sage	sage; Confucius	聖人	聖人
18	思	deliberation; deliberate; think about; thought; understand	think; thinking; think about; understand; think of	思；思う；思ふ	思考；思い；思う；考える；思慮
19	诚	sincere; sincerity; the utmost; right; genuinely; sincerely; really; making the purpose sincere; the making sincere of the purpose	sincerity; sincere; the utmost; truly; true; surely; it is true that; really; the sincerity of the will	誠；誠に	誠；誠に；果たして
20	恶	evil; hate; despise; bad; dislike; vice	evil; dislike; hate; bad; hatred; wickedness; has done wrong; vice	惡；惡む	悪；悪人；悪む
21	欲	wish; desire; determine; passion; aim; be willing to; prefer	wish; want; desire; prefer; be willing to; be about to	欲	欲
22	正	correct; right; upright; true; rectify; in accord with; the right; rightness; adjustment; rectifying; entirely; certainly; exactly; truly; really; just; indeed; may well	upright; proper; exact; simply; orthodox; correct; merely; correctness; truth; original correction; rectify; put... in order; rectification; the rectification of the mind; precisely; diametrically; just	正；正す；正に；正しい	正；正しい；正す；こそ；まさしく；ぴたりと；正に
23	静	tranquil; tranquility; quietude; rest; resting; quiet; quietly; be at rest	quiet; quietness; tranquility; tranquil; being tranquil; meditation; quietly	静	静；静謐
24	天理	heaven-given principles; natural law; the fundamental principles; the principles of Heaven; the eternal principles; moral principles; moral law	the Principle of Nature	天理	天理

续表

序号	字词	亨克译	陈荣捷译	近藤康信译	沟口雄三译
25	气	the passion-nature；vital force；mental essence；essence；temper；influence；feeling；feelings	material force；vital force；mental energy；force；power；physical nature	気	気
26	书	the Book of History；the books；a certain book；books；writing	the books of History；books；the books；letters；writing；lessons；records	書す；書；書する；書く	しるす；書；書物；書翰；「書経」；書く
27	工夫	practice；cultivate；task；work；application	effort；practical business；practice；engaged in；task；penetration；application；work	工夫	功夫
28	义	righteousness；righteous；meaning；justice；style or expression；idea	righteousness；mean；the fundamental ideas；idea；moral；principle；sense；level；righteous deeds	義	義
29	念	regard；thought；meditate；determination；thoughts；think；think of；contemplate；thinking；moment；ideas	thought；thoughts；moment；desire；idea；think of；bear...in mind	念；息	念；思い；意念；瞬；心にかける
30	本体	innate；object；the original character；the original nature；original；the mind in its original nature	the original substance；the original substance of the mind	本體	本体
31	格物	the investigation of things；investigate things；examining into the nature of things	the investigation of things；ko-wu	格物	格物
32	身	the person；the body；one's person；one's self	the personal life；the body；one's person	身	身
33	致知	the extension of knowledge；extending knowledge to the utmost；extend his intuitive knowledge to the utmost；completing knowledge	the extension of knowledge；extend knowledge to the utmost；knowledge is extended	致知；知を致す	致知；知を致す
34	诚意	make the purpose sincere；a sincere purpose；make sincere of the will	the sincerity of the will；make the will sincere；the will can be said to be sincere	誠意；意を誠にする	意を誠にする；誠である意；誠意

序号	字词	亨克译	陈荣捷译	近藤康信译	沟口雄三译
35	未发	a state of equilibrium; the equilibrium of having no stirrings of feelings; the state of equilibrium in which there are no stirrings of feelings; the equilibrium; the state of no stirrings; the state in which there are no stirrings of the feelings; has not appeared	the state before the feelings are aroused; the equilibrium before the feelings are aroused; meaning; the state of equilibrium before one's feelings are aroused; the state of having had stirrings of feeling; has not occurred	未発	未発
36	穷理	an actual investigation of principles; an exhaustive investigation of principles; inculcates thorough investigation of principles; investigating principles to the utmost; a most thorough investigation of heaven-given principles; thoroughly investigating the principles of things; a thorough investigation of the principles; exhaustively investigating principles; investigation of principles to the utmost; thoroughly investigating principles	the investigation of principles to the utmost; investigating principle to the utmost; the investigation of the principle of things to the utmost; the investigation of the principles of all things; investigate the principles in things to the utmost	窮理;理を窮むる	理を窮める;窮理
37	心之本体	innate to the mind; native to the mind; the mind; the original nature of the mind; ab initio characteristic of the mind; the original character of the mind; an original characteristic of the mind; the mind in its original nature; the beginning characteristic of the mind; the nature of the mind	the original substance of the mind; the mind in its original substance	心の本體	心の本体;心の本来的あり方
38	致良知	extending intuitive knowledge to the utmost; develop his intuitive knowledge to the utmost; develop the intuitive faculty to the utmost; the developing of the intuitive faculty to the utmost; developing the intuitive faculty; develop the intuitive knowledge of good; extend the intuitive knowledge of good; the development of the intuitive faculty	the extension of the innate knowledge to the utmost; the extension of innate knowledge	良知を致す	良知を致する;良知を発揮する;良知発揮;良知を致す
39	已发	the state in which there have been stirrings of feeling; the state of having had stirrings of feeling; the feelings have been manifested; ideas are present from the beginning; has appeared	the state after the feelings are aroused; the state in which feelings are aroused; the feelings are being aroused; has occurred	已發	已發

续表

序号	字词	亨克译	陈荣捷译	近藤康信译	沟口雄三译
40	至善	the highest virtue；the highest excellence；the highest good	the highest good	至善	至善
41	修身	the regulating of the body；cultivating the person；cultivate his person；the cultivation of his person；regulating the body	the cultivation of the personal life；cultivate the personal life	身を修むる；身を修める；修身	身を修める；修身
42	圣贤	sages and virtuous men	sages and worthies；the sage and the worthy	聖賢	聖人と賢人
43	德性	virtuous disposition；virtuous nature	virtue；moral nature	德性	德性
44	正心	rectifying the mind；rectifies his mind	the rectification of the mind；rectifying the mind	心を正す；正心	心を正す；心を正しくする；正心
45	明明德	made illustrious his own lofty virtue；make illustrious lofty virtue；the manifesting of lofty virtue；the illustrating of illustrious virtue；manifests his original illustrious virtue	manifesting the clear character；manifest one's clear character	明德を明かにする；明明德	明德を明らかにする
46	克己	subduing one's self；controlling himself；subdue oneself；control himself	master oneself；self-mastery	克己；己に克つ	克己；己に克つ
47	心即理	the mind itself is the embodiment of natural law；the mind the embodiment of Heaven-given principles (natural law)；the mind is to be identical with moral principles；mind is the embodiment of principles；mind is just what is meant by principles；the mind is itself heaven-given principles；the mind is principles	the mind is principle；the mind and principle are identical；this mind is identical with principle；mind is identical with principle	心は即ち理なり；心即理	心はすなわち理である；心がそのまま理である；心こそが即ち理である
48	去人欲存天理	get rid of the passions of men and harbor natural law；expel passion and cherish natural law；get rid of passion and cherish natural law；expel passion and harbor natural law	get rid of selfish human desires and preserve the Principle of Nature；removing selfish human desires and preserving the Principle of Nature	人欲を去って天理を存する	人欲を去り天理を存する
49	笃行	earnest practice；practice is earnest	earnest practice；earnest action；practice earnestly；practicing earnestly	篤行	篤く行なう

续表

序号	字词	亨克译	陈荣捷译	近藤康信译	沟口雄三译
50	虚灵	abstract realization;the mind is emptied of desire	pure intelligence	虚靈	(心は)虚であるとともに霊妙;虚靈
51	知行合一	unitary character of knowledge and practice;the union of knowledge and practice;knowledge and practice are a unity;knowledge and practice are a unit;unity of knowledge and practice;unification of knowledge and practice;oneness of knowledge and practice;combining knowledge and practice into one	the unity of knowledge and action;knowledge and practice are a unit	知行合一	知行合一
52	万物一体	heaven, earth, and all things as one substance	forming one body with all things;Heaven and Earth and all things as one body;all things form one body	萬物一體	万物一体
53	太虚	the great emptiness	the Great Vacuity	太虚	太虚
54	事上磨炼	be polished and refined by the affairs of life	to be trained and polished in the actual affairs of life;training and polishing in the actual affairs of life	事上に磨煉する;事上に在つて磨鍊する	事上に磨煉する;研鑽(事上磨鍊)する
55	天理人欲	that heaven given principles and selfishness;moral law and the passions of men;moral principles and of the passions of men	the Principle of Nature and selfish human desires	天理・人欲;天理人欲	天理と人欲;天理人欲
56	虚无	vacuity;lack of desire	emptiness;vacuity	虚無	虚なり無なりの本来性;太虚
57	天地万物一体之仁	virtuous attitude, which considers heaven, earth, and all things as one substance;a benevolence which he had in common with heaven, earth, and all things	humanity, which regarded Heaven and Earth and all things as one body;humanity, which regarded Heaven and Earth and all things as one body;humanity which makes him form one body with Heaven, Earth, and all things	天地萬物一體の仁	天地万物一体の仁;天地万物を一体とする仁の心
58	满街人都是圣人	all the people on the entire street were sages	the people filling the street were all sages;all the people filling the street were sages	街の人の都て是れ聖人なる	行きかう人、すべてが聖人である

续表

序号	字词	亨克译	陈荣捷译	近藤康信译	沟口雄三译
59	四句教内容	Being without virtue and without evil is the original nature of the mind, while the presence of virtue and vice is due to the activity of the purpose (will). Knowledge of good and evil is due to the intuitive faculty. To do good and abhor evil implies the investigation of things	In the original substance of the mind there is no distinction of good and evil. When the will becomes active, however, such distinction exists. The faculty of innate knowledge is to know good and evil. The investigation of things is to do good and remove evil	善無く悪無きは是れ心の體、善有り悪有るは是れ意の動、善を知り悪を知るは是れ良知、善を為し悪を去るは是れ格物	善なく悪もないのが心の本体、善あり悪もあるのが意の動、善を知り悪を知るのが良知、善をなし悪を去るのが格物
60	知者行之始,行者知之成	knowledge is the beginning of practice, doing is the completion of knowing	knowledge is the beginning of action and action is the completion of knowledge	知は行の始め、行は知の成れるなり	知は行の始、行は知の成である